GIUSEPPO,

DRAME EN CINQ ACTES,

PAR MM. BOULÉ ET CHABOT DE BOUIN,

Représenté pour la première fois, à Paris, sur le théâtre du Panthéon, le 10 décembre 1839.

DISTRIBUTION :

ANSÉDISIUS DE GUIDOTTI, podestat de Vérone.................. M. MOREAU.
MARTINO DELLA SCALA, noble véronais.......................... M. KEPPLER.
GIUSEPPO.......................... M. DELACROIX.
STELLA............................ Mlle ABIT, j^e.
MANFELD. }
WOLFRAG. } Allemands............ { M. DOLORIS.
RUDIGER. } { M. PIEL.
{ M. PAULIN.
MARIANI, bourgeois................ M. LANSOY.

RIZZIO, bourgeois.................... M. BRAUX.
FÉDERIG............................ M. ROGER.
STROZZI, exécuteur................ M. L. BARRÉ.
FRANZ, exécuteur.................. M.
HONORIO............................ M. CÉSAR.
UN HOMME DE JUSTICE.......... M. LOUIS.
SEIGNEURS, BOURGEOIS, SERVITEURS
   DU PODESTAT ; PAGES, GARDES,
   PEUPLE, ETC., ETC.

La scène se passe à Vérone, en 1259.

ACTE I.

Une grande salle du palais de Vérone. Galeries au fond ; galeries latérales, toutes fermées par des tentures. A gauche du spectateur, de côté, occupant en longueur une partie de la scène, et posée obliquement, une table richement dressée.

SCÈNE I.

GIUSEPPO, GUIDOTTI, MANFELD, WOLFRAG, RUDIGER. A l'écart, FRANZ et STROZZI.

(Au lever du rideau, entrent par la gauche quatre gardes allemands qui vont se placer en sentinelle ; vient après Guidotti, tenant à la main un parchemin roulé et suivi de Manfeld, de Wolfrag et de Rudiger ; derrière, Franz et Strozzi qui vont se ranger à l'écart. Un instant après arrivent du fond, par la droite, Giuseppo et Féderig.)

GUIDOTTI.
Ah ! la table du banquet déjà dressée ?

WOLFRAG.
On ne pouvait s'y prendre trop tôt, monseigneur, pour donner à cette solemnité une magnificence digne de vous.

GUIDOTTI.
Je veux, en effet, qu'il soit long-temps parlé de la manière dont je vais aujourd'hui faire les honneurs de mon palais de Vérone. (A Franz et à Strozzi.)Sortez, mais ne vous éloignez pas. (Franz et Strozzi s'inclinent et sortent par le fond. Guidotti continue en les regardant sortir.) Deux bons et loyaux serviteurs que Franz et Strozzi ! toujours prêts, toujours à mes ordres... un mot, un signe, et ils sont là, la hache levée sur toute tête que je leur désigne du doigt, et ils frappent sans s'inquiéter pourquoi c'est celle-là plutôt qu'une autre... ils frappent toujours, sans se lasser... Je suis content d'eux.

GUISEPPO, entrant.
Monseigneur, vous avez demandé Féderig et je me suis empressé...

GUIDOTTI.
Je reconnais là ton zèle... Ah ! vous avez beau faire, comte Wolfrag, baron de Manfeld, et vous aussi Rudiger, intrépide commandant de ma brave garde allemande, vous avez beau faire, mes trois bons amis d'Allemagne, le véronais Giuseppo marche votre égal en dévouement à ma personne.
(Les trois Allemands s'inclinent, lançant à Giuseppo des regards de jalousie. Guidotti adresse à Giuseppo un sourire de bienveillance marquée.)

GIUSEPPO.
Le dévouement est chose si facile envers vous, mon noble maître !

GUIDOTTI, lui tendant la main.
Ton avis, Giuseppo, sur cette proclamation dressée en ton absence.

GIUSEPPO, qui a reçu le parchemin un genou en terre, lisant
« Au Podestat, leur maître et seigneur, les ha-
»bitans de Vérone, peuple, nobles et bourgeois,
»respect et soumission. — Nous, Ansédisius de
»Guidotti, Podestat de Vérone, au nom et par
»la volonté de notre oncle bien-aimé, Eccelino
»III, le grand et le victorieux, faisons savoir aux
»nobles et bourgeois dont les noms suivent,

21

»qu'en ce jour, dix-septième du mois de septem-
»bre de l'année 1259, il nous plaît les voir se
»rendre au palais, aussitôt cette proclamation en-
»tendue, pour y assister au banquet que nous
»donnons en joie de l'avantage remporté sur les
»princes coalisés, par Eccelino l'invincible, qui
»s'est emparé du pont de Cassano; avantage
»dont nous avons reçu ce matin même la nou-
»velle, et qui sera bientôt suivi d'une victoire
»complète et de la ruine de nos ennemis.—Donc,
»habitans de Vérone, peuple, nobles et bour-
»geois, réjouissez-vous! » (Après avoir lu, et vivement.) Oh! fasse le ciel, monseigneur, que
vous présagiez vrai, et que ce jour soit le dernier de cette ligue insolente... fasse le ciel que
les rives de l'Adda la voient écrasée, anéantie à
jamais, et pas un cœur plus que le mien n'élèvera
vers lui d'ardentes et sincères actions de grâces!

MANFELD.

Chacun de nous en peut dire autant, monseigneur.

GUIDOTTI.

Je le sais.. et vos vœux seront accomplis. C'est
en vain que le pape Alexandre IV aura prêché la
croisade contre nous, c'est en vain que, depuis
quatre années, l'armée de l'Église aura tenu en
suspens la fortune d'Eccelino, c'est en vain qu'une
main invisible aura, de tous les points de l'Italie,
dirigé des ennemis contre sa puissance; forces
humaines, appels à la justice, à la colère céles-
tes, tout cela croûlera sous le poids de son épée.
(Avec une joie cruelle.) Oh! nous serons tout-à-
fait les maîtres, alors!.. Mais revenons à notre
fète... Giuseppo, que cette proclamation soit sur-
le-champ criée à son de trompe par tous les
quartiers de la ville.

GIUSEPPO, allant à Féderig qui est resté à l'écart et
lui remettant le parchemin.

Vite, Féderig!.. un héraut à cheval... ne perds
pas un instant.   (Féderig s'incline et sort.)

SCÈNE II.

GUIDOTTI, MANFELD, WOLFRAG,
RUDIGER, GIUSEPPO.

GIUSEPPO, revenant.

Bientôt, monseigneur, tout Vérone saura
l'honneur que notre magnifique podestat daigne
faire à quelques-uns de ses sujets.

GUIDOTTI.

Je vais donc les tenir là, sous mon regard,
sous ma main. Ah! ils ne prévoient guère la
surprise qui doit couronner le banquet.

WOLFRAG.

Et c'est précisément cette surprise qui m'effraie, monseigneur.

GUIDOTTI.

Qu'est-ce à dire, comte Wolfrag, me blàme-
riez-vous?

WOLFRAG.

Loin de moi cette pensée... mais les Véronais
murmurent, et, malgré moi, je crains...

GIUSEPPO, avec ironie.

Écoutez, puissant Podestat, le beau mot de
clémence va sortir de la bouche du noble Comte...
(Avec violence.) De la clémence! allons donc!..

WOLFRAG.

Les troubles de ce matin répondent pour moi...
tu as arrêté toi-même le chef de l'émeute, Giuseppo.

GUIDOTTI.

Les Véronais murmurent, dites-vous, et le
coupable de ce matin pourrait avoir des imita-
teurs. Eh bien! je veux, par un exemple terrible, étouffer les murmures, et refouler jusqu'au
plus profond des âmes la pensée même d'une
rébellion.

WOLFRAG, s'inclinant.

Qu'il en soit ainsi que l'ordonne Monseigneur!

GUIDOTTI.

Commandant Rudiger, cet homme, ce misérable qui a osé s'attaquer à moi... vous le tire-
rez de prison et vous l'amènerez là, bien gardé,
dans cette salle... (Il montre la droite.) Le reste
me regarde... Messieurs, je ne vous retiens plus...

(Les trois Allemands s'inclinent et s'éloignent, Rudiger, d'un côté, Wolfrag et Manfeld, par un autre.)

SCÈNE III.

GUIDOTTI, GIUSEPPO. Guidotti parait inquiet.

GIUSEPPO, riant.

Des révoltes!.. Quelle folie!.. mais c'est sa
manie, à ce digne Allemand, de rêver autour de
nous des trahisons, des complots... Vrai Dieu!
celui-là prouve bien la vérité de notre vieux pro-
verbe lombard : « Crâne d'Allemand, plus facile
à s'ouvrir sous une lame d'épée qu'à s'amollir
sous le plus chaud rayon de notre brûlant soleil
d'Italie !»

GUIDOTTI, souriant.

En effet, ce pauvre Comte!..

GIUSEPPO.

Le peuple se plaint toujours: c'est chez lui un
instinct de nature, une habitude invétérée ; ça le
fait vivre... et il faut bien que tout le monde
vive... D'ailleurs, les principaux d'entre les mécontens sont mes amis... je dis comme eux...
Aussi, je possède toute leur confiance... ils n'ont
rien de caché pour moi.

GUIDOTTI, souriant.

Je comprends...

GIUSEPPO, continuant.

Je suis reçu dans leur intimité... ils viennent
même jusqu'en ce palais causer amicalement avec
moi de leurs espérances... bien innocentes.

GUIDOTTI.

Et, qu'espèrent-ils ?..

GIUSEPPO.

L'impossible... c'est l'ordinaire.

GUIDOTTI.

Que disent-ils, enfin ?..

GIUSEPPO.

Rien qui vaille la peine d'être répété... mais
pour Dieu, laissez-les dire... la parole ne tue
pas... si un jour les bras tentent d'agir, oh!
alors, point de pitié; le bruit d'une tête qui
tombe est la meilleure réponse à faire aux clameurs des insensés !.. voilà pourquoi, mon noble maître, tandis que le comte Wolfrag et vos
autres conseillers hésitaient sur le châtiment à
infliger aux chef de cette misérable émeute, j'ai
demandé, moi...

GUIDOTTI, vivement.

Oh ! tu n'as fait que me prévenir... nous pensons si bien de la même manière, Giuseppo, qu'on dirait que toi, c'est moi... au Diable donc Wolfrag, et ses sottes réflexions !.. Mais à cet air rayonnant je vois que tu as une bonne nouvelle à m'annoncer... voyons, mon joyeux confident, parle... (Il le prend sous le bras, et ils se promènent.) Cette jeune fille, que j'ai vue il y a quelques jours, dans une de mes excursions avec le baron de Manfeld, sais-tu qui elle est ?.. son nom ?..

GIUSEPPO.

Stella Barocchi.

GUIDOTTI.

Belle, n'est-ce pas ?

GIUSEPPO.

Comme une Madone, Monseigneur.

GUIDOTTI.

Sa demeure ?

GIUSEPPO.

Une pauvre maison du faubourg, de l'autre côté de l'Adige.

GUIDOTTI.

Qu'elle habite seule ?

GIUSEPPO.

Non, avec une vieille femme qu'elle appelle sa mère.

GUIDOTTI.

Tu tiendras ta promesse ?

GIUSEPPO.

Ne vous ai-je pas promis cette jeune fille ?

GUIDOTTI, avec chaleur.

Oh ! si tu réussis, Giuseppo !.. c'est que vois-tu, il me semble que je l'aime plus que jamais je n'ai aimé aucune femme.... si tu réussis !..

GIUSEPPO.

Je réussirai, Monseigneur.

(Bruit à droite.)

GUIDOTTI, regardant.

Ah ! déjà !..

GIUSEPPO.

Qu'est-ce donc ?..

GUIDOTTI.

Tiens, regarde...

GIUSEPPO, suivant la direction de son regard.

Les nobles Véronais qui viennent vous rendre leurs hommages.

GUIDOTTI.

Oui, mais là, parmi eux ?

GIUSEPPO.

Le vieux marquis, Robert de San-Vitale.

GUIDOTTI.

Et là-bas, plus loin ?

GIUSEPPO.

Le jeune Comte, Martino della Scala... eh bien ?

GUIDOTTI.

Eh bien, l'aspect de ces deux hommes a troublé toute ma joie... chefs des deux premières familles nobles de Vérone, leur alliance pourrait m'être fatale, et le Marquis a une fille, Guiseppo ; on dit que le Comte doit épouser la jeune Adélaïde de San-Vitale ; le peuple fonde peut-être des espérances coupables sur cette union.

GIUSEPPO.

Un mariage à Martino della Scala, l'homme du plaisir ! il est trop raisonnable pour y songer !.. de l'ambition dans cette tête vide, dans ce cœur qui ne bat qu'aux émotions du jeu, qu'aux accens voluptueux d'une femme ! cela le fatiguerait... qu'on lui parle de dés, de vin et de courtisanes, à la bonne heure ! sa seule affaire, sa seule pensée, s'il lui arrive de penser à quelque chose, est de mener le plus long-temps possible, une vie facile et joyeuse... allez, croyez-moi, ce serait craindre qui n'en vaut pas la peine.

GUIDOTTI.

Peut-être, Giuseppo !

GIUSEPPO.

Alors, pourquoi le combler de vos faveurs ?

GUIDOTTI.

Avant d'étouffer l'ennemi que l'on pressent, que l'on croit deviner, on le flatte.

GIUSEPPO.

Eh ! tenez, voici votre cour qui s'avance... Examinez le comte Martino, voyez cet air évaporé, cette élégance frivole, qui siérait plutôt à une femme, et, dites-moi, si ce jeune homme ressemble à un ambitieux.

GUIDOTTI, avec joie.

Non, c'est vrai !

SCÈNE III.

LES MÊMES, MARTINO DELLA SCALA, NOBLES VÉRONAIS ET ALLEMANDS.

MARTINO.

Gloire et longs jours à notre magnifique podestat, l'ami des plaisirs et des fêtes.

GUIDOTTI,

Merci à vous, comte Martino !.. Merci à vous tous, pour la part que vous prenez à l'heureux événement que nous allons célébrer.

MARTINO,

Et nous, Monseigneur, nous vous remercions pour votre invitation grâcieuse... vrai Dieu ! une nouvelle de victoire et un somptueux festin, nous ferons une bonne journée !

GUIDOTTI, à part, avec joie.

Toujours le même !.. (Haut.) Je vous quitte pour quelques instans, mes seigneurs...

MARTINO, s'inclinant.

Nous attendrons votre bon plaisir.

GUIDOTTI.

A tout à l'heure.

(Tous s'inclinent. — Il sort suivi de ses gardes par la gauche. — Les seigneurs se dispersent dans les galeries voisines. — Giuseppo qui a descendu la scène, se trouve en face de Martino, qui allait suivre les autres.)

SCÈNE IV.

MARTINO, GIUSEPPO.

GIUSEPPO.

Un moment, Comte !..

MARTINO, brusquement.

Que me veux-tu encore ?.. Est-ce un nouveau service que tu as à me rendre, un avis précieux que tu as à me donner ? car je te dois cette justice, que si ta tenacité à me poursuivre m'est souvent importune et fatigante, elle prouve du moins un dévouement, étrange de toi à moi, mais que je me plais à reconnaître.

GIUSEPPO, froidement.

Si votre parole est, parfois, un peu brusque, comte della Scala, du moins votre cœur a bonne mémoire... l'un compense l'autre.

MARTINO.

Je n'ai pas oublié qu'entr'autres bons offices, notamment, une nuit, que mon sang commençait à rougir les stylets de quelques misérables, soudoyés par je ne sais plus quel époux de mauvaise composition, je dus à ton courage de me retrouver de ce monde.

GIUSEPPO.

A quoi bon rappeler ces souvenirs?..

MARTINO.

Ils sont là, et j'avoue qu'un ami, qu'un frère, ne ferait pour moi, ni mieux ni autrement que tu ne fais... Mais il faut que tu me dises enfin la cause d'un zèle que je ne comprends pas, et qui me pèse, entends-tu?..

GIUSEPPO.

Et peut-être, quand j'aurai parlé, ne me comprendrez-vous pas mieux... A quelque distance, au-dessus de moi que vous soyez placé par la naissance et la fortune, il se peut, Comte, que me voyant en possession de la confiance de celui qui commande en ces lieux, que me voyant à peu près tout puissant en ce palais, Vous vous soyez informé, dans une heure de désœuvrement, d'où je viens et qui je suis...

MARTINO.

J'ai appris que né à Vérone, orphelin presque dès l'enfance, arraché à la mort par un miracle, sans appui, sans famille, tu fus d'abord soldat, et que tu te battis bravement, jusqu'au jour où enfin Guidotti, t'ayant distingué, t'attacha à sa personne et te fit monter par degrés à la haute position que tu occupes maintenant.

GIUSEPPO, tristement.

Orphelin, oui; car j'ai vu mourir ma mère, car je ne sais ce qu'est devenu mon père... mort aussi, loin de moi, sans doute; sans famille, car j'avais une sœur et je l'ai perdue... Je me sentais de l'affection plein le cœur, et plus personne à qui donner cette affection... J'offris mon amitié, quelques-uns la repoussèrent, d'autres l'acceptèrent et la trahirent... Je me promis alors de me dévouer obscurément sans rien demander en échange de mon dévouement, à celui qui en serait l'objet... Pourquoi je vous ai choisi plutôt qu'un autre, je l'ignore; un sentiment inconnu m'a entraîné vers vous, une inspiration de Dieu peut-être!

MARTINO.

Je ne croyais pas que le favori du Podestat eût besoin de se dévouer pour un autre : il a, ce me semble, assez à faire auprès du maître.

GIUSEPPO.

Laissons là, je vous prie, le favori du Podestat; il n'est rien ici, et ce n'est pas lui qui vous adresse de sincères félicitations sur votre prochain mariage avec la jeune et belle Adélaïde de San-Vitale...

MARTINO, le regardant.

Jeune et belle, c'est possible... Mais ce projet d'union est une fable inventée à plaisir...

GIUSEPPO.

Que répète tout Vérone, dont je ne suis ici que l'écho... C'est le bruit général à la cour, à la ville, dans le peuple...

MARTINO.

Eh bien! à la cour, à la ville, dans le peuple, on se trompe.

GIUSEPPO, lentement.

Vous pourriez faire une plus mauvaise affaire...

MARTINO, avec humeur.

Ah! brisons là!

GIUSEPPO.

Pardon, mille fois, Comte, d'avoir répété ce qui est dans toutes les bouches...

MARTINO.

Impossible!.. Quand je le voudrais, cette union est impossible!..

GIUSEPPO.

Ajoutez à cela, Comte, que l'amour ne viendrait point en aide à la volonté...

MARTINO.

Que signifie?..

GIUSEPPO.

Que vous n'aimez pas Adelaïde de San-Vitale, que vous en aimez une autre, Stella Barocchi, une jeune fille du peuple; que, chaque soir, vous traversez le pont de l'Adige pour vous rendre près d'elle; qu'hier vous y êtes allé déguisé en batelier; que ce soir vous irez encore, et demain, et les jours qui suivront, toujours caché sous des vêtemens qui ne sont pas les vôtres.

MARTINO, étonné.

Tu sais donc tout, toi?..

GIUSEPPO, avec intention.

Je sais encore, qu'en dépit de votre frivolité, vous avez au fond du cœur un reste d'amour pour la patrie et la liberté.

MARTINO, à lui-même.

La liberté! la patrie!.. Ah! c'est vrai cela!..

GIUSEPPO, allant à droite.

Mais voici, je crois, les élus de la bourgeoisie... Je cours avertir Monseigneur. (A part, regardant Martino.) Oh! cet amour! cet amour!.. Mais nous verrons bien!

(Il entre à gauche. — Martino, devenu pensif, va s'asseoir machinalement sur un des siéges disposés près de la table.)

SCÈNE V.

MARIANI, RIZZIO, BOURGEOIS; MARTINO, à l'écart.

RIZZIO.

Un banquet, une fête quand nous souffrons, quand nous avons la rage dans le cœur!..

MARIANI, apercevant qu'ils ne sont pas seuls.

Plus bas, Rizzio... (A part.) Ah! c'est le Comte!.. et Giuseppo était avec lui.

MARTINO, à part, réfléchissant.

Cet homme est mon démon tentateur!..

RIZZIO, continuant.

Quand il ne se passe pas un seul jour sans que nous ayons à subir un nouvel acte de violence, de ces Allemands exécrés!.. Enfin, ce matin même, vous le savez comme moi, ce vieillard inoffensif... Oh! mais, patience, Dieu aidant, ce sera bientôt notre tour!..

MARTINO, à part.

Que disent-ils?

(Il prête involontairement l'oreille.)

MARIANI, avec intention.

De la prudence, frère, l'heure n'est pas sonnée encore... Attendons.

RIZZIO.

Le ciel me préserve de douter de toi, Mariani; mais tu es l'ami de Giuseppo, tu crois aux paroles dorées de ce flatteur à double face, qui rampe aux pieds du Podestat et conspire avec nous... et c'est lui qui nous parle par ta bouche.

MARTINO, à part.

Qu'entends-je!..

RIZZIO, continuant.

Pourquoi ces interminables retards?.. Pourquoi retenir enchaînés des milliers de bras prêts à frapper?

MARIANI.

Pour frapper plus sûrement... ne sais-tu pas que déjà, par ses soins, de nombreuses désertions ont eu lieu dans l'armée d'Eccelino; et que la garde véronaise, gagnée par lui, n'attend qu'un signe pour faire cause commune avec nous.

RIZZIO.

Marchons droit aux Allemands, et nous les verrons pâlir!

MARIANI.

Mais, un chef, Rizzio!.. j'ai beau regarder autour de moi, je vois bien des bras pour exécuter, mais pas une tête pour diriger... je ne vois que des soldats, et pas un chef pour les conduire!

RIZZIO.

Vérone ne compte-t-elle pas encore de dignes gentilshommes qui brigueront cet honneur?..

MARIANI, élevant un peu la voix, et jetant un coup-d'œil à la dérobée sur Martino.

Il en est un plus digne que tous les autres!.. noble de cœur autant que de race... mais, Guidotti qui le redoute, parce qu'il a deviné en lui notre futur vengeur, a su endormir, énerver son jeune courage au point de le rendre indifférent aux maux de sa patrie...

MARTINO, à part.

Pourquoi donc ses regards se sont-ils arrêtés sur moi?..

MARIANI, continuant.

Sourd à nos cris de désespoir, ne semblant vivre et ne retrouver d'énergie que pour le plaisir, il sommeille encore... mais semblable à celui du lion, son réveil sera terrible!.. Laissez à Giuseppo le temps de le réveiller.

MARTINO, s'approchant d'eux vivement.

Silence, insensés, silence!..

GIUSEPPO, entrant par la gauche, et annonçant.

Notre seigneur et maître, le Podestat!

(Les bourgeois se découvrent.)

SCÈNE VI.

LES MÊMES, GUIDOTTI, entrant par la gauche, précédé des quatre Gardes et de ses Pages; en même temps, entrent à sa suite WOLFRAG, MANFELD et les autres NOBLES.

GUIDOTTI, d'un ton de douceur ironique.

Il m'est doux de voir que pas un de ceux que j'ai appelés à ce banquet solennel n'a fait défaut à l'allégresse générale, et je suis heureux surtout, d'avoir à remercier, pour leur empressement, les représentans de ma fidèle bourgeoisie.

MARIANI.

Pas un n'eût eu garde de manquer, à votre invitation, Monseigneur.

RIZZIO, à part.

Invitation toute grâcieuse... et qui nous a été apportée par vingt archers de la garde allemande.

GUIDOTTI.

Ah! voici nos autres convives!..

SCÈNE VII.

LES MÊMES, RUDIGER, OFFICIERS et SOLDATS ALLEMANDS.

LES BOURGEOIS, avec terreur.

Les Allemands!

GUIDOTTI.

Trop long-temps la division a régné entre mes fidèles Véronais et mes braves Allemands... dans la même cité, il ne doit y avoir qu'un même peuple... Allons, que chacun prenne place... mêlez-vous, Allemands et Véronais, Nobles et Bourgeois, et que de ma place, à moi, je puisse contempler, non des convives glacés par le respect et le cérémonial, mais des amis, mais des frères.

RIZZIO, bas.

Le tigre cache ses griffes.

MARTINO, à part.

Est-il de bonne foi?.. (Haut.) Puisque tel est votre bon plaisir, Monseigneur, je dépose ici mon rang; toute place m'est indifférente.

GIUSEPPO.

Ici, Comte, près de moi..,

MARTINO.

Près de toi... soit.

(On a pris place, chaque Bourgeois ayant à ses côtés un Allemand; Guidotti, entouré de ses conseillers, occupe le haut bout de la table; Rudiger est en face de lui, et Martino auprès de Giuseppo, à l'extrémité la plus rapprochée du public; près du Podestat se tient Féderig, et d'autres valets sont debout, çà et là, des amphores à la main.)

GUIDOTTI.

Que les coupes se remplissent, (Les valets versent.) et que ceux qui m'aiment les vident jusqu'à la dernière goutte, en l'honneur de celui dont nous célébrons, aujourd'hui, le triomphe!

TOUS.

Gloire à Eccelino!

GUIDOTTI.

A la victoire, sur les ennemis du dehors! à la paix dans Vérone!

TOUS.

A la victoire!.. à la paix!..

GUIDOTTI.

Nobles et Bourgeois, je veux maintenant vous

prouver à quel point tout ce qui touche à votre
repos, à votre bonheur, éveille ma sollicitude...
Personne de vous n'ignore de quel fâcheux événement une rue de notre bonne ville a été ce matin
même le théâtre. (*L'attention redouble.*) Un complot avait été tramé contre votre sécurité, mais
grâce au ciel, je veillais sur vous... (*Il fait un signe
à Féderig qui sort.*) Le chef du complot est tombé
entre nos mains ; vous allez voir, mes bons et
fidèles Véronais, comment votre Podestat en use
avec ceux qui osent porter atteinte à votre tranquillité; mon bien le plus cher.

(Mouvement parmi les convives.)

MARTINO, à part.

Que va-t-il donc faire de cet homme ?

GIUSEPPO, à Martino.

Seigneur Comte, de ce vin de Chypre ?..

(*Il lui verse et boit, Martino porte machinalement la
coupe à ses lèvres ; en cet instant Féderig rentre
par le fond, suivi de Franz et de Strozzi, qui tra-
versent la scène et sortent par la droite.*)

MARTINO, laissant tomber sa coupe, à part.

Les deux éxécuteurs !.. ont-ils donc flairé le
sang !'   (*Stupeur générale.*)

GUIDOTTI.

Commandant Rudiger, suivez-les...

(Rudiger sort.)

SCÈNE VIII.

LES MÊMES, excepté RUDIGER.

GUIDOTTI, promenant des regards satisfaits sur les
convives muets et consternés.

Eh bien ! les bouches sont muettes, les visa-
ges glacés, les coupes vides ? est-ce là cette allégresse sur laquelle je comptais ? allons, mes
chers et nobles hôtes, arrière les soucis et bu-
vons !   (*Il tend la coupe à Féderig qui la remplit.*)

MARTINO.

Excusez-nous, Monseigneur... mais ces deux
hommes qui viennent d'apparaître à nos yeux,
au milieu de cette fête... leur présence a jeté sur
notre joie un voile funèbre; leur aspect est un
affreux présage, un terrible avant-coureur...

GUIDOTTI.

Pages !.. versez !

MARIANI.

Monseigneur, cet infortuné est un pauvre vieillard dont le faible bras n'a pu porter le premier
coup... un soldat allemand l'avait insulté, frappé,
lui, presque sans forces.

GUIDOTTI.

Mensonge !

MARIANI,

On vous a trompé, noble Podestat... émus de
compassion, quelques habitans ont pris sa défense, d'autres soldats sont accourus au secours
de leur compagnon, une mêlée s'en est suivie,
et malgré lui, sans s'en douter, le vieillard s'est
trouvé le chef de l'émeute parce qu'il en avait
été la première cause... fait prisonnier, il ne par-
lait que de sa fille, il demandait à grands cris sa
fille qu'il paraissait être venu chercher après une
longue absence...

GUIDOTTI, rugissant.

Mensonge, vous dis-je, et ruse infernale que
tout cela !.. il règne sur cet homme un mystère

coupable, car il s'est obstinément refusé à déclarer son nom... pour se cacher ainsi, il faut
être criminel !

MARTINO.

Dans ce jour consacré à la joie, pitié pour
ce malheureux !...

TOUS, nobles et bourgeois.

Grâce ! grâce !

GUIDOTTI, promenant ses regards.

Cet homme aurait-il donc parmi vous, ou des
amis, ou des complices ?..

MARTINO.

Dussé-je attirer sur moi d'injustes soupçons,
permettez-moi, monseigneur d'insister !.. et s'il
en est temps encore !..

TOUS.

Grâce, grâce !

UNE VOIX, étouffée partant de la coulisse de droite

Ma fille !.. ma fille !

(Un long gémissement.— Coup de tamtam.)

SCÈNE IX.

LES MÊMES, RUDIGER.

RUDIGER, rentrant.

Monseigneur, justice est faite !

(La tenture reste écartée.)

GUIDOTTI.

Regardez! regardez!

TOUS.

Horreur ! (*Ils se lèvent tous spontanément ; au
même instant chaque soldat menace du poignard
chaque bourgeois, d'autres soldats envahissent la
salle et croisent la hallebarde devant quelques seigneurs qui ont tiré leurs épées.*)

GUIDOTTI, d'une voix tonnante.

Vos épées dans le fourreau, messeigneurs! la
tête basse, bourgeois de Vérone ! silence vous
tous ! mes exécuteurs sont encore là qui attendent... à quiconque dira un mot, fera un geste,
le sort du conspirateur !

MARTINO, d'une voix étouffée.

Oh ! infamie ! infamie !

GUIDOTTI, après avoir joui un instant de leur
rage impuissante.

C'est bien, j'aime cette obéissance... allons,
que chacun reprenne sa place. (*Tendant sa coupe.*)
Verse Féderig ! je veux boire à l'amitié sincère
qui unit, à leur Podestat, la noblesse et la bourgeoisie de Vérone !

(*Giuseppo a quitté sa place et s'est approché de Martino qui avait précédemment quitté la sienne.*)

GUISEPPO, bas à Martino.

Ce vieillard qui vient d'être assassiné, comte
della Scala, était le père de Stella Barocchi, celle
que vous aimez !

(*Stupéfaction de Martino ; Giuseppo se retourne et
tend sa coupe à un page, qui lui verse.*)

GUIDOTTI, la coupe haute.

Pages! versez !..

Tableau. — La toile tombe.

FIN DU PREMIER ACTE.

ACTE II.

Une galerie du palais. — Au fond, la porte d'entrée. De chaque côté de cette porte, une large fenêtre de plein-
pied ; celle de gauche est ouverte, et laisse voir un large balcon s'avançant à l'extérieur. — Deux portes
latérales. — Une autre petite porte à droite. — Table, siéges, etc.

SCÈNE I.

GUIDOTTI, WOLFRAG, MANFELD, RUDI-
GER, MARIANI, RIZZIO, BOURGEOIS.

(Ils sont en scène au lever du rideau. — Les bourgeois semblent consternés. — Guidotti qui occupe le milieu se promène colère et agité.)

GUIDOTTI.

Vous m'avez entendu, messires bourgeois !..
mes coffres sont vides, ou à peu près... et c'est
aux Véronais qu'appartient l'honneur de les remplir !.. allez donc leur annoncer de ma part qu'ils
en seront quittes, cette fois, pour 50,000 florins d'or   (Mouvement parmi les bourgeois.)

RIZZIO, se récriant.

50,000 florins d'or !

MARIANI.

Miséricorde !

GUIDOTTI.

Un mot de plus, et j'en exige le Double !..
Qui vient ici?.. ah! Giuseppo !

SCÈNE II.

LES MÈMES, GIUSEPPO; il s'avance vers Guidotti.

GUIDOTTI, à mi-voix.

Eh bien ?..

GIUSEPPO, de même.

Toutes mes mesures sont prises, monseigneur,
elle vient d'être attirée hors de sa demeure...
Féderig et ses hommes sont à leur poste.

GUIDOTTI, de même.

Bien, mon fidèle... mais va rejoindre Féderig...
je serai plus tranquille te sachant là... va, je n'ai
confiance qu'en toi.

GIUSEPPO, s'inclinant.

J'obéis, Monseigneur. (Il s'éloigne lentement.)

GUIDOTTI, se tournant vers ses conseillers.

Je vous dois des remercîmens, baron de Manfeld... vous vous souvenez de cette jeune fille,
que vous me fîtes remarquer priant agenouillée
sur les dalles de l'église Saint-Nicaire?

(Il continue bas. — Giuseppo est arrivé près du groupe
de bourgeois qu'il traverse à pas lents en s'éloi-
gnant.)

GIUSEPPO, à mi-voix et sans s'arrêter.

Ne vous laissez pas intimider... Eccelino est
enveloppé au pont de Cassano... sa puissance
chancelle ; refusez, ne craignez rien... surtout,
n'oubliez pas que je vous attends tous ici, quand
sonnera la sixième heure.   (Il sort par le fond.)

SCÈNE III.

LES MÈMES, excepté GIUSEPPO.

MANFELD, s'inclinant.

Recevez nos félicitations, Monseigneur...

GUIDOTTI, se retournant brusquement.

Eh bien ! messires bourgeois... avez-vous
enfin compris qu'il y aurait danger pour vous à
me résister ?.. nous brouiller pour une misérable
poignée de florins !.. voyons, finissons-en...
vous consentez, n'est-ce pas ?

MARIANI, avec fermeté.

Nous refusons, Monseigneur.

GUIDOTTI.

Vous me dites cela en face, et vous ne trem-
blez pas, et vous ne semblez pas étonnés d'être
encore de ce monde?.. je veux bien avoir
pitié de vous... mais écoutez mes dernières paroles !.. demain, à pareille heure, 50,000 florins d'or m'auront été comptés, et cela jusqu'au
dernier, entendez-vous ?.. ou je le jure par l'enfer !. mais, sortez! sortez! il est temps !

(Les bourgeois s'éloignent tristement.)

SCÈNE IV.

LES MÈMES GIUSEPPO, puis STELLA.

GUIDOTTI.

Les insolens !

GIUSEPPO, paraissant sur le seuil de la porte.
de droite.

Elle est là, monseigneur...

GUIDOTTI.

Stella !.. Ah ! qu'elle vienne ! qu'elle vienne!..

(Giuseppo fait un signe à l'extérieur. Stella éperdue, paraît introduite
par Féderig. Giudotti a d'un geste congédié ses conseillers.)

STELLA, à genoux et suppliante.

Ah grâce ! grâce et pitié, Monseigneur !

(Giudotti fait signe à Giuseppo de s'éloigner. Il sort par le fond et
Féderig par la droite. Les portes se referment.)

SCÈNE V.

GIUDOTTI, STELLA.

STELLA, continuant.

Grâce pour une faute que j'ignore... ou plutôt justice, car je suis innocente !.. (Il la relève.)
Oh! dites que je reverrai celle qui m'aime
comme si j'étais sa fille !.. ordonnez que je sois,
à l'instant même, rendue à ses embrassemens,
à son amour !.. faites cela, et je vous bénirai,
monseigneur, je vous bénirai, et vous aurez été
juste : car je vous le répète, je ne suis pas coupable !

GUIDOTTI, avec passion.

Le coupable c'est moi !.. moi, qui devrais être
à tes pieds, Stella !

STELLA, frémissant.

Vous à mes pieds !.. Vous coupable, Monseigneur !..

GUIDOTTI.

Oh ! non, car cela ne peut être un crime de
t'aimer !

STELLA , avec désespoir.

O mon Dieu! ayez pitié de moi !

GUIDOTTI, avec feu.

Pitié de toi, Stella !.. pitié de toi !.. quand tu es aimée de Guidotti !.. quand je te ferai un avenir à être envié par nos plus nobles dames Quand tu verras à ma voix , et Vérone entière à tes pieds , et ses plus fiers gentilshommes tête nue devant toi , et un genou dans la poussière !.. pitié de toi !

STELLA , avec dignité

Monseigneur !.. que cette porte me soit ouverte à l'instant !.. Ma place est auprès de ma mère !

GUIDOTTI

Ta place est dans ce palais, dont mon amour, Stella, te fait la souveraine.

STELLA , avec désespoir.

Ce palais !.. la seule vue m'en est odieuse !.. il faudrait user de violence pour m'y retenir... et vous ne le ferez pas, Monseigneur !

GUIDOTTI , avec transport.

Oh ! par pitié !.. par pitié, pour toi-même , Stella, aime-moi! aime-moi !

STELLA , avec désespoir.

Vous aimer !.. mais je ne le puis !.. Oh ! s'il est vrai que je vous sois chère, ne prolongez pas un désespoir à rendre folle, Monseigneur !.. tenez, je suis à deux genoux devant vous... avec l'honneur, c'est la vie que je vous demande... que je vous demande en pleurant, et les mains jointes !.. Monseigneur ! rendez à une pauvre mère mourante, son enfant que vous lui avez enlevée, qu'en ce moment elle appelle dans les larmes !.. Vous êtes ému... je vous fais pitié, je le vois... Ah ! laissez-vous convaincre !... rendez-moi à ma mère !.. (Avec explosion.) rendez-moi à celui que j'aime !..

(Il fait un mouvement, puis se remettant aussitôt.)

GIUDOTTI , avec un calme joué.

A celui que tu aimes ?.. qae ne le disais-tu, jeune fille...

STELLA.

Ah ! je le reverrai, n'est-ce pas? Je reverrai ma mère ?..

GUIDOTTI, se maîtrisant.

Avant de lui faire le sacrifice de mon amour... est-il juste, au moins, que je connaisse celui que tu me préfères... que je sache s'il est digne de tant de bonheur ?..

STELLA.

Oh! oui, bien digne !

GUIDOTTI , même jeu.

Son non ?

STELLA, hésitant.

Mais...

GIUDOTTI, même jeu.

Dis-moi son nom.

STELLA, fixant Guidotti,

Son nom ?.. ah ! vous ne le saurez pas !..

GUIDOTTI, cessant de se contraindre.

Et que m'importe après tout ! n'es-tu pas perdue pour lui?

STELLA.

Ah! s'il pouvait m'entendre ! s'il était ici !

GUIDOTTI, avec rage.

Je le tuerais devant toi !

STELLA, avec force.

S'il paraissait , je vous verrais pâlir !.. mais je vous échapperai !.. (A la vue de la fenêtre ouverte.) Ah !.. (Elle s'élance sur le balcon.) Un pas de plus, monseigneur , et je me précipite de cette fenêtre !..

GUIDOTTI, avec effroi.

Grand Dieu !.. Stella! chère Stella !.. à tes pieds un abîme affreux, un gouffre sans fond !..

STELLA , prête à s'élancer.

Un seul pas, et je meurs !

GUIDOTTI.

Stella !.. je te respecterai, j'en fais le serment... Stella tu m'as vaincu... pour prix de mon amour, je ne te demande que de vivre !..

STELLA , chancelant.

Ah !.. tant d'émotions... (Sa main se détache du balcon, ses genoux s'affaissent.) Ma mère !..

GUIDOTTI, s'élançant.

Qu'ai-je fait ?.. mourante !.. (Appelant.) Quelqu'un !.. Féderig !.. accourez, accourez! Féderig. (Plusieurs valets entrent par la droite.) Emmenez cette jeune fille, allez, secourez-la! secourez-la ! (Féderig et les valets sortent par la droite, soutenant Stella. Guidotti la regarde, et quand elle a disparu, il dit avec une rage concentrée:) Oh! comme elle me hait !..

(Il sort par la gauche. Au même instant Giuseppo entre par la petite porte de droite, et Martino par le fond.)

SCÈNE VI.

GUISEPPO, MARTINO, puis STELLA ,

MARTINO.

Ah ! je te rencontre enfin, toi que je cherche inutilement depuis hier !..

GIUSEPPO.

Parlez plus bas, seigneur Comte.

(Il va à la porte par laquelle s'est éloigné Guidotti, l'entr'ouve et écoute.)

MARTINO.

A quoi bon tant de précautions?

GIUSEPPO.

On peut avoir à se dire de ces choses que tout le monde ne doit pas entendre... et les murs du palais de Vérone ont des oreilles. (Revenant près de Martino.) Maintenant, je vous écoute... qu'attend de moi votre seigneurie?

MARTINO.

Tu me le demandes, après tes paroles d'hier... après m'avoir jeté à l'oreille que ce vieillard si lâchement égorgé au milieu d'une orgie, à la face de la noblesse et de la bourgeoisie de Vérone, était le père de Stella Barocchi?

GUISEPPO, froidement.

Je vous ai dit la vérité.

MARTINO.

Stella se croit orpheline... celle qu'elle appelle sa mère, Johanna Barocchi, ne fût que sa nourrice... Parle, de qui tiens-tu que ce malheureux vieillard était son père?

GUISEPPO.

De ce vieillard lui-même...

MARTINO.

Il s'est donc confié à toi?

GIUSEPPO.
Quelques paroles qui lui sont échappées quand je fus forcé de le livrer aux gardes qui m'accompagnaient, m'ont aussitôt révélé son secret.

MARTINO.
Son père !.. oh ! je le vengerai ! je le vengerai !.. Oui, les traces du sang innocent s'effaceront sous des flots de sang ! et de ce lâche attentat surgira peut-être l'affranchissement de Vérone!

GIUSEPPO.
Savez-vous, seigneur Comte, que notre magnifique podestat serait mal dans ses affaires, si au point où en sont les choses, les Véronais vous savaient en aussi bonnes dispositions ?

MRATINO, vivement,
On conspire, n'est-ce pas, Giuseppo ?

GIUSEPPO, indifféremment.
Il faut bien que le peuple s'occupe à quelque chose... et conspirer est un passe-temps comme un autre.

MARTINO, avec étonnement.
Quand tu parais si bien informé, comment se fait-il que le Podestat ignore ce qui se passe !

GIUSEPPO.
Il s'en doute bien un peu... ce qui ne l'empêche pas de dormir tranquille, je vous jure... que lui importent les criailleries de quelques bourgeois sans chef pour les conduire ?.. Il sait bien qu'abandonné à lui-même le peuple n'est qu'un corps sans âme, et que le corps seul ne peut rien... Ah ! si les mécontens... et le nombre en est grand... avaient seulement à leur tête un de ces hommes... tel que vous venez de vous révéler à moi tout à l'heure... de faibles qu'ils sont, ils deviendraient forts... et les Allemands pourraient bien ne pas retirer leur peau sauve de la partie!... c'est alors que l'ambition aurait beau jeu ! car le peuple va loin dans sa reconnaissance... et ce seraient deux beaux titres que ceux de libérateur et de roi de Vérone !.. vrai dieu ! il est heureux pour notre magnifique Podestat que vous ne soyez pas ambitieux comte Martino !

MARTINO, le regardant en face.
Combien de florins d'or, l'honnête Giuseppo doit-il recevoir en échange du secret qui doit me perdre ?.. la délation doit être bien payée à Vérone.

GIUSEPPO, froidement.
Oui, c'est une justice à rendre à mon noble maître... il fait assez bien les choses... (Du ton du reproche.) Mais je vous croyais moins oublieux ou plus reconnaissant.

MARTINO.
Eh bien ! alors, réponds sans hésiter et la main sur le cœur... Aimes-tu Vérone, ou es-tu vendu aux Allemands ?.. es-tu pour le Podestat, ou pour le peuple ?..

GIUSEPPO, le regardant.
Si j'étais pour tous les deux ?

MARTINO.
Misérable !

GIUSEPPO.
Cela se voit tous les jours.

MARTINO, avec dégoût.
Assez ! lâche courtisan ! assez ! je te connais maintenant !

GIUSEPPO, le regardant.
En êtes-vous bien sûr ?.. (Martino va pour s'éloigner.) Mais où courez-vous ainsi, seigneur Comte ?

MARTINO, fièrement.
Pourquoi cette question ?

GIUSEPPO.
Pour vous épargner une peine inutile, dans le cas où l'amour vous ferait diriger vos pas vers le faubourg de l'Adige.

MARTINO, le regardant.
Inutile ? et pourquoi ?

GIUSEPPO.
Parce qu'il pourrait se faire que vous y cherchassiez vainement aujourd'hui, celle que vous y avez laissée hier.

MARTINO.
Que veux-tu dire ?

GIUSEPPO.
Je veux dire qu'à Vérone ce n'est pas impunément qu'on est jeune et belle... et que c'est une belle jeune fille que Stella Barocchi...

MARTINO.
Achève !..

GIUSEPPO.
Je veux dire que c'est un galant et tout puissant seigneur, que notre seigneur le Podestat...

MARTINO.
Achève !.. achève !..

GIUSEPPO.
Et que cela étant, la belle jeune fille, la perle de l'Adige, comme on l'appelle, vient d'être enlevée de sa demeure et conduite en ce palais.

MARTINO, s'écriant.
Enlevée !.. elle ?.. Stella ?

GIUSEPPO, froidement.
Stella.

MARTINO.
Par ordre de Guidotti ?..

GIUSEPPO.
Par ordre de Guidotti.

MARTINO.
Stella dans ce palais maudit !.. Stella au pouvoir de cet infâme !.. Ah ! par pitié, Giuseppo, dis-moi que cela n'est pas ! dis-moi que tu m'as menti !

GIUSEPPO, indiquant la droite.
Elle est là... sous la garde de Féderig.

MARTINO.
Là !.. (Chancelant.) Mon Dieu !.. Ah ! Guidotti ! Guidotti ! tu n'auras jamais assez de sang !.. Mais il ne sait donc pas que je l'aime, cet homme !.. ou bien, il ne connaît donc pas Martino !.. il ignore donc ce que je puis... il ignore donc que ma voix peut faire éclater autour de lui un effroyable incendie !

GIUSEPPO, vivement.
Plus bas...

MARTINO.
Mais, elle est là, dis-tu ?

GIUSEPPO, s'élançant entre la porte et lui.
Qu'allez-vous faire ?

MARTINO.
Délivrer Stella !

GIUSEPPO.
Seul, qu'espérez-vous ?

MARTINO.
N'ai-je pas mon épée ?

GIUSEPPO.

Vous me tuerez avant de franchir le seuil de cette porte !

(La porte s'ouvre violemment, Stella paraît, fuyant épouvantée.)

MARTINO, à sa vue.

Stella !

STELLA.

Ah ! sauvée ! sauvée !

(Ils se jettent dans les bras l'un de l'autre.)

MARTINO.

Stella ! ma Stella bien aimée !..

STELLA, l'étreignant.

Ah ! tu me sauveras, n'est-ce pas, tu me sauveras ?.. mais hâtons-nous !.. j'ai trompé leur surveillance... ils sont à ma poursuite, peut-être... fuyons !..

GIUSEPPO.

Arrêtez, seigneur Comte !.. la mort vous attend aux portes de ce palais !..

STELLA, effrayée.

La mort !..

MARTINO.

Rassure-toi, Stella !.. mon bras est fort, et le cœur ne me manquera pas !.. viens, et malheur à ceux qui tenteraient de me disputer le passage !..

(Il entraîne Stella vers la porte du fond, qui s'ouvre devant eux ; Manfeld est sur le seuil ; ils reculent à sa vue.)

SCÈNE VII.

LES MÊMES, MANFELD.

MANFELD.

Que signifie ?

STELLA, éperdue.

Ah ! Martino ! défends-moi, défends-moi !

MANFELD.

Vous connaissez donc cette jeune fille, Comte ?..

MARTINO.

Que vous importe !.. Allons, faites place !..

MANFELD.

Cette jeune fille a été amenée ici par ordre du Podestat, et elle y demeurera parce que tel est son bon plaisir !

MARTINO.

Mon bon plaisir, à moi, est qu'elle sorte sur l'heure !.. Livrez-moi donc passage !

GIUSEPPO, à mi-voix, à Martino.

Imprudent, vous dressez vous-même votre échafaud.

MARTINO.

Allons ! il faut en finir !.. (Allant à lui.) Baron de Manfeld... noble pourvoyeur des plaisirs du maître... vous êtes un lâche !

MANFELD, entre ses dents.

Comte della Scala !

MARTINO.

Mais l'insulte glisse donc sur toi, que ton épée est si lente à sortir du fourreau ?

MANFELD.

Prie Dieu qu'elle n'en sorte pas !..

MARTINO.

Rien encore !.. ce gant !.. je le réservais pour la face de ton maître... à défaut de la sienne. (Le lui jettant au visage.) Tiens !

MANFELD, tirant son épée.

Oh ! du sang ! du sang !

MARTINO, poussant un cri de joie.

Ah !

STELLA.

Par pitié !

MARTINO.

Laisse, Stella !..

GIUSEPPO.

Arrêtez, Messeigneurs !.. un duel, dans ce palais...

MARTINO.

Arrière !

(Ils s'attaquent. — Stella tombe à genoux. — Giuseppo suivant le combat d'un œil inquiet, a l'oreille collée à la porte de gauche.)

MANFELD, portant un coup.

A toi, odieux Lombard !

MARTINO, de même.

A toi, lâche courtisan !

MANFELD, frappé.

Ah !   (Il chancelle et tombe.)

STELLA, avec effroi.

Ah ! tu l'as tué !..

MARTINO, l'entraînant.

Viens, viens, Stella !.. Nous nous reverrons, Podestat de Vérone !..

SCÈNE VIII.

GIUSEPPO, MANFELD, à terre.

(Giuseppo s'avance lentement vers Manfeld, se penche sur lui, et le considère attentivement.)

GIUSEPPO, à genoux près de lui.

Il respire encore... son cœur bat... (Manfeld fait un mouvement.) Il ouvre les yeux.

MANFELD, se soulevant avec peine.

Qui est là ?.. est-ce vous, mon noble maître ?.. Ah ! c'est toi, Giuseppo... tu n'es donc pas dévoué au Podestat... que tu es demeuré immobile au lieu de donner l'alarme ?..

GIUSEPPO.

Que pouvais-je contre ce furieux dont l'épée me barrait le passage ?

MANFELD.

Je te dis que tu es son complice... et quand je devrais m'y traîner malgré toi... notre maître saura ta conduite...

GIUSEPPO.

Ce serait perdre un innocent... vous ne le ferez pas, seigneur...

MANFELD.

Je veux voir le Podestat... je veux lui dire...

GIUSEPPO,

Ah !.. vous voulez absolument voir le Podestat... (Les regards de Giuseppo se tournent lentement vers le gouffre.) Eh bien ! il m'entendra aussi... (L'aidant à se relever.) Appuyez-vous sur moi... venez...   (Ils font quelques pas.)

MANFELD.

Mais, où me conduis-tu ?..

GIUSEPPO.

A l'appartement du Podestat.

MANFELD.

Il me semble que ce n'est pas de ce côté...

GIUSEPPO.

Si fait... venez toujours.

(Ils sont arrivés près de la fenêtre de gauche.)

MANFELD, avec effroi.
Mais, où me conduis-tu donc?
GIUSEPPO.
Où je vous conduis?.. au gouffre, monseigneur!
MANFELD, se débattant.
Au gouffre!.. traître!.. Au secours! au secours!..
(Giuseppo l'entraîne sur le balcon, malgré sa résistance; la fenêtre se referme sur eux.)
MANFELD, sur le balcon.
A moi!.. au secours!..
(Bruit de sa chute; la fenêtre se rouvre, Giuseppo reparaît. Au même instant entre Guidotti, suivi de Wolfrag et de quelques courtisans.)

SCÈNE IX.
GUIDOTTI, GIUSEPPO, WOLFRAG, ETC.;
puis FÉDERIG, RUDIGER, OFFICIERS.

GUIDOTTI, en entrant.
Pourquoi ces cris?.. Que se passe-t-il?
GIUSEPPO, avec calme.
Je l'ignore, monseigneur... Comme vous, j'accours au bruit.
WOLFRAG, fixant Giuseppo.
N'en doutez pas, seigneur Podestat, la trahison s'est glissée jusqu'en ce palais.
GIUSEPPO, froidement.
Ce qui se passe est, en effet, bien étrange...
WOLFRAG, vivement.
Voyez donc, Monseigneur, une épée nue à terre...
GUIDOTTI.
Des traces de sang jusqu'à ce balcon!.. Suis-je entouré d'assassins!
FÉDERIG, accourant par la droite, pâle et défait.
Ah! Monseigneur!.. cette jeune fille? Elle n'est point ici? Vous ne l'avez pas vue?..
GUIDOTTI.
Non, après?
FÉDERIG.
Grâce, Monseigneur!
GUIDOTTI.
Eh bien! cette jeune fille?
FÉDERIG.
J'ignore comment cela se fait... elle n'est plus dans sa chambre!
GUIDOTTI.
Malheureux!.. tu m'en répondais sur ta tête!
RUDIGER, entrant précipitamment, suivi de quelques officiers.
Monseigneur!.. le comte Martino vient de sortir du palais, l'épée haute, frappant, renversant tout sur son passage, et entraînant une femme dans sa fuite!..
GUIDOTTI, transporté de rage.
Martino!.. Ah! c'est lui qu'elle aime!
RUDIGER.
Ce n'est pas tout: un homme a été précipité de cette fenêtre dans le gouffre... un soldat, de garde au rempart, a vu tomber le corps de ce balcon, et l'a entendu rouler dans l'abîme.
GIUSEPPO, froidement.
Il y a ici un affreux mystère à approfondir.
GUIDOTTI.
Martino!.. et le traître échapperait à ma vengeance! oh! non! dussé-je faire cerner et brûler Vérone, il périra!
GIUSEPPO.
C'est dans les grandes occasions que surgissent les grands dévouemens; noble Podestat... avant la fin de cette journée, vous aurez revu Stella, croyez-en la parole de votre fidèle serviteur.
GUIDOTTI.
Et lui?.. lui, l'infâme?..
GIUSEPPO, allant rapidement vers la table et traçant quelques lignes.
Signez, Monseigneur...
GUIDOTTI.
Qu'est-ce que cela?
GIUSEPPO.
L'ordre d'arrêter en quelque lieu qu'ils se trouvent, fût-ce même en lieu d'asile, le comte Martino, ainsi que tout Véronais qui me paraîtra suspect.
GUIDOTTI.
Tu connaîtrais sa retraite?
GIUSEPPO.
Avec l'aide de Dieu, et de votre police, je la découvrirai!
GUIDOTTI.
Voici l'ordre.
(Giuseppo le reçoit en s'inclinant.)
WOLFRAG, à part.
Toujours ce Véronais... (Haut.) Magnifique Podestat, si vos fidèles Allemands n'ont pas démérité de votre confiance, je réclame la faveur d'exécuter cet ordre.
GIUSEPPO, à Guidotti.
La tête du comte Martino, ou la mienne, Monseigneur!.. (A Wolfrag.) Maintenant, seigneur Comte, à vous le marché que je viens de passer.. si le cœur vous en dit!
(Wolfrag reste interdit.)
GUIDOTTI, souriant.
Le seigneur Comte ne dit mot?.. à l'œuvre donc, Giuseppo!.. suivez-moi, Messires!..
(Guidotti rentre dans ses appartemens suivi de ses conseillers.)
GIUSEPPO, à Féderig qui s'éloigne.
Reste, Féderig!..

SCÈNE X.
GIUSEPPO, FÉDERIG, à quelque distance.

GIUSEPPO, à lui-même, se promenant en réfléchissant.
Mariani!.. Rizzio!.. oui, c'est cela... c'est le seul moyen... il est violent... mais aussi il est infaillible!.. ils ne peuvent tarder maintenant... (S'arrêtant devant un sablier.) Il me reste une demi-heure.. c'est plus de temps qu'il ne m'en faut pour remettre Stella aux mains de Guidotti... (Marchant et réfléchissant de nouveau.) Où Martino l'a-t-il conduite?.. dans son palais elle ne serait pas en sûreté... ah!.. cette maison, de misérable apparence, où il entre chaque jour enveloppé d'un large manteau, et d'où il sort quelques instans après déguisé en batelier pour se rendre au faubourg de l'Adige!.. tout le monde... excepté moi... ignore qu'elle lui appartient... (Avec certitude.) Oui, c'est là qu'il a caché Stella!.. (Hé-

sitant un moment.) Mais Martino y sera peut-être
arrêté avec elle... (Se décidant tout-à-coup.)
Qu'importe!.. ne suis-je pas là!.. (Il gagne rapidement la table où il se met écrire. Puis appelant.)
Féderig!..

FÉDERIG, avançant.

Seigneur?..

GIUSEPPO, tout en écrivant.

Prends dix archers avec toi... cours à la rue
del Palio... à droite, au tiers de cette rue, est
une espèce de màsure... porte basse, muraille
lézardée... tu y pénétreras de gré ou de force...
tu y trouveras Stella Barocchi, et tu l'arrè-
teras!..

FÉDERIG.

Ah! Dieu soit loué!..

GIUSEPPO.

Voici l'ordre.

FÉDERIG.

Comptez sur moi!.. (A part.) C'est le Diable
incarné que cet homme!

(Il va pour s'éloigner.)

GIUSEPPO, qui s'est remis à écrire.

Un moment... cet autre, à l'officier de service
au palais... vas!..

(Féderig s'éloigne rapidement. — Arrivé au fond, il
se trouve en face de Strozzi qui l'arrête et lui dit
quelques mots bas. — Féderig lui montre Giuseppo. — Strozzi entre et demeure immobile à
quelques pas de Giuseppo resté assis et absorbé
dans ses réflexions.)

SCÈNE XI.
GIUSEPPO, STROZZI.

GIUSEPPO, à lui-même se levant tout-à-coup.

Allons, le sort en est jeté!.. (Il se retourne
comme pour s'éloigner, il est en face de Strozzi,
tressaille involontairement et ajoute à part.) Le
bourreau!.. (Puis se remettant.) Que fais-tu
là ?...

STROZZI, sans bouger.

J'attends.

GIUSEPPO.

Qu'attends-tu ?..

STROZZI.

Que votre Seigneurie soit en humeur de
m'écouter.

GIUSEPPO, après avoir jeté un coup-d'œil sur le
sablier.

Voyons, parle vite.

STROZZI.

Voilà ce que c'est... vous savez bien ce
vieillard d'hier?.. que maître Franz et moi
avons servi aux bourgeois de Vérone en guise
de dessert?

GIUSEPPO, brusquement.

Eh bien?..

STROZZI.

Eh bien! je ne sais pas si c'est que ma figure
lui revenait mieux que celle de mon confrère,
mais pendant que ce vieil endurci de Franz,
préparait la chose... (Tirant un papier.) Voici ce
qu'il me glissa dans la main avec une dixaine
de florins d'or, dont il n'avait plus que faire.

GIUSEPPO, vivement.

Une lettre?

STROZZI, continuant.

Me suppliant, les larmes aux yeux, d'empocher
les uns et de remettre l'autre à une nommée
Stella Barocchi, du faubourg de l'Adige.

GIUSEPPO, les yeux attachés sur la lettre que tient
Strozzi.

Ah!.. et ensuite?

STROZZI.

Ensuite... j'empochai, et je promis... Mais
comme j'allais m'acquitter fidèlement de ma
commission, il m'est venu une idée, qui me fait
hésiter depuis hier... Puisque cet homme était
un conspirateur, il doit avoir des complices...
et alors cet écrit contient peut-être un secret
qui serait bien payé par notre seigneur le Podestat.

GIUSEPPO, le fixant.

Maître Strozzi aime fort l'argent, à ce qu'il
paraît?

STROZZI, avançant un peu la lettre.

Quand je le nierais?

GIUSEPPO, lui arrachant la lettre.

Donne donc! (Lui jetant une bourse.) et
prends!

STROZZI, s'inclinant.

J'ai tout dit, monseigneur.

GIUSEPPO.

Vas, et si tu tiens à la vie, oublie et cette lettre et ce qui vient de se passer entre nous.

STROZZI, désignant la bourse.

Je ne me souviendrai que de cela!

(Il s'incline de nouveau et sort.)

SCÈNE XII.
GIUSEPPO, puis MARIANI, RIZZIO, Bourgeois, ensuite Gardes.

GIUSEPPO, tenant la lettre, et les yeux attachés sur
la suscription.

Pourquoi l'aspect de ces caractères me fait-il
aussi violemment battre le cœur?.. pourquoi tout
à l'heure, à la vue de cette lettre, ce désir qui
s'est emparé de moi d'en savoir le contenu?
(Consultant tout-à-coup le sablier.) Oh! mais plus
tard... voici l'heure! (Il met la lettre sur la table,
et va à la petite porte de droite qu'il ouvre, puis
regardant.) Personne encore. (Écoutant.) Mais
j'entends un bruit de pas... ce sont eux!

(Il s'éloigne de la porte où paraît aussitôt Mariani,
puis Rizzio et tous les bourgeois. —Ils entrent en
silence.—La porte se referme.)

MARIANI.

L'heure vient de sonner... nous sommes exacts
au rendez-vous que tu nous as assigné.

GIUSEPPO.

C'est bien.

RIZZIO.

Que veux-tu de nous?

GIUSEPPO.

Vous le saurez.

RIZZIO.

Le moment de frapper est-il enfin arrivé?

GIUSEPPO.

Peut-être! (A part.) Ils tardent bien.

RIZZIO.

Qui l'arrête encore?

GIUSEPPO.

Que t'importe.

RIZZIO.

Si tu es des nôtres, explique-toi !

GIUSEPPO, regardant du côté de la porte du fond.

Un peu de patience.

MARIANI.

Tu sembles attendre quelqu'un ?

GIUSEPPO, à la vue des gardes qui envahissent le fond.

Je n'attends plus personne !

RIZZIO.

Trahison ! les archers !

(Stupéfaction des bourgeois.)

GIUSEPPO, qui a pris le milieu de la scène.

Au nom d'Ausédisius de Guidotti, seigneur et podestat de Vérone, je vous arrête !

MARIANI, s'élançant sur Giuseppo le poignard à la main.

Infâme !

(On le désarme. Chaque conjuré est saisi par deux soldats.

RIZZIO, lentement.

Eh bien, Mariani?

GIUSEPPO.

Qu'on les traîne à la tour, et qu'ils soient chargés de chaînes ! (A l'officier.) Allez... vous répondez des prisonniers.

RIZZIO.

Opprobre et malédiction sur le traître !

TOUS.

Opprobre et malédiction sur le traître !

(Ils jettent un regard de mépris sur Giuseppo et se laissent emmener sans opposer de résistance,)

SCÈNE XIII.

GIUSEPPO, seul, allant vivement à la table.

Cette lettre, maintenant!.. (Il prend la lettre, qu'il tourne dans ses doigts.—Moment de silence. —Puis:) Là est le secret de cette jeune fille... celui de ce vieillard, son père... mort si courageusement... (Il brise tout-à-coup l'enveloppe : et commence à lire, d'abord avec indifférence. « C'est »du fond d'un cachot, où j'attends la mort des »infâmes, que je t'adresse ces lignes, ma fille... »Je subirai cette dernière épreuve, comme j'ai »subi les autres, avec résignation... mais je ne »puis me résoudre à quitter la vie sans m'être »justifié de 15 ans de silence et d'abandon... »Nos malheurs sont l'œuvre du terrible Ecce- »lino, du tyran dont la main de fer pèse encore »à cette heure sur ma triste patrie... le cruel m'a »fait chèrement expier le crime de m'être armé »pour la liberté... Condamné comme rebelle, »assailli, traqué dans ma demeure, j'allais en

»être arraché et traîné au gibet... le dévouement »de quelques serviteurs, me donna le temps de »fuir... Plus heureuse que ton pauvre frère ; à »l'approche du danger, tu avais été enlevée à »cette scène d'horreur par ta fidèle nourrice... »Je sortis donc de Vérone, et passai en Espagne »où je pris du service... Fait prisonnier, ce ne »fut qu'après 14 ans d'une rude captivité, qu'il »me fut accordé de revoir l'Italie... Proscrit et »esclave, un seul espoir m'avait fait vivre... »libre, une seule pensée m'animait... te retrou- »ver, ma fille!.. Après plusieurs mois d'infruc- »tueuses recherches, d'informations sans résul- »tat, un hasard inespéré me mit enfin sur tes »traces... Je découvris que celle qui t'avait nour- »rie, cachée sous le nom de Johanna Barocchi, »habitait avec une jeune fille un quartier reculé »de Vérone, de l'autre côté de l'Adige... Ce fut »donc le cœur plein de joie et d'espérance, que »je revis ce matin, cette ville, où déjà le gibet »s'était dressé pour moi, et où m'attendait un »échafaud... En passant près de l'endroit où s'é- »levait jadis la demeure de mes pères, tous mes »souvenirs se réveillèrent affreux... une invin- »cible émotion me saisit, et je me mis à prier »agenouillé sur les ruines de ma maison incen- »diée, dont, quinze ans auparavant, les dé- »combres avaient servi de tombeau à mon pau- »vre Raf... (Lentement et l'œil fixe.) Rafaël!.. » (Moment de silence et de stupeur.) Oh ! mon Dieu !.. (Tournant tout-à-coup le feuillet et s'écriant:) Vincenti Pagano !.. (D'une voix étouffée, après un temps.) Vincenti Pagano !.. Oh ! mais je suis le jouet d'une horrible vision... (Il cherche d'abord à lire et ne voit pas ; puis :) Non... non... c'est bien ce nom... c'est bien le nom de mon père !..Mais... mais je suis donc né maudit!.. et toi, toi ma sœur... mon Isabelle tant regrettée ! livrée, li- vrée par moi... infamie !.. C'était ma sœur... et mon cœur ne s'est pas soulevé... mais peut-être est-il temps encore !.. oh ! oui, elle du moins, je la sauverai ! je la sauverai !.. (Il va pour s'élan- cer, s'arrête et chancelle.) Je ne puis... mes forces me trahissent... Isabelle !.. mon père !.. ah ! c'est horrible !.. mais le temps s'écoule... mon Dieu ! laisse-moi vivre une heure encore !.. (Il s'élance vers le fond, et demeure comme pétrifié à la vue de Stella et de Martino traversant à l'extérieur sous la garde de Féderig et des archers ; puis, il s'écrie d'une voix sourde :) Ah !.. trop tard ! trop tard !..

STELLA, du fond.

Le voilà, le misérable !.

MARTINO.

Malédiction sur lui !

GIUSEPPO, chancelant.

Oh ! oui, misérable et maudit !

(Il suffoque et tombe privé de sentiment.)

FIN DU DEUXIÈME ACTE.

ACTE III.

Une chambre dans le palais. Porte au fond ; porte à droite. — A gauche, une porte cachée dans la boiserie.

SCÈNE I.

GIUSEPPO, seul.

(Au lever du rideau, il est debout, immobile, la main à son poignard, près de la porte de droite qui est fermée, et il semble écouter avec anxiété ce qui se passe dans la pièce voisine.)

Stella, ma sœur !.. elle, ma sœur !.. innocente et malheureuse enfant !.. C'est épouvantable, ce que j'ai fait ! c'est à en devenir fou de désespoir et de rage !.. Oh ! ce qui m'arrive est une justice du ciel !.. mais je te sauverai, Stella !.. (Montrant la gauche.) Ce passage, qui donne sur l'Adige, n'est pas encore gardé ; c'est par là que tu fuiras !.. Mais il est toujours là, près d'elle, la conjurant, au nom de son indigne passion, de se donner à lui... Malédiction !.. et moi, moi, je suis, par son ordre, enchaîné, cloué à cette place... Oh ! mais ce poste m'est cher et sacré !.. Oui, je te sauverai, Stella !.. mais mon père... mon pauvre père !.. pardonnez-moi, mon Dieu !.. mon Dieu ! pardonnez-moi !.. Elle appelle, je crois... (Écoutant.) Non !.. Oh ! qu'un son de sa voix vienne frapper mon oreille, qu'elle pousse un cri, et je brise cette porte ! et j'étends le bourreau aux pieds de la victime ! (Après avoir écouté de nouveau.) Rien encore !.. ce silence m'épouvante !.. La violence... mais elle est sourde quelquefois... mais il y a une violence que rien ne révèle, qu'on n'entend pas, qui étouffe les cris, qui refoule la voix dans la poitrine... Oh ! si cela était !.. (Il s'élance pour briser la porte, puis il s'arrête tout-à-coup.) On vient... c'est lui... Allons, mon cœur, ne bats plus de haine... Allons, ma colère, cesse de gronder... de la force, du sang-froid, mon Dieu !

SCÈNE II.

GUIDOTTI, GIUSEPPO.

(Le Podestat entre par la droite ; Giuseppo l'examine avec inquiétude et cherche à lire dans ses yeux et sur ses traits.)

GIUSEPPO.

Ainsi que l'ordre m'en avait été donné, j'ai veillé ici, fidèle gardien des secrets de mon noble maître... Eh bien ! la jolie Stella ?..

GUIDOTTI.

Oh ! qu'elle était belle !.. belle à damner tous les saints du paradis !..

GIUSEPPO.

Et, comme vous n'en êtes pas encore là, monseigneur....

GUIDOTTI, poursuivant.

J'étais ivre et fou d'amour... moi, qui n'ai qu'à faire un geste pour être obéi ; moi, Podestat de Vérone, je me suis mis à ses genoux, parlant d'amour à son cœur, demandant grâce à sa pitié, implorant et menaçant tour-à-tour... (Giuseppo porte la main à son poignard.) Oui, des menaces ; car il y a de la rage dans mon cœur, lorsque je pense à ce Martino qu'elle me préfère. Et comme, pour augmenter ma fureur, elle avait sans cesse à la bouche ce nom odieux !..

Un moment pourtant, il y eut un moment où j'ai espéré...

GIUSEPPO, tourmentant son poignard.

Elle n'était plus rebelle ?.. elle allait se rendre ?..

GUIDOTTI.

Honteuse et confuse, elle détournait de moi son regard ; sa main tremblait dans la mienne ; une émotion inconnue semblait l'avoir gagnée, et je la voyais mille fois plus jolie encore... ses lèvres murmuraient des mots presque inintelligibles... j'étais vainqueur enfin !.. (Giuseppo a peu à peu tiré son poignard.) Damnation ! elle s'enhardit alors, et je pus comprendre son émotion et son langage... Pour flatter son caprice, je venais de lui donner l'espérance que je pourrais faire grâce à Martino, et elle me remerciait pour lui, toujours lui ! Alors, perdant patience...

GIUSEPPO.

Eh bien ?..

GUIDOTTI.

Je l'ai quittée, je suis sorti de cette chambre !.. (Après un temps.) Sur mon âme, j'ai été faible comme un enfant !

GIUSEPPO, à part, remettant son poignard.

Il l'a respectée... merci, mon Dieu, merci !..

GUIDOTTI, continuant.

Mais, du moins, elle ne m'échappera plus, j'en réponds... une garde vigilante et dévouée veille autour d'elle sans relâche... J'y pense !.. (Montrant la gauche.) à l'extrémité de ce passage qui donne sur les bords du fleuve...

GIUSEPPO, à part.

Tout est perdu !.. (Haut.) Mais qui pourrait se douter ?.. cette porte n'est pas même visible...

GUIDOTTI.

Le sais-je, moi ?.. mais depuis la mort funeste de ce pauvre Baron de Manfeld, tout m'est sujet d'inquiétude et de défiance... par là, vois-tu, à l'aide d'une barque on pourrait fuir en toute sécurité... vas... cours y placer quelques hommes, et veilles-y toi-même !

GIUSEPPO, avec un mouvement imperceptible de joie.

Bien, bien, Monseigneur, je ne perds pas une minute !

(Ils sortent tous deux par le fond ; on les voit tourner, le Podestat à droite, Giuseppo à gauche.)

SCÈNE III.

STELLA, seule.

(Elle entre par la porte à droite, contre laquelle elle s'appuie un moment.)

Enfin, il n'est plus là... il m'a délivrée de son odieuse présence... Oh ! avoir pour un homme du dégoût plein l'âme, de la haine plein le cœur, et se voir forcée de l'entendre vous parler d'amour... de l'amour, lui !.. maître insolent !.. mais, qu'ai-je donc fait, moi, pauvre fille ?.. Martino va périr !.. pitié ! pitié, mon Dieu !.. mais je crierai long-temps en vain ; qui pourrait venir à mon secours ? personne ! personne !

(La porte de gauche s'ouvre brusquement.

SCÈNE IV.
GIUSEPPO, STELLA.

GIUSEPPO, entrant.

Moi ! moi !

STELLA, reculant avec effroi.

Encore vous !

GIUSEPPO.

Oui, moi qui viens vous sauver !.. (A part, avec douleur.) Et n'oser la presser sur mon cœur !..

STELLA.

Giuseppo me sauver !.. basse et vile dérision !.. Giuseppo, que je ne connais que par le mal qu'il m'a fait, lui qui m'a livrée à son maître deux fois en un jour : la première par la ruse, la seconde par la force... et après cela, venir me dire que tu veux me sauver, c'est une bassesse de plus ; c'est lâche, oui lâche !

GIUSEPPO.

Vous me méprisez, Stella, vous me haïssez, et je ne me plains pas, car je mérite votre haine et votre mépris... oui, j'ai été envers vous cruel ; mais en ce moment je suis sincère... oh ! si vous saviez !..

STELLA.

Je sais que, sans toi, moi et Martino nous serions encore libres et heureux !.. je sais que tu es pour moi un messager de malheur, un mauvais génie !..

GIUSEPPO, accablé.

Tout ce que vous dites est vrai... mais s'il ne fallait que mourir ici, devant vous, pour vous prouver mon repentir, à l'instant même je me frapperais, Stella !.. mais cela ne vous sauverait pas, et j'ai besoin de vivre pour vous rendre à la liberté !..

STELLA.

Libre par toi ? non !.. Tu crains que mes prières n'arrachent Martino à la mort, et tu veux le tuer !.. Laisse-moi, laisse-moi ; je refuse !

GIUSEPPO.

Oh ! justice de Dieu !.. et pourtant votre délivrance est mon vœu le plus ardent et le plus cher, Stella !.. j'en jure par ce que j'ai de plus sacré au monde, par le souvenir de ma mère !

STELLA.

Tu me trompes !..

GIUSEPPO, à lui-même.

Elle ne me croit pas encore !.. mon Dieu ! mon Dieu ! Que lui dire pour la convaincre ? (Haut.) C'est pourtant un serment inviolable que celui prononcé au nom de la mémoire d'une mère... On ne trompe pas en parlant ainsi, car on serait maudit !.. Eh bien ! je vous sauverai malgré vous !

(Il la saisit et veut l'entraîner.)

STELLA, résistant.

Arrière ! arrière !.. (Avec ironie.) Au nom du Podestat, à qui j'appartiens ; au nom de ton maître, à qui tu obéis en esclave, quoiqu'il ordonne, je t'ordonne, moi, de me laisser ici !.. Esclave, obéis !

GIUSEPPO, à genoux.

Vous avez raison, jeune fille, pas de violence... Mais je suis à vos pieds... moi, un homme dur et sans pitié ; je vous implore !.. Ah ! si vous n'ajoutez pas foi à mes paroles, que mes larmes du moins...

STELLA.

Tes larmes !.. mensonge, mensonge, comme les paroles !

GIUSEPPO, se relevant.

Vérité ! vérité !.. Écoute, puisqu'il le faut, écoute, Isabelle !..

STELLA, stupéfaite.

Isabelle !..

GIUSEPPO.

N'est-ce pas le nom que vous donnait votre père ?.. votre père qui s'appelait, lui, Vincenti Pagano ?

STELLA.

Et d'où sais-tu cela ?..

GIUSEPPO.

Et puis, n'aviez-vous pas un frère plus âgé que vous de quelques années, et que vous appeliez Rafaël ?.. Oh ! vous l'aimiez bien, et il vous aimait bien aussi !.. Vous souvient-il que, toute petite, il vous prenait sur ses genoux, et que, s'amusant à tresser vos cheveux, doux comme le duvet du cygne, il vous chantait pendant ce temps-là les barcaroles des gondoliers de l'Adige ?..

STELLA, émue.

Oui, je m'en souviens... mon bon, mon pauvre frère !

GIUSEPPO.

Vous souvient-il encore que votre père vous disait souvent, à lui : Rafaël, aime et protége ta sœur, sers-lui de père quand je ne serai plus là ; et à vous, Isabelle : Obéis à ton frère, aime-le comme une fille aime son père, quand je ne serai plus là.

STELLA.

Oui, ces paroles se sont gravées en mon cœur pour n'en jamais sortir... mais, mon Dieu !.. qui a pu vous apprendre ?..

GIUSEPPO.

Et puis, votre père vous donnait sa bénédiction à tous deux ; et puis, vous, toute émue... tenez, émue comme je vous vois à cette heure... vous alliez chercher un refuge dans les bras de Rafaël, vous cachiez votre tête blonde dans le sein de Raphaël, et il la couvrait de ses baisers... Isabelle, Isabelle, vous souvenez-vous ?..

STELLA, haletante d'émotion.

Oh ! je n'ai rien oublié !

GIUSEPPO.

Ni lui, non plus... ni moi, non plus !..

STELLA.

Vous !

GIUSEPPO.

Non, Rafaël n'a rien oublié !.. Isabelle ! ma sœur !..

STELLA, se précipitant dans ses bras.

Ah !..

GIUSEPPO.

Bien !.. dans mes bras, sur mon cœur, comme autrefois... dans mes bras, qui te défendront ; sur mon cœur, qui bat de joie... enfin ! enfin !..

STELLA.

Mon frère !.. Oh ! je blasphémais Dieu tout à l'heure... je croyais être seule au monde, et j'ai mon frère, mon frère !

GIUSEPPO.

Maintenant, tu suivras mon conseil, n'est-ce pas ; tu fuiras de ces lieux ?..

STELLA.

Mon frère ne veut pas me tromper, je lui obéirai. (Du ton d'un léger doute.) Mais, depuis quand, et par quel hasard, par quel prodige de la bonté du ciel as-tu découvert ?..

GIUSEPPO, à part.

Oh ! lui dire que notre père... elle en mourrait. (Haut.) Depuis quelques heures seulement... oui, par un prodige... Mais, plus tard, quand tu seras en sûreté, je te dirai tout... A présent, il faut fuir !

STELLA.

Eh bien ! comment ?.. Que faut-il faire ?

GIUSEPPO.

Rester ici et m'attendre... moi, je sors : un homme, qui m'est dévoué, se tient ici près avec sa barque ; je cours l'avertir et, dans cinq minutes, je reviens pour te guider, par ce passage, jusqu'au bord du fleuve... mais il faut tout prévoir ; il se peut que je sois retardé... tiens, (Allant à la porte.) en poussant ce ressort, la porte s'ouvre... Si j'étais découvert, tu partirais seule... n'oublie rien...

STELLA.

N'aie pas peur...

GIUSEPPO.

Deux coups, frappés dans la main, t'annonceront l'arrivée de cet homme et sa présence à l'extrémité du passage. Que le ciel nous seconde, et tu es libre !

STELLA, élevant les mains.

Libre ! libre !

GIUSEPPO.

Embrassons-nous, ma sœur, cela me donnera du courage pour tout affronter. (Se dégageant de ses bras.) Allons, allons !

STELLA.

Mais toi, que deviendras-tu ?.. mais Martino ?..

GIUSEPPO.

Je reste pour le sauver ou périr avec lui !.. mais je le sauverai !.. Dieu m'inspirera, Dieu qui me pardonne puisqu'il m'a rendu ma sœur ! et dans peu, nous nous reverrons chez le gondolier où tu seras en sûreté. A bientôt ! bientôt !

(Il l'embrasse de nouveau et sort par le fond.)

SCÈNE V.

STELLA, seule.

Oh ! tant de bonheur ! quand il n'y a qu'un instant tout était malheur autour de moi !.. Je serai sauvée !.. qui m'aurait dit que ce Giuseppo, c'était Rafaël... mon frère !.. Oui, c'est bien lui... ces souvenirs de notre enfance... ces paroles de notre père qu'il m'a rappelées... Il n'y a que Rafaël pour savoir tout cela... et d'ailleurs il m'a priée avec l'accent d'un repentir si véritable, et il a pleuré. Oui, j'ai vu couler ses larmes... Oh ! c'est bien lui, c'est bien mon frère ! (On entend à gauche un coup frappé dans la main.) Qu'entends-je ? (Un second coup.) Le signal !.. le signal de ma délivrance !.. O mon Dieu ! veillez sur Martino, envoyez-lui comme à moi, un sauveur !.. mon frère m'a promis, il tiendra parole... quelque chose me dit là, qu'un jour, bientôt, nous serons tous réunis et heureux... mon père manquera seul... Qu'est-il devenu ?.. Rafaël ne m'en a rien dit ; mais il tarde bien !.. si l'on venait... Un instant de retard suffit pour tout perdre, il le sait. (Ecoutant.) Et il ne vient pas... je brûle d'impatience. (Ecoutant de nouveau.) Rien encore ! Ah ! je n'y tiens plus... ce ressort caché... (Elle

va à la porte.) Le voici ! (Elle pousse le bouton, la porte s'ouvre. Guidotti apparaît sur le seuil. Stella recule épouvantée.) Ah ! perdue !.. je suis perdue !

(Guidotti a fait un pas dans la chambre, La porte est restée ouverte. Au même instant, la porte du fond s'ouvre et laisse voir Giuseppo qui vient pour rentrer. A la vue de Guidotti, il referme précipitamment la porte et disparaît sans avoir été aperçu par eux.)

SCÈNE VI.

GUIDOTTI, STELLA, puis GIUSEPPO.

GUIDOTTI.

Ce n'est pas moi que vous comptiez trouver là, n'est-ce pas, ma belle Véronaise ? (Avec fureur.) Mais je n'ai donc autour de moi que des traîtres !.. Ah ! il en est un qui paiera pour tous !.. Giuseppo seul peut t'avoir livré le secret de cette porte ?

STELLA.

Lui !.. non monseigneur, ce n'est pas lui !.. le hasard...

GUIDOTTI.

Ton trouble me dit que tu mens ! (Avec fureur.) Lui !.. Ah ! Giuseppo ! Giuseppo !

GIUSEPPO, accourant par la porte à gauche.

Trahison ! trahison, monseigneur !.. Arrivé pour exécuter vos ordres, j'ai trouvé au bout de ce passage, une barque, un homme qui semblait attendre... il a frappé deux fois dans sa main... C'était un signal sans doute.

STELLA, à part.

Qu'entends-je !.. Ah ! ce serait infâme !

GUIDOTTI, avec force.

Qu'à l'instant on m'amène cet homme, et je jure dieu que les tortures lui arracheront son secret !

GIUSEPPO.

Son secret est mort avec lui, monseigneur.., il dort maintenant avec son cadavre dans les eaux du fleuve... mon poignard a été droit au cœur.

GUIDOTTI.

Damnation ! je ne saurai rien.

GIUSEPPO.

J'ai cru, ignorant d'où venait la trahison, que le meilleur était d'abord de la prévenir, et puis je suis accouru pour veiller moi-même.

STELLA, à part.

Mon dieu ! il n'était pas mon frère !

GUIDOTTI, qui a suivi leurs mouvemens, à lui-même.

Rien... ce n'est pas lui. (Haut.) Tu es mon bon génie, ma fée bienfaisante !... ta main, Giuseppo.

GIUSEPPO.

Ah ! monseigneur !

GUIDOTTI, à part, regardant Stella.

Elle me reste !

GIUSEPPO, à part.

La ruse vient d'échouer... à la force maintenant !

LE RIDEAU TOMBE.

ACTE IV.

Un cachot dans l'intérieur du palais. — Porte d'entrée au fond. — A droite, une porte basse. — Le cachot est éclairé par une lampe suspendue à la voute.

SCÈNE I.

MARIANI, RIZZIO, Conjurés.

(Ils sont en scène, au lever du rideau, les uns debout, les autres couchés; mais tous enchaînés, soit aux murailles, soit aux piliers.)

RIZZIO, secouant Mariani qui est accablé.

Allons, frère, du courage...

MARIANI, relevant la tête.

Rizzio croit donc que j'en manquerai?

RIZZIO.

Pour mourir, non... mais devant le regret de nous avoir entraînés dans l'abîme qui va t'engloutir avec nous.

MARIANI, douloureusement.

Ma crédulité vous a perdus... elle m'a fait le complice de la trahison... elle a associé pour jamais mon nom à celui d'un misérable... Vérone oubliera mes intentions, pour se ressouvenir seulement des maux que ma sotte confiance aura attirés sur elle, et Vérone maudira ma mémoire!

RIZZIO.

Dois-tu craindre, ami, le jugement de ceux qui survivront?.. dois-tu craindre qu'ils t'accusent et te maudissent, quand ceux qui vont mourir te plaignent et te consolent!

MARIANI.

Merci, Rizzio!

RIZZIO.

Ne vas-tu pas payer de ta vie, la faute d'avoir cru à la loyauté d'un enfant de Vérone?

MARIANI.

Mon aveuglement fut tel que, par instants mes yeux mal ouverts, se refusent encore à voir... le croiras-tu, Rizzio?.. Quand je ne puis faire un mouvement sans être aussitôt rappelé à ma situation, par le bruit de mes fers... Eh bien! te l'avouerai-je?.. je me surprends encore à douter... Oh! Giuseppo! Giuseppo!

RIZZIO.

A ce nom exécré je sens la haine déborder de mon cœur!

MARIANI.

Avec quel art le serpent m'avait enlacé.

RIZZIO.

En échange de mon sang, ô mon Dieu! en échange de celui de mes frères, accorde-moi un jour, une heure seulement de liberté... tu dois bien cela au traître, qui nous a livrés, qui nous a vendus!

MARIANI.

Je ne demande au Ciel, moi, Rizzio, que d'inspirer à ce fourbe de venir sur notre passage, rire de notre agonie... Inspirez-lui cette pensée, mon Dieu! et je réponds de trouver assez de force pour briser mes fers et arriver à lui d'un bond!.. Je réponds de nous venger de l'infâme!

(Bruit de verroux; la porte du fond s'ouvre.)

RIZZIO.

Déjà nos bourreaux!

(Ils retombent désespérés; des gardes, commandés par Honorio, sont entrés; à leur suite entre un homme de justice, assisté de deux de ses collègues. Giuseppo paraît.)

SCÈNE II.

LES MÊMES, GARDES, GENS DE JUSTICE.

UN HOMME DE JUSTICE.

Votre sentence est prononcée... Le seigneur Podestat vous accorde la nuit pour vous préparer à la mort... Songez au salut de votre âme.

RIZZIO.

Jusqu'à demain, je comprends... nous ferons meilleur effet, au lever du soleil, sur la grande place de Vérone.

(Les trois hommes de justice sortent par le fond.)

GIUSEPPO.

Capitaine, Honorio... deux hommes à l'entrée du souterrain...

MARIANI, relevant la tête.

Cette voix!..

(Tous les conjurés ont imité le mouvement de Mariani.)

GIUSEPPO.

Si quelqu'un approche, vous connaissez le signal convenu... allez, et faites bonne garde.

(Giuseppo s'est avancé; à sa vue tous les conjurés se sont levés spontanément.)

TOUS, d'une seule voix.

Giuseppo!..

(Ils s'élancent sur lui; retenus par leurs chaînes, ils poussent des cris de rage en faisant de vains efforts pour les briser. Plusieurs retombent épuisés.)

GIUSEPPO, avec calme.

Enfans, qui espériez briser des chaînes que vos bras peuvent à peine soulever.

MARIANI, faisant d'inutiles efforts.

Ta présence au milieu de nous, prouve que tu les sais à l'épreuve des forces humaines!..

RIZZIO.

Oh! si un seul de nous était libre, comme à la lueur de cette lampe, nous te verrions pâlir et trembler!

GIUSEPPO, aux gardes, avec calme.

Que leurs fers tombent.

MARIANI.

Qu'entends-je?

(Etonnement des conjurés, quelques soldats se sont avancés et détachent leurs chaînes.)

TOUS, poussant un cri de joie.

Ah!..

RIZZIO, s'armant de sa chaîne et s'élançant.

A toi, Giuseppo l'espion!..

MARIANI, de même.

A toi, Giuseppo le traître!..

(Tous les conjurés ont imité le même mouvement. Les gardes ont croisé la hallebarde autour de Giuseppo.)

HONORIO.

Soldats, s'il font un pas de plus, frappez!

RIZZIO à Giuseppo.

Lâche!.. tu n'as fait tomber nos fers que pour ajouter la raillerie à la trahison!..

MARIANI.

Parce qu'un rempart d'acier te sépare de nous et te protége contre notre justice!..

GIUSEPPO, aux gardes.

Sortez... (Les gardes hésitent.) Sortez, vous dis-je !

MARIANI, à lui-même.

Est-ce un rêve ?..

(Stupéfaction des conjurés. Honorio et les gardes s'éloignent lentement par le fond, la porte se referme. Les conjurés restent immobiles à la place qu'ils occupaient.)

SCÈNE III.

LES MÊMES, moins HONORIO et les gardes.

(Mariani est devenu pensif.)

GIUSEPPO, avec calme.

Eh bien ! qu'attendez-vous encore ?.. Me voilà seul au milieu de vous... (Jettant son épée et son poignard.) Seul et désarmé... Voyons, lequel de vous fera l'office de meurtrier ?..

RIZZIO, ramassant l'épée,

Moi !.. recommande ton âme à Dieu, car ton insolente témérité ne te sauvera pas !.. Giuseppo, tu vas mourir !..

TOUS.

Oui ! la mort ! la mort !

RIZZIO.

C'est à deux genoux et la face contre terre que l'infâme doit la recevoir... allons, misérable, à genoux ! à genoux !

MARIANI, se jetant tout-à-coup entr'eux et Giuseppo.

Arrêtez ! arrêtez !.. Quelque chose me dit que vous allez commettre un épouvantable crime !.. Il est innocent, j'en jurerais Dieu !.. Voyez cet air noble et résigné... Mais dis-leur donc, Giuseppo, dis-leur donc que tu es innocent !.

GIUSEPPO, ému.

Dans mes bras, dans mes bras, Mariani ! je te pardonne de m'avoir méconnu !

MARIANI, poussant un cri de joie.

Ah !..

(Ils se tiennent embrassés. Rizzio et les conjurés paraissent indécis.)

GIUSEPPO.

Giuseppo un traître !.. O mon Dieu ! ils ont cru cela !.. si je vous avais trompés, si j'avais vendu votre sang à Giudotti, la peur en ce moment serait écrite sur mon visage, je serais tremblant devant vous... et mon visage, est calme et je ne tremble pas... (Tendant sa main à Mariani.) Dis-leur, Mariani, dis-leur si je tremble... Vous persistez à douter ?.. Ta main, Rizzio, ta main... (La plaçant sur son cœur.) Réponds , est-ce le cœur d'un traître qui bat dans ma poitrine ?..

RIZZIO, subjugué, et laissant échapper l'épée.

D'où vient donc, que malgré moi ?..

GIUSEPPO.

C'est seul avec vous, c'est entre ces murs que votre volonté peut transformer pour moi en un tombeau , et sans aucun espoir de secours, que je vous demande de m'entendre...

MARIANI, avidement.

Parle !.. parle !..

GIUSEPPO.

Ah ! qu'il fut long et fatigant le rôle que je me suis imposé ! mais quelques heures encore et l'horrible comédie sera jouée !.. en attendant,

vous allez connaître celui dont vous avez douté tant de fois... (Avec dignité.) Ecoutez, vous qui voulez être libres, et qui conspirez !.. écoutez, vous allez apprendre de moi comment on conspire !.. Si pour atteindre mon but j'ai suivi péniblement et pas à pas la route la plus rude et la plus longue, c'est qu'en même temps elle était la plus sûre... Si je me suis fait, en apparence, vil et rampant, si j'ai appris à ma langue à flatter et à mentir, si j'ai caressé si long-temps ceux que je brûlais d'étouffer, si , dévoré de haine, j'ai paré mes lèvres d'un sourire continuel, si enfin je me suis attaché à soulever contre moi les mépris et la haine de tout un peuple, quand je me vouais corps et âme au salut de ce peuple, c'est qu'en faisant cela, frères, je me livrais pieds et poings liés, le tyran que j'avais juré d'abattre !

TOUS, excepté Rizzio.

Ah !

MARIANI.

Vous l'entendez, amis !..

RIZZIO.

Modérez vos transports... laissez-le, laissez-le poursuivre.

GIUSEPPO.

Oh ! vous n'y êtes pas encore !.. Le peuple, vous en savez quelque chose, est lent à s'émouvoir ; généreux et fort, il sait souffrir long-temps avant de punir !.. Il fallait donc amener Guidotti à lasser sa patience... pour y parvenir, moi Giuseppo, moi né dans vos murs, je me suis associé à ses fureurs, j'ai, en son nom, arrosé de sang la route que je m'étais tracée , et cela parce que chaque tête qui tombait, armait mille bras pour la vengeance !.. (Après un temps, et avec une émotion croissante.) Mais si le but était grand, les moyens étaient affreux ! et Dieu m'en a bien puni !.. ce vieillard arrêté par moi, hier, désigné par moi, à la rage de votre bourreau, et que je lui ai fait égorger sous vos yeux, parce que je comptais sur la vue de son sang pour combler la mesure... (Pleurant.) Ce vieillard !.. ah ! ah ! ah ! Si vous saviez tout ce que m'aura coûté la liberté de Vérone !

MARIANI.

Achève ! ce vieillard ?

GIUSEPPO , pleurant.

Eh bien ! ce vieillard que j'ai aidé à tuer... (Suffoquant.) C'était mon père, Mariani !.. c'était mon père !..

TOUS, d'une voix sourde.

Ah !

GIUSEPPO , se remettant.

Allons, allons, Giuseppo, fais taire tes regrets, l'œuvre n'est pas achevée !.. Point de faiblesse ! point de faiblesse !..

RIZZIO.

Mais il était une manière aussi sûre et plus prompte d'en finir avec ce Podestat maudit... Satan l'a fait mortel je suppose.

GIUSEPPO, achevant la pensée.

Et je tenais, à toute heure, sa vie à la pointe de mon poignard , n'est-ce pas ?.. mais, insensé que tu es, je n'aurais frappé qu'un homme, et à quelques jours de là, celui dont cet homme n'est que le représentant, le terrible Eccelino, eût fait raser Vérone !.. c'est donc à la chute du colosse qu'il fallait travailler... c'était une énorme tâche que je m'imposais là, savez-vous ? et devant laquelle, cependant, je n'ai pas reculé !.. Battu aujourd'hui sur tous les points, forcé de fuir devant les nombreux ennemis que j'ai soulevés contre lui, demain, cet Eccelino si redoutable, cet Eccelino dont la puissante voix faisait naguère trembler l'Italie, ne pourra plus ni secourir ni venger sa créature abattue et foulée aux pieds !

RIZZIO, lentement.

Tu aurais fait cela ?

GIUSEPPO.

J'ai fait plus, Rizzio !.. j'ai prévenu le plus grand des fléaux qui puissent frapper un peuple, la guerre civile, dont les fureurs naissent d'ordinaire de la chute d'un pouvoir... il ne s'agissait pas seulement de renverser, il fallait encore reconstruire ; il fallait, sur les débris de la tyrannie vaincue, fonder la gloire et le bonheur futur de Vérone !.. Le comte della Scala était l'héritier d'un grand nom ; à ce nom justement révéré de nos pères, se rattachaient pour nous de nobles et glorieux souvenirs !.. C'est donc sur le comte della Scala que j'ai jeté les yeux... Pendant cinq ans, je l'ai suivi pas à pas, je l'ai observé, jour par jour, dans toutes ses actions... puis, quand il me fut bien démontré que Vérone ne pouvait faire un meilleur choix, je me mis à éveiller en lui des idées d'ambition, assoupies jusque-là par les fumée de la débauche ; je fis adroitement résonner à son oreille, les mots toujours magiques de patrie et de liberté !.. ce premier trait lancé, j'attaquai ses passions... son alliance avec les San-Vitale pouvait doubler nos forces... je résolu cette alliance !.. (Ici, l'émotion le gagne et va croissant.) Mais le Comte aimait d'amour une jeune fille du peuple... d'une part, cette amour était le seul obstacle à l'accomplissement de mon projet ; de l'autre, la jalousie devait infailliblement transformer le jeune courtisan en ennemi implacable de son maitre... je n'hésitai pas... cette jeune fille... ô mon Dieu ! mon Dieu !..

MAZIANI.

Des larmes dans tes yeux, Giuseppo !.. quel intérêt si puissant est donc venu remplacer dans ton cœur le froid courage qui t'a fait jeter cette jeune fille aux bras du voluptueux Guidotti ?..

GIUSEPPO.

Oh ! ne me rappelle pas cela, Mariani, ne me rappelle pas cela ! ou tu m'entendrais blasphémer Dieu ! tu m'entendrais maudire Vérone et sa liberté !

MARIANI.

Je ne te comprends plus, ami...

GIUSEPPO.

Oh ! quel prix de tant de peines et de persévérance !.. cette jeune fille, Mariani, cette jeune fille, que j'ai vouée volontairement à la honte, exposée encore à cette heure aux outrages d'un lâche débauché... une voix ne m'a pas crié : malheureux, c'est ta sœur !..

TOUS, tristement.

Sa sœur !..

GIUSEPPO, se remettant, et avec dignité.

Voilà ma vie, frères !.. maintenant que celui qui me croit un traître, ou qui pense avoir fait davantage pour la patrie, s'arme de ce fer et m'en frappe... j'attends !.. si tu doutes encore, Rizzio, avance sans crainte... la vie ne m'est pas si précieuse, va, je ne défendrai pas.

MAZIANI.

A genoux, frères, à genoux, devant le martyr de la liberté !

(Tous les conjurés imitent Mariani.—Tableau.)

RIZZIO, un genou en terre.

Douter, après ce que nous venons d'entendre, Dieu m'en garde, Giuseppo... et pourtant nous sommes dans les fers, et notre arrestation est ton ouvrage !

GIUSEPPO.

Si j'étais venu vous dire : frères, Guidotti a fait de son palais une forteresse imprenable, la nuit, l'entrée vous en sera disputée pied à pied par deux mille Allemands bardés de fer, intrépides et décidés à mourir ; penser y pénétrer de vive force serait de la déraison, et votre sang en rougirait inutilement les approches ; mais les cachots, où seul je commande, y aboutissent... présentez donc avec confiance vos mains aux fers dont je vais les charger, et ce palais est à vous !.. Dites, quelle eût été votre réponse ?..

RIZZIO, vivement.

Il se pourrait ?..

GIUSEPPO, continuant.

Vous m'eussiez jeté à la face l'ironie et l'incrédulité !.. tu aurais cru prudent et juste, Rizzio, de me loger à l'instant ta lame dans le cœur... je me suis tu, et j'ai agi... pas une épée n'a vu le jour, pas une goutte de votre sang précieux n'a coulé, et vous êtes dans ce palais, objet de vos vœux, et votre ennemi trompé vous est livré sans défense !

TOUS, poussant un cri de joie.

Ah !..

RIZZIO.

Et notre chef ? et Martino ?..

GIUSEPPO.

A la onzième heure de la nuit, cette porte s'ouvrira devant vous, et Martino, armé, vous attendra sur le seuil ! et c'est à votre tête qu'il ira demander raison à Guidotti des outrages qu'il en a reçus !.. pendant ce temps le pont-levis se baissera devant le peuple conduit en masse par un de mes affidés, et c'est alors que la fête sera complette !

MAZZIANI.

Oh ! la belle nuit ! la belle nuit !..

GUISEPPO.

Et qu'il sera beau le jour qui va lui succéder... le jour qui va se lever radieux sur Vérone libre et purifiée !..

RIZZIO.

Et des armes ?.. où trouverons-nous des armes ?

GIUSEPPO, indiquant la porte à droite.

Là ! derrière cette porte, dans un cachot abandonné, sont des armes amassées par moi en secret, une à une... oh ! si vous saviez quelle constance il m'a fallu, les précautions inouies que j'ai prises, de quel mystère je me suis entouré pour dérober à nos ennemis la connaissance de cet arsenal dont la découverte m'eût trahi... la nuit, je pénétrais sans lumière et en rampant dans ce cachot par une issue ouvrant dans la chapelle, et connue de moi seul... j'y déposais, sans bruit, une épée, une dague ou un poignard que je

m'étais procurés le jour, que souvent j'avais enlevés à nos maîtres... je ressemblais à un larron
qui va enfouir le joyau qu'il a volé, ou bien encore à un avare allant ajouter quelques florins à
son trésor !

MAZIANI, à la porte de droite.

Mais cette porte est condamnée !..

GIUSEPPO.

N'avez-vous pas vos fers pour la briser !

TOUS.

Ah !!

GIUSEPPO.

Quand vous aurez renversé ce faible obstacle,
armez-vous et attendez avec confiance... moi, je
vous ai promis Martino pour chef, je vais délivrer Martino !

MAZIANI.

A l'œuvre, frère ! à l'œuvre !

Les conjurés, qui se sont armés de leurs fers, s'élancent à coups redoublés contre la porte de droite.
— Le rideau tombe sur ce tableau.

FIN DU QUATRIÈME ACTE.

ACTE V.

Une chambre de l'appartement du Podestat. — Porte d'entrée, au fond ; portes latérales. — Un lit de repos.—
L'appartement est éclairé.

SCÈNE I.

GUIDOTTI, assis. — WOLFRAG, debout ; puis
HONORIO.

GUIDOTTI, vivement.

En êtes-vous bien sûr, Comte ?

WOLFRAG.

Je vous le répète, Monseigneur, le comte
Martino n'est pas mort.

GUIDOTTI.

Mais, c'est Giuseppo que vous accusez là, car
c'est lui que j'avais chargé de veiller à l'exécution... prenez garde, Comte Wolfrag ! vous n'aimez pas Giuseppo, je le sais, et il se peut qu'il
y ait plus de haine contre lui que de dévouement
pour moi dans cette accusation.

WOLFRAG.

J'en accepte toute les conséquences, Monseigneur.

GUIDOTTI.

Oh ! malheur à lui, si vous dites vrai !.. malheur
à vous, si vous mentez !

(Honorio entre par le fond.)

HONORIO.

Puissant Podestat, le seigneur Giuseppo,
mandé par votre ordre, est là qui attend.

GUIDOTTI.

Ah ! nous allons voir !.. Comte, entrez 'dans
cette chambre... (A Honorio.) qu'il vienne, qu'il
vienne !.. et vous, courez dire au commandant
Rudiger que j'ai besoin de lui... (Wolfrag entre à
droite. Honorio sort. Guidotti se lève.) Il y a là un
traître ou un imposteur... l'accusation du Comte
est précise... ah ! Giuseppo ! Giuseppo !

(Giuseppo paraît au fond.)

SCÈNE II.

GUIDOTTI, GIUSEPPO, puis WOLFRAG.

GIUSEPPO.

Me voici, Monseigneur, que désirez-vous de
moi ?..

GUIDOTTI, vivement.

Un seul mot, le comte Martino ?..

GIUSEPPO.

Mort !

GUIDOTTI.

Tu en es bien sûr ?..

GIUSEPPO.

N'étais-je pas présent ?

GUIDOTTI.

Tu as vu tomber sa tête ?..

GIUSEPPO.

J'ai vu tomber sa tête.

GUIDOTTI.

Tu le soutiendrais ?..

GIUSEPPO.

En face de tous, Monseigneur... mais pourquoi tant de questions ?.. douteriez-vous ?..

GUIDOTTI.

Venez, Comte, venez !.. (Wolfrag entre.) et
répétez ce que vous me disiez tout à l'heure ?

WOLFRAG.

Martino existe encore !.. je l'ai vu, il y a
quelques minutes, se glissant du côté de la
grande prison de la tour.

GUIDOTTI.

Tu l'entends, Giuseppo.

GIUSEPPO, avec calme.

J'entends que l'on m'accuse, oui, Monseigneur.

GUIDOTTI.

Qu'as-tu à répondre ?..

GIUSEPPO.

Je croyais avoir mérité votre confiance, mon
noble maître... mais, puisqu'on me force à rappeler mes services, qui a fait arrêter Martino ?
est-ce moi, ou mon accusateur ? qui s'est fait
l'ami des rebelles pour connaître leurs projets et
les entraîner dans le piége ? est-ce moi ou le
noble Comte ?.. Il me semblait, Monseigneur, que
dès long-temps vous aviez fait un choix entre
celui qui vous est dévoué corps et âme, et celui
qui ne vous sert que par de vaines paroles ;
entre un bon et fidèle serviteur, et un courtisan !..
Ce que j'ai à répondre, le voici : Comte Wolfrag, vous me calomniez, vous êtes un imposteur !

WOLFRAG, la main à son épée.

Insolent valet !..

GUIDOTTI.

Que votre épée demeure dans le fourreau,
Messire...

GIUSEPPO.

Et moi, je m'en voudrais de l'en faire sortir...
c'est une si douce chose que l'habitude.

GUIDOTTI.
Silence, Giuseppo !

WOLFRAG.
Je persiste dans mon accusation, Monseigneur !

GIUSEPPO.
Mais des preuves !.. il se tait, vous le voyez.

WOLFRAG.
Je jure avoir vu...

GIUSEPPO, l'interrompant.
Mais, vous êtes le seul à dire cela, et vous avez intérêt à me perdre, car, l'amitié que me porte Monseigneur, vous porte ombrage... la haine vous a poussé à parler ainsi, et c'est une mauvaise conseillère que la haine... Vous prétendez avoir vu Martino vivant, eh bien ! moi, je vous ferai voir la tête de Martino à dix pas de son corps !

GUIDOTTI, à part.
Tant d'assurance... il ne s'est pas troublé un instant... (Haut.) Qu'avez-vous à dire à cela, Comte ?

WOLFRAG.
Je dis qu'une telle audace me confond... et que j'accepte la proposition !..

GIUSEPPO, qui a fait un mouvement imperceptible.
A une condition, cependant... Monseigneur, le Comte en veut à ma vie... si je prouve qu'il a menti, vous me devez la sienne !

WOLFRAG.
Mais, si je prouve que tu es un traître, tu mourras !

GIUSEPPO.
Je mourrai.

GUIDOTTI, à part.
La même confiance des deux côtés...

GIUSEPPO.
Maintenant, seigneur Podestat, ordonnez à vos exécuteurs de descendre avec nous à la tour où est le cadavre, et qu'il soit fait, à l'instant, justice du coupable !

GUIDOTTI, à part.
Et c'est lui qui demande cela ! (Haut.) Holà, gardes !.. (Entre Rudiger précédé de quelques soldats allemands.) Votre épée, Comte... la tienne, Giuseppo. (Ils obéissent et les remettent à Rudiger.—Guidotti continue.) Des torches, vous autres... (Deux soldats sortent.) Commandant Rudiger, prenez six de vos hommes, et accompagnez-les !

GIUSEPPO, à Wolfrag.
Allons, seigneur Comte !..
(Les deux soldats rentrent, portant des torches.)

GUIDOTTI.
Songez, que l'un de vous, marche à la mort... Comte Wolfrag, il en est temps encore... rétractez-vous ?..

WOLFRAG, avec fermeté.
Ce serait me faire le complice de la trahison... non, Monseigneur, non !

GUIDOTTI.
Allez donc. Commandant Rudiger, descendez avec eux... et suivant ce que vous verrez, la tête du Comte, ou celle de Giuseppo !

GIUSEPPO, à part.
Oh ! quelques minutes seulement, veillez sur Stella quelques minutes encore, mon Dieu !.. (Haut à Wolfrag.) Êtes-vous prêt ?..

WOLFRAG.
Marchons !.. Au revoir, mon noble maître.

GIUSEPPO.
C'est adieu qu'il faut dire. (A part.) A nous deux, seigneur Comte !..
(Ils sortent tous par la gauche.)

SCÈNE III.

GUIDOTTI, puis STELLA.

GUIDOTTI, les regardant sortir.
Comte Wolfrag, vous m'étiez dévoué et je vous plains... mais la jalousie vous a aveuglé : qu'il en soit comme vous l'avez voulu !..
(Bruit au fond, à l'extérieur.)

STELLA, s'écriant dans la coulisse.
Quand je vous dis que je veux voir le Podestat !..

GUIDOTTI, vivement.
C'est la voix de Stella !..

STELLA, toujours dans la coulisse.
Malgré vous, j'arriverai jusqu'à lui !..
(La porte du fond s'ouvre violemment.)

STELLA, entrant éplorée.
Monseigneur ! ah ! Monseigneur, j'embrasse vos genoux !.. je reste ici !.. je mourrai ici !.. il faut que vous m'écoutiez !..

GUIDOTTI.
Encore des pleurs... parle, que me veux-tu ?..

STELLA.
Que vous ne punissiez que moi... je suis la seule cause de la haine que vous portez au comte della Scala !..

GUIDOTTI, à part, avec rage.
Le Comte ! toujours le Comte !.. (Haut, avec ironie.) Tu crains donc bien pour lui ?..

STELLA.
Oh ! Monseigneur ! dites, dites que vous lui pardonnez !..

GUIDOTTI, appuyant sur chaque mot.
Oui, je lui pardonne... à présent.

STELLA.
Votre ton m'épouvante !.. Dieu ! mon Dieu ! vous avez prononcé ces paroles de clémence avec un accent sinistre... oh ! dites, Monseigneur, dites qu'il est vivant encore, et qu'il vivra !..

GUIDOTTI.
Oui, si ton amour peut lui rendre la vie, car il est mort !

STELLA, égarée.
Mort !.. et je vis, moi !.. oh ! je n'ai pas bien entendu, je suis folle, n'est-ce pas que je suis folle ?.. mais, c'est impossible, vous mentez !.. un homme comme Martino ne meurt pas ainsi, obscurément, de la main d'un bourreau... s'il était mort, voyez-vous, quelque chose se serait soulevé en moi qui me l'aurait dit, et qui m'aurait tuée... vous mentez !

GUIDOTTI, changeant de ton.
Et si je mentais en effet... s'il en était temps encore, si je lui accordais sa grâce, que me donnerais-tu en échange ?

STELLA.
Oh ! il est mort ! il est mort ! je le vois maintenant à l'horrible joie qui brille dans vos yeux !..

GUIDOTTI.
Eh bien ! oui !.. mon regard a démenti mes paroles, car la feinte me pesait... oui, Martino a subi le châtiment dû à son insolence... il ne viendra plus t'arracher de ces lieux !..

STELLA.

Mais vous ne tarderez pas à trembler dans votre palais, vous! car avant de me tuer, j'irai par la ville crier vengeance, et le peuple le vengera!

GUIDOTTI.

Folle! oublies-tu donc que tu es en ma puissance?.. STELLA. (Il l'enlace.)

Au secours! au secours!

GUIDOTTI.

Tes cris n'attireront personne, ces murs n'ont d'écho au-dehors que pour la voix du maître...

(Sons de cloches.)

STELLA.

Laissez-moi! laissez-moi!

GUIDOTTI.

Je n'écoute rien!..

STELLA.

Mon Dieu! mon Dieu!

GUIDOTTI, avec un rire sardonique.

Insensée! appelle Dieu, et qu'il vienne à ton aide, s'il t'entend! (Ici l'on entend au dehors une clameur immense qui cesse aussitôt.) Quel est ce bruit?..

STELLA, se débattant toujours.

Si je ne puis rien pour t'échapper. (Se dressant à sa hauteur.) Oh! du moins je puis te dire que je te méprise et que je te hais!

GUIDOTTI.

Et que me font ta haine et ton mépris? (Nouvelles clameurs qui continuent d'intervalle en intervalle jusqu'à la fin de la scène suivante.) Ces clameurs!.. ah! le peuple en révolte!.. il a donc osé!.. malédiction! (Il lâche Stella et court à une fenêtre qu'il ouvre. — On entend alors des cliquetis d'armes éloignés.) Déjà les cours sont envahies... cet exécrable peuple!..

STELLA.

Dieu m'a entendue, Guidotti, il me sauve de toi!.. GUIDOTTI, indécis.

Que faire?..

STELLA.

Insensé! appelle Dieu à ton tour et qu'il t'entende, si tu le mérites!

GUIDOTTI, s'écriant.

A moi! à moi! (A Stella avec rage.) Mais tu ne m'échapperas pas pour cela!..

STELLA.

Peut-être!..

SCÈNE IV.

Les Mêmes, FÉDERIG.

FÉDERIG, accourant par le fond une épée à la main.

Fuyez, Monseigneur, fuyez!..

GUIDOTTI.

Les lâches!.. ils ne m'ont donc pas défendu?.. mais Rudiger?..

FÉDERIG.

Massacré dans la tour ainsi que le comte Wolfrag par les conjurés, dont Giuseppo avait brisé les chaînes!..

GUIDOTTI.

Giuseppo!.. c'est donc lui qui me trompait! oh! que n'est-il ici!..

FÉDERIG.

La garde allemande tient encore sous les ordres du lieutenant Conrad... mais suivez mon conseil, Monseigneur, fuyez!..

GUIDOTTI.

Fuir, quand ma présence peut tout sauver, quand j'ai à me venger du misérable qui s'est joué de moi si long-temps!

STELLA, à part.

Giuseppo!.. il se pourrait!..

GUIDOTTI.

Féderig, une dernière promesse, un dernier service... FÉDERIG.

Ordonnez!

GUIDOTTI.

Tu vois bien cette jeune fille... si je suis vaincu, si les cris du peuple t'annoncent ma défaite et son triomphe...

STELLA, avidement.

Eh bien?

GUIDOTTI, qui a achevé bas.

Va! va!..

FÉDERIG.

Jusqu'à mon dernier souffle, je vous obéirai, Monseigneur!

GUIDOTTI.

Et toi, Stella, tu peux prier Dieu car je te l'ai dit: quoi qu'il arrive, tu ne m'échapperas pas! STELLA.

Que Dieu soit juge entre nous!

(Elle sort par la gauche entraînée par Féderig.)

SCÈNE V.

GUIDOTTI, puis GIUSEPPO.

GUIDOTTI, seul.

A toi maintenant, Giuseppo!.. si bien caché que tu sois, je te trouverai!.. (Il va pour s'élancer par le fond, lorsque Giuseppo apparaît sur le seuil une épée à la main et d'un mouvement rapide barricade la porte. — Guidotti s'est arrêté étonné à sa vue.) C'est lui?..

GIUSEPPO, froidement.

Vous ne m'attendiez pas, Seigneur Podestat?... GUIDOTTI.

Ah! je comprends!.. le peuple est tenu en échec par ma garde allemande; ma présence, en enflammant le courage de mes fidèles soldats, serait un signal de ruine pour les revoltés; et tu veux m'empêcher de sortir. Je te connais! je te connais!.. mais tu ne m'arrêteras pas!..

GIUSEPPO, se plaçant devant lui.

La moitié de la garde allemande est écrasée par le peuple qui, bientôt, sera vainqueur, et c'est moi qui ai préparé sa victoire; Martino est à sa tête, et c'est moi qui ai sauvé Martino!

GUIDOTTI, abattu, entre ses dents.

Traître!

GIUSEPPO.

Ah! c'est un grand et solennel moment que celui-ci, un moment que j'ai attendu, espéré pendant cinq années!..

GUIDOTTI, écrasé.

Cinq années de félonie...

GIUSEPPO.

Cinq années de courage; car il m'en a fallu, O! mon Dieu!

GUIDOTTI.

C'est horrible et infâme!.. Mais tu n'en es pas encore où tu crois... On se bat encore, entends-tu?.. (Bruit de combat au-dehors.)

GIUSEPPO.

Oui, et après chaque retentissement des fers qui se croisent, il y a un homme qui tombe, et cet homme est un de tes défenseurs! (Bruit redoublé.) Entends-tu?

GUIDOTTI.

Qu'il tremble, ton peuple maudit! car Eccelino victorieux accourt pour le punir... Dès demain son armée triomphante entrera dans Vérone, et, dans cette ville rebelle, il ne restera pas pierre sur pierre... Et, de ces misérables révoltés, pas un homme ne restera pour raconter la vengeance du grand Eccelino!

GIUSEPPO, se plaçant devant lui.

Eccelino, le victorieux, a été vaincu au pont de Cassano; le grand Eccelino est, à l'heure qu'il est, prisonnier, tombé du faîte de sa puissance; et moi, Giuseppo, je me glorifie d'être pour ma part dans sa défaite et dans sa chute.

GUIDOTTI, rugissant.

Toi, toi! tu étais donc partout pour me nuire?

GIUSEPPO.

Ah! tu te réveilles, enfin!

GUIDOTTI.

Défends-toi, défends-toi!..

GIUSEPPO.

Oui... maintenant te voilà ivre de rage comme je te voulais!.. GUIDOTTI.

Enfer! enfer!

GIUSEPPO.

Mais, auparavant... qu'as-tu fait de ma sœur?.. qu'as-tu fait de Stella?..

GUIDOTTI, avec joie.

Stella, ta sœur!.. Ah! je serai vengé!.. Tu ne la reverras plus!.. Féderig veille sur elle... Si je suis vainqueur, elle me reste!.. si je succombe, j'ai ordonné à Féderig de la frapper sans pitié ni merci!.. Et n'accuse que toi de sa mort, car ce sont les cris de victoire du peuple qui en donneront le signal, et c'est toi qui as armé le peuple! GIUSEPPO, attéré,

Désespoir!..

GUIDOTTI, avec ironie.

Qu'est devenu cet accent de triomphe que tu avais tout à l'heure?.. Ah!..

GIUSEPPO.

Eh bien! que votre joie soit complète, car je vous demande grâce pour ma pauvre sœur!.. car j'embrasse vos genoux!..

GUIDOTTI.

C'est la place du valet d'être aux pieds de son maître. GIUSEPPO.

Frappez-moi!.. tuez-moi!... mais grâce pour Stella... sauvez ma sœur!

GUIDOTTI.

Je ne veux pas que tu meures encore.

GIUSEPPO.

Appelez Fédérig... dites-lui d'épargner ma sœur!.. hâtez-vous, car bientôt il ne serait plus temps... ils approchent! ils approchent! (Les bruits de combats répétés de temps en temps pendant toute la scène, se font entendre plus rapprochés.) Oh! mon Dieu! que faut-il donc que je dise, que faut-il donc que je fasse pour vous fléchir!

GUIDOTTI, effrayé.

Les rebelles gagnent du terrain!.. Misérable! tu avais dit vrai, tout est perdu!.. Ah! j'irai du moins tenter un dernier effort!

GIUSEPPO, qui s'est relevé, se plaçant devant lui.

Vous ne sortirez pas! vous ne sortirez pas!

GUIDOTTI.

Arrière!

GIUSEPPO.

Il me faut ma sœur... Je la veux! rendez-la-moi! GUIDOTTI.

Eh bien, soit, je te la rendrai.

GIUSEPPO.

Oh! si vous faites cela ne craignez plus rien. Vous aurez la vie sauve; pas un cheveu ne tombera de votre tête, si vous faites cela!

GUIDOTTI.

Insensé! que me ferait la vie sans la puissance?.. Ecoute, c'est la puissance qu'il me faut, et tu peux me la rendre.

Moi! GIUSEPPO.

GUIDOTTI.

Toi seul... puisque c'est toi le chef et la pensée première de cette exécrable rébellion... Tu as de l'empire sur les rebelles; qu'à ta voix donc ils déposent les armes, qu'ils se retirent et que tout rentre dans l'ordre.

GIUSEPPO.

Que me proposez-vous là?

GUIDOTTI.

A cette condition, ta sœur t'est rendue!

GIUSEPPO.

Mais c'est impossible! je ne puis qu'une chose, moi, vous arracher à une mort horrible, inévitable, ou si mes efforts, si mes prières sont inutiles, vous faire un rempart de mon corps et périr avec vous!.. cela je vous le promets!

GUIDOTTI.

Ta sœur mourras donc!

GIUSEPPO.

Vous ne voulez pas comprendre que ce que vous me demandez, Dieu seul le pourrait!

GUIDOTTI.

Stella, ou ce que tu appelles la liberté de Vérone, choisis!

GIUSEPPO, en délire.

Ma sœur! ma sœur!.. Mais briser mon ouvrage! étouffer à sa naissance la liberté de mon pays!.. Oh! mais tuer ma sœur!.. Mon Dieu! mon Dieu! GUIDOTTI.

Songe que Frédéric tient déjà le fer levé!

Ah! GIUSEPPO, avec horreur.

GUIDOTTI.

Songe que tu n'as pas une minute à perdre, songe qu'il va frapper!

GIUSEPPO, se traînant à ses pieds.

Épargnez-la, épargnez-la!

GUIDOTTI.

Sauve-la donc, toi!..

GIUSEPPO, de même.

Écoutez-moi!..

(Bruit de combat de plus en plus rapproché.)

GUIDOTTI.

Je refuse tes conditions!

GIUSEPPO, se redressant d'un bond.

Et moi, les tiennes, Guidotti! Que ma sœur soit un ange de plus dans le ciel, et que Dieu me pardonne!.. Vérone sera libre!

GUIDOTTI, rugissant.

Ah! tu ne la verras pas libre du moins!.. Vengeance!

GIUSEPPO.

Oui, vengeance! car tu m'as vu par deux fois suppliant en lâche à tes pieds, et il faut que je te punisse de m'avoir fait lâche et suppliant ; oui, vengeance ! et sur-le-champ, car tu m'appartiens, tu es ma victime choisie, tu es ma part dans la victoire, à moi !

GUIDOTTI, l'épée haute.

Trève de paroles !

GIUSEPPO.

Non, pas ici; les voilà qui viennent. Chacun d'eux voudra s'abreuver de ton sang, chacun voudra un lambeau de sa proie; et moi, j'ai soif de ton sang jusqu'à la dernière goutte; il me faut, à moi, la proie tout entière !

GUIDOTTI.

C'est comme moi !..

GIUSEPPO, montrant la droite.

Là, dans cette chambre !.. cette porte fermée sera un obstacle de plus entre toi et leur fureur !

GUIDOTTI.

Dis entre tes sauveurs et ma haine ! Allons !

GIUSEPPO. (Il hésite.)

Va donc, va donc !

GUIDOTTI, reculant.

Qui me dit que tu ne me frapperais pas par derrière ? passe le premier !

GIUSEPPO.

Qui me dit que tu n'en ferais pas autant?.. (Il recule jusqu'au milieu de la scène, et, montrant la porte ouverte :) Ensemble donc !

(Ils se sont saisi la main et se précipitent ainsi dans la chambre, dont on entend la porte se barricader derrière eux; puis bientôt un cliquetis d'épées. Le combat continue au fond.

STELLA, dans la coulisse de gauche.

Au secours! au secours !.. miséricorde !

SCÈNE VI.
STELLA, seule.

(Ses vêtemens sont en désordre. Elle se retourne vivement vers la porte qu'elle barricade et qu'on entend secouer rudement par derrière ; puis elle va à toutes les portes, qu'elle tente vainement d'ouvrir.)

Fermée !.. fermée aussi !.. Ah ! c'est donc en vain que j'aurai échappé à cet homme qui me menaçait... en vain que j'aurai écarté de ma poitrine le fer qui brillait, et dont la vue a jeté en moi la force du désespoir en même temps que l'épouvante !.. Impossible de fuir... On se bat encore, ici, là, partout... Guidotti triomphe sans doute... Oh ! la mort, mon Dieu !.. la mort, plutôt que le déshonneur !.. Une arme, quelque chose qui tue !.. et rien, rien !.. (Apercevant la fenêtre.) Ah ! cette fenêtre... Si je quitte la vie sans votre ordre, mon Dieu ! pardonnez-moi, pardonnez-moi !.. (Elle y court. Au même instant on entend au dehors une explosion de cris :) Vive Martino della Scala ! (Elle s'arrête.) Ces cris!.. ce nom !.. Cela n'est pas possible... je me trompe !..

MARTINO, en dehors.

Au Podestat! au Podestat !

STELLA.

Ah ! c'est lui ! c'est lui !..

(Coups redoublés derrière la porte du fond, qui vole en éclats et livre passage aux assaillans, en même temps que Giuseppo sort grièvement blessé de la chambre de droite, et vient tomber expirant sur la scène.)

SCÈNE VII.

LES MÊMES, GIUSEPPO, MARTINO, MARIANI, RIZZIO, PEUPLE en armes.

(Plusieurs portent des torches. — Stella s'est précipitée dans les bras de Martino.)

MARIANI.

Grand Dieu ! Giuseppo !

TOUS.

Ah !

MARIANI, penché sur lui.

Blessé !

MARTINO.

Lui qui m'avait sauvé ! (On l'entoure.)

STELLA, se précipitant.

Rafaël ! mon frère !

MARTINO.

Son frère !

STELLA.

Oh ! oui, maintenant j'en suis sûre, il est bien mon frère !.. Je devine tout, je comprends tout, puisqu'il t'a sauvé !

GIUSEPPO, se ranimant.

Isabelle !.. ce n'est point un rêve... tu es là, tu vis encore... il me trompait donc cet infâme... mais je l'ai tué... Pourquoi faut-il que je te retrouve si tard !..

MARTINO.

Oh ! tu vivras !.. Des secours ! des secours !

GIUSEPPO.

Ils seraient inutiles... l'épée du Podestat a été l'instrument de la justice de Dieu !.. je suis arrivé à mon but par le sang, mon sang devait couler... (Bas à Martino, lui montrant Stella.) Ne lui dites pas que notre père, Vincenti Pagano, est mort hier, assassiné par le Podestat, et que j'avais, moi, conseillé le crime... (Haut.) Véronais, vous êtes libres !.. comte della Scalla, ma carrière est terminée, la vôtre commence... j'ai fait mon devoir, plus que mon devoir... faites le vôtre... Ta main, Rizzio... la tienne, Mariani... Isabelle, ma sœur... un baiser... le dernier !.. (Elle l'embrasse en pleurant.) Ne pleure pas ma mort, enfant... elle rachètera peut-être ma vie aux yeux de Dieu... ne pleure pas... Martino te reste.

MARTINO.

Ah ! pour toujours !

GIUSEPPO.

Adieu, vous tous... adieu, Vérone !.. et maintenant que Dieu me soit en aide !.. ma dernière heure est belle !.. Tu me pardonnes, ma sœur... et j'ai vu la fin de mon œuvre ! (Il expire.)

STELLA, avec un cri de désespoir.

Il est mort !

TOUS, avec stupeur.

Mort !

MARTINO.

Isabelle Pagano, lève-toi !.. Peuple et soldats, saluez la comtesse della Scala !

TOUS.

Vive la comtesse Isabelle !.. vive le comte Martino della Scala, notre Podestat et seigneur !

MARTINO.

Amis, respect et reconnaissance à Giuseppo, le sauveur de Vérone !

TOUS, inclinant leurs épées.

Respect et reconnaissance à Giuseppo, le sauveur de Vérone !

(Isabelle, en proie à la douleur, tient la tête de Giuseppo qu'elle embrasse encore. — Tableau.

AF370807

contribution foncière, partagèrent avec les percepteurs les sommes perçues; qui détournèrent les registres de l'état civil des citoyens, et délivrèrent de faux certificats de naissance à des conscrits pour les soustraire au service militaire ; ainsi il n'y avait pas lieu à accusation contre les malveillans qui opposèrent de la résistance aux gendarmes nationaux agissant légalement dans l'exercice de leurs fonctions, les blessèrent et les estropièrent.

Il est arrivé cependant, quoique rarement, que l'accusation fut décrétée contre les malveillans dont il vient d'être parlé, de même que contre les voleurs d'effets appartenant à l'État, et contre ceux qui avaient exercé des voies de fait contre la gendarmerie nationale ; mais je ne me rappelle pas un seul exemple que j'aie eu à prononcer une condamnation quelconque pour de pareils faits, si ce n'est contre des contumax.

Plus il y avait de preuves du crime, et plus les pièces de conviction étaient nombreuses (tel était presque toujours le cas), plus les acquittemens étaient scandaleux et pernicieux à la société.

Les criminels en furent enhardis, ils comblèrent la mesure de leurs forfaits, et leur impunité était un appât trop séduisant pour ne pas en entraîner d'autres dans la route des crimes, laquelle, à leurs yeux, ne présentait point de danger.

Les absolutions scandaleuses ne se bornent pas aux précédentes ; elles s'étendent, quoique moins fréquemment, à tous les autres genres de crimes dont les jurés ont à connaître. Tantôt ils acquittent, sur la question intentionnelle, un domestique à gages, qui, de son propre aveu, et convaincu par les objets volés dont il était nanti, était coupable de plusieurs vols domestiques, tels que vols de sucre, de café, de riz, &c.

Tantôt le jury déclare non convaincus de recélement, des accusés qui transportaient sciemment, à heure indue, dans des sacs, des effets volés, quoiqu'ils aient été surpris en flagrant délit par la police, composée de quinze membres, l'adjoint du maire de Cologne à leur tête, et quoique les accusés en soient convenus tous dans tous leurs interrogatoires, et qu'ils aient réitéré leur aveu dans les débats.

Tantôt le jury acquitte, sur la question intentionnelle, un brigadier de gendarmerie qui avait fait arrêter et détenir arbitrairement un citoyen, *parce que*, me disait le chef après la délibération, *les vingt-cinq écus au moyen desquels l'individu arrêté a dû racheter sa liberté, n'avaient pas été reçus par le brigadier dans une mauvaise intention, mais dans un louable dessein, celui de rendre la liberté à l'individu qui en avait été injustement privé par lui.*

Je pourrais citer cent exemples semblables. — Indigné de ces abus révoltans, j'ai plus d'une fois fait usage du pouvoir discrétionnaire, en rappelant aux jurés leur devoir ; aussi ai-je eu à me défendre contre les malveillans, qui, dans des feuilles publiques, censurèrent ma conduite et la taxèrent d'excès de pouvoir, d'avoir porté atteinte à l'indépendance du jury plaidant la cause des coupables.

Il n'est donc que trop démontré que les plaintes qu'on a faites contre les jurés, ne sont pas de vaines déclamations, et qu'elles sont fondées sur des faits notoires, sur une expérience constante.

Mais quelles sont les causes de ces abus affreux ! Se rattachent-elles à la nature de l'institution du jury, ou ne gisent-elles pas plutôt dans sa mauvaise organisation actuelle !

Quand la ci-devant administration départementale était chargée de former la liste des jurés, elle était rarement bonne. La besogne se fit par un commis dont l'attention s'arrêtait au nombre de jurés. Il ne fallait que s'adresser à lui ; on était sûr de ne pas être porté sur la liste, ou par une complaisance démesurée de ce commis, ou moyennant une rétribution.

Ajoutez que personne ne cherche ni n'ambitionne les fonctions de juré, et que le nombre de ceux qui en étaient autrefois exclus, était exagéré. L'état des choses d'alors rendit peut-être cette mesure indispensable. C'est à ces causes, et parce qu'il fallait peu de qualités pour être juré, que ces importantes fonctions furent déléguées à des sujets peu propres à les remplir. Quoi ! ignorance, faiblesse, vénalité, partialité, que dis-je ! malveillance, étaient très-souvent leur partage.

Les jurés ordinaires de jugement se tirent au sort le premier de chaque mois ; la liste leur en est notifiée dans les vingt-quatre heures, pour exercer vingt récusations que leur accorde la loi ; les séances commencent le 15 du mois. Les parens, les amis, les procureurs des accusés ont donc tout le temps de circonvenir les jurés et de les disposer en leur faveur, n'importe par quels moyens.

Le tableau des jurés spéciaux de jugement était formé autrefois par le président de l'administration départementale ; il était fait pour tel individu ; c'est en quoi consistait un grand vice.

Le législateur fut frappé par la série de tant d'inconvéniens ; et voulant y obvier, il a ouvert la porte à de plus grands encore.

Les juges de paix furent chargés, par la loi du 6 germinal an 8, de présenter aux sous-préfets un nombre triple de celui que chaque arrondissement devait fournir, aux termes de l'article 487 de la loi du 3 brumaire an 4. Les sous-préfets, après les avoir réduits aux deux tiers, en envoyèrent la liste aux préfets, qui par la voie du sort la réduisirent à la moitié.

Pour la formation du tableau des jurés spéciaux, tant d'accusation que de jugement, chaque juge de paix devait proposer tous les trois mois aux sous-préfets dix-huit citoyens qu'il croyait les plus propres à remplir les fonctions de jurés ; ils étaient réduits à douze par les sous-préfets, et à six par le préfet.

Jamais

Jamais la liste des jurés n'a été plus mauvaise que depuis le 6 germinal an 8. Les juges de paix n'étaient pas libres dans leur choix; ils devaient, malgré eux, présenter ceux dont ils avaient le moins à craindre, et oubliaient les notables de leur canton, dont ils avaient le plus à espérer lors de leur élection. Ceux-là étaient les moins propres à satisfaire aux devoirs de jurés. Les trois quarts d'entre eux étaient des tailleurs, des tisserands, des cordonniers, des barbiers, des maréchaux-ferrans, des laboureurs, dont une grande partie ne savait ni lire ni écrire. Si les juges de paix eussent choisi, comme ils le devaient, les plus possessionnés et les plus considérés dans le canton, ils les auraient indisposés contre eux; et certes, à l'expiration du temps pour lequel ils étaient nommés, ils auraient été déchus de leur place. Des listes si défectueuses dans leur origine, ne pouvaient devenir que plus défectueuses encore par la voie de la réduction.

Depuis que les listes d'éligibles sont formées dans ce département, la liste des jurés, on ne sait par quelle fatalité, n'est pas mieux composée qu'autrefois.

Au travers de tous ces vices et de leurs effets funestes pour la société, il est une expérience qui n'a jamais été démentie : c'est que l'on n'a jamais eu à se plaindre des jugemens par jury, quand il fut bien composé. Il ne faut donc pas s'en prendre à l'institution du jury, mais bien à son organisation, pour les fautes que les jurés auront commises.

Si l'on veut maintenir son établissement, il faut l'organiser d'une autre manière qui corrigera les anciens défauts. Le Projet semble atteindre ce but. Je ne saurais cependant approuver les exceptions à la règle, faites dans les articles 906 et 927 du Projet; elles paraissent porter un préjudice trop sensible aux intérêts des accusés.

En outre, mon opinion est que l'intérêt de la justice demande impérieusement que le président et le procureur-général impérial assistent le préfet dans la formation de la liste des jurés, c'est-à-dire qu'ils y soient présens, et qu'ils aient le droit de faire, au besoin, les observations qu'ils croiront convenables.

Procédure devant la cour de justice criminelle. On ne peut qu'applaudir aux changemens proposés par le Projet, relativement à la procédure devant la cour criminelle, sans rien ôter à la publicité des débats, le plus sûr de tous les moyens de découvrir la vérité; ils rétablissent la solennité du serment, abolissent, avec des milliers de nullités, ce misérable système de poser les questions, et le remplacent par cette seule question, *l'accusé est-il coupable?* laissant à la cour la graduation des circonstances aggravantes et l'application de la peine. . . . .

OBSERVATIONS PARTICULIÈRES.

Art. 8. On propose le rejet des paragraphes 2 et 3 de cet article, comme subversifs de la liberté civile; et de maintenir expressément la loi du 22 messidor an 4, qui ordonne le renvoi des militaires devant les tribunaux ordinaires, toutes les fois qu'il y aurait, dans le nombre des complices, un ou plusieurs individus non militaires. Plus nous nous éloignons du système républicain, plus la liberté civile a besoin d'être soutenue ; sans elle point de sûreté, point de véritable bonheur. Les citoyens et les militaires gagneront dans les amendemens que l'on demande.

Art. 24. Elle est trop sévère et trop honteuse, il me semble, la condamnation à la flétrissure, pour *tous* les délits passibles des travaux forcés à temps.

Art. 59. Il faudrait désigner l'autorité par laquelle la contrainte par corps devra être décernée, et déterminer le mode de son exécution. Ce mode devrait être différent à l'égard des étrangers.

Art. 60. La loi devrait fixer un *maximum* et un *minimum* du temps durant lequel le condamné pourra être détenu pour défaut de paiement des amendes, des restitutions, des indemnités et des frais. La graduation de ce temps devrait être laissée au tribunal qui aurait prononcé la condamnation. Il y aurait journellement des cas où la détention de trois mois, pour n'avoir pas payé quelques francs d'amende ou de frais, paraîtrait révoltante.

Art. 75. Il y aurait bien des cas où la détention pendant deux ans serait trop longue; on propose d'y substituer un emprisonnement de six mois.

Art. 261. Il faudrait ou diminuer la peine, ou augmenter le délai de vingt à quarante jours.

Art. 278. Il serait urgent de déterminer la nature et la gravité des blessures et des coups.

Art. 279. La même observation que sur l'article précédent.

Art. 280. Dans bien des cas, l'emprisonnement de deux mois serait exagéré; on demande le maintien des articles 13 et 14 du titre II de la loi du 19 juillet 1791.

Art. 306. Les rédacteurs paraissent s'être trompés dans la citation des articles 259 et 267.

On propose le changement suivant : *Les blessures autres que celles mentionnées dans l'art. 280, et les articles précédens ne donneront lieu qu'à &c.*...

Art. 321. Il serait à desirer que les violations des tombeaux et sépultures fussent précisées.

Art. 425. On propose la même rectification qu'on a proposée sur l'art. 60.

Art. 467. Les contestations qui pourraient naître au sujet du *remplacement*, devraient être vidées par une autorité supérieure à désigner par la loi. Pour la police administrative, ce devrait être le maire ; et pour celle judiciaire, le magistrat de sûreté devrait en connaître, et en dernier ressort, le procureur-général.

Art. 487. La connaissance des contestations auxquelles pourrait donner lieu le cas prévu par l'article, devrait être du ressort du procureur-général.

Art. 510. Il n'exprime pas la peine à laquelle il faudra condamner le contrevenant.

Art. 523. La même observation que sur l'article 510.

Art. 617. Ni cet article, ni aucun autre du Projet, ne désigne le membre qui doit présider le tribunal de police.

Art. 654. La même observation que sur les articles 510 et 523.

Art. 689. La même observation que sur l'article précédent.

Art. 750. Cet article devrait prononcer une peine contre les jurés réfractaires.

Art. 873. La même observation que la précédente.

Art. 987. La faculté de lire aux jurés la déclaration du témoin non présent, devrait être étendue aux étrangers, toutes les fois qu'on en a besoin pour la manifestation de la vérité, et qu'ils se refusent de comparaître sur l'invitation.

Art. 1021. L'autorité administrative devrait être dénommée.

Art. 1158. L'approbation de la réhabilitation par sa Majesté impériale ne devrait pas être requise. Pourquoi détourner l'attention de S. M. I. des affaires de haute importance pour s'occuper de l'examen d'objets inutiles ! Le particulier ne pourrait qu'en souffrir dans son honneur.

Signé Germain-Joseph **Meller**, *Président.*

OBSERVATIONS

DE LA COUR DE JUSTICE CRIMINELLE

DE SAMBRE-ET-MEUSE,

SUR

LE PROJET DE CODE CRIMINEL.

OBSERVATIONS

DE LA COUR DE JUSTICE CRIMINELLE

DE SAMBRE-ET-MEUSE,

SUR

LE PROJET DE CODE CRIMINEL.

LA cour de justice criminelle du département de Sambre-et-Meuse, séante à Namur, après avoir délibéré sur le projet de Code criminel, correctionnel et de police qui lui a été adressé par son excellence, monseigneur le Grand-juge Ministre de la justice, avec sa lettre du 7 ventôse dernier ; et pour satisfaire au desir du Gouvernement exprimé dans ladite lettre,

A arrêté, ainsi qu'il suit, les observations qu'elle a faites tant sur les principes mis en avant par MM. *Target* et *Oudart*, que sur les différens articles du Projet qui lui en ont paru susceptibles ; lesquelles observations ont été, sur l'invitation de la cour, rédigées par M. *Vaugeois*, son président.

OBSERVATIONS PRÉLIMINAIRES.

1.° Nous suivrons l'ordre adopté dans le volume qui nous a été transmis; ainsi nous passerons des observations de M. *Target* à celles de M. *Oudart,* et de celles-ci aux articles du Projet.

2.° Nous laisserons sans réflexions tout ce qui nous paraîtra bon ; nous n'en ferons que sur ce qui nous paraîtra devoir être ou changé ou modifié. Nous indiquerons, en ce cas, ce qui fera l'objet de notre examen, par le n.° des pages, s'il s'agit des discours, et par celui des articles, quand il s'agira du Projet.

En restreignant ainsi l'expression des sentimens qu'à fait naître en nous le travail des hommes distingués qui composent la commission, nous nous sommes imposé une privation pénible ; mais ce sacrifice nous était commandé par la nécessité d'éviter des longueurs dont l'utilité aurait pu ne pas paraître bien prouvée.

Sambre-et-Meuse.   **A**

3.° S'il est vrai que pour faire des bonnes lois, il faut voir les hommes tels qu'ils sont, et non pas tels qu'ils devraient être, c'est sur-tout lorsqu'il s'agit de lois répressives des crimes ; de ces lois qui doivent garantir, autant qu'il est possible, la sûreté des personnes et des propriétés. C'est alors qu'il convient, sans rejeter les secours que présente la théorie comme règle de raison, de s'appuyer principalement sur les résultats de l'expérience. Cette vérité nous a servi de guide dans la recherche et la réunion des idées que nous présentons au Gouvernement, comme un faible témoignage du desir que nous avons de coopérer au nouveau bienfait que sa sagesse nous prépare. Entrons en matière.

Sur les *Observations* de *M.* Target.

Nous aurons peu de choses à dire sur les observations de M. *Target*. Elles contiennent les vrais principes, en fait de délits et de peines ; elles présentent, sur ce point important du droit public, un ensemble d'idées vraies et profondes que le criminaliste consultera toujours avec fruit, et dont, à notre avis, il ne pourrait s'écarter sans danger. Aussi ne sont-elles que les corollaires de ces trois propositions fondamentales qui se trouvent à la page 4 :

« 1.re La *gravité* des crimes se mesure non pas tant sur la *perversité* qu'ils » annoncent que sur les *dangers* qu'ils entraînent.

» 2.° L'*efficacité* de la peine se mesure moins sur sa *rigueur* que sur la » *crainte* qu'elle inspire.

» 3.° Et cette crainte est proportionnée à la *certitude* et à la *célérité* de la » peine, plus qu'à sa *sévérité*. »

Ces trois propositions renferment toute la science de la législation criminelle.

Après avoir applaudi aux développemens lumineux que leur a donnés M. *Target*, qu'il nous soit permis cependant de soumettre nos doutes sur quelques-unes des dispositions particulières qu'il recommande.

En reconnaissant la justesse de ses raisonnemens sur la nécessité de rétablir, pour certains crimes, la *marque* ou la *flétrissure*, nous pensons que cette peine ne doit être appliquée qu'aux coupables qui seront condamnés à des peines *perpétuelles*, et non, comme on le propose, à ceux qui ne seront condamnés qu'aux travaux forcés *à temps*. Il paraît qu'il y aurait de la dureté, une sorte d'injustice à appliquer un caractère ineffaçable d'infamie, une peine réellement perpétuelle à un individu dont le crime ne paraît devoir emporter qu'une peine temporaire.

On propose d'appliquer à la forfaiture l'*interdiction de l'exercice des droits de cité et des fonctions publiques pendant un temps déterminé.*

Cette peine est trop légère.

Les juges ou autres fonctionnaires publics qui, dans l'exercice de leurs fonctions, *ont contrevenu aux lois constitutionnelles,* ou ont *dépassé les limites*

*de leurs pouvoirs, en usurpant celui qui ne leur est pas délégué, ou ont paralysé
la force ou suspendu l'action de la puissance publique par des démissions combinées, ou ont prévariqué par haine ou par faveur,* doivent être privés de l'exercice
des droits de cité *pour un temps,* et de celui des fonctions publiques *pour
toujours.*

Il ne s'agit ici ni d'ignorance ni d'erreur, mais de prévarication volontaire, c'est-à-dire de crime. Or, oserait-on, pourrait-on encore confier les
intérêts de la justice ou de l'administration à un fonctionnaire infidèle, qui
aurait une seule fois manqué à son devoir sciemment et avec une intention
déterminée! Quelle garantie aurait-il à donner de sa conduite future!
Quelle confiance pourrait-il inspirer!

Qu'on entoure les dépositaires des pouvoirs publics de respect, de considération, de formes protectrices qui les défendent des attaques de l'injustice et de la malveillance; rien de mieux : mais si, oubliant eux-mêmes
l'austérité de leurs devoirs, ils les ont sacrifiés à leurs passions, et qu'ils en
soient juridiquement convaincus, qu'ils restent déchus *pour toujours* de la
confiance qu'ils avaient inspirée au Gouvernement et à la société. Il y aurait
trop de danger à les remettre en place.

Nous admettons le principe qui a fait proposer, outre la restitution du
dommage occasionné pour un crime, une indemnité qui serait au moins du
quart, et pourrait être de la totalité du montant de la restitution.

Nous convenons que « le plus sûr préservatif contre les tentations hon-
» teuses, c'est la crainte de perdre les avantages mêmes qu'on voudrait
» augmenter par le crime » : et nous pensons aussi que « les actions violentes
» ou frauduleuses, commises dans l'intention de s'enrichir, deviendront
» moins fréquentes lorsqu'elles devront entraîner la perte, ou au moins la
» diminution de la fortune que le coupable possédait auparavant. »

Nous disons de même que cette indemnité ne doit pas être attribuée
au fisc, *qui ne doit plus voir une source de revenus pour l'État dans ce qui
tend à détruire l'État.*

Mais est-il juste d'attribuer, comme on le propose, cette indemnité à la
partie lésée! Cela n'est-il pas dangereux!

1.º Toute partie lésée a droit à la réparation du dommage qu'elle a
souffert; et dans cette réparation sont compris les dommages-intérêts qu'elle
est fondée à répéter: il ne faut point pour cela de disposition nouvelle
de la loi. L'indemnité qu'on propose serait donc au-dessus et en outre de
la restitution et des dommages - intérêts.

Mais pourquoi rendre à cette partie plus qu'elle n'a perdu! Ce ne serait
plus alors seulement une indemnité, mais un vrai bénéfice; une sorte de
présent que lui ferait la loi.

2.º Nous demanderons en second lieu si cette disposition ne présenterait
pas un danger véritable. La partie lésée qui saurait qu'en cas de condamnation

d'un prévenu, elle devrait, sans avoir couru aucuns risques, et par la seule volonté de la loi, obtenir un avantage réel, et recevoir au-delà de ce qu'elle aurait perdu, ne serait-elle pas tentée quelquefois de pratiquer des manœuvres iniques pour provoquer, pour obtenir cette condamnation!

Nous pensons que cette *indemnité* pourrait être, sous le nom d'*aumône*, attribuée aux pauvres du département, et particulièrement appliquée au soulagement des prisonniers indigens.

Si l'on n'eût pas proposé de conserver la peine de la *confiscation* dans les cas de *conspiration contre l'État*, et de *faux monnayage*, il serait inutile de rien ajouter aux réflexions qui sont présentées à la page 20, *10.ᵉ observ.*, sur l'inconvenance et le danger des *confiscations générales des biens des condamnés*. Ces réflexions ont été faites par tous les bons esprits; et les leçons que l'histoire a données sur ce point dans tous les temps, ont été répétées sous nos yeux d'une manière si sévère, qu'il ne nous est plus permis de rester volontairement exposés au même danger pour l'avenir.

Nous dirons donc, avec M. *Target*, « que les dispositions pénales qui » ne devraient avoir pour fondement que l'intérêt de tous et le maintien de » la paix publique, ne doivent plus être souillées par l'avidité fiscale, et que » la confiscation des biens des condamnés est, dans les Codes criminels » de presque toutes les nations, une tache honteuse qui ne doit plus désho- » norer le nôtre. »

A la considération qu'il tire de ce que cette disposition présente d'injuste en surchargeant du tourment de la misère une épouse et des enfans inno- cens, déjà désespérés du crime et de la condamnation d'un époux et d'un père, on peut ajouter qu'il est bien à craindre que ces enfans, privés de toute ressource par la confiscation, ne deviennent eux-mêmes, un peu plus tard, le fléau de la société qui les aura déshérités.

Il est une autre considération bien plus puissante encore, et qu'il suffit de présenter pour qu'on en sente l'importance : nous sommes régis aujour- d'hui par un Gouvernement puissant et sage, et qui ne veut que notre bonheur et notre gloire; mais ce n'est pas seulement pour le temps présent que l'on prépare des lois. Qui nous garantit que, dans les temps à venir, il ne se trouvera pas de circonstances où l'on serait tenté d'abuser d'une loi qui autoriserait, au profit du fisc, la confiscation des biens des con- damnés! Ce qui, dans tous les temps et dans tous les pays, a été pour la tyrannie un appât et un nouveau moyen de puissance, pourrait, dans des temps de troubles, le devenir encore; et l'on aurait à craindre de voir, comme on l'a vu depuis *Marius* et *Sylla* jusqu'à nos jours, l'avarice étendre les listes de proscription dressées par la vengeance.

Ceci, comme on le voit, s'applique spécialement aux condamnations prononcées pour fait de *conspiration contre l'État* ou contre le Gouverne- ment.

On peut y ajouter que, dans ces cas, le danger de la loi dont nous parlons ne serait pas balancé par son utilité.

1.° Un conspirateur mû par des motifs d'ambition qu'il regarde ordinairement comme lui présentant des chances bien supérieures à sa fortune actuelle, sera rarement retenu par la crainte de la perdre.

2.° Le dommage qu'occasionne à l'État le crime d'un conspirateur, ou celui auquel il l'expose, sont trop considérables pour que sa fortune, quelque grande qu'elle soit, puisse présenter un dédommagement véritable, une juste indemnité.

Il suit delà que la menace de la confiscation ne pourra *prévenir* le crime, et que la confiscation elle-même serait insuffisante pour le *réparer*. L'adoption de cette mesure n'aurait donc d'effet bien réel que le danger qu'elle ferait courir, et le législateur ne voudra pas s'y exposer.

La confiscation des biens du *faux-monnayeur* n'offre pas, à la vérité, les mêmes dangers, et elle présente une indemnité plus proportionnée avec le dommage occasionné par le crime ; cependant comme elle a toujours le terrible inconvénient de frapper sur des êtres qui ne sont pas reconnus coupables, et que par la misère à laquelle elle les condamne, elle les expose, en quelque sorte, à la tentation du crime, nous estimons que, même dans le cas de faux-monnayage, elle doit être abolie. Qu'on épuise en restitutions, s'il le faut, la fortune des coupables ; rien de plus juste. Qu'on trouve par-tout, dans nos lois, garantie pour la réparation des dommages. Que l'on confisque les instrumens, les matériaux et les produits du crime ; les marchandises saisies en fraude, les voitures, les bâtimens et les autres moyens de transports, etc. ; mais *qu'il ne soit plus question de confiscation générale.*

« Les vagabonds, les gens non domiciliés, les gens sans aveu, lorsqu'ils » sont signalés individuellement par la justice, les condamnés aux peines » afflictives ou infamantes, même à la simple infamie, même à la réléga- » tion, après l'expiration de leur peine, *resteront tous sous la main de l'au-* » *torité.* »

Cette mesure générale de la mise en surveillance proposée au §. 11, *p. 22*, et dont les motifs sont développés dans les trois pages suivantes, paraît devoir produire les plus heureux résultats. Nous ne pouvons qu'y applaudir et témoigner notre desir de la voir adopter.

Cette amnistie promise par la loi aux révélateurs des complices, est un moyen sûr de désunir les malfaiteurs, de désorganiser leurs bandes actuelles, et d'empêcher qu'il ne s'en forme de nouvelles ; et il y a long-temps que les fonctionnaires qui s'occupent de la répression des crimes et de la recherche des moyens qui pourraient les prévenir, desiraient que la loi jetât ce germe de division parmi les hommes corrompus dont les crimes infestent la société.

Mais il ne suffira pas d'accorder cette amnistie aux conspirateurs

seulement et aux fabricateurs de fausse-monnaie ; il paraîtra , sans doute , nécessaire de l'étendre aux falsificateurs des effets publics , aux fabricateurs
de faux billets de banques, soit nationales, soit étrangères, aux chauffeurs,
garotteurs, et en un mot à tous les brigands agissant en bandes , et réunissant leurs efforts pour commettre des crimes.

Le vœu exprimé page 3 1, *9.ᵉ observation*, de voir accorder à l'innocent
acquitté une indemnité qui consisterait en une somme d'argent pour ceux
qui, payant moins de vingt francs de contributions, seraient réputés indigens, et une médaille d'argent, sur laquelle se liraient les mots : *innocence
reconnue*, pour ceux qui seraient dans l'aisance , est le résultat d'un sentiment
bien louable, et il est douloureux de prévoir qu'on ne pourra le réaliser. En
effet , pour accorder un *témoignage d'honneur* ou une *indemnité* à l'innocent
qui aurait subi l'épreuve d'une procédure criminelle, il faudrait deux jugemens : le premier qui acquitterait de l'accusation , c'est-à-dire qui déclarerait
que le crime imputé n'a pas été prouvé ; le second , qui attesterait à la société
que le prévenu est parfaitement innocent de ce crime.

Mais qui rendra ce second jugement, *qui est bien le plus difficile des deux !*
On convient qu'il serait d'une conséquence dangereuse que les jurys eussent
deux formes de déclaration d'acquittement , l'une pour déclarer *que le fait
n'est pas prouvé* , l'autre pour déclarer *que l'innocence est démontrée ;* et en cela,
on a raison. Leur tâche est assez forte ; ne la rendons pas plus pénible. On
a déjà que trop de motifs de chercher à surprendre leur opinion, à égarer leur
conscience ; ne les exposons pas à de nouveaux piéges, à de nouvelles tentatives de la part des accusés.

On propose de laisser aux juges le droit de désigner, parmi les acquittés,
ceux à qui on devra un témoignage d'honneur ou une indemnité ; c'est-à-
dire, le droit d'ajouter au jugement rendu sur la déclaration solennelle des
jurés cette décision particulière : N.... est acquitté ; les jurés ont déclaré
seulement *qu'il n'était pas convaincu ;* Nous déclarons, nous, que *nous sommes
certains qu'il est innocent :* N... vient d'être acquitté par les jurés ; Nous
déclarons, nous (car le refus d'accorder un témoignage d'honneur, équivaudrait ici à cette déclaration), *que rien n'assure qu'il est innocent,* et qu'ainsi,
quoiqu'il ait été acquitté, il doit rester, toute sa vie, entaché du soupçon
d'avoir commis le crime dont il était accusé, ou d'y avoir coopéré.

Ce serait sans doute avec beaucoup de peine que les juges se verraient
imposer, par la loi, l'obligation de faire de pareilles déclarations.

Et ces déclarations elles-mêmes, sur quoi seraient-elles appuyées ! *Sur la
conviction des juges !* Mais si on pense qu'elle suffit pour décider qu'un accusé
n'a pas commis un crime, ce qui, en général, est très-difficile à établir, pourquoi ne suffirait-elle pas pour décider aussi que l'accusé *a commis le crime
qu'on lui impute ;* ce qui, de sa nature, est bien plus facile à prouver !

L'attribution d'un tel pouvoir serait donc , en quelque sorte , destructive de l'institution des *jurés* , puisqu'elle supposerait leur inutilité.

Nous ajouterons que cette mesure elle-même , en la supposant adoptée, abstraction faite des difficultés qu'elle présente dans son exécution, ne serait pas aussi utile qu'un premier sentiment de justice et d'humanité a pu le faire croire. Qu'on daigne faire attention aux réflexions suivantes ; et l'on en sera convaincu.

1.° Il est très-peu de cas où l'on serait à même de faire l'application de la disposition de la loi dont nous nous occupons ; nous en appelons ici à l'expérience , et nous sommes persuadés que tous les membres des cours de justice criminelle diront comme nous, que, parmi les accusés qui se trouvent acquittés, après l'épreuve d'une procédure criminelle , il en est extrêmement peu sur qui quelque circonstance de l'instruction ne laisse, malgré l'acquittement, planer le soupçon qu'ils ont été ou auteurs ou complices des crimes qui leur étaient imputés. *Il n'est pas constant,* c'est-à-dire , *On n'est pas sûr* qu'ils soient coupables; voilà ce que déclarent les jurés : et c'est aussi, presque toujours , tout ce qu'ils sont en état de déclarer. Si on allait plus loin, et qu'on leur demandât : *Est-il constant que l'accusé est innocent !* Non , diraient-ils; nous pouvons bien assurer que nous ne sommes pas convaincus qu'il soit coupable ; mais nous ne pourrions pas , pour cela, garantir son innocence.

2.° La médaille ne réparera point l'honneur, si, malgré l'acquittement, il est resté lésé dans l'opinion publique ; et cela arrive quelquefois. Or, cette opinion qui se forme par la publicité des débats, et sur-tout par la connaissance qu'on a du caractère et de la moralité des accusés, une fois qu'elle est formée, se déclare et subsiste , indépendamment de la décision du juge. Tel homme a été acquitté, et a dû l'être , par un tribunal *judiciaire,* qui ne l'a pas du-tout été par celui de *l'opinion publique ;* il sera montré au doigt toute sa vie. A quoi lui servirait une *médaille d'honneur !*

3.° Fût-il bien *prouvé* que l'accusé est *innocent du fait particulier* qui lui a été imputé, s'il est mal famé d'ailleurs, la médaille paraîtra (quoique injustement) avoir été surprise à l'erreur, ou accordée par la partialité.

4.° L'indemnité accordée à celui qui paie *dix-neuf francs* de contributions, et refusée à celui qui paie *un franc de plus,* et qui souvent , par l'effet de sa position , sera plus malheureux que le premier, paraîtra encore un don fait arbitrairement, et obtenu de la faveur.

L'exécution de cette mesure , loin d'offrir des avantages assurés , aurait donc , au contraire, l'inconvénient bien grave de se trouver, presque toujours, en opposition avec l'opinion publique, c'est-à-dire avec le régulateur puissant, le régulateur unique de tout ce qui tient à la réputation et à l'honneur.

Sur les Observations de M. Oudart.

En rendant hommage au zèle de M. *Oudart* et aux motifs qui ont dicté ses observations, nous prendrons la liberté de tirer des principes qu'il a avancés, des conséquences quelquefois différentes des siennes.

Ses vues sur le perfectionnement de l'institution du jury étant généralement bonnes, c'est principalement en ce qui concerne l'organisation des Cours de justice criminelle, que nous serons, parce que nous le croyons nécessaire, d'un avis opposé au sien.

Après être convenu de la nécessité de conserver un tribunal criminel, à chaque département, « parce que les jurés devant entendre, interroger, » observer les accusés, les parties civiles et les témoins, il serait impossible » de former de plus grands ressorts, et d'appeler à de plus grandes distances » les accusés, les parties civiles, les témoins et les jurés », il observe 1°. que ces tribunaux ont été d'abord formés de *quatre* juges, puis de *cinq*, puis de *trois*, comme ils le sont aujourd'hui ; et, de ce qu'aucune raison déterminante n'a, suivant lui, milité pour un nombre plutôt que pour un autre, et encore parce qu'il ne s'agit, dit-il, que d'ouvrir le livre de la loi, et de prononcer la peine qu'elle inflige, il conclut qu'*un seul juge suffit*, et qu'on doit supprimer les deux autres. Le préteur, en effet, quoique assisté d'un propréteur, pourrait bien être regardé comme un juge unique, puisqu'il aurait la voix prépondérante.

2.° Il fait le calcul des procès criminels jugés annuellement ; il trouve, en les divisant par le nombre des tribunaux, que le moyen terme est de cinquante pour chaque tribunal, et il en conclut qu'*il faut réduire aussi le nombre des présidens* chargés de diriger, dans ces procès, l'instruction et les débats.

On pourrait en conclure également qu'il faut réduire le nombre des tribunaux : car la réduction des présidens n'augmentera pas, pour chaque tribunal, le nombre annuel des procès criminels.

Voyons d'abord s'il est bien vrai que deux des trois juges de chaque tribunal criminel peuvent et doivent être supprimés comme inutiles.

Nous examinerons ensuite l'idée de substituer des *préteurs* aux *présidens* actuels, et l'ensemble du nouveau système qu'on propose.

S'il était vrai que les tribunaux criminels n'eussent qu'à appliquer, dans tous les cas, des textes de loi précis et invariables, peut-être à la rigueur, aurait·on assez d'un seul juge ; mais il n'en est pas ainsi, et les affaires criminelles, même après la déclaration du jury, peuvent encore donner lieu à de sérieuses délibérations.

1.° On a senti la nécessité de fixer, pour les peines temporaires, afflictives ou infamantes, comme cela a lieu déjà dans les matières correctionnelles,

un

un *maximum* et un *minimum* entre lesquels les juges détermineront ,
d'après la connaissance qu'ils auront acquise des circonstances aggravantes
ou atténuantes des crimes , le degré de peine auquel le coupable devra être
soumis. Un criminel , par exemple, devra être, dans les cas prévus par la
loi , condamné aux travaux forcés à temps, et la durée de la peine sera ,
suivant les circonstances, de *dix* à *vingt* années. Devra-t-on imposer à un
juge unique l'obligation de marquer , dans cette latitude de dix à vingt
années , le point précis jusqu'auquel la peine doit s'étendre ! N'est-ce pas
trop exiger de lui que de le charger seul de ce second jugement ! car c'en
est un , bien important encore, que de décider qu'un homme condamné
au moins à dix années de fers , restera soumis à cette peine pendant cinq,
six , huit ou dix années de plus. Et qui empêchera que ce juge unique ne
paraisse avoir agi arbitrairement, ou ne soit accusé de trop de sévérité ou
de trop d'indulgence !

Et cependant ce jugement , qu'attaqueront peut-être la légèreté ou la
prévention, aurait été respecté s'il eût été rendu par trois ou quatre magistrats. La délibération de trois juges donne , en effet, au public, ainsi
qu'aux accusés, une garantie que ne présente pas la décision d'un seul.

Ces considérations, quoique puissantes sur l'esprit de tous les juges soi-
gneux de leur réputation, ne le seraient sans doute pas assez pour en empêcher aucun de suivre uniquement l'impulsion de sa conscience ; mais elles
ne nous en paraissent pas moins de nature à devoir être pesées par le législateur. La position d'un juge criminel, attaché à ses devoirs, est de sa nature
assez pénible ; il ne faut pas que la loi elle-même l'aggrave sans une nécessité
bien reconnue.

2.° Les *appels* des jugemens rendus en matière de délits soumis à des
peines correctionnelles , doivent être jugés par la cour de justice criminelle.
Dans ces matières , la loi a laissé jusqu'ici , et doit laisser encore aux juges
une latitude, soit *pour la fixation des amendes* , soit *pour la durée des empri-*
sonnemens ; l'expérience a prouvé l'utilité de cette disposition. Tout ce que
nous venons de dire sur le danger de charger un seul juge de fixer le degré
de la peine en matière criminelle, a donc également ici son application.
Mais ce à quoi il est important de faire attention, c'est que les tribunaux
criminels, dans ces cas d'appel, connaissant les affaires *au fond,* décidant le
fait et appliquant la loi, faisant alors réellement les fonctions de jurés et
de juges, il paraîtrait peut-être encore plus étrange de voir un juge seul
rendre des jugemens, dont l'objet, quelquefois, est de la plus haute importance. On se rappellera que les tribunaux correctionnels , outre qu'ils peuvent condamner à plusieurs années d'emprisonnement , ont souvent à prononcer dans des affaires, ou d'escroquerie , ou causées pour contravention
aux lois fiscales, des condamnations pécuniaires et des confiscations qui
montent à des sommes très-fortes.

Nous concluons de tout ceci qu'*on ne doit pas réduire le nombre des juges des cours de justice criminelle.* Il serait plutôt à desirer qu'on l'augmentât. Un tribunal nombreux a plus de majesté ; et il semble offrir quelque chose de plus rassurant au public et aux juges eux-mêmes. Quoi qu'il en soit, *on peut absolument se contenter de trois ;* mais il est impossible qu'il y en ait moins. Si on n'en mettait que deux, comme on semble le proposer, puisqu'on regarde le préteur et le propréteur comme formant véritablement deux juges ; on donnerait, comme on le propose aussi, la voix prépondérante au président, et l'on n'éviterait alors presque aucun des inconvéniens attachés à l'unité de juge.

Chaque cour de justice criminelle doit avoir son président, *qui y soit attaché d'une manière permanente.*

Avancer cette proposition, c'est dire que l'institution des préteurs ne nous paraît pas promettre les avantages que les auteurs du Projet en attendent.

L'article 135 du sénatus-consulte du 28 floréal nous paraît avoir décidé, dans notre sens, cette question importante, en statuant que *les présidens* de la cour de cassation, des cours d'appel *et de justice criminelle,* sont nommés à vie par l'Empereur. Mais comme il est dit aussi qu'ils peuvent être choisis hors des cours qu'ils doivent presider ; et que les partisans du système des préteurs diront peut-être que ces préteurs, aussi nommés à vie, seraient les présidens dont parle le sénatus-consulte, nous ne croyons pas pouvoir nous dispenser de présenter les réflexions que nous a suggérées tout ce qui a été dit en faveur de ce Projet.

Il nous semble qu'on peut réduire tout ce que contient la première partie des observations que nous examinons, aux assertions suivantes, à chacune desquelles nous allons répondre en peu de mots.

« 1.° On doit réduire le nombre des présidens, parce que chacun d'eux » n'a pas un assez grand nombre de procès criminels à juger. »

Nous avons déjà fait remarquer que cette objection tombe aussi directement sur le nombre des tribunaux criminels que sur celui des présidens.

« 2.° Peu de juges d'appel desirent cette magistrature pénible et envi- » ronnée d'écueils, qui n'ajouterait rien à leur existence politique. »

Cette assertion n'est pas fondée, puisqu'un juge d'appel acquiert véritablement une plus belle existence politique en devenant le chef d'un corps de magistrature égal en dignité à celui dont il était déjà membre ; et que le président du tribunal criminel est, dans tous les départemens où il n'y a pas de tribunal d'appel, le premier magistrat de l'ordre judiciaire.

« 3.° Si le président criminel exerce dans un autre département que celui » de son domicile, ses fonctions ne le conduiront à rien ; elles ne le feront » point sortir de sa médiocrité politique, parce que son absence le fera » oublier de ses concitoyens, et qu'il ne sera porté sur aucune liste de » candidats. »

Ses fonctions sont assez belles pour qu'il ne doive pas être très-occupé du desir de parvenir à d'autres. Il est à souhaiter d'ailleurs qu'un juge ne puisse attendre son avancement que du Gouvernement, dont les choix , en général, valent mieux que ceux des assemblées électorales, auprès desquelles ordinairement on ne peut réussir que par des moyens qui répugnent à l'homme vertueux et qui sent sa dignité.

« 4.° S'il est dans le département où il a son domicile, il est à craindre » qu'il ne se conduise comme on l'a fait trop souvent depuis l'institution des » jurés ; qu'il ne prenne parti dans tous les événemens du pays ; qu'il ne se » laisse diriger par l'esprit départemental ; ou que recherchant les hommes » accrédités et fléchissant dans l'exercice de ses fonctions, sous leur autorité, » il ne soit lui-même sans force , sans crédit et sans influence , &c. Et ne » sait-on pas quels jugemens ont été rendus à la veille des élections , et » quels juges ont été portés sur les listes , ou en ont été repoussés, &c.

» Il y a autant de nuances que de départemens ; l'esprit territorial n'est » tempéré par aucun autre esprit, &c. , &c. »

A ce que nous avons dit sous le n.° 3 , nous ajouterons :

1.° Que l'esprit de localité , dont on parle, n'est point à craindre ; qu'il ne faut pas confondre les temps communs, pour lesquels on prépare les lois, avec des temps de troubles et de discorde où l'on ne peut compter sur rien , parce que tout sort des règles ordinaires ; que par-tout on déteste, on poursuit, on aime à voir atteindre les incendiaires, les voleurs , les assassins , les faussaires ; et qu'à moins qu'il n'y ait des dissensions civiles , et qu'il ne s'agisse des délits politiques qu'elles ont occasionnés, aucun esprit départemental ne s'oppose à ce que la justice criminelle soit bien administrée.

2.° Que la crainte de voir le président rechercher les hommes accrédités et fléchir sous leur autorité, n'est pas plus fondée sous le système actuel, qu'elle ne le serait sous tout autre système, puisque cela ne tient pas du tout à l'institution, mais bien au personnel de l'homme ; et cette réflexion s'appliquera également au numéro suivant.

5.° « Un président placé, pendant un an, au milieu d'une ville centrale, » *est là comme à poste fixe.* »

Pas beaucoup plus que le préteur qui n'aurait pour domicile que la selle de son cheval.

« Et souvent au milieu de parens, d'amis , de créanciers, *pour recevoir toutes* » *les sollicitations.* »

Si cette crainte était fondée, elle le deviendrait donc bien davantage, lorsqu'en exécution du sénatus-consulte du 28 floréal, il y aura des présidens institués à vie.

« Et *les vengeances* que peut produire un jugement d'une sévérité né- » cessaire, *ne sauront-elles donc pas bien où l'atteindre!* »

Que parle-t-on de sollicitations à recevoir, de vengeances à craindre ! Et les préteurs eux-mêmes n'y seraient-ils pas plus exposés encore ! Plus recherchés, parce qu'on les croirait plus puissans ; plus facilement attaqués, puisqu'ils seraient sans cesse sur les routes, n'auraient-ils pas à craindre, plus que les présidens, les tentatives de l'intrigue ou les coups de la vengeance ! Au reste, nous aimons à croire que le Gouvernement a une meilleure opinion des magistrats qu'il a institués. Il n'ignore pas, sans doute, que ce n'est point dans l'ordre judiciaire que pullulent ces égoïstes, sans courage comme sans conscience, qui ne remplissent leurs obligations qu'autant que cela peut être utile à leur intérêt personnel. Tout est de devoir strict pour un juge qui ne doit connaître que *la cause* et jamais *les individus ;* et celui qui prêterait l'oreille aux sollicitations d'un homme accrédité, ou qui redouterait la vengeance d'un coupable puissant ou de ses protecteurs, serait bien près d'être un prévaricateur. Heureusement que, parmi les magistrats qui dirigent l'action de la justice, beaucoup, avec une fortune dont la médiocrité semblerait devoir les rendre dépendans de ce qui les entoure, ont des goûts simples et des sentimens élevés ; qu'ils savent que l'honneur et la considération sont la vraie récompense qu'ils doivent ambitionner ; qu'ils sont bien persuadés qu'ils descendraient du rang où leurs places les élèvent, s'ils devenaient des courtisans ; et que c'est en tenant la balance de la justice d'une main aussi ferme qu'impartiale, qu'ils obtiendront l'estime du Gouvernement et les témoignages de la reconnaissance publique.

6.° « Dans le système actuel, la justice criminelle est dépouillée de la
» moitié de sa force et de sa solennité. Les affaires ont une marche uniforme
» et *languissante* autour d'un président sédentaire *et qui a ses aises,* &c. On
» interrompt le service pour aller prendre un repas au dehors, &c. On trouve
» ainsi les moyens de concilier d'*austères* fonctions avec les *douceurs* de la vie
» citadine, &c., &c. »

A notre avis, il y a plus que de l'*austérité* dans cet amas d'inculpations ; mais comme nous ignorons ce qui a pu donner lieu à cette tirade, nous n'en dirons rien ; et nous passerons an numéro suivant.

7.° « La fermeté ne manque à personne dans les occasions ordinaires ; mais
» si le procès est hors de pair, il n'en est pas ainsi : et chez tous les peuples
» on a reconnu que les autorités locales et ordinaires sont impuissantes
» dans les circonstances majeures. »

Et, à l'appui de ceci, on cite ce qui se passait chez les Romains, qui, en pareille occurrence ; écartaient les juges ordinaires, et en établissaient de spéciaux, que l'on prenait *parmi les plus graves et anciens consulaires (Voir* Airault, *Ordre et Instruction judiciaire des anciens).*

Il se fit, dit cet auteur, quelque meurtre et volerie « dans les bois...
» il n'y eût pas sûr accès en Italie, ni les grands-chemins libres. Le sénat
» donna charge aux consuls *Publius Scipion* et *Decius Brutus* d'y aller eux-
» mêmes en personne. »

« L'autorité, dit le même auteur, l'autorité seule de tels commissaires
» qu'on voyait se remuer et monter à cheval pour informer et *donner juge-*
» *ment*, faisait trembler toute l'Italie, et laissait une telle mémoire et exemple
» du fait, qu'il n'y avait si désespéré qui voulût et osât penser à commettre
» chose semblable... Quand le premier et souverain juge marche en pays,
» *son ombre seule fait justice.* »

« Le seul nom du commissaire *Lucius Cassius*, le plus sévère juge qui
» fût à Rome, qu'on appelait vulgairement *scopulum reorum* (l'écueil des ac-
» cusés) apporta telle majesté et autorité au procès, qu'en la procédure et
» instruction il y eut quasi plus d'exemple et de frayeur qu'à l'issue. »

» *Nous voyons donc*, continue-t-il, *qu'une des plus grandes formalités gît*
» *au juge.* »

Vient ensuite à l'appui de cette assertion l'exemple de ce qui se passa en
Angleterre, où « un juge envoyé par le roi, et entouré d'une grande consi-
» dération, va, dans les tournées successives, présider en différens *comtés*
» les assemblées des jurés *qu'il dirige avec une influence si puissante qu'il va*
» *jusqu'à leur indiquer presque formellement le prononcé qu'ils vont faire.* »

Ne semble-t-il pas qu'on pourrait conclure de tout ceci que les commissions militaires seraient ce qu'il y aurait de mieux en fait de justice criminelle ? à moins qu'on ne préférât d'établir des espèces de dictateurs judiciaires
comme ce *Lucius Cassius*, dont l'ombre seule faisait justice, tant il était
renommé pour sa sévérité. Car, ces envois de *Consulaires*, ou ces commissions données à des juges redoutés, pour juger, *hors les règles*, les brigands
qui infestaient l'Italie, épouvanter et détruire leurs bandes, étaient de
véritables commissions militaires nécessitées sans doute par l'état des choses
qu'avaient amené les longues guerres et les troubles civils qui avaient
précédé. Mais est-ce bien pour un établissement permanent que l'on
propose de pareilles bases ? Et les remèdes violens, extrêmes, que l'on
est forcé d'employer dans les crises extraordinaires qui menacent la société
d'une dissolution prochaine, doivent-ils servir dans tous les temps ?

Si la plus grande formalité gît au juge, si le juge le plus sévère est aussi
le meilleur, si le président qu'on doit préférer est celui dont l'influence est
telle qu'il va jusqu'à indiquer aux jurés le prononcé qu'ils vont faire ; alors,
il est vrai, on peut avoir moins de présidens ; alors on peut réduire le
nombre de juges, et se passer de jurés qui ne viendraient là, en quelque
sorte, que pour prononcer ce qu'on leur dicterait.

Mais quand la justice dépend principalement de la volonté, de l'influence
d'un seul homme, quelle garantie reste-t-il donc contre l'arbitraire et
l'injustice ?

8.° Tout ce qui précéde a conduit à la proposition « d'établir en France,
» par divisions formées chacune de plusieurs départemens, un *grand-juge*
» que l'on nommerait *préteur*, qui, attaché pour un an à une division, serait

» l'année suivante attaché à une autre ; tiendrait ses assises *tous les trois*
» *mois* dans chacun des départemens qui lui serait assignés ; jugerait *avec*
» *voix prépondérante* assisté d'un propréteur qui aurait fait les actes prépa-
» ratoires du procès ; serait remplacé, en cas de maladie ou autre empê-
» chement légitime, par un autre préteur *qui serait, à cet effet, nommé par*
» *le Gouvernement ;* et irait tous les ans à Paris rendre compte au Gouver-
» nement de ce qu'il aurait remarqué de bien et de mal, et en proposerait
» le remède. »

On attend de cette institution les plus grands avantages : « parce que
» ces magistrats auraient plus de *pouvoir* que les présidens actuels, plus de
» *dignité*, plus de *crédit*, plus de *liberté ;* en un mot, *une constitution plus*
» *robuste.* Réunis tous les ans à Paris, ils se communiqueraient leurs obser-
» vations, et de là naîtrait *l'uniformité* dans la manière d'administrer la
» justice... Ils instruiraient le Gouvernement des abus que, sans eux, il ne
» connaîtrait peut-être pas ; et il ne serait pas de fonctionnaire local qui ne
» voulût, sous leurs yeux, faire son devoir rigoureusement. »

On cite ici, pour exemple, ce qui a lieu en Angleterre à l'arrivée du
grand-juge : « la réception solennelle que lui font les personnages les plus
» marquans de la province, et les fêtes qui la suivent, l'intérêt avec lequel
» on attend, dans chaque comté, la tenue des assises qui devient une occa-
» sion de réunion pour les hommes, *de divertissemens et de plaisirs pour la*
» *jeunesse et pour les femmes, &c.* »

Ce n'est pas sans quelque surprise que nous voyons citer, en preuve de
la bonté de l'institution qu'on nous propose, ce qui ce passe en Angleterre
pendant le temps que durent les *assises.* Heureusement que tout ce qu'on
nous en raconte est trop éloigné de nos mœurs, pour que nous ayons à
craindre de le voir se renouveler parmi nous. Non, ce n'est point aux pieds
des tribunaux criminels que l'on verra danser la jeunesse française ; et le
moment imposant où la justice saisit son glaive pour en frapper des coupables, ne deviendra jamais, pour nos sensibles compatriotes, une époque
de plaisirs et de fêtes. Laissons donc nos voisins lier, à ce qui fait l'objet des
assises, d'aussi étranges accessoires, et examinons l'institution en elle-même.

1.° Le préteur dit-on, *aurait plus de dignité, plus de pouvoirs que les pré-*
sidens actuels. Si l'on entend par là que son suffrage devrait entraîner, presque
nécessairement, ceux du propréteur et des jurés, nous avons vu ci-dessus
qu'il y aurait, en cela, bien plus de dangers que d'avantage.

Si on parle seulement d'une autorité suffisante pour bien diriger, mais qui
écarte toute idée de despotisme et d'arbitraire, ne peut-on donner aux présidens ce crédit, ce degré de pouvoir que l'on desire !

Au reste, nous sommes obligés de revenir encore ici sur une idée que nous
avons déjà présentée ci-dessus ; c'est que la bonne administration de la
justice tient moins au pouvoir *extérieur* dont le juge paraît environné qu'à

ses qualités *personnelles*, et à l'idée que le public s'en est faite. Tel préteur marchant en grande pompe, et environné de beaucoup d'éclat, en imposera peu, si une réputation soutenue ne le précède pas ; tandis qu'au contraire tels tribunaux criminels seront regardés comme l'écueil des malfaiteurs, parce que les magistrats qui les composent se seront fait, dans leur simplicité, une réputation fondée d'intégrité, de lumières et de force.

2.° Le préteur, passant successivement d'un département à un autre, ne *serait influencé par aucun intérêt local , &c.*

Pour ne plus revenir sur ce motif tiré de la force prétendue des considérations particulières, nous dirons un seul mot : c'est que le Gouvernement doit avoir de la confiance dans les juges qu'il institue ; et que leur en témoigner, est le moyen le plus sûr de les encourager à en mériter encore davantage.

Mais voyons, sous un autre aspect ce passage successif du préteur d'un tribunal à l'autre. Trouve-t-on donc beaucoup de dignité dans cette ambulance perpétuelle d'un juge supérieur qui passera sa vie à l'auberge ou en route !

On ne veut pas qu'il exerce ses fonctions ni dans le département *où il est né*, ni dans celui *où il a choisi son domicile.* Ainsi, lui qui va se dévouer à des fatigues constantes pour assurer à ses concitoyens la jouissance de leurs biens ; le repos de leurs familles ; le voilà, d'un trait de plume, privé, pour toujours, de l'avantage de soigner, par lui-même ses propriétés ; du plaisir de voir ses parens et les amis de son enfance ; du bonheur de vivre avec sa femme et ses enfans ; ou bien il faudra que sa femme et ses enfans courent la poste avec lui. Et tout cela, parce qu'il semble aux auteurs du Projet qu'un juge, au milieu de ses connaissances, ne peut plus rendre la justice. Mais ils n'ont pas réfléchi que si cela était vrai, il y aurait bien plus de raison encore à faire voyager les tribunaux civils ; et pourtant on ne le propose pas ! Non, les juges ne sont pas si faibles, si prompts à se laisser corrompre. La plupart d'entre eux sont peu riches, tous n'ont reçu, depuis long-temps qu'un traitement trop modique ; eh bien, ils supportent cet état sans se plaindre, et ils n'en jugent pas moins avec courage et impartialité.

3.° Le préteur, dit-on, *ferait connaître au Gouvernement les abus*, et il en proposerait le remède, &c.

Il n'est pas nécessaire, pour atteindre ce but, de former un établissement nouveau. L'Empereur n'a-t-il pas, près de chaque tribunal, son procureur, qui peut et qui doit rendre compte de ce qui se passe ! Le grand-juge ministre de la justice ne peut-il pas demander aux présidens les mêmes renseignemens, les mêmes observations qu'il demande aux procureurs impériaux ! et, par ces doubles rapports, par ces observations respectives, qui se serviront mutuellement de contrôle, le Gouvernement ne sera-t-il pas parfaitement à-même de connaître la vérité !

4.º Un dernier avantage qu'on attend des tournées du préteur, c'est
« qu'il activera la négligence, et que les fonctionnaires qui seraient tentés
» de s'écarter de leurs devoirs ne l'oseront pas sous ses yeux », parce qu'ils
le regarderont apparemment comme un inspecteur sévère qui viendra les
passer en revue, et qui portera ensuite à la connaissance du Gouvernement
les plaintes qu'il aurait à faire contre eux.

Nous dirons à cela, que pour les hommes purs (et c'est le plus grand
nombre) cette inspection est inutile ; et que les autres, profitant des retours
périodiques du préteur dans leurs arrondissemens, mettront tout en œuvre
ou pour le tromper, ou pour le disposer en leur faveur.

Nous finirons cet article par quelques observations qui nous paraissent
bien dignes de considération.

La première : C'est qu'il sera impossible de juger les accusés aussi promptement qu'ils le sont aujourd'hui ; et que si, faute d'un témoin essentiel,
on est obligé de remettre la cause, elle se trouve rejetée à trois mois ; si
une nullité oblige de recommencer une procédure, elle se trouve remise
encore pour le moins à trois mois ; si le préteur tombe malade au moment
où la tenue des assises devrait commencer, la nécessité de recourir au
Gouvernement, pour lui faire nommer un suppléant, entraîne encore des
retards qui prolongeront, de plusieurs mois, la détention des prévenus.

La seconde : C'est que, quelque activité, quelques lumières qu'on
suppose à un préteur, comme il ne fera que passer dans chaque département, il ne connaîtra jamais les personnes et les localités comme un président permanent ; et cette connaissance est pourtant bien nécessaire à
celui qui est chargé d'interroger les accusés, d'entendre les témoins, d'apprécier et faire apprécier aux jurés leurs dépositions ; en un mot, de diriger
l'instruction et les débats, et de réunir tous les rayons de lumière qui
doivent éclairer la décision.

La troisième : C'est que *l'uniformité* dans la manière de juger, que l'on
attend de la connaissance que se donneraient mutuellement les préteurs de
leurs observations, ne peut pas dépendre de ces communications récipro-
ques. La manière de procéder, en fait d'instruction judiciaire, ne devra
jamais être abandonnée à la volonté particulière, c'est-à-dire, à l'arbitraire ;
elle sera **déterminée** d'avance par le Code qui en aura prescrit toutes les
formes : c'est donc dans ce Code que les juges devront l'étudier ; et s'ils s'en
écartent, ils y seront ramenés ou par des dispositions de discipline que la
loi aura ordonnées, ou par les arrêts de la cour de cassation.

Mais un inconvénient bien grave attaché à l'institution que nous examinons, c'est que les forces du préteur ne suffiront pas toujours aux fatigues
des voyages continuels auxquels on le condamne. Cette vie agitée ne convient
qu'à la jeunesse. L'âge avancé, l'âge des infirmités commande le repos ; et c'est
précisément au moment où la majesté d'une vieillesse vénérable, les richesses

de

l'expérience et la considération acquise par de longs et utiles travaux, rendraient ce magistrat plus capable de bien exercer ses fonctions, qu'il se verra forcé de les quitter ! *S'il était à poste fixe, il travaillerait quinze ou vingt ans de plus* ; et quels services ne rendrait pas encore à son pays, pendant ces quinze années, cette tête blanchie par l'étude et la méditation !

Nous pensons donc qu'il vaut beaucoup mieux *attacher à chaque cour de justice criminelle un président à vie,* que de créer vingt-cinq ou trente places de préteurs, qui, à la vérité, pourraient flatter l'ambition de ceux qui croiraient avoir le droit d'y prétendre, mais qui n'offriraient, pour l'administration de la justice, aucun avantage réel, et auraient, au contraire, à notre avis, de très-grands inconvéniens.

M. *Oudart* a parfaitement raison dans tout ce qu'il dit sur la mauvaise composition des jurys, sur l'indifférence avec laquelle on abandonne la formation des listes à des commis, qui, sans plus de façon, copient les feuilles du sommier de population. Nous avons vu aussi, plus d'une fois, qu'on avait porté sur ces listes des hommes qui ne demeuraient plus dans le pays; des hommes affligés de surdité ou d'autres infirmités qui les rendaient incapables d'exercer ces importantes fonctions ; des hommes d'une ignorance crasse, voisine de l'imbécillité, et notoire ; des hommes d'une réputation plus qu'équivoque, des hommes morts depuis long-temps.

Mais avant de parler des moyens à adopter pour réformer ces abus, des précautions à prendre pour les éviter à l'avenir, il est nécessaire de dire un mot de l'institution même du jury, de la bonté, de l'utilité de laquelle tout le monde ne convient pas.

C'est une vérité reconnue que jusqu'ici *les jurés ont été mal choisis,* et que ce mauvais choix a eu pour cause, d'une part, le vice de la loi, qui n'a point écarté des hommes *en qui on ne pouvait raisonnablement espérer de trouver un degré de lumières suffisant, ou une probité assurée;* et, d'autre part, la *négligence* ou la *mauvaise volonté* des fonctionnaires à qui la loi a successivement donné de l'influence sur ces choix; car on est forcé de croire qu'il y a eu plus que de la négligence, lorsqu'on a vu, 1.° que les listes des jurés spéciaux étaient, dans quelques affaires, formées dans le sens convenable aux vues de protection que certains administrateurs accordaient aux prévenus; 2.° que les listes de chaque trimestre n'étaient, pour ainsi dire, que des copies répétées les unes des autres; que des hommes déjà retirés de ces listes, ou parce qu'ils n'ont pas l'âge compétent, ou parce qu'ils exercent des fonctions déclarées jusqu'ici par la loi incompatibles avec celles des jurés, s'y trouvent replacés deux ou trois fois de suite, et qu'on voit aussi reparaître sans cesse les noms des pauvres ignorans qui forment le fond de ces listes; tandis que les hommes les plus indépendans, par l'état de leur fortune, et les plus éclairés, les grands propriétaires, et les hommes de loi, n'y figurent jamais, et trouvent toujours le moyen de se soustraire à ce service, regardé, presque par-tout, comme une corvée qu'on cherche à éviter.

Ainsi, de ce que jusqu'ici l'institution du jury a été défectueuse, on ne serait peut-être pas fondé à en conclure qu'il sera impossible de la naturaliser en France. On ne prétendra pas, sans doute, que nous avons moins d'esprit public, moins de vertu que nos voisins, qui opposent une expérience de huit siècles à ceux qui n'ont pas de confiance dans le jugement par jurés. Chez nous, comme chez les Anglais, l'opinion publique se prononce contre les crimes et contre les coupables. Il ne s'agit donc, pour obtenir de cette institution des résultats avantageux, que de choisir des jurés dans la partie de la nation qui forme véritablement cette *opinion publique*, et de prendre toutes les précautions nécessaires pour empêcher que les coupables ne soient jugés par des hommes qu'on pourrait *tromper, intimider* ou *corrompre*.

Nous pensons donc qu'*on doit s'occuper de l'amélioration du jury*, et nous ajoutons qu'*il serait dangereux de le détruire*.

Ici d'abord, quoiqu'il y ait, sur la manière de juger, dissidence d'opinion entre des hommes également justes et éclairés, il faut convenir qu'on tend vers le même but, la conservation des personnes et des propriétés; que c'est le même sentiment qui anime, l'amour de l'humanité. Or, entre les deux modes que nous comparons, quel est le plus rassurant et pour la société en général, et en particulier pour les individus qui la composent! Pour le savoir, il faut en examiner les effets.

Quel est, dans l'état actuel des choses, le plus grand mal qui résulte de l'institution du jury! C'est l'acquittement de beaucoup de coupables. On est forcé d'en convenir, et il n'est, je crois, aucun tribunal criminel à qui l'expérience ne l'ait prouvé plus d'une fois. Mais ces jurés, si ignorans pour la plupart, et qu'il est si aisé d'égarer par des sophismes; ces jurés si faibles, si faciles à se laisser entraîner par des sollicitations, *quand il s'agit d'absoudre*, ont-ils *condamné des innocens!* On ne citerait pas, je crois, depuis 1791, deux exemples *d'erreur* de cette espèce *(un seul peut-être, la condamnation de* Lesure *)*; on n'en citerait pas, dans ce genre, un seul de *prévarication*. Encore, dans l'affaire de *Lesure*, pris pour un des complices de l'assassinat du courrier de Lyon, à cause de la ressemblance qui existait entre lui et l'un des assassins, on peut croire, d'après le compte que les papiers publics en rendirent dans le temps, que *les jurés n'errèrent point dans leur conviction*, mais qu'elle fut forcée par l'illusion funeste des témoins.

Dans le sytème contraire, sans vouloir regarder comme possible le renouvellement de ces cruels abus d'autorité qui eurent lieu autrefois sous *Louis XI*, sous le ministère du cardinal de *Richelieu*, &c., parce qu'ils ne furent commis que par des juges nommés *ad hoc* et non par les magistrats ordinaires, n'aurait-on pas à craindre de voir se renouveler ces fatales erreurs dont on trouve tant et de si tristes exemples dans les annales de la justice criminelle ! Qu'on abolisse le jury; qu'on impose, de nouveau, et pour toujours, à quelques jurisconsultes que je suppose même choisis parmi les plus intègres et les plus éclairés, le devoir de prononcer sur l'honneur et la vie des prévenus; et bientôt ils regarderont comme fautive *la conviction*, l'expression de ce *sens intérieur* dont la voix est pourtant si claire et si puissante. Ils auront recours (nous sommes fondés à le craindre, car un grand nombre d'avocats, beaucoup de juges même pensent encore ainsi) ils auront recours aux *anciennes règles de droit en matière de preuves ;* à ces règles par lesquelles on avait marqué d'avance tous les pas que l'on croyait devoir conduire à l'évidence. Ils compteront les témoignages, plutôt qu'ils ne les peseront, &c. ; et, sans le vouloir, ils seront égarés bien plus souvent que ne peuvent l'être les jurés, et d'une manière plus funeste.

Au reste, on se tromperait, si on regardait comme impossible de remédier à la défectuosité actuelle du jury. Trois grands moyens se présentent pour cela, et tous trois sont proposés dans le Projet.

1.er Moyen : Choisir les jurés dans la partie de la société la plus indépendante et la plus éclairée.

2.e Moyen : Fixer, pour les crimes qui ne sont pas de nature à emporter la peine capitale ou des peines perpétuelles, un *maximum* et un *minimum* entre lesquels le tribunal déterminera le degré de la peine, suivant les circonstances.

3.e Moyen : Réduire toutes les questions que l'on proposera aux jurés à ces deux seules : *Tel crime a-t-il été commis ? L'accusé est-il coupable ?*

Le premier de ces moyens rassurera contre l'*acquittement des coupables*, puisque des hommes plus intéressés que qui que ce soit à maintenir le bon ordre, seront chargés de prononcer sur leur sort ; il donnera, d'un autre côté, la garantie la plus forte possible contre l'erreur, la faiblesse et la corruption.

Le second garantira aussi la punition de certains crimes qui échappaient à l'action de la loi, parce que les jurés trouvaient la peine trop sévère, ce qui leur était quelquefois une occasion de chercher à se persuader que le fait n'était pas constant ; ce qu'ils n'eussent pas fait, si l'on n'eût pas été obligé d'appliquer une peine trop disproportionnée avec un crime dont quelques circonstances avaient atténué la gravité.

Le troisième simplifie l'opération des jurés, en faisant disparaître les entraves dans lesquelles la multiplicité des questions les embarrasse, et en écartant toutes les subtilités d'une analyse métaphysique dont, pour la plupart, ils ne sentent ni la nécessité, ni le but.

Sur ce troisième moyen, nous différons du Projet, en ce que nous proposons de faire aux jurés deux questions au lieu d'une, et de constater *le fait* avant *la culpabilité ;* en effet, on doit s'assurer formellement que l'action défendue par la loi a eu lieu, avant de rechercher si l'accusé est l'auteur de cette action. De tout temps, on a regardé, et on a dû regarder comme la base essentielle de tout jugement criminel, la nécessité de constater *l'existence du corps du délit;* et l'on sait que parmi les erreurs qui, en ce genre, ont, de temps à autre, effrayé l'humanité, beaucoup ont eu pour cause la supposition de cette existence qu'on regardait comme constante, et qui n'était pas suffisamment prouvée.

Une dernière réflexion terminera notre travail sur les considérations générales qui précèdent le Projet de loi.

La réunion d'un nombre de jurés *triple* ou *quadruple* de celui qui sera chargé de prononcer, et la récusation à faire en présence, tant par l'accusateur public que par l'accusé, au moment même où les débats vont s'ouvrir, nous paraissent devoir produire les plus heureux effets, *si l'on trouve le moyen de faire exécuter cette mesure.*

Il ne faut point ici se faire illusion ; si on ne propose aux jurés, pour récompense de leur déplacement de chez eux, de leur séjour dans la ville centrale, de leurs travaux, que des *remercimens,* que des *médailles,* on n'en réunira pas un nombre suffisant pour assurer ce service. Deux raisons s'y opposent ; la première, c'est que généralement parlant, les hommes, quelque fortunés qu'on les suppose, n'aiment point à se constituer en dépenses pour le service public, à moins que ce ne soit dans quelques occasions extraordinaires, marquantes, et qui éveillent fortement l'esprit public : la seconde, c'est que beaucoup d'individus, même parmi les *six cents* plus imposés de chaque département, ne pourraient, sans beaucoup se gêner, faire ce sacrifice. Il ne faut pas juger par le département de la Seine, des autres départemens. A Paris, on a tous les jurés sous la main, et les six cent plus imposés sont presque tous des hommes très-riches ; on pourra donc les rassembler facilement et même fréquemment, sans que leurs intérêts en soient notablement lésés ; dans les départemens, au contraire, et sur-tout dans les départemens montagneux et pauvres, où les fortunes sont médiocres, les communications difficiles, et la population disséminée sur une grande étendue de terrain, il faut appeler de vingt ou trente lieues des jurés qui ne sont pas riches, parce que, dans ces départemens, il ne faut pas être riche pour se trouver au nombre des six cents plus imposés. Une grande partie de ceux qui paient assez de contributions pour être portés sur ces listes, ne devant l'aisance plus ou moins grande dans laquelle ils vivent, qu'à des opérations de commerce, ou à des travaux agricoles qui exigent leur présence et des soins assidus, on ne peut les enlever à ces occupations, et leur occasionner des frais de déplacement et de séjour dans les auberges, sans nuire doublement à leurs intérêts.

On doit donc les payer, ou il arrivera encore ce qui est arrivé jusqu'ici, qu'on cherchera, par tous les moyens, à se soustraire à un service pénible, triste, et avec cela dispendieux, dont on ne se croirait pas suffisamment récompensé.

Nous allons passer actuellement à l'examen des dispositions particulières contenues dans les articles du Projet.

OBSERVATIONS PARTICULIÈRES sur ceux des articles du Projet qui nous ont paru devoir être ou changés ou modifiés.

EN répétant ici ce que nous avons dit au commencement, *que nous ne parlerions pas de ce qui nous semblerait devoir être adopté*, nous devons avertir aussi que ceux des articles que nous passerons sous silence, et dans lesquels il sera question de *préteurs* ou de *propréteurs*, ne sont approuvés par nous que dans ce sens qu'au mot *préteur*, nous substituons ceux-ci ; *président de la cour de justice criminelle ;* et que par le mot *propréteur*, nous entendons suivant les cas, ou *directeur du jury*, ou *juge de la cour criminelle.*

Art. 1.er et suivans, jusques et compris l'art. 7, *adoptés.*

Art. 8, n.ºs 2 et 3. Cet article définit les délits militaires qui doivent être jugés par les conseils de guerre, et compte parmi ces délits « ceux » qui ont été commis, *par quelque personne et en quelque lieu que ce soit,* » envers des militaires remplissant actuellement des fonctions militaires, ou » en état de service militaire, et ceux qui ont été commis, *par quelque* » *personne que ce soit,* dans un lieu actuellement et exclusivement affecté » au service ou aux fonctions militaires. »

Les *militaires* ainsi que *les individus attachés à l'armée* et les *espions* doivent *seuls* être jugés *militairement ;* les autres prévenus des délits dont il s'agit doivent être renvoyés par-devant les juges ordinaires.

Art. 9, n.° 8. Au nombre des peines qui seront appliquées, on compte la *relégation.* Ce mot a besoin d'être expliqué.

Si on entend par la *relégation* un *bannissement* temporaire du territoire européen de l'Empire français, dont l'effet soit de *reléguer* le coupable sur une autre partie du territoire aussi appartenant à l'Empire français, rien ne s'oppose à ce qu'on range cette peine au nombre de celles qui seront déterminées par la loi ; et alors il conviendrait peut-être de substituer au mot *relégation*, qui présente une idée trop vague, ceux de *déportation à temps.*

Si on entend par la *relégation* ce qu'on appelait autrefois le *bannissement* et qui consistait à chasser un coupable de son territoire sans s'inquiéter de savoir où il porterait ses pas, où même à le conduire jusqu'à l'extrême frontière, et à le jeter sur le territoire d'un voisin qui n'y avait pas consenti, nous dirons que cette mesure ne peut ni ne doit être adoptée.

Un pays n'a pas le droit de forcer le pays voisin à recevoir les bandits qu'il rejette de son sein ; et s'il le fait, et que son voisin ne s'en venge qu'en usant de représailles, ils n'auront, ni l'un ni l'autre, rien gagné à rendre ces jugemens, et le pays qui renfermait un moindre nombre de coquins, aura beaucoup perdu à ce funeste échange.

Même article, n.° 10. Nous avons rejeté la *confiscation générale* pour les raisons qui ont été développées ci-dessus.

Art. 12. « Tout condamné à mort aura la tête tranchée. »

Sans rien opposer à cet article, que nous ne désapprouvons pas, nous hasarderons cependant les réflexions suivantes que le Gouvernement saura apprécier.

1.° Nous convenons que la décapitation au moyen d'un mécanisme, comme elle a lieu en France, est le moyen le plus sûr et le plus prompt d'ôter la vie au condamné, et que, sous ce rapport, l'humanité semble faire un devoir de préférer ce genre de supplice. Mais aussi on a prétendu que la promptitude et la facilité de ces exécutions en avait augmenté le nombre dans des temps qui ne sont pas éloignés. L'humanité aurait donc plus perdu peut-être que gagné à cette invention.

2.° Dans l'ancien régime, les distinctions héréditaires affectées aux diverses classes de la société avaient amené jusqu'à la distinction des supplices, et l'opinion publique avait été égarée, par les préjugés féodaux, jusqu'au point d'ôter à la punition des crimes ce qu'elle avait de plus puissant pour l'exemple ; l'*idée de la honte*. Les yeux avaient été tellement fascinés que dans le supplice d'un *privilégié* on ne voyait plus que la douleur, tandis que le châtiment d'un homme que le hasard avait fait naître *roturier*, flétrissait sa mémoire. Perdre la tête sur l'échafaud, était presqu'un honneur : être pendu était une infamie. Cette opinion subsiste encore ; et on n'attache point à la *guillotine* la même idée de déshonneur qu'on attachait à la *potence*. Cette idée, quoiqu'elle ait eu pour cause une injustice, ne pourrait-elle pas devenir profitable! N'y a-t-il pas lieu au moins à *examiner* s'il ne conviendrait pas de supprimer le mode actuel, et de remplacer, *dans tous les cas qui emportent la peine de mort*, l'instrument moderne par l'ancien!

Art. 13. Nous convenons que pour inspirer plus d'horreur de certains crimes, il est bon d'ajouter au supplice des coupables un appareil capable d'effrayer ceux qui seraient tentés d'en commettre de semblables.

Nous regardons aussi comme juste, comme utile pour l'exemple, la disposition qui ordonnerait que tout condamné à mort pour parricide, conjugicide, assassinat, empoisonnement, incendie, meurtre exécuté avec tortures, *aura le poing droit coupé sur l'échafaud*, immédiatement avant sa mort.

Mais nous ne pensons pas qu'on doive adopter la proposition de le tenir *exposé aux regards du peuple, pendant une heure, avant son exécution*. Cette peine, attendu sa durée, aurait quelque chose de barbare. Quelque grand qu'eût été le crime, on oublierait, après quelques minutes, que cet individu fut coupable; on ne le verrait que souffrant. Et que serait-ce si dès le commencement de cette heure si longue, on le voyait ou verser les larmes du repentir, ou succomber à sa faiblesse, et se débattre dans les angoisses de la mort! On ne tiendrait pas à ce spectacle, et la vue d'un tel supplice serait intolérable.

Art. 24. La *marque* ne doit être appliquée qu'aux condamnés à des peines *perpétuelles.*

Art. 29. Cet article qui ordonne que « dans tous les cas où un condamné, » attaché au carcan et exposé aux regards du peuple, commettra quelque » irrévérence, l'exécuteur est chargé de le châtier à l'instant ; et qu'il est » responsable s'il ne le fait pas, » nous paraît trop prêter à l'arbitraire. Il nous semble qu'il vaudrait mieux, pour ce cas, autoriser à mettre dans la bouche du condamné un *baillon* qui n'augmenterait point la peine prononcée par le jugement, qui l'empêcherait de commettre des irrévérences (puisqu'ayant les mains liées, il n'en peut commettre que de bouche), qui aurait quelque chose de moins répugnant que des coups de bâton , et ferait autant pour l'exemple.

Dans le cas où cette disposition serait adoptée, il conviendrait que la loi ordonnât qu'il en serait donné lecture, à haute et intelligible voix, par l'exécuteur, au condamné, au moment où celui-ci serait attaché au carcan.

Art. 31. Il est bon que l'on puisse ordonner que les exécutions des jugemens criminels seront faites, suivant que les circonstances paraîtront l'exiger, tantôt dans un endroit, et tantôt dans un autre; mais il n'est pas bon que ce soit le préfet qui l'ordonne : ce doit être la cour de justice criminelle. L'esprit des administrations n'est pas celui des tribunaux; leurs vues sont différentes, leurs fonctions disparates. Ne laissons pas les uns intervenir dans les affaires des autres. On n'a pas toujours eu à se louer des décisions *judiciaires* sur les contributions et les domaines , ni de la formation administrative des listes des jurés.

Art. 37. « Quiconque aura été condamné à la *relégation* sera transporté, » par ordre du Gouvernement , hors du territoire de la République » (l'Empire). »

Pour les raisons que nous avons données ci-dessus, il convient d'ajouter, après le mot *territoire,* le mot : *Européen ;* et ensuite, ceux-ci : *Sur une autre partie du territoire appartenant à l'Empire, qui sera, à cet effet, désignée par le Gouvernement.*

Art. 39. « La peine de forfaiture , dit cet article, consiste dans la *des-* » *titution* du condamné , de toutes fonctions ou emploi public, et dans » son *incapacité,* déclarée par le tribunal , *d'exercer aucune fonction ou emploi* » *public,* ni aucun autre *droit de citoyen,* pendant *vingt ans.* »

D'après ce que nous avons dit ci-dessus, la *forfaiture* devrait entraîner la privation *à temps* de l'exercice des *droits de citoyen,* l'exclusion *à perpétuité* de toutes *fonctions publiques.* Le fonctionnaire coupable qui ne peut plus recouvrer la confiance, peut encore défendre ses intérêts personnels et ceux de sa famille.

Art. 45. Cet article est bon, mais il suppose l'existence d'un nombre suffisant de *maisons de correction*, et il y en a très-peu. La nécessité de les établir est sûrement sentie par le Gouvernement ; et nous espérons qu'il s'en occupera dès que les circonstances le lui permettront.

Art. 55. « *Pourront* être renvoyés sous la même surveillance (sous la » surveillance spéciale du Gouvernement) , ceux qui auront été *condamnés* » pour délits qui intéressent la sûreté intérieure ou extérieure de l'Etat, la » constitution ou la paix publique. »

Au lieu de *pourront*, il faudrait dire : *devront.*

Art. 58. *Adopté*, quant à l'*indemnité* en elle-même ; *rejeté*, quant à l'application de l'indemnité qui, sous le nom d'*aumône*, pourrait être appliqué au soulagement des prisonniers indigens ; et, à cet effet, mise à la disposition du bureau central de bienfaisance de l'arrondissement.

Art 66. « Les coupables condamnés *correctionnellement pour récidive*, seront, » de plein droit, après qu'ils auront subi leur peine, sous la surveillance » spéciale du Gouvernement, pendant au moins cinq années, et pourront » y être renvoyés pour dix ans. »

Adopté.

« Ils seront de plus *interdits* (même article) pendant le même nombre » d'années, *de l'exercice des droits civiques, civils et de famille,* mentionnés » dans l'article 47.»

Rejeté. Outre que nous ne voyons pas de rapport entre cette peine et la nature des délits auxquels on propose de l'appliquer, nous pensons qu'elle pourrait frapper les innocens autant que les coupables. Tel homme a commis, même avec récidive, des délits susceptibles de peines correctionnelles, qui n'en aime pas moins sa femme et ses enfans. Et cet homme pourtant, si on l'interdit de l'exercice des droits de citoyen, ne peut plus rien ni pour lui, ni pour sa famille. Il faut qu'on lui donne un curateur, et qu'il abandonne à un autre l'administration de tous ses intérêts.

Art. 68. « Seront punis comme coupables d'un crime ou d'un délit, » 1.° (Numéros 1 et 2 *adoptés*.)

N.° 3. » Ceux qui auront procuré des armes, des instrumens, ou tout » autre moyen qui aura servi à l'action. »

Après les mots : *qui aura servi à l'action,* ajouter : *sachant qu'ils devaient y servir.*

Même article. (N.° 6.) « Ceux qui fournissent habituellement logement, » lieu de retraite ou de réunion, aux malfaiteurs exerçant des brigan- » dages, &c. »

Ajouter : *S'ils les connaissent pour tels.*

Même article (N.° 7.) « Ceux qui auront *recelé* ou *fait receler* les » personnes

» personnes coupables de crimes de nature à mériter la peine de mort, la dé-
» portation, les travaux forcés à perpétuité ou à temps, ou la reclusion ;
» si les personnes recelées ne sont ni pères ni mères ou autres ascendans,
» ni enfans ou autres descendans de ceux qui les auront recelées ou fait
» recéler, ni alliées aux mêmes degrés. . . . »

Après le mot, *descendans*, il faudrait ajouter, *époux ou épouses, frères ou sœurs.*

Même article (N.º 9). « Ceux qui auront refusé ou *négligé* de faire les
» actes, ou de s'acquitter du devoir ou des services qui sont exigés d'eux
» sous des peines afflictives, infamantes ou correctionnelles, &c. »

Ceci paraît inutile, puisque, pour ces cas, il y aura des dispositions spéciales et précises.

Il nous semble aussi que la simple *négligence* qui n'équivaudrait pas à un refus, ne doit pas être punie d'une peine si forte.

Art. 79. « Tout Français qui aura porté les armes contre la France,
» sera puni de mort ;
» Ses biens confisqués. »

Adopté ; *à l'exception de la confiscation.*

Idem, pour les articles 80, 81, 82 et 83.

Art. 84. « Tout commandant de forces de terre ou de mer qui, sans
» ordre du Gouvernement, aura commis des agressions hostiles ou des in-
» fractions de traités tendant à allumer ou pouvant avoir l'effet d'allumer la
» guerre entre la France et une nation étrangère, sera puni de la peine de
» *la relégation ; et si la guerre s'en est ensuivie*, il sera puni de la déportation. »

Cette peine est trop légère. Tout commandant qui, sans ordre du Gouvernement, aura par des agressions hostiles ou des infractions de traités,
exposé sa patrie aux horreurs de la guerre, doit *(si la guerre ne s'en est
pas ensuivie)* être condamné *à la déportation*, et *(si la guerre s'en est ensuivie)* à la peine de *mort.*

Art. 87. « Tout fonctionnaire public, tout agent, tout préposé du
» Gouvernement, *chargé*, à raison de ses fonctions, *du dépôt* des plans de
» fortifications, arsenaux, ports ou rades, qui aura livré ces plans, ou l'un
» de ces plans, aux agens d'une puissance étrangère, ou à l'ennemi, sera
» puni de la *relégation.*

» *Si un individu quelconque*, après s'être procuré, par quelque voie que ce
» soit, la communication de ces plans, a commis les crimes mentionnés
» dans le précédent article, *il sera puni de la même peine.* »

Il faut une différence entre le *dépositaire* et celui qui ne l'est pas.

L'homme qui, abusant de la confiance que le Gouvernement lui avait
donnée, livre des plans à l'ennemi, fait plus de mal à son pays que le
simple espion ; il mérite *la mort.*

L'intrigant qui a corrompu le dépositaire, ou escamoté les plans, mérite la *déportation.*

Art. 89. « Quiconque aura recélé ou aura fait recéler ou retirer les » espions ennemis, ou les soldats ennemis envoyés à la découverte, sera » condamné à la peine de *la reclusion.* »

Cette peine n'est pas proportionnée. Le Français qui *sciemment* donnerait retraite aux espions de l'ennemi, serait plus coupable qu'eux : il mériterait *la mort.*

Art. 90 et suivans, jusqu'à l'article 117, *adoptés,* à l'exception de la *confiscation.*

Art. 117. Cet article prononce une peine, *indistinctement,* contre tout magistrat, ou officier de police, qui aura retenu un individu *hors des lieux déterminés par le Gouvernement ou par l'administration publique.*

Mais il n'y a pas par-tout des maisons d'arrêt, ou des lieux de dépôt. Il arrive souvent qu'un individu est arrêté le soir par des gendarmes éloignés de toute maison de dépôt, ou même par des paysans, et qu'il serait impossible, ou au moins dangereux, de marcher la nuit avec lui, pour le remettre à la brigade voisine, ou à la maison d'arrêt. Il faut bien alors le retenir momentanément dans une auberge, ou dans une autre maison.

Il nous paraît donc qu'après les mots, *qui aura retenu ou fait retenir,* on devrait ajouter, *sans nécessité.*

Art. 127. « Quiconque aura contrefait ou altéré, quant au poids ou » quant au titre, les monnaies nationales ayant cours, ou *participé à l'émis-* » *sion* ou *exposition des monnaies contrefaites, ou altérées,* ou à leur introduc- » tion dans l'enceinte du territoire français, *sera puni de la peine de mort,* et » ses biens seront confisqués. »

Adopté (toujours à l'exception de la confiscation) relativement aux *fabricateurs ;* rejeté, quant aux autres qui n'auront fait que *participer à l'émission ou exposition.*

Le fabricateur de *fausse* monnaie, ou celui qui altère *la bonne,* est un scélérat bien décidé. Il lui a fallu, pour commettre son crime, de la préméditation, des réflexions, une détermination entière, il lui a fallu chercher un local, des matériaux, des instrumens, presque toujours des complices. Son crime n'est-il pas infiniment plus grand que celui du colporteur de la fausse monnaie, du malheureux qui, séduit par l'appât d'un gain illicite, à la vérité, mais médiocre, aura consenti à introduire ou à débiter quelques pièces de monnaie contrefaite !

Il nous paraît juste d'appliquer au premier, *la peine de mort ;* au second, *la déportation.*

Art. 129. « La peine de mort contre celui qui aura *contrefait &c.* ou » qui aura *fait usage* des papiers ou des effets nationaux portant obligation

» ou décharge , ou des billets de la banque de France, ou des banques
» de départemens , &c. contrefaits ou falsifiés.... »

Il faut ajouter , *sachant qu'ils étaient contrefaits ou falsifiés.*

Art. 136. « Si le *faux* a été commis *en écriture privée,* la peine sera la *re-*
» *clusion.* »

Au lieu de la reclusion, dire, *les travaux forcés à temps.* L'article 34 propose la *déportation* contre *le faux en écritures publiques,* et nous l'adoptons.
On ne peut trop sévir contre un crime qui dans l'ombre et le silence, sans
qu'on puisse s'y opposer, sans même qu'on s'en doute, sape et détruit tout
ce qui assure l'état et la propriété des citoyens.

Art. 155. » Les officiers de l'état civil, ceux qui en remplissent les
» fonctions, lorsqu'ils auront inscrit, sur de simples feuilles volantes, les
» actes de l'état civil, seront punis de *deux* mois à *trois* mois de détention ,
» et d'une amende de 51 francs à 200 francs, sans préjudice de l'indemnité. »

L'amende *nous paraît suffire* pour stimuler l'insouciance. Si l'on croit devoir
conserver la détention, il conviendra, au moins, d'ajouter à l'article les
mots, *s'il y a lieu,* afin de laisser aux juges la faculté de prononcer, ou non,
cette peine, suivant les circonstances.

Art. 187. « La seule *désobéissance* aux ordres donnés par le Gouverne-
» ment *ou par les diverses autorités,* chacune dans le cercle de ses attribu-
» tions, *est un délit.* »

Après les mots, *aux ordres donnés,* ajouter, *pour l'exécution de la loi.*
Il est des hommes passionnés, contre les caprices desquels il est bon de se
prémunir.

Art. 200. « Tout commandant, tout officier ou sous-officier de la force
» publique, qui, après en avoir été légalement *requis,* aura refusé ou né-
» gligé de la faire agir, sera puni d'une amende de 200 francs à 500 fr. »

Une *réquisition* émane d'une autorité *civile;* autrement, ce serait un ordre
militaire. La désobéissance grave de la part d'un militaire aux ordres de ses
chefs, est jugée par les *conseils de guerre.* Devront-ils juger aussi la désobéissance aux réquisitions faites par les autorités civiles !

Si cela est, comme nous le pensons, lorsqu'il s'agira de la force armée de
ligne, en sera-t-il de même pour la gendarmerie ! de qui sera-t-elle justiciable !

Art. 210 à 218. La peine contre *les auteurs de bris de scellés,* ou contre
ceux qui y auront connivé, nous paraît devoir être la même ; n'importe à la
requête de qui, ou par quelle autorité , les scellés aient été apposés.

Art. 262. « Est réputée *nécessité actuelle de défense* celle de *repousser*
» *l'escalade ou l'effraction* des clôtures, murs ou entrées d'une maison ou d'un
» appartement habité ou de leurs dépendances, lorsqu'elles sont commises
» *par deux ou plusieurs personnes, pendant la nuit,* &c. »

N'y eût-il qu'un voleur *seul,* dès-là qu'il tente, pendant *la nuit, d'escalader ou de briser les clôtures d'une maison*, il met en un danger réel et imminent la vie de l'habitant de cette maison, qui est peut-être seul, qui est peut-être infirme et hors d'état de lutter, corps à corps, avec le brigand qui vient pour l'attaquer. S'il le tue en défendant son asile, il n'a point commis de crime, et *il est bon que la loi elle-même en avertisse les voleurs.*

Art. 263. « Le meurtre *est excusable*, s'il a été provoqué par des coups » ou des violences graves envers les personnes. »

Au lieu des mots, *est excusable*, il faudrait ceux-ci, *peut être excusable.* On ne peut pas dire que, dans tous les cas, des coups ou des violences *graves* rendent un meurtre excusable. Cela dépend absolument des circonstances qui font connaître si le meurtre a eu lieu pour la *nécessité actuelle, et indispensable, de la défense de soi-même ou d'autrui.*

Art. 264. « Les blessures ou les coups sont *excusables* quand ils ont été » provoqués par *outrages* ou par des *injures graves.* »

Ainsi, quand on aura été *provoqué par des injures*, on pourra *frapper;* et quand on aura été *provoqué par des coups* (voir l'art. ci-dessus), on pourra *tuer* le provocateur; et tout cela pourra être *excusable!*

Consacrer ces principes, ne serait-ce pas lâcher la bride aux passions violentes, et s'exposer à tous les excès de la vengeance!

Il nous semble *que les injures ne peuvent jamais autoriser celui à qui on les a dites, à frapper son adversaire.*

Art. 268. « La préméditation consiste dans le dessein formé, ou dans la » résolution prise avant l'action, *d'attenter à la personne* d'un individu dé- » terminé, &c. »

Au lieu des mots, *attenter à la personne*, mettre, *attenter à la vie* &c.; car cet article s'entend du meurtre, et il explique l'article précédent, qui, pour définir l'assassinat, le qualifie *meurtre commis avec préméditation.*

Art. 271. « Sont réputés *coupables d'assassinat* ceux qui, de guet-apens, » ont porté des coups ou fait des blessures, lorsque ces actes de violence » ont causé maladie ou incapacité de travail corporel pendant plus de vingt » jours. »

Il nous semble qu'ici on devrait distinguer : ou ce guet-apens a eu lieu *dans le dessein de voler* celui qu'on attendait, ou il est prouvé qu'on l'attendait *dans le dessein de le tuer.* Dans ces deux cas nous pensons, comme on le propose dans l'article, qu'il faut appliquer *la peine de mort.* Mais s'il ne s'agit que d'une rixe, comme il en arrive assez souvent dans les cabarets des campagnes, et que l'un des querelleurs aille attendre l'autre pour lui *donner* ce qu'ils appellent, en leur langage grossier, *une bonne volée*, ce guet-apens pourra-t-il être assimilé aux autres! dira-t-on que, comme eux, il mérite la mort!

Non; mais, attendu sa gravité, il conviendrait de le punir par la peine *des travaux forcés.*

Art. 272. « Toute introduction dans le corps humain, toute approche
» d'une substance qui peut donner la mort *plus ou moins promptement*, est
» qualifiée empoisonnement, *quand même il ne se serait ensuivi qu'une maladie.*»

Après les mots, *plus ou moins promptement*, ajouter ceux-ci, *faite méchamment ;* et après le mot *empoisonnement*, dire, *quand même il ne se serait
ensuivi ni mort ni maladie.*

Car si le poison a été présenté, et que la personne qu'on voulait faire
périr n'en ait été préservée que par une circonstance indépendante de la
volonté du malfaiteur, celui-ci n'en a pas moins commis son crime autant
qu'il dépendait de lui, et il doit être puni comme si son action avait eu
tout l'effet qu'il en attendait.

Art. 288. La *latitude* laissée aux juges, de onze jours à deux mois de
détention à prononcer contre ceux qui excèdent les bornes d'une correction
légitime envers les personnes qui leur sont soumises, *est trop restreinte.* Il
convient de l'étendre *de onze jours à deux ans.*

Pour motiver ce changement à l'article, il suffit de rappeler l'exemple
de cette institutrice de Paris, qui, il y a quelque mois, fut condamnée correctionnellement à deux ans de prison, pour avoir tellement excédé de
coups un malheureux enfant, ou au moins avoir tellement bouleversé son
imagination par l'appareil du châtiment, que peu de jours après il en est
mort.

Art. 289. « Les personnes coupables du crime de *viol* seront punies de
» la *reclusion.* »

Cette peine n'est pas proportionnée à la gravité de ce crime ni à l'horreur qu'il inspire. Au lieu de la *reclusion*, nous proposons les *travaux forcés
à temps.*

Art. 290. » Si le crime a été commis sur la personne d'un enfant au-
» dessous de l'âge de quinze ans accomplis, le coupable subira la peine
» des *travaux forcés à temps.* »

Nous disons ici : *les travaux forcés à perpétuité.*

Art. 291. « La peine sera la déportation, si les coupables sont de
» la classe de ceux qui ont autorité sur la personne violée, ou s'ils sont
» fonctionnaires publics ou instituteurs, ou ministres d'un culte, ou servi-
» teurs à gages, ou si le coupable, quel qu'il soit, a été aidé dans son crime
» par un ou plusieurs. »

Adopté, en ajoutant: *les geoliers et tous autres chargés de la garde des prévenus ;* car, quoiqu'ils soient chargés d'empêcher l'évasion, il paraît qu'on
ne peut pas précisément les regarder comme ayant *autorité* sur les personnes.

Art. 292. « Toute personne coupable du crime de *castration*, si la mort
» s'en est ensuivie, subira *la peine de mort*, sinon, *la peine des travaux forcés
» à perpétuité.* »

Il nous semble que, *dans les deux cas*, on doit infliger *la peine de mort.*

Même article : « Néanmoins si ce fait a été immédiatement provoqué
» par quelque *attaque* violente à la pudeur, il sera puni comme meurtre ou
» blessures *excusables.* »

Après ces mots, *à la pudeur,* il faut ajouter, *et qu'il ait eu lieu de la
part de la personne attaquée.*

Sans cela on regarderait comme excusable le crime des ennemis d'Abailard.

Art. 306. Adopté, à l'exception de la dernière disposition ainsi conçue :
« Les blessures autres que celles mentionnées art. 259 et 277, *ne donneront
» lieu qu'à des intérêts civils.* »

D'après cette disposition, il n'y aurait d'action publique que contre les
auteurs de blessures *suivies de la mort ou de l'incapacité d'un travail personnel pendant plus de vingt jours ;* et cependant l'article 280. propose
sagement la peine de deux mois à deux ans de détention contre tous ceux
qui auront porté des coups ou fait des blessures, hors les cas déterminés par
les articles précédens ; et ces cas sont ceux de guet-apens, de préméditation, &c.

Cette disposition de l'article 306 doit donc être supprimée comme dangereuse, et d'ailleurs incohérente avec les autres articles.

Art. 307. « Les surprises ou frayeurs causées à quelque individu, par
» surprise ou par jeu, si elles ont donné lieu aux accidens *prévus dans le
» précédent article,* seront considérées comme les faits qui y sont mention-
» nés, et les peines seront les mêmes. »

Il convient d'ajouter à cet article, ces mots, *ou à une maladie,* parce que
l'article précédent ne prévoit que la mort ou des blessures.

Art. 309. « Toutes personnes âgées de vingt-un ans ou plus, coupables
» d'avoir corrompu les mœurs d'un ou de plusieurs jeunes gens de l'un ou
» de l'autre sexe, *au-dessous de l'âge de seize ans,* en leur procurant ou faci-
» litant les moyens de se livrer à la débauche, seront punies de six mois *à
» deux ans* de détention, &c. »

Nous pensons qu'il conviendrait d'étendre cette latitude de six mois *à
cinq ans.*

Art. 316. « En cas d'enlèvement, de recélé ou de suppression d'un en-
» fant, ou faute par ceux qui en sont chargés de le représenter, en cas de
» substitution d'un enfant à un autre, ou de supposition d'un enfant à une
» femme qui ne sera pas accouchée, les coupables et leurs complices seront
» punis de la *reclusion.* »

Cette peine est beaucoup trop légère. Ce crime, que les lois anciennes
punissaient de mort, mérite au moins *les travaux forcés à perpétuité.*

Supprimer un enfant et laisser par-là, si on ne le retrouve pas, un doute
fondé qu'il a été assassiné, ou substituer un étranger à l'héritier légitime,
et enlever ainsi à une famille toute sa fortune, tous ses droits, c'est se rendre

coupable au premier chef, et l'on a peine à concevoir comment on n'a proposé contre ce crime que la peine de la reclusion.

Art. 334. « Dans tous les cas, les jugemens rendus contre *les calomnia-* » *teurs* seront imprimés par extrait, affichés et publiés à leurs frais ; et le » calomniateur sera toujours interdit, pendant cinq ans au moins et dix » ans au plus, *des droits* mentionnés dans l'article 47. »

Au lieu de *des droits,* dire, *de partie des droits ;* car il peut se faire qu'il y ait, pour l'intérêt des enfans, de bonnes raisons, quoique le père soit un calomniateur, de ne pas suspendre en lui *l'exercice de la puissance paternelle ;* et cette puissance est un des droits mentionnés en l'article 47.

Art. 336. « Quant aux *injures* ou aux *expressions outrageantes* qui ne » renfermeraient l'imputation d'aucun fait précis, mais celle d'un vice dé- » terminé, &c., amende de cent francs à cinq cents francs, &c. »

Cette amende est trop forte. On ruinerait, souvent pour des vétilles, une infinité de gens *grossiers* qui ne savent exprimer leur mécontentement que par des *injures,* tandis que d'autres, en lançant des *épigrammes* bien poignantes, mais adroitement tournées, échapperaient à la censure *judiciaire.*

Art. 338. « Les officiers de santé, médecins, chirurgiens ou pharma- » ciens (ajouter, *ou leurs élèves*), les sages femmes, qui, hors les cas où la » loi les oblige à se porter dénonciateurs, auront révélé des secrets qui leur » auraient été confiés (ajouter, *ou qui seraient venus à leur connaissance*) à » cause de leurs fonctions, seront punis d'un mois à six mois de détention, » et de cent francs à cinq cents francs d'amende ; sans préjudice des dom- » mages-intérêts, qui seront au moins doubles de l'amende. »

Art. 362. « Le vol de poissons en étang, vivier ou réservoir, de che- » vaux ou bêtes de charge, de voiture ou de monture, ou de gros et menus » bestiaux ;

» Les vols de marne, fumier et de toute espèce d'engrais sur le terrain » d'autrui, seront punis de la reclusion. »

Après le mot, *gros et menus bestiaux,* ajouter, *et de ruches d'abeilles, même exposées à la foi publique.*

Les soins qu'on donne à cette partie importante de l'économie rurale, doivent être encouragés. Il n'en est point qui, avec aussi peu de frais, procure un gain aussi considérable. Telle commune de notre département a eu, plus d'une fois, de quoi payer *du produit de ses mouches, tout le pain* de ses habitans. Dans les *Ardennes,* c'est-à-dire, dans cette contrée montueuse entrecoupée de ruisseaux et couverte de bruyères sur laquelle s'étendait autrefois l'*Arduenna silva,* et qui forme aujourd'hui presque en entier les départemens des *Ardennes,* des *Forêts,* de *Sambre-et-Meuse,* de l'*Ourte* et de la *Sarre,* on élève une grande quantité d'abeilles, et elles y prospèrent. Les pauvres mais actifs et industrieux habitans de ce pays couvert de landes, portent, dès le mois de mai, leurs ruches loin de leurs habitations ;

les placent dans les bois, sur le bord des prairies, à proximité des étangs ou de quelque courant d'eau.

Ils les laissent là *exposées à la foi publique*, jusqu'à l'arrière-saison ; et ces colonies ailées, ramenées alors près des foyers de l'homme, lui abandonnent le produit de leurs travaux ; *la cire*, objet important pour les échanges d'un peuple qui a peu d'argent ; et le miel qui lui fournit un aliment sain et une liqueur agréable, pour lui et ses enfans.

Les lois de ce pays, que les nôtres ont remplacées, punissaient *de mort* les voleurs de ruches d'abeilles, et cette sévérité les avait frappés d'une terreur salutaire dans un pays où l'isolement des habitations et la rareté des habitans rend impossible la garde de ce genre de propriété. Si la loi ne veille pas pour les propriétaires de ruches, il faudra qu'ils renoncent à l'éducation des abeilles. Le changement de législation, à cet égard, les a déjà effrayés ; plusieurs ont discontinué de se livrer à ce genre d'industrie, et ils n'y reviendront que quand une loi plus sévère que celle du 25 frimaire an 8, aura intimidé les voleurs.

En général, on peut dire que cette loi du 25 frimaire qui a produit de grands avantages en assurant la punition des coupables qui échappaient à cause de la trop grande sévérité des peines, a pourtant manqué son but en ne punissant *les vols d'objets confiés à la foi publique* que de peines *correctionnelles*. Moins les propriétaires ont de moyens d'empêcher le vol, plus la loi doit y suppléer. Les chevaux mis dans les pâturages, les instrumens aratoires laissés sur le lieu où l'on doit les employer le lendemain, les bois exploités et mis en corde, les grains coupés, les fruits cueillis, exposés sur les champs, les ruches d'abeilles placées, comme nous l'avons dit ci-dessus, loin des habitations, &c. ne peuvent être gardés pendant la nuit. On est forcé de laisser ces objets et une infinité d'autres *exposés à la foi publique*. Si les malfaiteurs ne sont intimidés par la crainte d'un châtiment assez sévère, tous les jours ces objets seront enlevés à leurs propriétaires, et il en résultera des dommages inappréciables pour l'agriculture, le commerce et la tranquillité publique.

Art. 397. Cet article prononce *contre les escrocs* une détention de *deux ans au moins*, et de cinq ans au plus.

Cette peine, appliquée à tous les cas *d'escroquerie*, serait trop forte. Il en est dont l'objet est quelquefois bien mince ; et il serait à craindre qu'ils ne restassent impunis, si l'on était forcé par la loi à leur appliquer deux ans de détention.

Il faut étendre cette latitude de peine, *de onze jours à cinq ans*.

Art. 395. « Quiconque *aura mis le feu* à des maisons, bâtimens, édifices, » navires, bateaux, &c. &c., sera puni de la peine de mort, &c. »

Après les mots, *aura mis le feu*, ajouter, *méchamment*.

Art. 397. « Quiconque aura *verbalement*, ou *par écrits* anonymes ou

» signés,

» signés, *menacé d'incendier* la propriété d'autrui, sera puni d'une détention
» de deux ans à cinq ans, &c. »

Dire : pour les menaces verbales, *la détention ;* par écrit, *la reclusion.*

Art. 439. « Seront punis d'une amende de vingt-six à cinquante francs,
» 1.° &c. ;

» 6.° Les aubergistes, hôteliers, logeurs, loueurs de maisons garnies,
» qui auraient inscrit sur leurs registres les personnes qui ont logé ou passé
» une nuit chez eux, *sous des noms supposés* ou *de fausses qualifications,*
» sans préjudice de leur responsabilité. »

Après les mots, *qui auraient inscrit,* ajoutez, *sciemment.*

Art. 444. « Tout délit emportant une peine afflictive ou infamante, la
» relégation ou la peine de forfaiture, donne *essentiellement* lieu à une action
publique. » *Adopté.*

Même article : « Les autres délits et les contraventions de police *peuvent*
» *aussi donner lieu* à la même action. »

Au lieu de *peuvent donner,* nous pensons qu'on doit dire, *donnent également lieu.*

En effet, si la partie publique n'était *tenue* de poursuivre que les délits
emportant les peines graves, les auteurs *d'escroqueries, de larcins et simples
filouteries, de sévices et mauvais traitemens, &c.,* ne seraient presque jamais
punis. Et cependant, l'impunité de ces délits mène ordinairement aux grands
crimes. L'expérience, par exemple, nous prouve dans ce département,
que la sévérité contre les rixes, quand elles sont suivies de *batteries,*
en diminue considérablement le nombre, et rend, par conséquent, celui
des meurtres moins fréquent. Il en est de même des petits vols, et de
tous les délits qui ne sont atteints que par les lois correctionnelles.

L'intérêt public est blessé, l'ordre social est plus ou moins troublé toutes
les fois qu'il se commet un délit. La répétition des méfaits excite à en commettre de pareils ; l'impunité y enhardit. Si on laisse à l'intérêt particulier le soin de la poursuite, le coupable ou désintéressera la partie lésée,
ou trouvera moyen de l'intimider, et la poursuite n'aura pas lieu ; et l'on
s'accoutumera à ne voir dans un *délit,* et par suite dans un *crime,* que
le tort qu'aura souffert la partie privée.

Il est donc dans les principes, il est de l'intérêt général qu'on s'en
tienne, sur ce point, à la rédaction de l'article 4 de la loi du 3 brumaire
an 4, ainsi conçu : *Tout délit donne essentiellement lieu à une action publique.*

Il peut aussi en résulter une action privée ou civile.

Art. 469. « Les procès-verbaux et les rapports des gardes champêtres
» et forestiers seront affirmés devant le juge de paix, ou *en son absence* de
» la commune où la contravention ou le délit aura été commis, devant
» l'un de ses suppléans, ou enfin, *en cas d'absence de ceux-ci,* devant le
» maire ou l'adjoint du lieu. »

Il est nécessaire que l'affirmation puisse se faire devant les uns ou les autres indifféremment, et toujours, comme par le passé, dans les vingt-quatre heures.

Art. 477. « Le commissaire du Gouvernement près le tribunal criminel » (aujourd'hui le procureur-général), remplira les fonctions de magistrat » de sûreté dans l'arrondissement communal où est établi le tribunal cri-» minel. »

Cela ne se peut pas. Les préfets remplissent, à la vérité, les fonctions de sous-préfets dans leur arrondissement ; mais ce n'est pas la même chose : il ne faut, pour cela, qu'un bureau de plus au préfet, dont la besogne personnelle n'est augmentée par-là que de quelques signatures. Mais le procureur-général, qui n'a pas de bureaux montés, et qui a beaucoup à faire quand il a du zèle, ne saurait suffire à ce surcroît de travail pour lequel il faut payer de sa personne. Les fonctions d'un magistrat de sûreté ont bien aussi de quoi occuper un homme tout entier. Des procès-verbaux, des interrogatoires, des enquêtes ; et les voyages, les descentes sur les lieux ; et la surveillance habituelle, plus utile souvent que les opérations ; tout cela suffit, sur-tout si l'arrondissement est grand ou populeux. Et ce serait précisément du plus populeux de chaque département, de celui du chef-lieu, que la sollicitude du procureur-général se trouverait surchargée.

Art. 493. « La dénonciation (civique) sera rédigée, &c. Le dénoncia-» teur pourra se faire délivrer, *à ses frais*, copie de sa dénonciation. »

On ne voit pas pourquoi *à ses frais.* Celui que l'amour du bien public a porté à faire connaître un crime aux magistrats qui doivent le poursuivre, a bien mérité de son pays ; il ne faut donc pas lui faire payer une expédition qu'il a bien acquis le droit de se faire délivrer, s'il desire la conserver comme un monument de son zèle.

Art. 503. Cet article charge le magistrat de sûreté d'agir d'office, et sans attendre aucune réquisition, si les délits sont ceux *sur lesquels la loi appelle le plein exercice de la police judiciaire, &c.*

Tous les délits caractérisés, par la loi nous paraissant, d'après les raisons que nous avons exposées ci-dessus, devoir appeler le plein exercice de la police judiciaire, nous ne pouvons pas voir quel est l'objet de cette distinction.

Art. 562 et 563. Il vaut mieux, comme cela se fait aujourd'hui, laisser au tribunal à statuer sur la non-comparution des témoins, que d'abandonner cette décision à un magistrat seul.

Art. 566. « Le propriétaire (lisez *le directeur du jury)* se transportera sur » les lieux, quand il l'aura jugé convenable ; il sera toujours accompagné » du substitut magistrat de sûreté.

» Toutes les fois qu'il se déplacera, pour quelque cause que ce soit, il » lui sera alloué *quatre francs* par jour, pareille somme au substitut, &c. »

C'est trop peu ; il convient d'allouer au moins *six francs.*

Art. 576. « Le mandat d'arrêt *nommera* le prévenu aussi clairement
» qu'il sera possible, &c. »

Au lieu de *nommera*, mettre *désignera.*

Art. 577. « Le mandat d'amener sera porté par un huissier, officier de
» sûreté ou agent de la force publique, lequel en délivrera copie à celui
» qui y sera nommé ou désigné ; ou, s'il ne peut être trouvé, au maire
» ou à l'adjoint, ou au commissaire de police de la commune de sa rési-
» dence habituelle ou momentanée. »

Cette disposition vaut beaucoup mieux que l'affiche du mandat, ordonnée jusqu'ici.

Art. 595 à 610. Tout ce chapitre est bon, excepté une seule disposition : il ne nous paraît pas convenable d'accorder la *liberté provisoire sous
caution* aux prévenus de crimes qui emportent la peine d'*infamie.*

Art. 611 à 615. En cas de dissidence d'opinions entre le substitut et
le directeur du jury, la manière actuelle de se pourvoir nous paraît bonne
et devoir être conservée.

Art. 638. « Pour la répression des contraventions commises dans les fo-
» rêts nationales, les fonctions du ministère public *seront exercées* par le
» conservateur, inspecteur ou sous-inspecteur forestier. »

Au lieu de , *seront exercées*, dire , *pourront être exercées ;* et cela afin que
d'une part, le procureur impérial ne soit pas en quelque sorte privé du
droit de défendre les intérêts du Gouvernement ; et de l'autre, que les fréquentes courses des officiers-forestiers, courses que nécessite leur service,
n'occasionnent pas, dans les affaires de ce genre, des retards nuisibles et qui
seraient presque inévitables.

Art. 639. « S'il y a plusieurs commissaires de police dans la commune
» chef-lieu de la justice de paix , *le préfet* désignera celui d'entre eux qui
» devra remplir les fonctions du ministère public. »

Pourquoi *le préfet!* Il nous semble qu'il est convenable, et, en général,
utile aux intérêts de la justice, que ce choix soit laissé au procureur-général.

Art. 665. « Sur l'appel, &c. , le tribunal pourra entendre, s'il en est re-
» quis par l'une des parties, ou par le commissaire du Gouvernement, *d'autres
» témoins* que ceux qui auraient été produits en première instance. »

Cela nous paraît dangereux. Si les faux témoignages sont à craindre, c'est
sur-tout quand un plaideur de mauvaise foi connaît la nature et la force des
preuves que l'on a fournies contre lui, et qu'il a le temps, pour former une
contre-batterie, de réunir et d'amener aux tribunaux des témoins complaisans.

Art. 671. « En l'absence du président du tribunal (d'arrondissement com-
» munal) , le propréteur, s'il n'est pas légitimement empêché, est tenu de
» *présider aux audiences* qui seront données spécialement pour le jugement
» des *affaires correctionnelles.* »

Ainsi le propréteur au tribunal d'arrondissement présiderait aux jugemens des affaires correctionnelles ; puis, au tribunal criminel, assis à côté du préteur, il jugerait, sur l'appel, ses propres jugemens. Et, d'après le Projet, cela serait inévitable, puisqu'il n'y aurait qu'un propréteur par arrondissement, et que celui du chef lieu devrait siéger alternativement au tribunal de première instance et au tribunal criminel. En appelât-on un, d'un autre arrondissement, pour juger sur l'appel, il n'en serait pas moins vrai de dire qu'il serait alternativement juge d'un tribunal inférieur et d'un tribunal supérieur ; et si, ce qui arrive quelquefois, on avait à juger des appels de tous les arrondissemens du département, il faudrait donc, pour qu'aucun des propréteurs ne fût dans le cas de juger ses propres jugemens, les appeler tous, ces jours-là, aux tribunaux criminels. Il est difficile de concevoir quelle idée les auteurs du Projet se sont faite des fonctions qu'ils voulaient attribuer à ces magistrats. Comme ils ne sont, au reste, que des accessoires créés pour le système des préteurs, qui ne nous paraît nullement admissible, nous les trouvons parfaitement inutiles.

Art. 683. « L'instruction (des affaires correctionnelles) sera publique, à » peine de nullité : elle se fera sans interruption *l'un des cinq derniers jours* » *de chaque mois.* «

Il nous paraît qu'il convient de laisser aux tribunaux à fixer eux-mêmes les jours d'audience pour les différentes sortes de causes.

Un jour d'ailleurs et souvent *cinq* par mois ne suffiraient pas, dans certains tribunaux, pour expédier les affaires correctionnelles.

Art. 703. « La requête contenant les moyens d'appel *pourra* être remise, &c. »

Au lieu de *pourra,* il faut dire, *devra.*

Art. 708. Quant aux *nouveaux* témoins que l'on propose d'admettre sur l'appel, *rejeté,* d'après les raisons que nous avons données à l'article 665.

Art. 710. « Le tribunal criminel *rejettera la requête,* ou annullera le ju-» gement. »

Cette disposition prouve que *la requête doit être,* comme nous l'avons dit à l'article 703, *exigée d'une manière impérative.*

Art. 740. Cet article propose, pour les jurés d'accusation, la formule de serment suivante qu'on devra leur lire, et à laquelle ils auront à répondre : *je le jure.*

« Vous jurez et promettez d'examiner avec attention les pièces qui vous » seront présentées ; *de ne trahir les intérêts du prévenu, ni ceux du Gouverne-* » *ment qui le poursuit,* et de ne suivre ni les mouvemens de la haine ou de » la méchanceté, ni ceux de la crainte ou de l'affection. »

Il nous semble que cette formule ne vaut pas celle en usage ordonnée par l'article 236 du Code des délits et des peines, et qui est ainsi conçue :

« Vous promettez (*on dira,* vous jurez) d'examiner avec attention les » pièces qui vous seront présentées ; *de vous expliquer avec loyauté sur l'acte*

» *d'accusation qui va vous être remis*, et de ne suivre ni les mouvemens de la
» haine ou de la méchanceté, ni ceux de la crainte ou de l'affection. »

Il est *inutile* de leur parler des *intérêts* du prévenu ou de ceux du Gouvernement, puisqu'ils s'engagent *à s'expliquer avec loyauté sur l'acte d'accusation ;*
on pourrait ajouter que cela est dangereux, parce que peu de jurés savent
assez généraliser leurs idées pour comprendre quel est *l'intérêt du Gouvernement* dans les affaires où le fisc n'a rien à répéter ; et aussi parce que le
conflit s'établissant, dans leur esprit, entre l'intérêt du *Gouvernement,* qui
pour eux est un être abstrait, et celui du *prévenu* qui est connu, qui a
une femme, des enfans, des parens, des alentours &c. , celui-ci presque infailliblement l'emportera sur le premier.

Art. 771 à 781. Ces articles, traitant des préteurs et de leurs attributions
comme tels, ne peuvent être applicables aux présidens des cours de justice
criminelle, qu'autant qu'ils auront été refondus en entier.

Art. 804 à 814. Ces articles, qui traitent des poursuites à diriger contre
les officiers et magistrats chargés de la police judiciaire, nous paraissent
susceptibles de la modification suivante :

«Aucune poursuite ne pourra être dirigée contre un officier de police
» judiciaire, un magistrat de sûreté, un *procureur impérial,* un directeur du
» jury, un suppléant, un juge, un président, pour délits commis dans l'exer-
» cice de leurs fonctions, sans une autorisation préalable du Gouverne-
» ment. »

Art. 817. « Vingt-quatre heures au plus tard après la remise des pièces
» au greffe, &c.

» L'accusé sera interpellé de déclarer le choix qu'il aura fait d'un ou de
» plusieurs conseils pour l'aider dans sa défense ; *sinon le juge lui en dési-
» gnera un sur-le-champ, à peine de nullité.* »

Cette disposition nous paraît à retrancher. Nous sommes bien d'avis qu'on
doit laisser aux accusés le droit de se faire assister par des défenseurs de leur
choix ; mais pourquoi forcer les juges à leur en désigner! La loi donnerait,
par-là , occasion de penser que la rectitude des jugemens criminels dépend
en quelque sorte de la manière dont les accusés ont été défendus. Qui le
croira! Les défenseurs ont-ils préservé beaucoup d'innocens du danger d'être
condamnés! non, mais ils ont fait échapper un grand nombre de coupables.
La loi du 3 brumaire an 4 avait déjà ordonné, *assez inutilement,* que lors
du premier interrogatoire de l'accusé, il lui serait nommé un défenseur. Nous
disons *inutilement,* parce que la profession de défenseur étant essentiellement
libre, il dépend d'eux d'obtempérer à la désignation, et qu'il est arrivé bien
des fois que des accusés ont été jugés sans avoir eu de défenseurs, quoiqu'on eût rempli à leur égard la formalité de leur en nommer un. Aujourd'hui
on ajoute à cette formalité, on la prescrit *à peine de nullité ;* à quoi servirait

d'être astreint , à peine de nullité , à nommer un défenseur qui ne serait pas obligé de défendre ?

Il faut que la loi consacre la faculté que doivent avoir les accusés de se choisir des défenseurs ; mais il faut s'en tenir là : l'humanité , la justice et l'intérêt public n'en demandent pas davantage.

Art. 818. L'accusé pouvant , dans les cinq jours , à dater de son interrogatoire , sous peine de déchéance , attaquer les actes de poursuite ou d'instruction , en tout ou en partie , pour cause de nullité , d'incompétence ou d'excès de pouvoirs , les cinq jours accordés pour le même objet , et aussi sous peine de déchéance , au procureur-général , ne peuvent compter du jour de l'interrogatoire , mais du moment de l'expiration du délai accordé à l'accusé.

Art. 822 et 823. « Si le tribunal trouve que l'un des actes de la procé-
» dure est nul &c.

» Le jugement qui statuera sur la demande en nullité de la procédure ,
» sera rendu publiquement , en présence de l'accusé , du commissaire du
» Gouvernement , et de la partie civile , si celle-ci se présente. »

Cette publicité est inutile , puisqu'elle n'ajoute rien à la sûreté de l'accusé.

Art. 838. « Les conseils de l'accusé seront avertis , *s'il est besoin ,* qu'ils
» ne peuvent rien dire contre leur conscience , ou contre le respect , &c. »

Si la loi ordonnait cet avertissement , il ne faudrait pas dire, *s'il est besoin ;* mais il devrait être donné à tous : autrement il serait offensant pour ceux à qui le président l'adresserait. Au reste , il devient inutile, au moyen du serment exigé des avocats.

Art. 840. « Immédiatement après , &c.

» Le greffier fera la lecture de l'acte d'accusation , à haute et intelligible
» voix , *à peine de nullité.* »

Après le mot *voix* , répéter , *cette lecture se fera;* sans cela , on pourrait croire que la nullité tomberait sur le plus ou le moins de force de la voix du greffier.

Art. 844. « Les témoins déposeront séparément l'un de l'autre , dans
» l'ordre établi par le commissaire du Gouvernement. »

Cet ordre , s'il ne s'établit pas de concert , doit être déterminé par le président , qui dirige les débats, et qui voit , à chaque instant , résulter de la déposition d'un témoin , la nécessité d'en appeler de suite un autre pour procurer aux jurés ou des éclaircissemens nécessaires , ou le complément d'une preuve sur quelque fait particulier.

C'est à tort que la loi du 3 brumaire an 4 avait déjà prescrit d'entendre les témoins d'après l'ordre de la liste. L'expérience a suffisamment prouvé aujourd'hui que cet ordre ne peut pas être fixé d'avance.

Art. 859. « Le président déterminera celui des accusés présens qui devra

» être le premier soumis aux débats, en commençant par le principal accusé,
» s'il y en a un.

« *Il se fera ensuite un débat particulier sur chacun des autres accusés.* »

Il nous semble que ce sont là des détails dont il est inutile que le législateur s'occupe, et sur lesquels d'ailleurs il ne peut statuer d'avance. Il est
clair que chaque accusé doit être soumis aux débats : mais dans quel ordre!
cela dépend et de l'ordre même que présentent les faits, et de la manière
dont les témoins déposent. Les mêmes témoins peuvent parler de plusieurs
faits, de plusieurs accusés ; il faut bien que ces accusés puissent débattre
leurs dépositions à mesure qu'ils les entendent. De ces diverses dépositions sortent des traits de lumière qui éclairent la conduite de tel ou tel
accusé ; il faut bien que le président puisse, dans les débats, suivre les
indications que lui donnent ces découvertes du moment, et se tracer à
lui-même un ordre convenable, que ni lui ni d'autres n'auraient pu fixer
auparavant.

Art. 891. « Après avoir prononcé le jugement, le président pourra
» retracer *au condamné* la manière *généreuse* et impartiale avec laquelle il
» a été jugé, &c. »

Impartiale, à la bonne heure ; mais *généreuse*, il n'en croira jamais
rien. Au reste, cette exhortation, à-peu-près insignifiante pour le condamné, peut fournir au magistrat qui préside, l'occasion de donner aux
auditeurs de bonnes leçons de morale publique ; et eu égard à ce motif
d'utilité, nous proposons de laisser subsister cette disposition, en retranchant l'épithète *généreuse.*

Art. 900. « Seront dispensés des fonctions de jurés les septuagénaires
» et les ministres des cultes. »

Il faudrait ajouter : *les médecins, chirurgiens et officiers de santé.*

C'est presque toujours au préjudice du bien public qu'on les force de
s'éloigner de leur contrée, et il est souvent des circonstances où il y
aurait de l'inhumanité à les déplacer. Qu'on ne les appelle donc aux tribunaux que comme témoins ou comme experts, si les causes le requièrent. .

Art. 904 et 905. « Les préfets de département, &c., toutes les fois
» qu'ils en seront requis, &c., formeront, *sur leur responsabilité*, les listes
» des jurés tant d'accusation que de jugement. »

Pourquoi encore les préfets! quel avantage trouve-t-on donc à leur
donner de l'influence sur les jugemens! Nous y trouvons, nous, beaucoup d'inconvéniens, et nous serions bien surpris si la majorité des tribunaux ne pensait pas comme nous. Quand on réfléchit sur l'insouciance
avec laquelle les listes commencées par les juges de paix, continuées par
les sous-préfets, et terminées dans les bureaux des préfets, ont été formées
jusqu'ici, on est bien fondé à craindre, si l'on adopte la proposition,
les mêmes abus pour l'avenir. Et si tel préfet, en particulier, avait pour

directeurs de ses bureaux des intrigans toujours disposés à favoriser les malfaiteurs quand ils croiraient y voir leur avantage, des hommes mal famés et qui auraient eux-mêmes paru, comme prévenus de grands crimes, devant les tribunaux, quel danger n'y aurait-il pas à leur abandonner la formation des listes de jurés ! Non, ce n'est point aux préfets que l'on doit confier ce soin : chargés de trop d'objets, ils ne peuvent donner à chacun d'eux toute l'attention que mérite celui-ci. Quels que fussent leur zèle et leur activité, on les tromperait sur ce point important, et les erreurs seraient de la plus grande conséquence.

On a mis, nous le savons, dans l'article proposé, le mot *responsabilité*. Mais on sait aussi que ce n'est ici qu'un mot sur l'inutilité duquel il serait superflu de nous étendre.

Qui donc choisira les jurés ? Voici ce que nous proposons. Le premier jour de chaque mois, le directeur du jury, le substitut et le maire de la commune où siége le tribunal de première instance, réunis au greffe dudit tribunal, tireront au sort, sur la liste des plus imposés formée d'après la loi, et imprimée par ordre du préfet, un nombre suffisant pour former le jury d'accusation.

Le même jour, au greffe du tribunal criminel, le président, le procureur-général et le maire tireront au sort, sur la liste des six cents plus imposés du département qui aura été imprimée par ordre du préfet, le nombre d'individus qui sera déterminé par la loi (mais qui sera au moins de vingt-quatre, et au plus de trente-six), pour former le jury de jugement, après que les récusations à exercer en présence auront réduit ce nombre à douze.

A l'exception de la liste double ou triple du jury de jugement, c'est à-peu-près l'ancienne forme ; et l'on remarquera sans doute que nous paraissons préférer le sort au choix.

Oui, les listes générales une fois faites *légalement*, c'est-à-dire, après les précautions que l'on va prendre, faites *le moins mal qu'il est possible*, les résultats du sort deviendront plus indifférens. Et puis, nous le dirons franchement, sur une liste formée, il y a moins à risquer en se fiant au sort qu'en donnant à choisir ; n'importe même par qui les listes seraient faites. Le sort peut se tromper ; mais au moins on est sûr qu'il est impartial.

Art. 911. « Les citoyens inscrits sur la liste des jurés d'accusation, qui » auront rempli trois fois les fonctions de juré ; les citoyens inscrits sur la » liste des jurés de jugement, qui se seront rendus à deux sessions du tri- » bunal criminel, recevront en témoignage de satisfaction *une pièce d'argent*, » dont la forme et la valeur seront déterminées par le Gouvernement. »

C'est ici le cas d'appliquer ce que nous avons dit ci-dessus sur la nécessité de payer les jurés, si l'on veut assurer ce service. Il faut qu'on fasse en sorte

que

que les citoyens s'en chargent volontiers ; car s'ils n'y viennent que forcément, il n'y aura rien de bon à attendre de cette institution.

Art. 991 et 993. « Lorsqu'une personne sera prévenue d'être auteur ou » complice d'un crime *commis à l'aide d'un écrit répandu ou affiché, &c.,* une » copie collationnée et figurée de cet écrit, &c., sera, avant la rédaction » de l'acte d'accusation, soumise à l'examen de trois hommes de lettres choisis » par l'Institut national parmi les membres qui le composent, &c. »

Nous pensons, sur cette proposition, 1.° qu'il vaut mieux laisser les membres de l'Institut à leurs précieuses occupations que de les obliger de *consulter* sur tous les libelles qui peuvent paraître dans l'Empire français ; 2.° qu'on peut éviter de les surcharger de ce travail en formant, pour ces cas, un jury, soit d'accusation, soit de jugement, composé pour moitié, au moins, de fonctionnaires publics ; 3.° enfin que ce choix de jurés suffisamment éclairés qui, étant du pays, connaîtraient déjà et les hommes et les faits relatifs à l'accusation, paraîtrait devoir être plus avantageux pour la décision de ces sortes de causes que l'avis d'hommes de lettres qui, très-savans d'ailleurs, ne pourraient presque s'occuper que du style, ou, au moins, ne pourraient juger les écrits attaqués que d'après des principes généraux qui laissent toujours dans le vague, quand on les isole des faits auxquels il faut les appliquer.

Art. 1000. « S'il est nécessaire de déplacer une pièce authentique, il en » sera laissé dans le dépôt *une copie collationnée,* laquelle sera signée par le » juge du lieu et par le dépositaire public. »

Il convient d'ajouter, à la fin de cet article, *et une copie de l'acte qui constatera le déplacement de la minute et le dépôt de la copie, y restera annexée.*

Art. 1034. Cet article fait partie de ceux qui déterminent les formes à suivre, en la cour de cassation, pour les jugemens de *forfaiture,* et on y lit :

« Dans le cas *du partage des opinions,* ou si la majorité des voix trouve » que l'accusation doit être admise, cette admission sera constatée par un » jugement, qui portera, en même-temps, ordonnance de prise-de-corps » ou de se représenter. »

Dans le cas de *partage,* le prévenu doit être *acquitté ;* car, où il y a partage d'opinions, il y a raison de douter ; et dans le doute, on doit toujours décider en faveur du prévenu.

Art. 1040 à 1045. D'après ces articles, les requêtes en prise à partie seraient admises ou par la cour de cassation, ou par la cour d'appel, ou par la cour criminelle, suivant la qualité du juge contre lequel on formerait la demande.

Nous pensons que *la requête en prise à partie* contre tous juges, de quelque tribunal que ce soit, et contre tous officiers de police judiciaire, *ne doit être admise que par la cour de cassation.*

On pourrait ajouter à ces articles la disposition suivante :

« Néanmoins, dans tous les cas de prise à partie, la cour de cassation » pourra déléguer à une autre cour la connaissance et le jugement de » l'affaire. »

Art. 1113. Cet article ordonne, tant au propréteur *(directeur du jury)* qu'au préteur *(président de la cour criminelle),* de visiter les personnes retenues dans les maisons d'arrêt et de justice.

La police et surveillance des prisons étant attribuée aux administrations, on ne voit pas quel serait l'objet de ces visites.

Art. 1118. Cet article prononce une peine contre celui « qui aura *conduit,* » *reçu* ou *retenu* un individu dans un lieu qui n'aura pas été destiné par le » Gouvernement ou par l'autorité administrative , à servir de maison d'arrêt, » de maison de justice ou de prison. »

Après les mots , *qui aura* , il faut ajouter, *hors le cas de nécessité.*

Art. 1123. « Les gardiens des détenus ne pourront se dispenser de les » représenter à leurs parens ou amis, qu'en justifiant de l'ordre exprès du » préteur *(président)* ou du propréteur *(directeur du jury)* inscrit sur son » registre, portant injonction de le tenir au secret. »

Il est nécessaire d'ajouter : *ou du substitut-magistrat de sûreté.* Il est souvent important pour la découverte de la vérité, qu'un prévenu, qui n'a pas encore été entendu, soit empêché de communiquer ou avec les prisonniers, ou avec d'autres personnes, avant son interrogatoire, et il faut pour cela, que le substitut, après avoir lancé contre lui son mandat de dépôt, puisse ordonner qu'à son arrivée on le mette au secret.

Art. 1162 à 1169. « L'action *publique* et l'action *civile* résultant d'un » crime de nature à entraîner la peine de mort, la peine des travaux forcés » à perpétuité, ou la peine de la déportation, *se prescriront après quinze années* » *révolues,* à compter du jour où le crime aura été commis, si dans cet inter- » valle il n'a été fait aucun acte d'instruction ni de poursuite.

» S'il a été fait, dans cet intervalle, des actes d'instruction ou de poursuite » non suivis de jugemens, l'action public *et l'action civile* ne se prescriront » qu'après quinze années révolues à compter du dernier acte, à l'égard même » des personnes qui ne seraient pas impliquées dans cet acte d'instruction ou » de poursuite. »

Dans tous les cas prévus par cet article et les suivans, quel que soit le sort de l'action publique, il faut que l'action civile ne puisse se prescrire que par trente ans. L'ignorance plus ou moins prolongée d'un crime qui a causé des dommages, ou le défaut de poursuites, ne doivent pas nuire aux droits de la partie lésée.

Ainsi fait et arrêté par nous membres de la cour de justice criminelle du département de Sambre-et-Meuse ; à Namur, le 26 messidor, an 12. Signé G. VAUGEOIS, *président ;* J. LALOUX, *juge ;* DUBOIS-SAINT-HUBERT, *juge ;* BALARDELLE, *procureur-général-impérial,* et SIMON, *greffier.*

OBSERVATIONS

DU TRIBUNAL CRIMINEL

DE SAONE-ET-LOIRE,

SUR

LE PROJET DE CODE CRIMINEL.

OBSERVATIONS

DU TRIBUNAL CRIMINEL

DE SAONE-ET-LOIRE,

SUR

LE PROJET DE CODE CRIMINEL.

CE Projet, divisé en deux parties, renferme des dispositions importantes pour améliorer les lois pénales d'un empire puissant. Les magistrats et les criminalistes qui ont préparé cet ouvrage, ont su le combiner sur les bases d'une théorie profonde ; cependant, si l'on consulte en certains points l'expérience pratique, il y a, sans contredit, plusieurs objections à fournir contre quelques systèmes.

En interrogeant les tribunaux, le Gouvernement a desiré connaître les épreuves qu'ils ont eues sous leurs yeux, de cette partie de la législation, dans l'administration de la justice distributive.

Le tribunal criminel de Saone-et-Loire, flatté de cette confiance, s'empresse de soumettre ses réflexions à cet égard, et de manifester au Gouvernement tous les sentimens de reconnaissance.

On va suivre, pour la première partie du travail, l'ordre des articles susceptibles de remarques.

Pour la seconde partie, on présentera des observations sur les inconvéniens d'une nouvelle formation des tribunaux criminels, et ensuite on s'attachera à l'examen de quelques dispositions à amender.

I.re PARTIE.

DÉLITS ET PEINES.

ART. 8. Les citoyens non militaires ne devraient pas être distraits de leurs juges naturels pour un délit commis envers des militaires.

Cet article serait susceptible d'une grande extension, si les cas où le militaire est censé en fonctions, ne sont pas désignés dans la loi.

<table>
<tr><td>Saone-et-Loire.</td><td>A</td></tr>
</table>

Art. 13. La peine de mort devrait être prescrite sans torture ni poing coupé ; l'exposition aux regards du peuple pourrait suffire, en graduant sa durée à raison de l'énormité du crime.

Art. 15. Il conviendrait de limiter le temps de l'existence des poteaux sur la sépulture des suppliciés, pour éviter la multiplicité de ces plantations par la succession des années.

Art. 21. Le condamné à la déportation qui rentre sur le continent, ne paraît pas commettre un crime capital par cette infraction à sa peine. Celle de mort ne devrait lui être applicable que dans le cas où il commettrait un délit quelconque après être rentré dans sa patrie.

Mais, pour la simple infraction à la déportation, il semblerait qu'il conviendrait seulement de s'assurer de sa personne par une condamnation aux travaux forcés pour toute sa vie.

Art. 24. On pense que la flétrissure sur une des épaules suffit, et que dans le cas où il y aurait lieu à plusieurs causes de flétrissure, on pourrait se servir du fer unique ayant les diverses empreintes indicatives des causes.

Art. 27. Il semble que la date du commencement de la peine ne devrait pas être régulièrement du jour de l'exposition au poteau, parce qu'il est des circonstances, autres que la maladie même, qui empêchent que cette exposition ne se fasse dans les vingt-quatre heures du jour où le jugement est devenu inattaquable.

Ainsi il serait à préférer que la peine commençât de cette dernière époque, sauf à pourvoir à l'exposition au poteau.

Art. 29. L'exécuteur des jugemens ne devrait exercer de châtimens que lorsque la loi en aurait prescrit le genre.

Art. 31. Le tribunal criminel devrait être chargé d'ordonner, par son jugement, en quelle circonstance il serait utile que l'exécution fût subie sur les lieux voisins du délit.

Il est d'ailleurs des départemens où ce tribunal ne siége pas dans la même ville que le préfet.

Art. 34. Le curateur étant à la nomination du conseil de famille, c'est le mode usité pour celle du curateur à des interdits et à des mineurs émancipés, qu'il est convenable de proposer.

Art. 76. Il faudrait rendre passibles de moindre peine les condamnés de l'âge de soixante-dix ans, au lieu de soixante-quinze.

Art. 132. La peine de déportation ne devrait pas être uniforme pour tous les faux indistinctement : il y a dans ceux que comporte cet article, beaucoup de nuances à considérer.

Par exemple, il y a une grande différence de refuser, dans un acte, de constater un fait requis, ou d'oublier celui que l'on est tenu de constater.

Le faux punissable en la personne d'un fonctionnaire public dont le ministère est forcé, doit être distingué.

Les autres genres de faux peuvent être punis d'une manière moins sévère.

Celle de la relégation pour toute sa durée serait suffisante.

Art. 135. Il serait utile d'ajouter une peine plus forte contre celui qui serait convaincu d'avoir fait usage des pièces fausses désignées en cet article, pour commettre un autre délit quelconque, notamment un vol, &c.

Art. 136. Si la peine du faux, pour les actes authentiques, était, en certains cas, susceptible de modération, comme on l'a dit sur l'art. 132, il serait conséquent, pour les faux en écritures privées, de n'infliger la peine qu'avec la proportion de la durée de la relégation.

Art. 183. Il conviendrait de distinguer le meurtre et les violences commis envers le dépositaire de la force publique, lorsque la défense est moralement légitime; ce qui arrive toutes les fois que le dépositaire de la force publique exerce des mesures de rigueur sans nécessité.

Art. 195. Il est nécessaire d'ajouter le mot *sciemment* pour caractériser la contravention du recélé d'un conscrit ou réquisitionnaire.

Art. 262. Lorsqu'un individu viole l'asile d'un citoyen pendant la nuit, celui-ci se trouve dans une nécessité actuelle de défense, sur-tout si l'individu est armé.

Il en est de même pendant le jour, lorsque le domicile violé est isolé des habitations.

L'escalade et l'effraction rendent légitime l'état de défense.

Art. 264. Les injures graves ou les outrages ne paraissent pas excuser des blessures; mais il peut y avoir une considération atténuante pour le *minimum* de la peine.

Celui qui frappe et qui blesse, ne sait pas s'il n'en résultera point un meurtre.

Art. 285, 286 et 287. Il serait bon de développer d'une manière précise les différens caractères de l'infanticide; et pour remplir ce but, il serait à souhaiter qu'il y eût dans la loi une distinction pour des cas où la mère, non engagée dans les liens du mariage, a celé sa grossesse, et lorsque, par ce résultat, l'enfant n'a pas eu vie.

Il importe de spécifier le cas où, par suite de la dissimulation de la mère sur sa grossesse, elle accouche seule, et d'un enfant qu'elle a supposé né *mort.*

Il résulte jusqu'à présent de l'imprévoyance de la loi, qu'une mère non mariée, lors même qu'un enfant serait né *mort* par un accident, suite de l'imprudence ou de la négligence dans les soins de l'accouchement, cherche à soustraire cet état, en enterrant cet enfant dans un jardin ou dans un champ, ou en le jetant dans une rivière ou dans une fosse d'aisances. Ce scandale public se réitère trop souvent, et le tribunal a eu cet exemple plusieurs fois sous les yeux.

Les lois criminelles doivent établir une distinction dans les peines, suivant les circonstances.

Il est encore à desirer une loi civile qui organiserait des secours publics pour cet état de maternité; car sans l'appui de cette loi civile, les lois criminelles seront toujours insuffisantes.

Art. 288. Il serait difficile de connaître dans quel cas les tuteurs ou tutrices, autres que les pères et mères, auraient exercé des traitemens au-delà des bornes légitimes sur les pupilles, les maîtres sur les apprentis, les concierges sur les détenus.

On ne croit pas qu'il serait convenable de laisser subsister des corrections qui causeraient des mauvais traitemens.

Dans tous les cas de mauvais traitemens, l'auteur encourt régulièrement une peine.

Il n'est aucune distinction à faire.

Et même les mauvais traitemens envers des condamnés à des peines afflictives, sans nécessité indispensable, ne seraient pas justifiés.

Il y aurait aussi un danger en limitant les dispositions de cet article, que des pères et mères se crussent autorisés à exercer sur les enfans des mauvais traitemens graves, et de les mutiler; ce qui n'est pas sans exemple, lorsque les pères et mères sont dans l'état de mendicité.

Art. 323, 324, 325, 327. Il manque ici la désignation de la subornation de témoins. L'auteur doit être puni comme le faux témoin corrompu à prix d'argent.

Art. 328, 329, et suivans. Il est difficile de faire une bonne loi sur la calomnie, par le danger de trop multiplier les différens genres, et par-là de confondre ce qui n'est que caquet de coterie, propos vagues, inculpations insignifiantes, dont le mépris est la seule vengeance.

Mais à l'égard des faits calomnieux qui causent un tort réel et troublent l'ordre social, on peut dire que c'est précisément le seul genre de délit que la loi doit réprimer, et alors il faut se borner aux cas prévus par l'art. 329.

Tous les articles subséquens paraissent inutiles

Quant à l'article 339, première partie, la disposition est juste : elle ne doit pas cesser d'etre en usage pour la police du barreau.

Art. 367. Il paraît ici qu'il y a une erreur d'impression pour l'amende ; elle ne saurait jamais être moindre de 100 francs , au lieu de ne pouvoir être au-dessus.

Art. 369. Quiconque croit devoir produire une pièce dans une contestation pour son utilité , semble être le maître de la retirer. S'il retite ensuite cette pièce, il ne saurait s'exposer à une peine. Il n'y a que le cas de dol personnel , ou de fraude dans la soustraction , qui soit punissable.

Art. 382 , 383 , 384. La liberté du commerce exige le retranchement des deux premiers articles. L'inexécution de la convention donne lieu à l'indemnité civile et par corps.

L'article 384 seul peut subsister , sauf à en changer la rédaction.

Art. 395. Il convient de spécifier le crime d'incendie par le caractère de volonté, de méchanceté , de malice , de vengeance.

Art. 398. Même observation que pour l'article précédent.

Art. 411. Il faudrait qu'il fût permis au propriétaire de l'héritage, de tuer les pigeons dans le temps de la semence du printemps jusqu'au temps de celle de l'automne ; autrement il est exposé à souffrir du dommage dans le produit de sa propriété.

LIVRE IV.

Contraventions de police et Peines. Il paraît impossible de prévoir dans un Code toutes les actions contraires à une bonne police. Les réglemens particuliers à chaque localité offrent une bigarrure inconvenante dans notre législation.

Indépendamment de toutes les contraventions désignées dans ce livre , on a senti la nécessité de réserver, par une disposition générale , le recours à des lois spéciales et à des réglemens relatifs à tout ce qui n'est point énuméré dans ce livre.

Mais ne serait-il pas utile de généraliser , par une disposition précise, une peine à l'arbitraire des tribunaux, depuis un *minimum* jusqu'à un *maximum* pour toutes actions qui seraient considérées comme des quasi-délits ou contraventions à la police non exprimées par les lois , et pour lesquelles les réglemens seraient conformes , en prescrivant une défense , prohibition , &c. sous cette peine générale !

II.ᵉ PARTIE.

POLICE ET JUSTICE.

Art. 551 à 557. L'institution d'un magistrat par arrondissement communal, pour l'instruction des procédures criminelles, est fort importante ; mais il est bon aussi qu'il ne fasse point partie du tribunal criminel. Il doit rester attaché à ses fonctions spéciales, au tribunal de l'arrondissement ; et il est dans le cas d'être membre et vice-président de ce tribunal, ainsi que le directeur du jury d'accusation à vie.

En cas d'empêchement légitime, son remplacement est de droit par un autre juge de ce même tribunal.

Art. 566. Le magistrat chargé de l'instruction d'une procédure criminelle, doit être tenu, dans les affaires graves, de se transporter sur les lieux, pour la recherche de tous les documens nécessaires, et pour constater le corps du délit. Il ne faudrait donc pas que la disposition fût facultative, mais coercitive : l'exercice de la police judiciaire et de la justice ne saurait être trop rapide.

Les auxiliaires du magistrat de sûreté, ou les délégués d'un juge instructeur par commission, remplissent imparfaitement les opérations principales et essentielles.

Si quelquefois un magistrat ou juge instructeur pouvait ne pas se déplacer, en considération des frais de transport dont il ne serait pas indemnisé, il serait cependant juste de détruire cette crainte, en autorisant le magistrat à délivrer exécutoire des frais de transport, et de ceux de déplacement dans tous les cas.

La distance de quinze kilomètres, seule, exige le déplacement de plus d'un jour dans la mauvaise saison ; il faut déjà ce temps pour aller et revenir.

Lorsque le transport est effectué, il est indispensable qu'il y ait un séjour pour le travail, sur-tout s'il y a un procès-verbal à détailler, divers objets à décrire, beaucoup de témoins à entendre, différentes visites à faire dans divers domiciles, en un mot s'il y a des actes d'instruction assez importans pour consommer plus d'un jour.

Art. 636. Le tribunal de police est sagement établi : cependant la contrainte envers un citoyen pour qu'il soit jugé malgré lui, semble être dangereuse ; l'insouciance et le ressentiment de cette contrainte ne peuvent procurer qu'un juge éloigné de toute idée de justice.

Cette disposition de contrainte serait à retrancher ; il suffirait de désigner par un tableau plusieurs citoyens pour les appeler à de telles fonctions successivement, et il est à croire qu'il y en aura dans le nombre toujours

assez qui seront jaloux de l'honneur et de l'amour de la justice, pour n'en
essuyer aucun refus.

Art. 653. Cet article semble être contraire à tous les principes connus et
reçus jusqu'à présent, et l'on pense qu'il devrait être retranché du Projet.
Dans aucun cas, la déclaration de tels parens, de tels alliés et des époux,
n'est admissible.

Art. 669. L'organisation des tribunaux de police correctionnelle ne
souffre pas d'observation.

Il est seulement à remarquer, pour son attribution en cette partie, qu'il
est agité très - souvent, dans une instance en délit ou quasi - délit de sa
compétence, une question préjudicielle ou une question incidente de la
propriété.

Alors, si l'on doit faire statuer avant tout sur une prétention civile,
comme l'on remarque, et principalement en matière forestière, que l'incident n'est qu'une échappatoire pour éluder l'action en délit, ne faudrait-
il pas attribuer au tribunal de police correctionnelle la connaissance de
cette question préjudicielle, ou de cette question incidente, pour juger le
tout simultanément!

C'est ainsi qu'autrefois l'action principale rendait le juge pareillement
juge de l'accessoire.

Art. 688. On peut appliquer à cet article l'observation déjà faite sur
l'article 653 ci - dessus.

Art. 718, 719, 720, 721, 722, 723. Les tribunaux criminels, d'après
l'article 64 de la loi constitutionnelle, ne peuvent pas être dépouillés de
la connaissance de l'appel des jugemens qui ont prononcé sur un délit
qui n'emporte ni peine afflictive, ni peine infamante.

Or, les délits désignés dans les articles 539 et 540 de ce projet de
Code, sont passibles de peines correctionnelles.

Ainsi, en les distinguant pour en attribuer la connaissance aux tribunaux
d'appel civils, c'est détruire l'ordre fondamental de juridiction. Cet ordre
est sagement établi. Il n'y a pas de motif pour ôter la connaissance de
l'appel aux tribunaux criminels.

Art. 724, &c. Si l'institution du jury est maintenue, il n'est rien à
observer à l'égard de la procédure préparatoire, pour arriver à la délibération d'un jury d'accusation. On a déjà remarqué plus haut, que la procédure suivie par un magistrat inamovible, pour l'instruction et pour la
direction des jurés, serait mieux soignée, et serait, par une pratique constante, d'une utilité réelle.

Art. 770, &c. Quant à la formation des tribunaux criminels par des préteurs et des propréteurs, il nous semble qu'il en dérive des dispositions opposées à l'indépendance de l'ordre judiciaire, à la célérité des jugemens, à l'intérêt de la société, à celui des accusés, à l'économie des finances.

L'ambulance d'un préteur, non-seulement dans une division de tribunaux criminels, mais encore dans tout le territoire français par le changement annuel, fait de ce magistrat important un homme toujours en voyage et sans aucune résidence fixe.

Son déplacement continuel pendant le cours d'une année dans une seule division, est déjà contraire à une sage administration de la justice. Jamais ce système d'ambulance n'a pu sympathiser avec les qualités exigées dans un juge chargé de prononcer sur les objets de la plus haute considération.

Si un président de tribunal criminel est obligé de faire un service dans plusieurs départemens, s'il faut qu'il soit sans cesse en course, il consommera donc déjà, pendant ses fonctions, une partie précieuse de son temps en pure perte : il ne lui restera, pour les employer à rendre la justice, que des jours qu'il devrait consacrer au repos pour se délasser des fatigues d'un voyage. Il ne peut que mal s'instruire dans une vie ambulante. Les méditations du cabinet, la contention nécessaire de l'esprit, ne se concilient point avec une marche constante du magistrat de pays en pays, quand même son tempérament s'y trouverait disposé.

En fixant par trimestre une session pour expédier les affaires pendantes dans les tribunaux criminels, qui pourra nous prévenir d'une lenteur inévitable et d'un retard presque assuré dans le jugement d'un accusé !

Celui-ci sera arrivé dans la maison de justice au moment de la session, ou à l'époque prochaine de sa fin ; il n'aura pas pu y être jugé ; il faudra déjà qu'il laisse passer un trimestre : mais au trimestre qui suivra, il croira que son accusation sera soumise au jury de jugement ; un témoin essentiel ne sera point venu, soit par un empêchement légitime, soit par une autre cause quelconque, et il sera indispensable de renvoyer l'expédition de cette affaire à une autre session : ainsi il se sera écoulé six mois avant que l'accusé se présente aux débats.

La session annoncée après ces divers délais, sera encore dans le cas d'être différée par le défaut de présence du préteur. Ce magistrat n'aura qu'à tomber malade en route, ou il n'aura qu'à être empêché par d'autres motifs ; comme le Projet porte qu'il ne sera remplacé que par un autre préteur, sur la désignation du premier Consul, il en résultera qu'avant le recours au Chef de l'État, il se passera beaucoup de temps. Ce n'est pas tout ; le préteur désigné en remplacement ne sera pas lui-même à l'abri des accidens et des empêchemens quelconques : il y aurait donc un recours à l'infini. Ensuite les autres témoins qui ont paru à une précédente session inutilement, n'ont qu'à manquer à celle qui serait indiquée de nouveau : on conçoit que les particularités diverses se succédant, il est dans l'ordre

des

des choses très-possibles et sans cas extraordinaires , qu'un accusé ne voie qu'après nombre d'années terminer son procès.

On ne présente point sur le tout les autres lenteurs ultérieures provenant d'un recours en cassation, d'une mise en jugement dans un autre tribunal criminel, et de tous les événemens subséquens.

Si donc la célérité dans les affaires est à desirer et à considérer pour le bien de l'innocence, comme pour la répression du crime envers le coupable , on ne peut pas trouver cet avantage dans cette organisation des tribunaux criminels.

Ce qui est également à remarquer dans l'institution d'un préteur, c'est l'attribution d'un pouvoir qui est trop absolu et trop contraire aux notions et aux élémens de la justice distributive.

Il semble qu'il ne peut pas appartenir à un seul magistrat, le droit de juger en dernier ressort les peines afflictives et infamantes , puisque celles de police et de correction sont même confiées à plusieurs.

. On voit dans la main d'un seul juge un pouvoir redoutable. L'assistance d'un propréteur n'est rien, puisque le suffrage de ce second magistrat n'est que consultatif. Si on le regarde sous un autre rapport, il est véritablement *nul,* puisque le préteur , d'avis différent, juge seul par la prépondérance.

Il ne se forme point de partage ; cependant, à voix égales , il pourrait y avoir partage.

. En jugement criminel, on ne connaît point de partage , parce que , dans le nombre égal de chaque côté, le jugement se forme *ad mitiorem.* Cette maxime adoptée en matière criminelle , est le suffrage de Minerve supposé ajouté en faveur de l'accusé.

Lorsque le préteur sera en opposition avec le propréteur, et que l'avis du premier serait pour une peine plus rigoureuse que l'avis du second , la prépondérance est alors réellement pernicieuse.

Les considérations du danger d'un tel pouvoir s'accroissent , quand on fait attention qu'il est confié par le magistrat suprème de l'État , auquel le préteur doit un compte annuel. Cependant l'indépendance d'un juge criminel est un des premiers attributs de la justice.

On ne saurait envisager que le préteur ne décide rien sur la déclaration de culpabilité déjà prononcée par le jury.

En effet, s'il ne s'agissait que de l'acquittement d'un accusé, il n'y aurait rien à objecter ; mais il est question, dans le cas de culpabilité reconnue , d'une application de la loi pénale. Elle peut donc se faire par le préteur seul, ou arbitrairement, ou faussement. Il y a au surplus un *maximum* et un *minimum ;* ainsi il peut y avoir une injustice dans la proportion à régler. Il est bon de juger cette proportion à raison des nuances du délit commis. Le préteur a déjà fait usage seul d'un pouvoir discrétionnaire ; il pourra abonder dans son sens ; et il n'y aura donc point de tempérament par le concours d'autres

opinions. N'y a-t-il pas, dans le cours des débats, des incidens à juger !
N'y a-t-il pas à prononcer à la fin, outre la peine, les dommages-intérêts !
Il est par conséquent impossible qu'un magistrat unique statue définitive-
ment et en dernier ressort.

Les tribunaux criminels, tels qu'ils sont organisés aujourd'hui, offrent
moins d'inconvéniens dans la marche rapide et salutaire à cet établissement.
S'il y a un point vicieux, c'est de n'avoir pas un plus grand nombre de juges.
Il serait nécessaire de composer de tels tribunaux au moins de cinq juges.

Si l'établissement d'un préteur pouvait être adopté, il faudrait qu'il n'y
eût point d'ambulance au-delà de deux départemens ; il faudrait qu'il restât
des juges attachés spécialement aux tribunaux criminels; il faudrait qu'il y
eût aussi un propréteur permanent dans chaque tribunal criminel, pour remplacer le préteur même dans le temps de la session du jury.

Composer les tribunaux criminels de propréteurs pris, suivant la désignation du préteur, dans chaque arrondissement du département, c'est reproduire le vice corrigé par le mode actuel. Dans le temps des tribunaux de
district, on envoyait déjà, par trimestre, un juge faire un service au tribunal
criminel; et cet inconvénient a été senti, non-seulement en ce que le déplacement de ce juge se répétait trop, mais encore en ce que ce juge, livré
successivement à des fonctions différentes, hors de la même résidence, ne
pouvait remplir bien ni les unes ni les autres.

Cet inconvénient s'est fait sentir davantage, lorsque, dans un département, il n'existait qu'un seul tribunal civil avec un tribunal criminel ; les
juges se promenaient sans cesse, en allant dans les tribunaux de police correctionnelle, et en passant au service du tribunal criminel : il était alors
pareillement impossible de s'acquitter fructueusement de fonctions changées
si souvent.

Les déplacemens étaient dispendieux, et ils ne convenaient pas au magistrat, essentiellement sédentaire. Il n'y avait là que dégoût, que mauvais
système dans l'ordre judiciaire, et que défaut d'économie.

On ne propose, par le Projet, que les mêmes vices, en voulant faire
tourner des juges de première instance dans un tribunal en dernier ressort,
et à grands frais pour l'indemnité d'un transport et d'un séjour, au lieu de
conserver l'ordre établi, dans lequel il n'y a aucun abus à réformer.

Indépendamment des vices que l'on trouve dans le service que l'on ferait
faire par des propréteurs de chaque arrondissement, il est à remarquer qu'ils
sont multipliés dans les fonctions du propréteur du lieu où siége le tribunal
criminel.

On voit qu'il serait vice-président au tribunal de l'arrondissement, où il
jugerait au civil; qu'il présiderait à la police correctionnelle en remplacement
du président; qu'il instruirait la procédure pour le jury d'accusation; qu'il
dirigerait ce jury; qu'il présiderait au tribunal criminel dans les appels de

jugemens rendus en police correctionnelle; qu'il serait juge instructeur au même tribunal en l'absence du préteur; enfin qu'il recevrait les réponses des accusés amenés en la maison de justice.

Comment l'amalgame de tant de fonctions serait-elle praticable! Ce pro-préteur ne peut pas être juge au tribunal criminel des affaires où il aurait présidé au tribunal de police correctionnelle. Il en serait de même pour une instruction et des interrogatoires, et même pour les jugemens dans les pro-cédures qu'il aurait réglées et dirigées au jury d'accusation : il faudrait par conséquent que ce propréteur fût remplacé lui-même très-souvent.

Il n'y a alors, dans le système de ce Projet préparé, aucune organisation préférable à celle existante. L'expérience que l'on a actuellement par les combinaisons de la théorie, assure que le mode de procéder dans notre orga-nisation, s'exécute avec plus d'utilité pour la chose publique, que l'on ne pourrait l'attendre d'une innovation plus étrangère à nos habitudes.

En voulant maintenir l'institution des jurys, il est suffisant d'avoir corrigé par le Projet la formation de la liste générale des citoyens appelés à composer le tableau. Il était nécessaire de trouver parmi cette liste les noms de ceux qui offrent une garantie des intérêts de la société et des accusés. Il est bon aussi d'exiger et de vouloir les connaissances propres à de telles fonctions dans les jurés choisis.

L'unité de la question sur la culpabilité, celle de l'excusabilité dans les cas d'admission, et leur réunion sans désemparer, sont des moyens efficaces pour perfectionner cet établissement autant que possible, d'après un premier essai dont les résultats n'ont pas encore été satisfaisans.

Il serait peut-être un autre plan utile à suivre pour conserver cette insti-tution, sans en craindre les conséquences.

Si l'on soumettait les décisions en matière criminelle à l'appel, il suffirait alors d'attribuer aux tribunaux de première instance le jugement des affaires pour lesquelles il y aurait eu lieu à accusation. Les débats se feraient de la même manière, les témoins seraient ouïs oralement, et un jury de jugement prononcerait la solution de la question sur la culpabilité. Le tribunal de pre-mière instance appliquerait la loi pénale, ou acquitterait.

L'appel serait, de droit, porté à un tribunal du ressort, et là il ne serait pas besoin de jurés. Les juges auraient sous les yeux la procédure; ils seraient instruits des déclarations à charge et à décharge; ils auraient connaissance des débats.

Pour parvenir à ce but, il serait prescrit au magistrat qui serait pour l'ins-truction, de recevoir les déclarations des témoins sur un cahier à deux co-lonnes. L'une serait réservée pour constater les débats sur la déclaration, en y faisant noter s'il y a des changemens, des additions, et s'il y a eu des ob-servations de la part de l'accusé, et en les constatant sommairement.

Le tribunal d'appel aurait une section criminelle pour juger de tels procès,

et l'on y porterait de même les appels de toutes les affaires correctionnelles.
Les juges seraient tournaires dans la section civile. Il n'y aurait pas de nécessité de chercher à organiser un tribunal criminel par département.

Au reste, si l'on peut reconnaître que l'institution des jurés ne s'adapte point
au caractère national, si elle n'offre pas une garantie plus sûre et des motifs
d'une sécurité réelle dans l'administration de la justice criminelle, il faudrait
sans doute en revenir au mode de procéder d'après l'ordonnance de 1670
modifiée par les décrets de 1789, ainsi que le pense le tribunal de cassation
dans ses observations du 3.ᵉ jour complémentaire de l'an 11.

Cependant on croit devoir remarquer, si le projet de Code est adopté, que
le nombre des préteurs ne peut pas être restreint, pour comprendre dans
une division plusieurs départemens. Le retard dans l'expédition des jugemens
serait inévitable.

Les motifs qui semblent avoir fait prévaloir ce système, sont déduits dans
les observations du C.ⁿ Oudart. Il a présenté un calcul des jugemens
rendus pendant une année entière dans les tribunaux criminels ; il en a
conclu que

> 6 ont jugé seulement au-delà de 100 procès ;
> 29 de 50 à 100 ;
> 16 de 40 à 50 ;
> 23 de 30 à 40 ;
> 15 de 20 à 30 ;
> 12 de 10 à 20.
> ———
> 101 tribunaux.

C'est par ce résultat probablement que la commission a cru qu'il suffisait
d'un seul magistrat pour présider plusieurs tribunaux criminels.

Mais ces motifs ne sauraient s'appliquer à tous les départemens.

Dans celui de Saone-et-Loire, il a été jugé pendant le cours d'une
année (1),

Par jury ordinaire de jugement................ 41 dans l'année.
Par jury spécial............................ 8 *idem.*
Par le tribunal spécial...................... 26 *idem.*
Par le tribunal criminel en police correctionnelle.. 119 *idem.*

TOTAL.................... 194.

On conçoit, d'après ce tableau, qu'il ne serait pas facile de multiplier

———

(1) On a compté du mois de floréal an 10 au mois de floréal an 11, pour
les jugemens par jurés ; et du 14 messidor an 10 à pareille date de l'an 11, pour
les jugemens rendus par les juges en tribunal spécial.

le travail d'un préteur pour plusieurs départemens, sans s'exposer à voir languir les accusés, et les procès traîner en longueur.

On pense qu'il importe de remarquer pareillement toutes les inconvenances de cumuler les fonctions du commissaire du Gouvernement près un tribunal criminel, avec les fonctions du magistrat de sûreté, dans le lieu de l'arrondissement où il est résidant.

Ces fonctions ne peuvent régulièrement s'exercer que d'une manière distincte et séparée. Le premier est le magistrat surveillant; le second est institué pour des opérations qui ne sont que préparatoires. Il serait même dangereux que le commissaire du Gouvernement qui aurait agi comme officier de police judiciaire ou magistrat de sûreté, vînt ensuite poursuivre comme accusateur public dans un tribunal criminel.

D'ailleurs les occupations du commissaire du Gouvernement sont assez étendues dans un grand département, en le laissant attaché spécialement au service du tribunal criminel.

Ce magistrat a une correspondance importante et suivie avec le grand-juge ministre de la justice. Il est chargé de la transmission des ordres et d'en surveiller l'exécution dans tout le département. Il a la correspondance avec tous les officiers de police judiciaire. Il a des relations continuelles avec ses substituts magistrats de sûreté. Il a l'examen de la régularité de toutes les procédures. Il a l'action publique, et le travail considérable pour l'exercer. Il a la tenue des audiences et les plaidoyers. Il a l'exécution des jugemens. Il a, en un mot, une marche si active pour toutes les relations dans les affaires de police et de poursuite près le tribunal criminel, qu'il est impossible de le distraire de telles fonctions pour le charger de celles du magistrat de sûreté dans un arrondissement.

Toutes les observations que le tribunal criminel de Saone-et-Loire vient de faire, le déterminent à croire qu'il serait plus hasardeux qu'utile de changer la formation des tribunaux actuels, pour y substituer un système qui présente des dangers dans sa théorie, et qui n'offrirait que des difficultés dans la pratique.

Il n'y a de nécessité à innover que lorsque l'on peut espérer un grand bien. Ici, quelques corrections sont suffisantes pour maintenir l'institution du jury, et on s'en est expliqué déjà dans l'examen des articles qui ont précédé; on va suivre les réflexions sur les articles ultérieurs.

Art. 822. Il faudrait prescrire si l'on pourra renvoyer dans le même arrondissement devant d'autres fonctionnaires publics, afin que les actes annullés y soient recommencés : on éviterait souvent des frais. Dans un autre arrondissement, il y a quelquefois, pour l'instruction, des déplacemens de témoins, et des renseignemens plus difficiles à recueillir que sur les lieux ou dans leur proximité.

Art. 823. Il serait nécessaire d'ordonner que les défenseurs ou conseils des accusés parussent aussi à l'audience pour plaider et discuter sur les moyens de nullité.

Art. 824. Il importerait de désigner par quel magistrat devrait être rédigé un nouvel acte d'accusation.

Art. 848. L'audition des témoins, parens et alliés, compris dans cet article, ne doit jamais être admise.

Art. 864. Il est nécessaire de limiter la durée de la délibération pour acquérir l'unanimité pour ou contre l'accusé.

Autrement, des jurés n'étant pas unanimes dans un certain délai, il n'y aurait pas de vœu à émettre.

Après le délai, on est forcé d'en venir à la décision de la majorité.

Art. 869. Il faudrait préciser quand le jury aurait à manifester son dessein d'avoir à répondre à une question spéciale de circonstance aggravante; par exemple, s'il est tenu de le faire avant d'avoir fourni sa déclaration sur la culpabilité, ou si c'est après.

Art. 879, 880, &c. Lorsque le jury de jugement aura déclaré un accusé coupable d'un crime qui est puni par la peine capitale, il serait humain et sage de ne point lui donner connaissance de cette déclaration.

Le pourvoi en cassation devrait être de droit en ce cas.

Si le jugement est confirmé, alors l'individu condamné sera amené à l'audience, et il lui sera prononcé publiquement. L'exécution aura lieu dans les vingt-quatre heures.

Il est, par ce moyen, épargné beaucoup d'angoisses à un condamné à mort ; on l'empêche de se suicider ; on évite qu'il ne se livre à un désespoir dangereux ; on le délivre des horreurs du supplice par les méditations de journées trop nombreuses ; il languit dans le cachot sans l'utilité de l'exemple pour la répression des crimes.

En effet, il n'arrive que trop ordinairement que des condamnés, pendant la durée d'un pourvoi en cassation, qui est assez souvent au moins de deux à trois mois, sont exposés à souffrir dans l'incertitude du sort qui les attend, et qu'ils n'y survivent point.

Aussi plusieurs refusent de se pourvoir, et ils préfèrent l'exécution prompte du jugement aux chances du pourvoi, afin d'abréger les tourmens de l'anxiété.

Ce ne serait peut-être pas un moyen encore suffisant que de se borner au seul cas où la déclaration du jury de jugement donnerait lieu à l'infliction de la peine capitale ; il en résulterait que l'accusé, voyant que la déclaration du jury ne lui étant pas connue, c'est une preuve qu'elle entraîne une condamnation à mort.

Pour ôter à l'accusé cette crainte par la seule présomption, il conviendrait d'exprimer, par une disposition particulière, que dans tous les délits où il écherra l'application d'une peine capitale, l'accusé déclaré coupable n'aura jamais connaissance du résultat de la déclaration du jury sur la culpabilité, *ni sur les circonstances non aggravantes,* avant le résultat du pourvoi forcé et du recours au tribunal de cassation.

Articles 898, 899, &c. Pour perfectionner le jury, il importe, comme on l'a observé, que les citoyens qui seront placés sur la liste sachent lire et écrire, et qu'ils soient choisis parmi ceux qui contribuent aux charges de l'État ; ils sont censés offrir plus de garantie à une bonne administration de la justice.

Mais il serait nuisible à l'expédition prompte des procès, que le préfet ne fît la liste des jurés d'accusation que pour les convoquer une fois par mois. Le jour de la convocation ne doit pas être déterminé ; c'est au magistrat à demander la convocation pour chaque affaire lorsqu'elle sera préparée. Il faut donc éviter tout retard.

Ainsi, une liste devrait être requise toutes les fois qu'il y aurait une procédure à présenter au jury d'accusation.

Art. 905, 906, &c. La formation de la liste des jurés de jugement par le choix de citoyens doués des qualités énoncées, devient, sans doute, indispensable ; mais pour composer sur cette liste un tableau de douze ; il faudrait aplanir toutes les difficultés qui se rencontrent dans le mode projeté.

D'abord, en laissant aux préfets le soin de faire notifier aux jurés la convocation pour l'époque de la session, il est nécessaire de donner un délai plus long que celui de cinq jours, parce qu'il est beaucoup de départemens où les communications d'un lieu à un autre sont peu faciles, et même interrompues dans les mauvaises saisons, et parce qu'en second lieu il y a des territoires étendus et des distances très-éloignées.

La notification de la liste de quarante-huit citoyens appelés à de telles fonctions devant se faire, suivant le Projet, la veille du jour déterminé pour la formation du tableau, il n'y aurait aucun inconvénient, si dans une session il n'y avait qu'une seule affaire à juger.

On pourrait aisément, le jour de la session, former un tableau de jurés au nombre de douze, en les tirant au sort sur la liste de quarante citoyens présens, lorsqu'il n'y aurait qu'un seul ou même plusieurs coaccusés dans le même acte, et lors même qu'il aurait été exercé des récusations soit par le commissaire du Gouvernement, soit par le seul accusé, ou par les coaccusés qui se seraient conciliés à cet égard. Ce mode serait très-praticable et très-convenable, en y ajoutant d'autres jurés pour suppléer, sur-tout si une affaire était d'une discussion de plusieurs jours.

Mais comme dans chaque session il y aura plusieurs affaires à juger séparément, on trouve de la défectuosité dans ce mode de formation du tableau.

On sent qu'après avoir jugé une première affaire, il faudra composer un tableau en la présence de l'accusé pour la seconde, et successivement pour chacune des autres.

Ainsi les quarante citoyens au moins qui seront présens pour concourir à la formation de chaque tableau, se verront attachés près le tribunal criminel pendant toute la durée de la session, quoiqu'il n'y ait dans chaque affaire que douze d'entre eux en activité de service.

Si cette session est d'une longue durée, le nombre des jurés en séjour et sans utilité devient à charge au trésor public, quoiqu'ils ne soient point indemnisés complétement. C'est déjà assez de supporter la dépense du voyage et du séjour des témoins.

D'ailleurs des jurés qui seraient long-temps à attendre, n'auraient-ils pas le droit de se plaindre que, par cette distraction de leurs affaires privées, on leur répartît une surcharge de contributions envers l'État!

Les excuses, aujourd'hui si faciles pour se soustraire à cet emploi, ne manqueraient pas de se multiplier. On serait effrayé de la durée du temps à sacrifier. Il manquerait un nombre considérable des quarante-huit citoyens de la liste.

Le maire de la ville où siége le tribunal criminel, éprouverait lui-même le plus grand embarras pour suppléer le déficit. La liste du trimestre courant et celle du précédent ne suffiraient point pour trouver à compléter. Les citoyens de la ville seraient aussi fatigués d'un tel service, comme on le voit pour les remplacemens actuels : ils sont même tellement expérimentés sur ce point, que la plupart de ceux de la liste désertent la ville à cette époque.

La main - mise sur leur personne serait impossible ; et au surplus elle serait aussi pernicieuse à la chose publique, qu'elle serait scandaleuse dans son exécution.

Il est donc essentiel de chercher tous les moyens qui seraient convenables pour concilier la formation d'un tableau qui serait formé dès le premier jour de la session, et qui servirait pour chaque affaire, sauf à substituer des remplaçans aux jurés récusés.

L'avant-veille de la session, la liste des quarante-huit citoyens convoqués par le préfet pour se rendre au tribunal, serait notifiée aux accusés dans toutes les affaires séparément.

Ceux-ci seraient tenus dans les vingt-quatre heures, ainsi que le commissaire du Gouvernement, d'exercer leurs récusations. Le nombre des jurés à récuser serait de douze pour le ministère public, et il serait pareil pour l'accusé. Dans le cas où il y aurait plusieurs coaccusés, ils seraient obligés de se concilier entre eux pour la récusation de douze jurés.

Si,

Si, par l'effet des récusations, il y a vingt - quatre noms de citoyens à retrancher dans chaque affaire, les noms des vingt-quatre autres citoyens s'ils sont tous présens, ou les noms de vingt d'entre eux au moins présens, seront tirés d'une urne où ils auront été placés au moment de l'appel, et alors le tableau de douze jurés se formera des douze noms tirés les uns après les autres.

S'il y a moins de récusations exercées que le nombre de vingt-quatre, l'opération se fera de même pour former le tableau, en retranchant de la liste des quarante-huit les noms des citoyens récusés.

On conçoit que, le jour même de l'ouverture de la session, il faudra s'occuper du tableau pour chaque affaire, parce que l'on apprendra en dernière analyse le nombre des citoyens qui seront employés au service de la session.

Il pourra y avoir, sur chaque tableau de chaque affaire, le nom des mêmes citoyens non récusés, et tombés par le sort pour être en activité de service dans chacune : on connaîtra, par un recensement, tous les citoyens qui n'auront aucun service à faire, et par conséquent ils obtiendront leur congé.

Il en sera de même pour celui qui, après avoir servi dans une affaire de la session, n'aurait plus à connaître des autres ; il serait libre de se retirer, et ainsi successivement.

Les noms des citoyens récusés dans une affaire par des accusés, seraient toujours en concours dans les autres affaires, lorsque la récusation des autres accusés ne porterait pas sur les mêmes noms.

Par exemple, dans une première affaire il y aurait vingt - quatre citoyens récusés ; cette récusation étant étrangère aux accusés des autres affaires, ces vingt-quatre noms seraient replacés dans l'urne pour concourir au tableau. Si dix-huit étaient aussi récusés dans une autre affaire, il ne resterait que six noms à déposer dans l'urne, restant des vingt-quatre premiers citoyens récusés.

Cette combinaison serait observée jusqu'à la confection de tous les tableaux pour chacune des affaires.

S'il y avait dix affaires dans une même session, il ne serait pas surprenant qu'un des jurés fût placé sur les dix tableaux, qu'un autre ne fût placé que sur six, un troisième sur quatre, un quatrième sur deux, &c.

Mais toutes ces opérations se trouveraient fixées dès le jour de l'ouverture de la session ; on saurait alors les fonctions et le nombre des citoyens de la liste dont la présence serait nécessaire, et la durée de leur service.

Une précaution commandée par l'expérience, serait d'avoir des jurés suppléans et présens aux débats, pour remplacer au besoin un membre du jury qui, par des circonstances imprévues, ou par une indisposition subite, ne pourrait continuer son service ; si sur-tout l'affaire était d'une longue discussion, alors un juré suppléant remplacerait.

Le tableau des jurés suppléans pourrait être de quatre, et il se formerait à la suite du tableau principal, par les noms qui sortiraient de l'urne après les douze premiers sortis.

Art. 977, 978, 979, &c. La suppression des jurés adjoints exige la révision des procès criminels, lorsque le tribunal criminel a pensé que les jurés se sont trompés sur le fond.

Mais, dans ce cas, la révision ne paraît pas pouvoir être ordonnée par le tribunal de cassation, sous les yeux duquel les débats ne se sont point passés.

Il est impossible de transmettre à un conseil privé et au tribunal suprême la démonstration de l'erreur des jurés.

Ce qui est établi oralement dans les débats, ne se trouvera pas consigné dans les actes de la procédure ; il n'y aura même souvent aucun indice de la justification dans les pièces : tout sera à charge par équivoque de personne, ou autrement.

Il arrive qu'une affaire change de face dans le débat, et qu'elle n'a plus la même physionomie que celle offerte par les actes du procès.

C'est dans les débats qu'il y a une confrontation utile ; les témoins s'expliquent sur toutes les circonstances ; ils répondent aux questions qui leur sont faites, et leurs déclarations orales peuvent être, par l'explication, différentes des charges écrites.

Ainsi le conseil privé et le tribunal de cassation ne pouvant pas être instruits, il pourrait en résulter que la déclaration du jury ne leur parût point erronée, et que le condamné fût frustré du droit de faire réviser son procès.

Art. 987, 988, &c. Si la lecture publique aux jurés des déclarations de témoins est admise, lorsqu'il se sera agi de celles des premiers magistrats de l'État, de celles des membres des grandes autorités, et même de celles des fonctionnaires publics que l'on craindrait de distraire de leurs occupations, il importerait pareillement de prévoir les cas où d'autres témoins essentiels sont empêchés de se représenter, ou ne peuvent plus se représenter. Ne conviendrait-il pas, dans ces circonstances, que les déclarations écrites fussent lues, sauf aux jurés à y avoir tel égard que de raison ?

On éviterait la remise des affaires et des frais considérables. L'absence forcée de certains témoins peut nécessiter le retard d'une expédition d'un procès criminel ; il faudra revenir de session en session fort inutilement ; et par la durée, ou l'accusé innocent languira en prison, ou les preuves dépériront pour sauver le coupable.

Si des militaires, des voyageurs, des étrangers, sont témoins d'un crime commis, leurs déclarations seront recueillies en passant ; si ces témoins continuent leur route, et s'ils se rendent à leur destination, lorsque l'affaire sera soumise au jury de jugement, ces voyageurs, ces militaires, ces étrangers, ne seront plus en France, et on ne saura même où les retrouver : cependant ils auront été les témoins les plus propres pour l'instruction des jurés dans les débats, et par leur absence il n'y aura plus de preuve pour la conviction.

On voit fréquemment des crimes commis sur les grands chemins, des voyageurs arrêtés et dépouillés, des courriers de malle, des diligences et des voitures publiques, volés, et des personnes tuées ou mutilées. Le délit sera constaté dans la ville voisine ; le magistrat de sûreté et le directeur du jury auront rempli tous les devoirs de leur ministère : mais les témoins ne pourront pas être retenus pour attendre la session d'un jury de jugement ; ils n'en seront pas même avertis, et ils continueront de voyager.

Le militaire sera à l'armée et dans une expédition lointaine, même hors du territoire français ; les voyageurs seront embarqués, ils seront dans d'autres états : ainsi il ne faudra plus compter sur leur témoignage essentiel.

Des personnes attaquées et blessées viendront à mourir après leurs déclarations écrites ; il y aura, en un mot, des empêchemens insurmontables et physiques, pour faire comparaître de tels témoins. Il serait donc prudent de prévoir les mesures efficaces pour suppléer à l'instruction du jury de jugement, pour toutes les déclarations orales qu'on ne pourrait lui procurer.

La loi du 18 prairial de l'an 2 avait prescrit la lecture des dépositions faites par les militaires, afin de ne pas les déplacer pour les jugemens criminels.

La loi du 2 messidor de l'an 2 admettait cette lecture pour divers délits.

Celle du 20 thermidor de l'an 4 le dispose ainsi pour les membres du Corps législatif et du Gouvernement.

Celle du 21 fructidor de l'an 7 y est conforme pour les caissiers, sous-caissiers et contrôleurs du trésor public.

L'avis du Conseil d'état du 14 germinal de l'an 8, applique aux conseillers d'état celle du 20 thermidor de l'an 4.

Si cette partie de la législation obvie à beaucoup de difficultés, il n'y aurait pas d'inconvéniens à prescrire, dans les affaires où il y aurait impossibilité de produire au jury de jugement le témoin en personne, que la lecture de la déclaration serait faite publiquement.

On pourrait prendre pour précaution le parti d'ordonner une confrontation des témoins et de l'accusé par - devant le directeur du jury, avant de présenter l'affaire aux jurés d'accusation.

L'expédition des procès criminels n'éprouverait point des lenteurs dispendieuses et nuisibles au bon ordre. Sur un grand nombre de témoins, un ou deux absens n'empêcheraient plus le dépérissement des preuves. L'accusé verrait enfin prononcer sur son sort.

Le tribunal criminel de Saone - et - Loire, après avoir examiné et médité dans plusieurs conférences ce projet de Code et les discours qui l'accompagnent, a pensé devoir soumettre les observations ci - dessus au Gouvernement, par l'intermédiaire du grand-juge, et conséquemment il a été arrêté qu'elles seraient transmises avant le 1.er prairial prochain, conformément à la lettre du ministre de la justice, datée du 7 ventôse dernier.

Fait et délibéré en la chambre du conseil du palais, cejourd'hui 22 floréal de l'an 12 ; en foi de quoi les membres du tribunal ont signé.

Signé E. RUBAT, CHAGNY, DUJARDIN; CARNOT, *commissaire ;* LUQUET, *greffier.*

OBSERVATIONS

DU TRIBUNAL CRIMINEL

DE LA SARRE,

SUR

LE PROJET DE CODE CRIMINEL.

OBSERVATIONS

DU TRIBUNAL CRIMINEL

DE LA SARRE,

SUR

LE PROJET DE CODE CRIMINEL.

Art. 1.er Le tribunal, dans la crainte que de la définition de délit, telle qu'elle est exprimée, on ne puisse inférer une culpabilité involontaire, propose d'y substituer la suivante :

» Violer volontairement les lois pénales ou correctionnelles, est un délit.»

Art. 8. Il croit devoir observer que le n.° 3 de l'art. 8, concernant les délits militaires, donne une trop grande extension à la juridiction militaire ; étant très-possible que des citoyens non militaires se trouvent dans un lieu affecté au service ou fonctions militaires, et se mettent dans le cas d'être poursuivis pour délit étranger à militaire, et à service ou fonctions militaires.

Art. 13. La seule nécessité autorisant la peine de mort, l'humanité demande d'en diminuer les horreurs, et le tribunal pense que l'exposition préliminaire d'un condamné à mort, et le spectacle d'un poing coupé, ne procurerait aucun avantage : la crainte de cette exposition, de cette mutilation, n'arrêteront pas la main de l'assassin de l'empoisonneur, de l'incendiaire, qui sait que la mort l'attend, si son crime est découvert.

Art. 15. Il pense de même que l'érection d'un poteau sur lequel serait inscrite la nature du crime, ne contiendrait guère les malfaiteurs ; que les crimes sont personnels, que ce serait en perpétuer la mémoire, et attacher à une famille malheureuse, une infamie en quelque sorte perpétuelle. Une curieuse tradition ne laisserait pas ignorer le nom du supplicié, quoique dans l'inscription il n'en fût pas fait mention ; la lecture de ces inscriptions donnerait plus d'inquiétude au voyageur, que de soucis au scélérat, qui, en méditant son crime, n'ignore pas la peine capitale qui l'attend.

Art. 22. Le tribunal n'est pas d'avis que la loi ordonne des peines à perpétuité : l'homme est susceptible de se corriger.

Art. 24. Il en est de même de la flétrissure proposée dans cet article ; elle laisse, à perpétuité, des traces indélébiles ; et il est bien des cas où la peine de déportation ou des travaux forcés à temps, doit être prononcée contre des individus desquels l'État peut encore espérer, après la subition de leurs peines, des services utiles, qui, cependant, conserveraient une tache perpétuelle d'infamie, que la loi, qui les rend susceptibles de réhabilitation, ne pourrait effacer.

Art. 25. Le tribunal estime qu'il serait à-propos de fixer la quotité de la partie du produit du travail, applicable au profit des détenus.

Art. 29. Il desirerait que le condamné ne fût pas mis à la discrétion de l'exécuteur.

Art. 31. Les juges qui ont assisté au jugement, sont plus à même que le préfet, de connaître les circonstances qui peuvent faire décider s'il est utile que l'exécution se fasse dans un lieu plutôt que dans un autre.

Art. 38. L'on ne peut être punissable pour un délit involontaire ; et il est très-possible qu'un condamné à la relégation soit retransporté, par ordre d'une puissance étrangère, sur le territoire de la République, ou forcé, de quelqu'autre manière, d'y rentrer, sans être à même de justifier qu'il y a été contraint : cet article est donc susceptible d'exception.

Art. 142. La rigueur de cet article priverait nombre de fonctionnaires non ou peu salariés, des moyens de sustenter et élever leur famille : il existe des lois contre les accapareurs et monopoleurs.

Art. 245. « Principes de la morale naturelle ou publique. » Cette expression générique pourrait donner lieu à trop d'interprétations.

Art. 257. Cet article établit une présomption légale, qui forcerait l'opinion des jurés, lesquels cependant ne doivent se décider que d'après leur conviction.

Art. 262. Les termes dans lesquels est conçu cet article, restreignent trop les cas de nécessité de défense. En effet .... *par deux ou plusieurs*, il peut y avoir nécessité vis-à-vis d'un seul. L'on ne peut d'ailleurs supposer que de nuit, dans toutes circonstances de l'espèce, on a le temps de vérifier si l'on est assailli par plusieurs ou par un seul ; et quand on vient pour nous piller et nous voler, nous devons avoir le droit de nous défendre, sans attendre que, par l'effet de la violence, on nous ait mis hors d'état de défense.

Art. 314. La certitude d'obtenir des dommages-intérêts, l'obligation d'en adjuger, le *minimum* de leur fixation, peuvent donner lieu à des inconvéniens auxquels on parerait en partie, en laissant aux juges la latitude d'en accorder.

Art. 323. Cette peine, en matière correctionnelle, paraît trop sévère.

Art. 328 *et suivans.* Le tribunal observe que les articles qui ont pour objet la punition des calomniateurs, présentent, d'un côté, trop de difficulté au dénonciateur pour justifier son allégué ; de l'autre , ne prononcent pas des peines assez sévères, lorsqu'il est convaincu de calomnies graves.

Art. 340. Le mot *enlèvement ,* dans le dessein de s'approprier le bien d'autrui , a paru jusqu'ici bien expressif.

Art. 368. Le tribunal estime que des condamnations civiles peuvent suffire.

Art. 370. « Dans lesquels le hasard domine. » Cette extension peut donner lieu à des interprétations différentes , et qui ne dépendraient que de l'opinion. L'on peut aussi établir et concourir à l'établissement d'une maison de jeu , sans néanmoins la tenir ; et cependant être punissable pour le fait de l'établissement.

Art. 425. Le tribunal pense qu'il serait juste de proportionner la durée de l'emprisonnement , qui , cependant , ne pourrait excéder trois mois , d'après la quotité de l'amende ; et une fois l'emprisonnement subi, de n'être plus dans le cas d'être poursuivi pour le même objet.

Art. 428. La solidarité , pour tous cas, relativement à l'amende, paraît trop rigoureuse , et ne devoir avoir lieu que lorsqu'il apparaît d'un projet convenu de s'y exposer.

OBSERVATIONS sur le Code de la police et justice.

D'après le Code du 3 brumaire an 4 le procès criminel était inquisitorial, le ministère public près le directeur du jury surveillait seulement les formes protectrices de l'innocence et de la liberté individuelle, et mettait à exécution les ordonnances rendues pour ou contre le prévenu. Lorsque le procés était entièrement instruit, lorsque le tout devait être soumis à l'examen des juges prononçant en dernier ressort, le ministère de l'accusateur public intervenait; ce fonctionnaire, sur le vu des pièces de procédure, formait son opinion , et avait les moyens nécessaires pour la soutenir devant les juges ; l'accusé de son côté était encore plus favorisé par cette voie ; il n'entreprenait sa défense que quand lui et ses conseils connaissaient toutes les charges existantes contre lui ; quand il avait entière connaissance de toutes les preuves qu'on ferait valoir contre lui, il pouvait même à l'audience définitive produire des témoins à sa décharge ; depuis la loi du 7 pluviôse an 9, à laquelle le Projet donne une extension remarquable, tout a été changé ; l'accusateur public intervient *in limine judicii ;* c'est lui qui dresse les procès-verbaux constatant le corps du délit; il prive le prévenu de sa liberté ; il entend des témoins à sa charge ; il interroge le prévenu et dresse l'acte d'accusation. Toutes les ordonnances du directeur du jury ne sont rendues que sur sa requête, et rendues contraires à son opinion ; elles peuvent être attaquées par lui, tant par voie d'appel, que par pourvoi en cassation. Les jurés d'accusation sont obligés, faute d'audition *orale* des témoins, *d'asseoir* leur jugement sur les pièces de procédure dressées par le poursuivant, son adversaire. L'accusateur est présent à l'assemblée du jury d'accusation ; son influence sur les jurés peut être nuisible aux intérêts du prévenu ; et la déclaration du jury est pour ainsi dire son ouvrage, tandis que le prévenu est par-tout exclu. Sa défense repose entièrement sur les observations qu'il peut faire lors de ses interrogatoires ; mais est-il sûr que son accusateur les ait rédigées avec tout le scrupule possible ! Un homme mis sans avertissement en arrestation, est-il à même de pouvoir se défendre ! Aucun conseil ne lui est donné ; tous les témoins sont entendus sans qu'il puisse leur faire des questions ; tous les actes de procédure sont faits pour ainsi dire à son insu : il n'en a connaissance que lorsque le mal est fait ; et aucun moyen ne lui est administré pour s'opposer à des actes contraires aux formes et à la volonté des lois. Par le Projet, il est permis au prévenu d'attaquer les formes, et on rend responsable l'exécuteur de la mise à exécution d'un ordre irrégulier. Ces deux moyens prétendus protecteurs ne le sont pas en réalité, car sur cinquante prévenus il n'y en a peut-être qu'un seul d'initié dans la forme de procéder ; comment peut-il sans conseil attaquer les formes qu'il ignore ! Et si on ne le veut point écouter, il n'a pas comme l'accusateur public le droit de s'en plaindre devant le juge supérieur ; il doit patienter jusqu'à ce que la déclaration fatale *il y a lieu* soit prononcée. Le droit de se défendre est repoussé à une époque où son honneur et sa probité sont déjà flétris dans les yeux de ses concitoyens par une accusation reçue dans les arrondissemens où siége le tribunal. Le projet du Code de police et de justice nous paraît encore présenter plus d'inconvéniens ; là, c'est le même homme (le commissaire près le tribunal criminel) qui commence et instruit la procédure, qui fournit toutes les charges contre le prévenu, qui aide à l'accuser, provoque à le faire condamner, et met à exécution l'arrêt de condamnation : c'est le même homme qui arrache le citoyen des mains de sa famille, qui pose les premières pierres fondamentales de la procédure, qui la suit, dirige et exécute les arrêts qu'il a provoqués et même suggérés ; il le poursuit depuis son asile jusqu'au tombeau, où il conserve à la postérité l'ouvrage peut-être de sa passion ou de son erreur. Jusqu'à présent nous avons seulement fait sentir les dangers pour la sûreté individuelle qui résultent des trop grands pouvoirs accordés au magistrat de sûreté : mais il y en a aussi de graves pour la société entière. Les plaintes et dénonciations doivent être adressées à ce magistrat ; et il dépend entièrement de lui d'y donner suite ou non : aucun autre fonctionnaire ne peut commencer la vraie instruction sans qu'il ait été requis par lui à cet effet ; de sorte que la punition du vrai criminel qui serait favorisé par ce magistrat devient en quelque façon impossible.

Art. 594. La manière de garantir la liberté individuelle proposée par l'article 594 nous paraît insuffisante, et même subversive de toute hiérarchie de pouvoir ; car l'exécuteur des mandats et le gardien de la maison d'arrêt ne peuvent point s'ériger en juges des mandats de justice et décider si les formes ont été observées. C'est fournir au gardien le moyen de favoriser l'évasion, sous le prétexte qu'il lui a semblé que les formes n'avaient pas été observées dans le mandat d'arrêt.

Art. 642. Des raisons graves paraissent s'opposer aux pouvoirs qu'on accorde à la partie forestière verbalisante, de citer le délinquant, d'assister aux jugemens et de les mettre à exécution, pour des amendes qui tournent à son profit ; la fortune des citoyens se voit par là exposée à la merci de la cupidité, de la malveillance.

Art. 617. Nous avouons très-volontiers que la formation actuelle du tribunal de police, par un seul juge et l'adjoint du maire, trop souvent peu versé dans la partie, est susceptible de réforme ; mais la justice ambulante d'un juge de police, avec le juge de paix et un citoyen du canton, qui n'a d'autre mérite que d'être un riche possesseur, ne paraît pas plus avantageuse ; car d'abord, l'influence du juge de police, comme membre du tribunal de première instance, qui juge en dernier ressort sur les affaires de police, est trop saillante, sur-tout quand on considère que ce citoyen du canton qui n'assiste que quelquefois audit tribunal, ne peut point avoir les connaissances nécessaires pour cet emploi, et que le juge de paix n'osera point se mettre aux prises avec le juge de police qui est son surveillant.

Les pouvoirs du préteur et du propréteur sont trop étendus. Par son existence ambulante, le premier doit naturellement déléguer une grande partie de ses pouvoirs au propréteur ; celui-ci a assisté à l'accusation, a dirigé le jury d'accusation et est présent au jugement définitif. Le préteur est il présent à ce jugement, le propréteur n'est rien ; il n'a qu'une voix consultative, puisque le préteur a la prépondérante. Le préteur étant destiné pour une division entière, ne peut point voir tout par ses propres yeux, il doit s'en rapporter à d'autres. Veut-il s'occuper du détail de l'instruction, il doit nécessairement négliger l'ensemble ; s'attache-t-il au contraire à ce dernier, les instructions et la direction du procès doivent être abandonnées aux personnes auxiliaires ; le temps des voyages d'un endroit à l'autre occupe une partie de l'année qu'il reste dans la division ; la situation du département, sous le rapport judiciaire, ne peut point par lui être approfondie, encore moins est-il en état d'en rendre un autre compte au Gouvernement que très-

superficiel, et par la foi d'autrui. La correspondance avec un fonctionnaire
sans domicile fixe est presque impossible. Un autre inconvénient doit nécessairement résulter de son ambulance : les procès non entièrement instruits
lors de son arrivée doivent rester indécis jusqu'aux prochains grands-jours, qui
par la grande distance de plusieurs divisions doivent éprouver bien du retard,
et l'incarceré beaucoup de peines et de privations que la loi et l'humanité
ne peuvent point tolérer. Le préteur n'a au reste aucun contre-poids. Le
commissaire près le tribunal criminel, le seul fonctionnaire placé pour le
contrebalancer, trouve ses pouvoirs paralysés par l'autorité du préteur, qui
se rend à la fin de la carrière au sein du Gouvernement ; ou le commissaire peut craindre que l'amour-propre du préteur blessé par le pourvoi
en cassation qu'on se permet contre ses jugemens, fera usage de son
crédit pour ôter au commissaire la confiance révocable du Gouvernement
d'où dépendent et son existence et son honneur. Relevé fait de tous les
jugemens cassés par le tribunal de cassation, on trouvera que presque
la moitié ont été cassés sur les pourvois des commissaires ; peuvent-ils espérer
d'atteindre le même but, quand ils adressent leurs pourvois à des anciens
collègues du préteur, des jugemens duquel ils osent entreprendre la critique ?
En dernier lieu, les jugemens cassés d'un tribunal criminel ne pourraient
jamais être renvoyés à un tribunal de la division dans laquelle réside le
préteur qui a assisté au jugement cassé. Les frais qui en résulteraient pour
le trésor public sont incalculables.

Nous nous joignons aux magistrats aussi respectables qu'éclairés, qui
ont déjà manifesté leur opinion pour la conservation des jurés.

Il ne peut point être révoqué en doute que la trop minutieuse position
des questions proposées au jury de jugement, a eu bien des inconvéniens ;
mais la seule question : *Est-il coupable du crime mentionné dans l'acte d'accusation ?* en offre aussi. Le vol, par exemple, peut être déclaré prouvé, mais
non pas les circonstances qui l'ont accompagné.

Art. 866, 870 inclusivement. Si les jurés ne peuvent donner leur déclaration spéciale sur les circonstances aggravantes qu'après avoir déclaré
leur intention au tribunal, ils manifestent leur opinion implicitement
avant qu'elle ne devienne irrévocable : le préteur, en leur donnant les
éclaircissemens nécessaires, sera dans le cas de manifester la sienne et tâ-
chera de la soutenir. Le propréteur qui rentre avec les jurés dans leur
chambre, est à même de pouvoir leur suggérer la sienne : peu de cas arri-
veront où, dans cette déclaration, on ne voie plutôt l'opinion de ce propréteur que celle des jurés. Le droit du commissaire accusateur, d'assister à
à cette formation de déclaration, est au moins peu délicat, sinon injuste.

Art. 864. Si nous croyons ne pas devoir souscrire à cet article, nous
nous bornerons à observer que la loi ne peut point tolérer que le physique des

jurés l'emporte sur leur raison ; et que la conviction forcée par la privation du nécessaire à l'existence, blesserait souverainement tous les principes de justice, et sur-tout ceux de justice criminelle, où le juge a besoin de toute son indépendance et de toute sa liberté.

Art. 868. C'est sûrement une belle conception que d'accorder aux juges et jurés le droit de recommander le coupable à la commisération du Gouvernement ; mais le mode de faire cette recommandation publiquement, nous paraît susceptible d'observations. La raison du juré déclare le prévenu coupable , mais sa sensibilité prononce presque toujours en sa faveur. L'homme quelque peu d'esprit qu'il puisse avoir, en est jaloux ; plus encore l'est-il de ses sentimens d'humanité. Quel juré voudrait paraître au public comme un homme sans commisération ! A toutes ses déclarations de culpabilité il ajouterait par conséquent la recommandation à la commisération du Gouvernement, qui, par cet abus, serait forcé de n'y avoir plus d'égard.

BRUGES, BIRCK, MANÉSSY, APPREDERIS.

OBSERVATIONS

DU TRIBUNAL CRIMINEL

DE LA SARTHE,

SUR

LE PROJET DE CODE CRIMINEL.

OBSERVATIONS

DU TRIBUNAL CRIMINEL

DE LA SARTHE,

SUR

LE PROJET DE CODE CRIMINEL.

CITOYEN GRAND-JUGE,

LE tribunal a lu avec l'attention la plus scrupuleuse le projet de Code criminel que vous lui avez adressé, les observations des C.^{ens} *Target* et *Oudart*, le compte que vous avez rendu au Premier Consul, et les observations du Tribunal de cassation.

Nous déposons dans le sein du chef de la magistrature française, nos observations sur le Code même et sur les motifs développés par le C.^{en} *Oudart*.

La confiance absolue que vous inspirez à tous les magistrats français, ne nous a permis aucune réticence ; le respect que nous devons à un membre du Tribunal de cassation, honoré de la confiance du Gouvernement, a seul contenu les sentimens qu'ont dû faire éprouver à tous les magistrats des tribunaux criminels, le style et les opinions du C.^{en} *Oudart*. Celui de la Sarthe est véritablement peiné que le C.^{en} *Oudart* ait une opinion si mauvaise des magistrats criminels. Si elle était malheureusement fondée, qu'ils seraient vils ces magistrats ! dans quelles mains le chef du Gouvernement aurait-il déposé le droit terrible de punir ! dans quel état serait la République ! mais elle est rassurée, et nous sommes vengés par vous, citoyen Ministre: mieux instruit, plus juste, vous avez daigné dire au Premier Consul que la très-grande majorité des tribunaux criminels est bien composée et remplit ses devoirs à la satisfaction des justiciables.

Les observations du C.^{en} *Target*, rédigées avec cet esprit de sagesse et de modération qui distinguent ce magistrat, n'ont offert au tribunal aucune réflexion contradictoire, autre que celle qu'a fait naître le Projet.

Sarthe.   A

OBSERVATIONS DU C.^{en} OUDART.

Les observations du C.^{en} *Oudart* nous ont paru motiver des réflexions nombreuses.

Page 36. Nous répondons à celles contenues dans le deuxième alinéa de la première partie, intitulée : *Des Juges du droit et des Tribunaux criminels,* que souvent la tâche imposée au président serait trop forte pour un seul homme ; qu'elle exigerait une contention d'esprit au-delà de ses moyens, sur-tout dans les grandes affaires où les accusés et les témoins sont en grand nombre ; et son influence pourrait être dangereuse si ce magistrat était affecté de préventions contre un ou plusieurs des accusés ou en leur faveur ; mais le président a deux collégues auxquels la loi accorde le droit de parler aux témoins et à l'accusé, ils se servent de ce droit nécessaire pour relever ce qui a pu échapper à l'attention fatiguée du président, et l'expérience a démontré, dans les tribunaux criminels, que leur assistance et leurs réflexions ont fréquemment contribué à la manifestation de la vérité.

Page 37. En convenant du pouvoir et de l'influence du shérif en Angleterre, nous observons que la différence de caractère qui existe entre les deux peuples ne permet pas les mêmes institutions. Le shérif n'épouvante point les Anglais ; et les Français seraient justement alarmés de voir le glaive de la loi confié à un seul homme, à un homme puissant, dont aucune considération ne pourra, dans bien des circonstances, adoucir la sévérité, quoiqu'il fût sage, heureux et humain, qu'elle le fût.

Le 2.e *alinéa* de la *page 38* porte que les tribunaux criminels ne sont pas suffisamment occupés.

En convenant que cette assertion a quelque mérite, le tribunal observe que ce défaut d'occupation est l'effet du vice de l'organisation judiciaire relative aux premières poursuites à faire pour constater les délits et chercher les coupables. Presque toujours faute d'activité ou de savoir, de la part de celui qui se sera transporté le premier, les traces du délit et du coupable échappent. Pour empêcher ce mal, il serait nécessaire que les maires et adjoints, juges de paix et gendarmes fussent tenus d'avertir aussitôt qu'ils ont connaissance d'un délit, un magistrat chargé de la première instruction qui serait obligé de se transporter de suite.

On peut assurer que, presque par-tout, les maires, leurs adjoins, souvent les juges de paix, et toujours les gendarmes sont incapables de ce travail, qui exige des connaissances, de l'habitude et de l'expérience.

Il a été commis dans ce département, pendant l'an 11, *quarante-deux* délits de la compétence, soit du tribunal criminel, soit de celui spécial, dont on n'a pu connaître les auteurs, faute d'avoir mis l'activité et l'intelligence nécessaires dans les premières poursuites ; et nous croyons qu'un grand nombre des coupables auraient été atteints , si on avait apporté, aux premières poursuites, l'activité et l'intelligence nécessaires.

Une autre raison (mais elle sera détruite par le Code projeté), c'est que la loi range au nombre des délits de police correctionnelle beaucoup de vols caractérisés, qui devraient être jugés par voie criminelle et punis comme tels.

Ces observations sont le résultat de l'expérience.

Page 39. Le tribunal observe qu'une raison plus vraie que celles articulées par le C. *Oudart ,* du refus des fonctions de président criminel , c'est que ce magistrat doit avoir un genre d'esprit, une facilité, une sagacité, une mémoire , une élocution qui ne sont pas exigibles dans un simple juge auquel l'instruction et un bon jugement suffisent.

Pag. 40, 1.er al. Il serait bien affligeant que la conduite de quelques magistrats eût motivé cet alinéa. Nous ignorons jusqu'à quel point l'assertion qu'il contient est vraie ; mais nous croyons pouvoir affirmer que , quoique le département de la Sarthe ait été violemment troublé par la guerre civile , aucun des membres du tribunal n'a mérité de reproche.

Ib., 2.e al. Cet alinéa fait au président un reproche qui ne peut être adressé qu'aux jurés, presque toujours mal choisis , dont la majorité ne sait pas lire.

Page 40, 1.er, 2.e et 3.e alinéas. A ces alinéas nous observons que le système de contradiction de pouvoir, utile en administration , à laquelle il donne de l'activité , de la force , est trop dangereux dans l'exercice du pouvoir judiciaire, et peut devenir attentatoire à la liberté civile , dans la main d'un seul homme puissant, accrédité et élevé en dignité. Les jurés anglais, par la force, par la rudesse de leur caractère, et au besoin , par l'esprit national, sont toujours en force pour résister au shérif : les jurés français, au contraire, doux, faciles, souvent peu appliqués , seront aisément entraînés , et la justice criminelle restera toute entière dans la main d'un seul homme : cela est effrayant.

Page 41, 4.e alinéa. L'assertion contenue dans ce dernier alinéa, suppose des magistrats sans force, sans amour de leurs devoirs, sans probité, sans conscience, sans énergie. Il ne peut en exister de tels ; il est impossible de penser que le Gouvernement ait choisi de pareils hommes.

Page 42, 1.er alinéa. Dans le cas rare supposé par le premier alinéa, le préteur qui ne verra que des inférieurs , que sa dignité mettra au-dessus de l'opinion publique, dans un pays qu'il n'habite pas, pourra faire grâce ou immoler l'accusé , suivant les circonstances ou ses affections : tandis que les juges ordinaires, soumis à l'opinion publique, en dépendent nécessairement davantage ; et s'il est besoin de fermeté, de courage, ces vertus naissent des circonstances où l'on se trouve placé ; et à cet égard, le préteur et les juges ordinaires sont égaux.

Ibid., articles guillemetés. Les citations de cette page ont paru au tribunal ne pouvoir être appliquées aujourd'hui : autres temps, autres mœurs. La première, sur-tout, offense l'égalité ; et si on en faisait revivre le principe, bientôt il enfanterait les anciennes commissions ; et on sait qu'elles ne sont pas rassurantes pour la liberté civile.

Page 45, 1.er alinéa. Le premier alinéa, après les citations guillemetées, contient l'assertion que le grand-juge en Angleterre fait à lui seul tous les jugemens. Nous répondons que cette réflexion suffit pour écarter le préteur ou tout autre juge unique. Nous disons plus : elle est effrayante, elle peut et doit alarmer les citoyens sur la liberté individuelle ; car on ne peut se dissimuler que *Bonaparte* ne sera pas immortel.

Page 46, 1.er alinéa. Le premier alinéa guillemeté dit que l'influence du grand-juge peut ne pas paraître dangereuse en Angleterre, &c.... Nous en donnons pour raison le caractère fort, rude et jaloux des Anglais.

Ibidem, 2.e alinéa. Dans cet alinéa, le C.^{en} *Oudart* dit qu'auprès du préteur, les jurés respireront un air plus pur. Nous ajoutons que s'ils sont faibles, ou dans sa dépendance, ils trembleront de lui déplaire, et feront tout pour le flatter.

Ibid., 3.e alinéa. Dans le troisième alinéa, le C.^{en} *Oudart* suppose les jurés mal choisis, le commissaire n'usant pas à propos de son droit de récusation ; et il ajoute : *qui va le dire au Gouvernement !* Nous répondons pourquoi donc le préteur nommé et choisi par le Gouvernement fera-t-il mieux que le président, que le commissaire, nommés et choisis par le Gouvernement ! On ne peut répondre : parce qu'il sera seul, parce qu'il sera puissant ; ce ne sont pas des raisons.

Page 47, 1.er alinéa. Le premier alinéa de cette page annonce que dans les départemens les plus infectés de crimes, le Premier Consul enverra des préteurs, dont la réputation de sévérité sera plus grande.

Nous répondons que le génie français préférera toujours les plus justes ; la sévérité épouvantera toujours le Français.

Ibid., 4.e alinéa. Si la surveillance donnée par cet alinéa aux préteurs sur les propréteurs, n'était pas circonscrite et déterminée, et s'ils en usaient à volonté et publiquement, cela tendrait infailliblement à avilir ces magistrats, qui seraient seuls chargés de tout le travail.

Page 47. Au dernier alinéa de cette page, nous observons que l'inconvénient qui y est relaté est d'autant plus grave, qu'il y a beaucoup de juges auxquels les fonctions de directeur du jury déplaisent, et qui, fort bons juges civils, font mal ou négligemment les fonctions de directeur de jury.

Page 48. Le dernier alinéa de cette page suppose les présidens des tribunaux criminels dans un tel abandon, qu'ils ne s'aperçoivent pas de fautes qu'ils peuvent commettre. Nous répondons que c'est supposer les présidens dans un sommeil bien profond ; les juges qui les assistent ou tout aussi endormis , ou de pures décorations. Pourquoi donc supposer ceux ci toujours endormis, et les préteurs toujours actifs, vigilans et forts! Nous ajoutons et nous demandons quelle sera la garantie des citoyens contre l'oppression de ces hommes puissans! et dans les comptes qu'ils rendront au Gouvernement, s'ils disent autre chose que la vérité, quel sera le moyen de déchirer le voile dont ils l'auront enveloppée!

Des Jurés d'accusation et de jugement.

Page 52, 3.ᵉ alinéa. Le C.ᵉⁿ *Oudart* dit que presque par-tout le soin de former la liste des jurés est laissé à un commis, &c., &c. En reconnaissant la vérité de cette assertion, nous ajoutons que cet abus est d'une vérité affligeante.

Page 35. Au dernier alinéa de cette page et dans la note, le C.ᵉⁿ *Oudart* prend encore pour modèle les institutions du peuple anglais : nous répétons qu'il n'y a aucune comparaison à faire entre l'esprit de cette nation et le nôtre ; que la différence est telle, que ce qui leur convient ne peut nous convenir.

Page 63 , 1.ᵉʳ alinéa. Le C.ᵉⁿ *Oudart* se plaint avec autant de raison que de force, que deux jurys de jugement ont donné sur l'existence d'un même délit , l'un une déclaration affirmative , l'autre une déclaration négative.

Nous répétons, parce que nous ne pouvons trop le faire et que nous sommes pressés par l'expérience, que ces contradictions sont l'effet de l'ignorance de ceux qui ont constaté le délit.

Si les premiers procès-verbaux étaient bien faits, ils constateraient évidemment, et on ne résiste pas à l'évidence.

Il y a des délits difficiles à constater; et cette partie essentielle est souvent confiée à des gens inhabiles , simples, ou à des militaires qui n'ont, à cet égard, aucune expérience, et qui mettent tout le mérite de cet acte à sa célérité et à trancher toute difficulté.

Page 77. Au dernier alinéa de cette page , on rapporte que le C.ᵉⁿ *Liancourt* a remarqué qu'en Angleterre le Grand-juge faisait à lui seul tous les jugemens : nous observons que cette raison est déterminante en France pour rejeter absolument tout projet d'un seul juge, du préteur proposé; c'est n'avoir que l'ombre de l'institution des jurés.

Page 81, 1.ᵉʳ alinéa. Le C.ᵉⁿ *Oudart* dit que les omissions ou violations importantes devant toujours être relevées, et solennellement reprochées à tout juge, &c., &c.

Nous observons que des avertissemens ou réprimandes faits sans réserve à un homme et à un homme seul, sur-tout s'il est puissant et s'il peut en abuser, mettra les magistrats dans une dépendance qui les avilira et éloignera les citoyens de l'idée d'honorer et respecter les organes de la loi. Ces sentimens seraient alors réservés pour le premier juge seul, et bientôt se changeraient en crainte : ce dernier sentiment flétrit l'ame.

Nous ajoutons que le préteur ne sera jamais dans le cas de la réprimande, quoi qu'il fasse ; car qui la lui ferait !

Page 81. Le dernier alinéa de cette page confie la police de l'arrondissement de chaque juge de paix à un suppléant du tribunal civil, &c.

Nous observons que cette organisation est essentiellement vicieuse; c'est une petite économie que la création des suppléans; il est très-difficile d'en avoir, et nous pouvons assurer qu'on trouvera bien rarement dans les départemens, des citoyens d'une certaine valeur, jaloux du rôle des suppléans que l'on paie par jour comme un manœuvre, et moins cher que cet ouvrier.

Nous ajoutons qu'aucun citoyen ne voudra se déplacer pour aller ainsi exercer la police dans l'arrondissement des juges de paix.

Des fonctions ambulantes, minutieuses et désagréables ne donneront ni considération, ni existence politique, ni aucun profit.

RÉFLEXIONS sur le Projet de Code criminel, correctionnel et de police.

Ire PARTIE.

DÉLITS ET PEINES.

Art. 15. L'érection de ce poteau rétablirait infailliblement le déshonneur sur les familles malheureuses qui auront un membre gangréné ; cette idée politique est injuste dans ses effets, elle afflige la sensibilité, et nous croyons qu'elle serait plus nuisible qu'avantageuse à la société.

Art. 24. La marque sera dans certains cas, bien sévère pour les travaux forcés à temps.

Art. 29. Dans nombre de circonstances, c'est exposer l'exécuteur à l'animadversion et à la haine populaire; c'est en outre le faire juge du cas du châtiment et de ses proportions avec la faute : il nous semble qu'aucun châtiment ne peut ni ne doit être ordonné par un exécuteur.

Art. 31. Le second paragraphe de cet article donne aux préfets le droit de désigner le lieu où se fera l'exécution : nous observons que ce droit doit appartenir aux tribunaux criminels, dont l'autorité s'étend également dans tout le département.

Les tribunaux, par la connaissance de la procédure et leurs relations avec les tribunaux d'arrondissement, seront à portée de juger de la nécessité et de l'utilité de l'application de cet article.

Attribuer ce droit aux préfets , c'est leur donner une influence sur l'exercice du pouvoir judiciaire, et cela est contraire au juste équilibre des pouvoirs et des autorités.

Art. 52 , 53 et 54. La peine de la mise sous la surveillance du Gouvernement , sage et heureuse pour la tranquillité publique , si elle est appliquée aux seuls individus flétris de la marque, aux vagabonds, mendians et gens sans aveu, et aux condamnés pour crimes contre la sûreté extérieure et intérieure de l'État, nous paraît sévère pour les condamnés correctionnellement, ceux condamnés criminellement à la réclusion et ceux acquittés deux fois.

Art. 59 et 60. Ces deux articles ordonnent la contrainte par corps pour le paiement des restitutions, indemnités, frais, amendes, &c.; nous observons, qu'après l'expiration de la peine ordonnée, il nous paraît injuste de retenir le condamné pour le forcer à payer une somme, quand il a légalement prouvé ne le pouvoir : c'est punir la pauvreté.

Il est plus injuste encore, après l'avoir retenu en prison le temps dit, de le faire payer s'il lui survient des moyens; il est puni deux fois par le seul fait de son changement de position.

Un citoyen condamné à douze jours de prison, pourrait y rester un an faute de pouvoir payer les frais : cette disposition est déchirante.

Art. 135. A cet article, nous proposons d'ajouter les faux actes de naissance, quand ils ne peuvent avoir d'autre but que les faux passe-ports, feuilles de route et certificats , et qu'il n'y a pas eu altération dans les registres. .

Art. 138. Nous observons que la peine infligée dans cet article, serait trop sévère, quand il n'y a pas mauvaise foi et envie manifeste de s'approprier les sommes adirées. Sans cette disposition , c'est exposer des jeunes gens sans expérience et dans le feu des passions, à des peines , sinon infamantes, au moins déshonorantes, sans motif suffisant et sans intérêt, puisque la caution doit remplir sur-le-champ le déficit de la caisse.

Art. 160. Dans cet article, la loi qualifie crime de rebellion toute résistance , violence , ou voie de fait contre les agens de la force publique.

Nous proposons d'ajouter cet amendement : « quand il ne sera pas articulé » et prouvé contre les agens de la force publique , qu'ils ont excité ou pro- » voqué la rebellion en dépassant les bornes de leurs fonctions, en outra- » geant ou maltraitant les individus. »

Art. 218. La peine infligée, dans cet article, aux gardiens , auteurs ou complices de bris de scellés paraît trop légère, et ne donne pas une garantie suffisante contre des gardiens qui sont ordinairement des journaliers.

Art. 238. Nous demandons d'ajouter à cet article, avec une augmentation de peine, les statues des hommes illustres placées par ordre du Gouvernement ou par le vœu de la nation, comme témoignages d'amour, de respect et de reconnaissance.

Art. 249. Dans cet article, les mots « ou ayant tout autre objet, » sont trop génériques, et ne définissent pas assez, sur-tout en matière criminelle.

Art. 251. Cet article est également trop vague, et prête à de trop nombreuses interprétations.

TITRE II.

CHAPITRE I.er

Crimes et délits contre les personnes.

Art. 262. Nous pensons que l'escalade ou effraction de clôture faite par un seul homme, sur-tout s'il est armé, suffit pour caractériser la nécessité actuelle de défense.

Art. 276. L'expérience atteste que cet article est trop sévère et même injuste, les gens de métier et les habitans de la campagne, les meilleurs et les plus honnêtes, pris de vin, peuvent se mettre dans le cas prévu par cet article, et les blessures et la mort même, sont alors un malheur plutôt qu'un crime.

Art. 281. Cet article, s'il était conservé, remplirait trop fréquemment les prisons d'enfans ou de jeunes gens, et on ne peut trop répéter que le séjour dans la prison, démoralise, par la force de l'exemple, l'influence des mauvais conseils, et développe trop souvent dans de jeunes détenus des germes de fripponnerie ou de scélératesse qui seraient restés ensévelis sans le séjour dans ces maisons.

Art. 285, 286, 287. Ces articles nous donnent l'occasion d'énoncer le vœu formel du rétablissement de la déclaration, suivant l'avis du grand-juge.

Art. 288. Cet article suppose un droit de correction indéterminé, attribué aux concierges ou gardiens sur les détenus. Nous observerons que ce droit n'existe ni ne peut exister, et qu'aucune correction ne peut ni ne doit être infligée à aucun détenu sans l'ordre exprès du magistrat chargé de la police des prisonniers ; et dans ce cas même, l'article omet la peine à infliger aux concierges, s'ils outre-passent les bornes d'une correction légitime.

Art. 294. Au second alinéa de cet article, nous pensons qu'après ces mots : *Si la mort de l'enfant s'en est suivie*, on doit ajouter ceux-ci : « ou s'il » a reçu quelque blessure grave. »

Art. 295. Cet article suppose sans doute l'*intention d'abandonner l'enfant;* cette intention devrait être exprimée dans l'article.

Art. 296. Si cet article frappe de peine un habitant de la campagne ou tout autre individu auquel on a confié un enfant, pour un prix déterminé, et qui, depuis un temps considérable, n'a reçu ni le salaire convenu, ni aucune nouvelle des père ou mère ou de ceux qui lui ont confié l'enfant, et qui, dans ce cas, apporte l'enfant à l'hospice, l'article serait injuste : ces exceptions doivent être exprimées.

Art. 299. Si le rapt est suivi d'un mariage consenti par les père et mère ou ceux qui les représentent, la peine sera-t-elle néanmoins applicable ! La loi doit l'exprimer.

Art. 314, 315. Ces articles peuvent donner lieu à des procès scandaleux dont les débats seraient attentatoires aux mœurs; le remède serait toujours pire que le mal. Nous ne croyons pas que ces articles puissent subsister.

Art. 322. Notre observation sur l'érection des poteaux s'applique à celui-ci.

Comment se résoudre à punir le fils irréprochable et sensible, qui arracherait le signe éternel de l'infamie de son père, et de son déshonneur à lui-même !

Art. 323. La déportation serait une peine bien sévère contre un neveu qui, forcé de déposer, essaierait, en altérant la vérité, d'arracher son oncle à la mort ou à l'infamie.

Art. 325. En matière civile, le faux témoignage est plus souvent l'effet de la cupidité, et sort d'une ame perverse ; il porte préjudice ; la peine ne peut être trop sévère, et doit être infamante. Le faux témoin doit en outre être condamné à une indemnité envers celui à qui son faux témoignage a porté préjudice.

Art. 327. Dans le cas de cet article, l'interdiction d'être témoin devrait être perpétuelle.

Art. 331. La fin de cet article est difficile à concilier avec l'art. 335 qui suit.

Art. 335. Si le fait imputé est un crime, la preuve peut, sans doute, et doit être reçue. Dans le cas contraire, elle ne peut l'être ; sans cela, c'est autoriser la médisance, prêter aide à la calomnie, et donner des armes à la haine et à la vengeance.

Art. 342. Nous observons à cet article que les violences peuvent être exercées pour parvenir au vol, ou pour, après le vol ou la tentative de vol, s'échapper des mains de ceux qui veulent arrêter le voleur. Dans le second cas, s'il n'emporte pas l'objet volé, la circonstance aggravante ne peut avoir d'application, et nous croyons que ce cas doit être exprimé.

Le n.° 5 de cet article reçoit la même observation.

Art. 359. Nous croyons qu'on doit qualifier fausse-clef celle du propriétaire ou locataire, soustraite momentanément ou volée, ou même trouvée, et dont on a fait usage pour voler.

Art. 362. La reclusion n'est pas suffisante pour *le vol d'un cheval.* Ce vol est extrêmement commun, facile à exécuter, et il ruine les cultivateurs ; c'est un commerce ouvert, qui a ses agens, ses courtiers, ses magasins : il est tellement bien organisé, que les voleurs sont très-difficiles à convaincre, parce que celui entre les mains duquel le cheval volé est trouvé, n'est presque jamais le voleur, et trouve les moyens de prouver qu'il l'a acheté au marché, ou au moins d'élever à cet égard des doutes tels, qu'on est forcé souvent de l'acquitter. Le législateur ne peut réprimer ce vol par trop de sévérité : les travaux forcés à temps ne sont pas trop sévères, et suffiront à peine pour effrayer les voleurs.

Art. 382. Cet article anéantirait totalement le commerce par commission ; des négocians instruits, et d'une probité reconnue, attestent qu'il ne peut subsister sans amendement.

Art. 383. Dans cet article, la clause « seront sur la seule-dénonciation » du Gouvernement, condamnés, &c. », nous paraît également susceptible d'un amendement : les premiers agens du Gouvernement peuvent être trompés par des agens secondaires ou autres.

Art. 404. Cette peine est trop générale : il nous semble qu'elle devrait être proportionnée à la valeur de l'arbre, au lieu où il est planté, et à la volonté de culpabilité qui sort de ces circonstances.

Il y a des cas où le délit disparaît devant la non-valeur de l'arbre. Par exemple, celui qui arrache ou coupe un sauvageon dans un bois, pour faire un bâton, est bien moins coupable que celui qui abat un arbre fruitier, planté à demeure, produisant ; un chêne ou autre arbre de valeur. Certainement, dans ce cas, l'intention est réfléchie et méchante, et la peine de chacun de ces délits ne doit pas être la même.

Art. 410. Cet article et les suivans sont trop vagues, et s'étendent à des animaux d'une valeur trop éloignée l'une de l'autre, sans parler du prix d'affection.

Y a-t-il comparaison entre un cheval, une vache, un chien, un porc, un mouton, et sur-tout une chèvre, réputée animal destructeur !

Peut-on assimiler le délit d'empoisonner un cheval de prix, un nombreux troupeau de moutons, à l'action de jeter dans un étang un peu de coque du Levant, pour prendre quelques poissons ! Le premier délit est un *crime,* qui suppose perversité, et envie de nuire ; l'autre est répréhensible, sans doute, mais ne présente pas un caractère de méchanceté.

LIVRE IV.

CHAPITRE I.er

Des Peines.

Art. 425 et 427. La peine de la prison pour faute de paiement d'amende, frais, &c., ne nous paraît pas juste, quand il est prouvé légalement que l'individu condamné ne paie pas, parce qu'il est dans l'impossibilité absolue de le faire. Nous répétons que c'est punir la pauvreté; et dans ces cas le pauvre est bien moins coupable que l'homme aisé.

Et dans la supposition qu'il viendra au pauvre, qui aura subi son temps de prison, des moyens pour payer les frais, il se trouvera puni deux fois.

Art. 433. Il nous semble que la peine prescrite pour la récidive doit être appliquée lorsque le premier jugement est légalement connu, en quelque arrondissement qu'il ait été prononcé.

Art. 439. Les voleurs de bois et maraudeurs sont ordinairement des pauvres constre lesquels la peine de l'amende est illusoire; elle pourrait être suppléée par celle de la prison, qu'il faudrait néanmoins abréger à cause de la corruption.

Le 6.e n.° de cet article porte : « Les aubergistes, hôteliers, logeurs, » loueurs de maisons garnies, qui auront inscrit sur leurs registres, &c. » Après le mot inscrit il faudrait, nous semble, ajouter le mot *sciemment.*

Art. 439. Nous croyons que dans le cas du deuxième numéro de cet article, la peine doit être prononcée par le tribunal auquel appartient la connaissance de l'action possessoire.

II.e PARTIE.

LIVRE I.er

DE LA POLICE.

CHAPITRE I.er

Art. 456. Nous croyons, et nous sommes instruits par l'expérience, qu'il ne faudrait donner aux maires, adjoints, juges de paix, officiers et sous-officiers de gendarmerie, gendarmes et gardes champêtres, qu'un exercice provisoire de la police judiciaire; que leur principal devoir fût de faire arrêter les prévenus, et d'avertir aussitôt un magistrat chargé de la première instruction. Nous ne pouvons trop répéter que les délits sont toujours mal constatés ; que les véritables coupables ou s'évadent ou échappent à la punition qu'ils ont méritée, à l'abri de l'ignorance des officiers inhabiles et sans expérience, que la loi charge d'un travail qu'ils ne savent pas faire.

Art. 468. Les maires et leurs adjoints des communes rurales sont en général incapables de rédiger des procès-verbaux ; cette fonction serait mieux remplie par les secrétaires des maires.

Dans tous les cas, il serait indispensable que la loi défendît au rédacteur du procès-verbal d'en recevoir l'affirmation.

Il serait aussi nécessaire que le délai dans lequel cette affirmation serait faite, fût fixé par la loi.

Art. 505. Pour la confection des procès-verbaux de cette nature, dont tout ou partie peut faire preuve contre un accusé, nous croyons indispensable la présence de trois fonctionnaires, le juge, la partie publique et le greffier ; trois hommes se respectent davantage qu'un seul : la vérité ne peut se cacher devant ce nombre, et la loi garantit ainsi le citoyen des passions ou des préventions d'un seul homme. L'article 566 de ce Code le prévoit ainsi, et la loi doit en consacrer par-tout le principe.

Autrefois, jamais un juge ne se transportait, ne faisait aucun acte judiciaire sans la présence et les conclusions de la partie publique, et la présence d'un greffier ; cette sage précaution nécessitait une délibération, un accord en présence d'un tiers, qui, sans voix délibérative, était souvent consulté ; elle forçait le magistrat à mettre dans tous ses actes la maturité convenable.

Il y a des inconvéniens graves à confier cette première instruction à un seul homme ; nous disons plus : rien, en matière criminelle, ne doit être fait par un seul ; trois est le moindre nombre de ceux qui doivent concourir à un acte qui pese sur un citoyen : confier ces fonctions à un seul homme, c'est le livrer sans défense à ses passions, à ses affections, et mettre les prévenus dans sa possession.

Nous rappellons à cet égard les anciennes ordonnances ; elles confiaient à un seul juge toute l'instruction, mais toujours il était assisté d'un greffier ; sa moindre ordonnance était précédée des conclusions du ministère public auxquelles il était forcé de répondre ; conséquemment, tout acte judiciaire supposait l'accord de trois individus ; aujourd'hui au contraire, et par l'organisation du présent Code, le commissaire peut tout, les juges ne peuvent rien que quand le commissaire les met en mouvement.

Le moindre citoyen sent tout le vice d'une telle organisation, toute sa faiblesse, et combien en matière criminelle ce pouvoir d'un seul est à craindre pour la liberté civile.

Art. 514 à 524. Tous les articles de ce paragraphe donnent trop de pouvoir à un seul homme ; un seul abus ferait de très-grands maux.

Art. 531. Dans le cas de cet article, et dans tout autre où le magistrat appose son sceau, l'accusé ou son avoué, ou fondé de pouvoir, doit poser le sien, ou être interpellé de le faire, et s'il le refuse, mention doit en être faite. Sans cette précaution le premier sceau ne scelle rien.

Art. 546. Ces procès-verbaux seront très-bien faits à Paris et dans les grandes villes ; mais dans les campagnes, l'expérience atteste que tout sera mal fait ; nous persistons à croire qu'il est nécessaire qu'un magistrat expérimenté se transporte, qu'il soit accompagné du ministère public et du greffier.

On craint peut-être que cela ne prenne trop de temps, la loi peut le prescrire, et il n'est pas plus difficile à trois hommes, que les mêmes fonctions réunissent journellement, de se transporter promptement qu'à un seul.

Art. 557. Nous concevons peu comment les propréteurs concourront aux actes d'accusation, dirigeront le jury d'accusation et seront néanmoins membres des tribunaux criminels.

Les constituer juges en première instance, et les faire concourir aux actes d'accusation, diriger les jurés, et porter l'appel de leurs ordonnances et de leurs jugemens devant leurs collègues et leurs suppléans au tribunal criminel, si ce n'est rendre illusoire le droit d'appel, c'est au moins le diminuer sensiblement.

Art. 566. *Voyez* notre observation sur l'article 546.

Idem. Le deuxième alinéa de cet article alloue quatre francs par jour pour frais de transport.

Nous observons que cette somme est insuffisante ; sa modicité empêchera les juges de se transporter : il faut qu'ils soient indemnisés et que leur transport ne leur coûte rien.

Nous assurons qu'un commissionnaire à pied, qui fait ses dix lieues et n'est pas forcé de coucher, gagne quatre francs.

Si les juges ne sont pas indemnisés, ils commettront toujours, et l'instruction, d'où luit la vérité, sera toujours mal faite.

Art. 605. Comment se pourvoir contre un jugement, une ordonnance du propréteur du chef-lieu de département, devant un tribunal dont il est membre, devant son collègue et des suppléans ?

Art. 612. Mêmes réflexions que ci-dessus.

Art. 613. *Idem.*

Art. 618. Nous répétons et nous affirmons qu'il sera très-difficile, pour ne pas dire impossible, de trouver des suppléans.

Art. 620. Ce ne sera pas l'intérêt qui tentera ce citoyen ; le moindre expert au Mans a douze francs par jour. Comment traiter ainsi des magistrats ! n'est-ce pas les avilir ! et ne peut-on pas attribuer à ces détails le peu de considération dont ils jouissent !

Art. 633. Nous ajoutons à cet article, aux réflexions précédentes, que ces amendes sont un bien petit moyen d'avoir des juges et de les faire honorer.

Art. 634. L'organisation du tribunal de police nous paraît vicieuse dans son entier; plusieurs articles sont choquans : comment n'être pas révolté de celui qui suppose que deux gendarmes emmèneront un citoyen pour le forcer de siéger au tribunal et de juger! Quel respect, quelle confiance peuvent inspirer de pareils juges ! comment ainsi faire respecter et honorer la loi et ses ministres !

Art. 651. La foi entière et absolue que cet article donne à tous les procès-verbaux des officiers de police, agens, préposés, &c., est bien dangereuse, et sera souvent peu d'accord avec la conscience des juges, qui ont l'expérience de cette triste vérité.

Les faits énoncés dans ces procès-verbaux peuvent être altérés, détruits par les dépositions des témoins, que la partie citée a le droit d'amener et de faire entendre.

Aujourd'hui, en matière d'eaux et forêts , quand le délit emporte une amende au-dessus de cent livres, il faut ou que le procès-verbal soit signé de deux gardes ou de témoins , ou qu'il y ait une preuve supplétaire.

Art. 675. *Voyez* la note, sur l'article 605.

Art. 682. Ne pourrait-on pas énoncer que ces procès-verbaux feront foi, à moins que les juges, sur des motifs qu'ils seraient obligés d'articuler, ne le décidassent autrement. *Voyez* l'art. 651.

Art. 705. Il nous paraît insuffisant et même inconvenant que le tribunal criminel ne soit composé que de deux juges, réduits à un, en matière correctionnelle. En vain on compte sur des suppléans. Comment d'ailleurs faire juger par des suppléans l'appel de jugemens rendus par des juges en titre ! Nous répétons que nous croyons impossible d'attacher à cet état et aux fonctions de juges, des citoyens capables, auxquels ce travail ne donnera ni existence, ni titre, ni indemnité.

Art. 724. Comment concilier que le propréteur du chef-lieu de département traduira un accusé devant un jury d'accusation, et jugera sur cette accusation au tribunal criminel!

Art. 726. L'alternative d'écrire lui-même ou de faire écrire les dépositions des témoins par son greffier, nous semble vicieuse ; le juge , dans tous les cas , doit être assisté du greffier.

Art. 755. *Voyez* la note sur l'article 605.

Des Tribunaux criminels.

Art. 771 et suivans. L'institution des préteurs est repoussée par le génie, le caractère des Français; elle est contradictoire avec l'expression *tribunal ,* qui suppose une réunion de magistrats assemblés pour délibérer.

Elle blesse la justice, qui ne permet pas de confier à un seul homme le droit de décider sur le sort d'un citoyen.

L'attitude menaçante de ce magistrat impose la crainte, et ce sentiment chasse la confiance et le respect que les juges doivent toujours avoir le desir d'inspirer.

Le préteur présente aux citoyens l'aspect d'un juge sévère, qui peut être injuste et tyrannique impunément, et suppose la nation la plus douce de l'univers, la plus infestée de brigands et de scélérats.

Le pouvoir sans bornes qui lui est confié, lorsqu'il est question de décider de la vie et de l'honneur, menace toujours la liberté civile dont tout citoyen est avec raison jaloux.

Art. 779. Sur deux juges, donner au premier la voix prépondérante, c'est prononcer la nullité du second, et confier toute l'autorité au premier; le moindre abus effraie et menace la liberté civile.

Art. 782. Ce traitement journalier est peu conforme à la dignité de juge; il n'inspirera point de respect aux justiciables, et le juge ainsi assimilé à un journalier, n'aura ni zèle ni assiduité, si on parvient à trouver des hommes capables, qui acceptent ces fonctions.

Art. 786. Cet article donne au préteur des fonctions qu'il ne peut remplir, puisqu'il n'arrivera que pour la tenue des grands-jours.

L'exactitude que suppose la surveillance qui lui est donnée sur les propréteurs, est bien gratuite, puisqu'il sera toujours absent.

Art. 792. Le second corollaire de cet article ne s'explique pas suffisamment, et se trouve en contradiction avec l'article 875 qui, quand les débats sont commencés, ordonne au préteur de les continuer jusqu'à jugement définitif; et celui-ci laisse au préteur la faculté d'entendre tout témoin, faire apporter des nouvelles pièces à charge contre l'accusé, en donnant à celui-ci *le temps suffisant* pour établir sa défense. Cette expression, *temps suffisant*, peut être, dans certains cas, d'un, deux ou trois jours et plus, et ce délai nécessite suspension des débats. L'article n'est pas assez clair, et la contradiction doit disparaître.

Le troisième alinéa du même article semble présenter une chose juste, et cependant son application confiée à un seul homme, peut devenir dangereuse.

Art. 817. Les différens alinéas de cet article supposent que les accusés ont toujours des défenseurs, et cependant les pauvres n'en ont jamais, quoique les juges en aient toujours nommé d'office. Le malheur et la pauvreté sollicitent ce secours de la loi.

Art. 821. Le second alinéa parle de tribunal. C'est une pure supposition, quand le préteur est absent; et quand il est présent, ce n'est pas un tribunal, c'est un juge, comme nous l'avons dit *page 14.*

Art. 824. Cet article ne dit point qui rédigera le nouvel acte d'accusation, et s'il sera présenté à un nouveau jury d'accusation ; il laisse présumer la négative, et cependant l'inexactitude supposée dans l'exposé ou dans le résumé des faits, a peut-être déterminé la déclaration affirmative du jury.

Art. 827. Dans cet article et dans plusieurs autres, il est dit qu'en cas de faute, de négligence ou d'omission, le préteur sera averti.

Cela est impossible, il n'aurait autour de lui que des inférieurs.

Art. 832. Le second alinéa peut autoriser des vexations ; le juge ni le commissaire ne doivent, dans aucun cas, pouvoir reculer le jugement des autres délits que de trois mois ; sans cela, on peut tenir un citoyen en prison plusieurs années, quoiqu'il soit toujours acquitté.

Art. 838. Cet avertissement doit être donné sans exception ; s'il n'est donné à tous et toujours, il devient injure pour celui auquel il est adressé.

Art. 848. L'audition des ascendans, descendans, pères, sœurs, alliés au même dégré, maris et femmes contre un accusé, est contraire à la loi naturelle et à la morale ; c'est mettre ces individus dans une position trop difficile et souvent cruelle ; la loi doit les exclure absolument.

Art. 867. L'énonciation de cet article, « lorsque le tribunal l'y aura au-» torisé » n'est pas exacte, puisque le pouvoir d'un tribunal réside dans le préteur seul, et ce pouvoir est trop étendu dans la main d'un seul homme. Le présent Code se sert toujours de l'expression *le tribunal*, lorsque de fait ce serait toujours *le préteur* qui agirait seul. Cette énonciation constante ne décèle-t-elle point la répugnance naturelle à confier à un seul homme l'exercice d'une portion considérable du pouvoir judiciaire ?

Art. 875. Cet article ne peut se concilier avec celui 792 que nous prions de lire.

Art. 884. Les expressions de cet article, « ou il absoudra l'accusé, » sont inutiles et contradictoires avec l'article 732 qui dit qu'il ne pourra être dressé d'acte d'accusation que pour un délit emportant peine afflictive ou infamante, à peine de nullité.

Si l'article 732 est exécuté, il est impossible qu'il y ait absolution, parce que le fait ne serait pas défendu par la loi.

Art. 890. Cette obligation de signer un jugement auquel le propréteur aurait pu ne pas concourir, est bien dure et bien repugnante, quand le jugement pourrait être contre son avis. Un juge signe quelquefois un jugement rendu contre son opinion : mais il a concouru à ce jugement : et le propréteur n'aurait pas ce droit.

Art. 896. Il serait nécessaire, du-moins nous le croyons, que le commissaire fût chargé de veiller à ce que l'exécution fût faite, ainsi qu'elle est ordonnée par la loi.

Cette surveillance imprimerait à ces actes un caractère de décence que souvent ils n'ont pas.

Aux chapitres 8 et 10, relatifs au jury de jugement, nous observerons, qu'il serait trop vexant de faire venir, dans le chef-lieu de département, quarante-huit citoyens, et de les y faire rester toute la session qui, fixée à trois mois de distance, peut durer quinze jours et davantage ; ce serait un impôt considérable : et, d'ailleurs, l'absence de certains chefs de famille leur porterait un très-grand préjudice.

Cet article sera d'une facile exécution à Paris, mais il n'en sera pas de même dans les autres chef-lieux de département, où les villes sont loin d'offrir les mêmes ressources en ce genre.

Nous croyons qu'on devrait payer ceux des jurés qui seraient forcés de se déplacer, ensorte qu'ils fussent indemnisés. La médaille proposée comme témoignage de satisfaction, sera long-temps insuffisante.

Art. 914. La main-mise sur un citoyen, pour le forcer à venir exercer les fonctions de juge ou de juré, nous paraît indécente et vexatoire.

Ces moyens violens peuvent d'ailleurs ne pas laisser aux citoyens contre lesquels ils sont employés, tout le sang-froid et l'impassibilité nécessaires pour juger.

Art. 936. Il y a, dans cet article, transposition des mots *condamné* et *acquitté.*

A la première ligne de l'article, il faut lire : Lorsque l'accusé aura été acquitté.

Et à celle de l'alinéa suivant : Lorsque l'accusé aura été condamné.

Sans ce changement, l'article est inintelligible.

Art. 942. Cette responsabilité sera bien dure pour des suppléans ; et la lecture de cet article suffit pour motiver leur refus de ces fonctions.

Art. 1094. Le chapitre 26, ayant pour titre : *Du jury de famille,* doit être refait en entier.

Son titre est consolant pour tous les chefs de famille auxquels l'honneur est cher.

Le but paternel d'un jury de famille, est de soustraire à la honte d'une punition publique, un membre de la famille qui a commis un délit, même un crime, qui est ignoré, et dont le tort fait à autrui est totalement reparé, et cependant d'en punir l'auteur assez pour le corriger.

Et tous les articles de ce chapitre sont contraires à ce but, que la société réclame de la justice, de l'humanité du Gouvernement.

Art. 1116. Cet article, qui aurait dû motiver celui 288, se trouve contradictoire avec lui ; et le dernier doit être réformé : nous voulons dire l'article 288.

Une expérience de plusieurs années, le zèle le plus ardent, le sentiment le plus pur, ont dicté, citoyen Grand-Juge, les observations que nous avons l'honneur de vous adresser.

C'est au nom de l'humanité, de la justice, que nous réclamons, de la sagesse et de la bienveillance du Gouvernement, plus de douceur dans les peines, et une organisation plus libérale et plus analogue aux mœurs et au caractère français.

Salut et respect,

LAVALETTE, *président ;* YSAMBART, NEGREER, *juges ;* JUTEAU *commissaire du Gouvernement ;* LANDREAU, *greffier.*

OBSERVATIONS

DE LA COUR DE JUSTICE CRIMINELLE

DE SEINE-ET-OISE,

SUR

LE PROJET DE CODE CRIMINEL.

OBSERVATIONS

DE LA COUR DE JUSTICE CRIMINELLE

DE SEINE-ET-OISE,

SUR

LE PROJET DE CODE CRIMINEL.

OBSERVATIONS GÉNÉRALES.

Style, Méthode et ordre de l'ouvrage.

LES lois en général doivent être claires et d'une application facile ; mais ce double avantage est plus nécessaire encore aux lois criminelles, puisqu'on ne peut ni les interpréter ni les étendre.

Elles seront claires, si les matières qu'elles traitent y sont développées dans l'ordre même où tout esprit juste les aurait conçues ; si chaque disposition y est assez isolée de celles qui suivent ou de celles qui précèdent, pour que l'attention qu'elle exige ne soit pas partagée ; si elle y est assez liée pour leur prêter et en recevoir un nouveau jour ; si elle est assez courte pour exprimer dans le moins de mots possible toute la pensée du législateur ; si elle est assez longue pour ne laisser ni obscurité ni équivoque ; si les mots même dans lesquels elle est conçue sont bien connus, s'ils sont dans une acception usitée.

Elles seront d'une application facile, si les termes en sont assez généraux pour embrasser tous les cas, assez précis pour s'appliquer exactement à chacune des espèces que l'on a voulu prévoir.

Il suit de là que toute division métaphysique et recherchée est vicieuse dans les lois ; que le style doit en être correct, pur, exempt de tout néologisme, et coupé ; que les liaisons qu'il présente, doivent naître du rapport des idées et non de l'assemblage purement grammatical des phrases et des mots ; qu'on doit éviter également et ce laconisme puéril qui calcule sur le retranchement des syllabes, et ces développemens de rhéteur, qui, en fatiguant l'esprit d'un long exposé des motifs, ne permettent plus de s'appesantir sur les dispositions de la loi; et ces expressions dont le sens trop étendu nous porte au delà des bornes mêmes dans lesquelles le législateur a voulu se renfermer; et ces termes tellement resserrés, qu'ils excluent une partie de ce que le législateur y a voulu comprendre, ou nécessitent, pour ne rien omettre, autant de textes positifs qu'il y a de cas particuliers.

La rédaction du Projet remplit-elle ces conditions? Nous nous sommes permis de noter en marge quelques termes néologiques dont le retranchement nous a paru devoir souffrir d'autant moins de difficulté qu'ils ne sont point nécessaires pour exprimer clairement et brièvement l'idée des rédacteurs, et quelques locutions qui ne sont pas avouées par les vrais principes de la langue. Mais nous n'attachons à ces sortes d'observations que le degré d'importance qu'elles méritent; et nous concevons qu'elles ont dû facilement échapper dans le cours d'un long ouvrage, qui présentait d'ailleurs tant d'autres difficultés. Nous avons remarqué avec plus de peine que le style paraissait par-tout pénible, verbeux et quelquefois traînant. Nous sommes disposés à croire qu'à cet égard le Code pénal, celui des délits et des peines et les autres lois portées sur cette matière par l'Assemblée constituante, approchent davantage de la perfection. Peut-être cette opinion sera-t-elle justifiée, si l'on compare les articles 127, 129, 132, 134, 138, 140, 178, 248, le titre II du livre III et le chapitre II du livre IV, avec ceux correspondans tant du Code pénal que des lois du 22 juillet 1791 sur la police municipale et correctionnelle, et du 6 octobre de la même année sur la police rurale.

Quant au plan même de l'ouvrage, nous allons présenter quelques observations générales, qui n'ont de poids à nos propres yeux que celui des autorités dont nous croyons pouvoir les appuyer.

Avant l'Assemblée constituante, on n'avait point entrepris de réunir en un seul code les diverses parties de la législation criminelle, et nous n'avions que des lois isolées sur chaque matière.

Lors du travail de l'Assemblée constituante, on s'occupa, pour la première fois, de lier entre eux les élémens dont on se proposait de former un corps de lois.

Alors, on fut frappé d'une considération qui avait déjà déterminé d'anciens législateurs; et l'on pensa que les délits devaient être classés selon leur importance et leur gravité, plutôt que selon les genres d'abstraction auxquels les faits étaient susceptibles de se rattacher. Ainsi, malgré les rapports généraux qui pouvaient les rapprocher, on sépara, d'une manière absolue, l'homicide, les blessures, les violences graves qui ont les caractères d'un attentat à la sûreté des personnes, des voies de fait et des blessures légères. Le viol ou le rapt par violence fut distingué de l'atteinte aux mœurs par outrage à la pudeur; le brigandage à force ouverte et le vol caractérisé, du larcin, du vol simple, des filouteries. Par suite de cette première distinction, l'Assemblée constituante pensa que certains délits, bien que rappelés, par l'espèce du fait qui les constituait, à tel ou tel genre de criminalité, avaient cependant, à raison des objets même sur lesquels ils portaient, une gravité moindre, et devaient, par ce motif, former une classe à part. Elle considéra d'ailleurs qu'il y avait des actions interdites par la loi, qualifiées délits par elle, et qu'un caractère commun tendait à rapprocher et à réunir. De là le classement adopté par ordre de matières et la division de l'ensemble de celles qui appartiennent à la législation criminelle en plusieurs codes entièrement distincts et séparés, comme le Code pénal, le Code correctionnel, le Code rural, le Code forestier ; enfin, cette même Assemblée crut encore que certaines matières où le délit d'ailleurs qui ne se rattachait pas nécessairement au système général, se constituait de la violation d'une loi purement positive, fondée sur la raison d'état, et dont l'infraction ne présentait pas essentiellement le caractère du dol et de la fraude, devaient faire l'objet de dispositions isolées.

Les rédacteurs du Projet se sont entièrement éloignés de ces idées : déterminés à rassembler en un seul code tous les genres d'actions ou d'omissions qui leur ont paru blesser, à quelque égard, l'ordre public, ils se sont efforcés de généraliser leurs divisions pour multiplier les moyens de classemens ; et les rapports les plus éloignés leur ont suffi pour réunir sous un même titre, dans un même chapitre, en une même section, les faits qui présentent d'ailleurs le moins d'analogie, et dont le rapprochement même pouvait paraître plus contraire aux convenances.

C'est sur-tout dans le troisième livre que se font sentir les inconvéniens de la méthode nouvelle qu'ils ont adoptée.

Ainsi, selon le genre d'abstraction auquel on peut les rappeler, les fautes les plus légères des fonctionnaires publics sont prévues et punies sous les mêmes titres qui traitent des crimes les plus odieux, malgré l'inconvenance que présente ce classement, et malgré le danger d'atténuer par-là le respect dû à toute autorité légitime, respect sans lequel elle ne peut continuer d'être utile. L'omission même involontaire des officiers de police judiciaire ou des juges qui, dans le mandat d'arrêt, n'auraient pas exprimé le motif de l'arrestation et la loi qui les autorise à l'ordonner, est placée dans le chapitre II, qui traite des crimes et des délits contre la Constitution, à côté des atteintes les plus funestes à la liberté individuelle et à la liberté politique.

Ainsi, la négligence d'un officier de l'état civil qui aurait inscrit, sur de simples feuilles volantes, les actes de la rédaction desquels il est chargé, est classée dans la IIe section du chapitre III avec les crimes des fonctionnaires infidèles qui détournent les deniers de l'État ou trafiquent indignement de leur opinion et de leur pouvoir.

Ainsi, les outrages faits par actes de mépris, par menaces, par paroles ou par gestes aux fonctionnaires ou aux dépositaires de la force publique en exercice ou à cause de l'exercice de leurs fonctions, se trouvent classés avec les violences les plus graves et les plus criminelles dont les fonctionnaires ou les dépositaires de la force publique puissent être l'objet.

Ainsi, le simple refus de faire le service de la garde nationale est confondu, sous un même titre et dans un même paragraphe, avec le refus, par les réquisitionnaires ou conscrits, d'obéir aux lois sur la réquisition ou la conscription ; par les témoins, de comparaître ; et enfin, avec la complaisance coupable des officiers de santé qui, pour autoriser ces refus, délivreraient de faux certificats de maladie.

Ainsi, la mendicité et le vagabondage sont placés à côté de l'organisation des bandes de malfaiteurs.

L'homme qui a détruit ou mutilé les monumens des arts, est mis sur la même ligne que celui qui arrache, déchire ou souille les actes affichés des autorités.

Les mesures de police auxquelles l'imprimerie, la librairie, l'établissement des sociétés particulières doivent être assujettis, sont rappelées, et les contraventions de ceux qui résistent à ces mesures sont prévues et réprimées, au titre des crimes contre la paix publique.

La contrefaçon à l'égard de laquelle on a long-temps douté si elle devait être considérée comme un délit proprement dit, est placée à côté du vol, de la rapine et de l'escroquerie.

Le simple jet de pierre ou d'un autre corps dur contre un individu, quand il n'aurait été atteint ni blessé, et les surprises ou frayeurs causées à quelque individu par imprudence ou par jeu, sont prévus sous le même titre que l'homicide, l'assassinat, l'empoisonnement.

La coalition des ouvriers pour cesser en même temps le travail des ateliers, est classée dans la section qui traite de la banqueroute, des manœuvres les plus odieuses de l'escroquerie.

Enfin la destruction d'une haie sèche ou d'un instrument d'agriculture, est accolée à l'incendie des maisons, bâtimens, édifices, navires, &c.

On pense que cet inconvénient est très-grave, qu'il tend à ôter aux lois une partie de leur force et cette espèce de sanction qui tient à la grandeur des idées qu'on y attache ; qu'en confondant les lois qui statuent sur les matières les plus importantes et qui prononcent les peines les plus sévères avec celles qui disposent sur des objets d'un intérêt infiniment inférieur, on enlève aux premières une partie du respect qui leur est dû. Il faut que le code du grand criminel en impose par son isolement même de toute matière moins frappante et moins terrible, afin que chacun éprouve la crainte salutaire de voir s'ouvrir pour lui ce code redoutable.

Le plan que les rédacteurs du Projet ont adopté, paraît encore évidemment vicieux en ce qu'il a amené des divisions obscures et forcées.

Ainsi, l'on n'entend pas bien ce que c'est que les crimes contre la paix publique ; et l'on est sur-tout étonné que la première section du chapitre qui s'annonce sous ce titre, traite des crimes de faux ;

La seconde, des crimes des fonctionnaires publics dans l'exercice de leurs fonctions ;

La troisième, des désobéissances, du refus de service, des bris de scellés ;

La cinquième, de la dégradation des monumens publics et de l'arrachage des affiches ;

La septième, des attentats publics aux mœurs.

Ailleurs les divisions sont trop générales, et embrassent des objets trop étendus ; ce qui rend l'étude plus pénible, et nuit nécessairement à la clarté.

Ainsi, le chap. I.ᵉʳ du livre II, sous le titre, *des Auteurs de crimes ou de délits,* traite de la culpabilité principale et de tous les genres de complicité, de l'influence de l'âge des condamnés sur les peines, de l'excuse des crimes et de ses conséquences, trois objets qui n'ont entr'eux aucune liaison nécessaire, et dont on avait jusque-là traité séparément.

On propose donc de rétablir les anciennes divisions adoptées par l'Assemblée constituante, et de réserver à des lois isolées les points qui ne peuvent entrer dans aucun classement général.

De la nature des Peines, et de la proportion qu'on doit y observer.

Le pouvoir de punir est inséparable de la souveraineté, par-tout où les hommes se sont mis sous la protection des lois. Cette protection doit être assez puissante pour remplacer avec avantage la défense naturelle à laquelle ils ont renoncé. Comprimer par la crainte, effrayer par l'exemple ceux qu'on ne peut diriger par l'amour du devoir, est le seul moyen d'atteindre ce but essentiel de toute association civile.

Le droit d'établir des peines est donc nécessairement un apanage de la puissance législative. Mais cette puissance ne peut aller jusqu'à transformer en délits des actions qui n'en ont pas le caractère ; elle ne peut aller même jusqu'à régler avec un arbitraire absolu la peine par laquelle chaque crime ou chaque délit devra être expié.

Le cercle des délits est invariablement tracé par la nature, par l'état de civilisation en général, par la constitution particulière de chaque société : l'humanité, la morale, la pudeur publique, circonscrivent le cercle des peines ; les principes immuables de la justice en déterminent la mesure ; et du respect de ces lois éternelles dépend sur-tout la sanction des lois positives.

Mais comment établir une exacte proportion entre les délits et les peines ?

De la privation de la vie à la plus légère amende, la distance, toute frappante qu'elle paraît d'abord, n'est cependant remplie que par des termes moyens assez peu multipliés; et ces intermédiaires, dont le nombre est déjà si petit, diminuent encore lorsqu'on en retranche tout ce que l'humanité, la morale, la pudeur publique, désavouent.

Les auteurs du Projet nous ont paru plus heureux sous ce rapport, que ceux qui les avaient immédiatement précédés dans la même carrière (les rédacteurs du Code pénal). Mais le progrès qu'ils ont fait vers la perfection, laisse peut-être encore quelque chose à desirer. Peut-être ont-ils quelquefois trop peu connu, quelquefois trop peu ménagé les ressources de l'imagination et la magie de l'opinion. Dans le plan qu'ils proposent, la nature, la gravité, les effets de la punition, ne paraissent pas toujours suffisamment appropriés au délit qu'il faut punir. Nous avons cru remarquer enfin, que le desir de prévoir et de réprimer tout ce qui blesse l'ordre public, tout ce qui emporte violation d'une loi, d'un ordre émané de l'autorité légitime, ou même d'un devoir attaché à l'exercice soit d'un état, soit d'une fonction, leur a fait mettre au rang des délits, des fautes, des omissions, des négligences légères et jusqu'à de simples indiscrétions.

Nous allons exposer nos doutes dans l'ordre même où ils se sont présentés.

OBSERVATIONS PARTICULIÈRES.

Art. 1.er Préférer la définition du Code des délits et des peines. *Voyez* les articles 1.er, 3, 228, 241 et 242 de ce code.

Art. 3. *Contravention.* Cette dénomination semblerait devoir être réservée pour les quasi-délits.

Art. 4. « Toute tentative de crime qui aura été manifestée par un » commencement d'exécution, si elle *n'*a été suspendue *que* par &c. »
Rédaction à faire de manière à retrancher la négation.

Art. 8, n.° 1. Sont délits militaires, « ceux commis par les militaires dans » l'exercice de leurs fonctions militaires, ou *en état de service militaire.* »
Ces dernières expressions ne sont-elles pas trop vagues! n'en induirait-on pas qu'il suffirait qu'un militaire fût revêtu de son uniforme ou de quelque partie de cet uniforme, pour être en *état* de service militaire!

N.ºs 2 et 3. « Les délits commis par quelque personne que ce soit, *non* » *militaire*, envers des militaires remplissant actuellement des fonctions » militaires, ou dans des lieux affectés au service militaire, » ont, jusqu'à présent, été jugés par les tribunaux ordinaires.

En effet, jamais les citoyens non militaires ne doivent être jugés par les tribunaux militaires. Aux cas prévus par ces dispositions, le non-militaire prévenu, doit être arrêté et conduit incontinent devant le magistrat de sûreté.

N.º 4. L'espionnage, l'embauchage commis *dans l'intérieur* par des non-militaires, doivent être du ressort des tribunaux ordinaires ; à moins que l'on ne veuille en distraire les étrangers, les non-domiciliés, les vagabonds : mais, en ce cas même, il faudrait que, préliminairement, la compétence fût jugée, et qu'il y eût recours à la cour de cassation.

N°. 5. Les refus des réquisitionnaires et conscrits sont de la compétence des tribunaux militaires, s'ils n'ont pas pour complices des non-militaires.

Ces articles préliminaires donnent lieu à plusieurs réflexions.

La justice militaire est d'exception.

L'institution de cette justice est un privilége pour les militaires ; elle serait oppressive pour les simples citoyens.

Les simples citoyens ne doivent jamais être soumis à la justice militaire, ni comme accusés, ni même comme plaignans.

Telle était la disposition de nos anciennes lois, qui, entre les délits commis par les militaires, avaient sagement distingué les délits caractérisés délits militaires, dont la connaissance était attribuée aux prévôts des maréchaux, ou aux conseils de guerre, de ceux caractérisés délits communs, dont la connaissance appartenait aux juges ordinaires.

L'ordonnance du 16 novembre 1641, confirmée par celles du 13 mai 1665 et 1.ᵉʳ juillet 1727, statue,

1.º Que les juges ordinaires des lieux où les troupes sont en garnison, connaîtront des crimes et délits commis dans lesdits lieux par les gens de guerre, de quelque nature qu'ils soient, auxquels les habitans des lieux ou autres sujets de sa Majesté auront intérêt ; néanmoins, ils ne pourront procéder à l'instruction et au jugement, sans y appeler le prévôt des bandes, ou en son absence, le major, aide-major, ou autre commandant des troupes.

2.º Lorsque les militaires auront été emprisonnés par ordonnance des juges des lieux, les officiers ne pourront les retirer ni faire retirer des prisons où ils auront été mis, sous prétexte qu'ils doivent connaître de leurs crimes ; mais ils devront en faire la réquisition aux juges, et en cas de refus, se pourvoir vers sa Majesté.

Ces dispositions sont à renouveler.

On propose la rédaction ci-après :

Les délits militaires sont,

1.º La désertion ;

2.º L'espionnage, l'embauchage commis par les militaires, les étrangers, les vagabonds, et les non-domiciliés ;

3.º Les crimes et contraventions commis par les militaires et les personnes attachées aux armées, contre la discipline et le service militaire ;

4.° Les crimes et contraventions commis par les militaires et les personnes attachées aux armées, hors le territoire de l'Empire, de quelque nature qu'ils soient, et envers toutes personnes;

5.° Les crimes et contraventions commis par les militaires et les personnes attachées aux armées, dans l'intérieur de l'Empire, à la suite des armées, dans les camps, casernes, quartiers, garnisons, en quelque lieu que ce soit, envers des militaires ou des personnes attachées aux armées;

6.° Le refus des réquisitionnaires ou conscrits, de rejoindre leurs drapeaux.

7.° Hors ces cas, les délits et contraventions commis par les militaires ou les personnes attachées aux armées, sont qualifiés délits communs; la connaissance en appartiendra aux tribunaux ordinaires.

8.° Les tribunaux ordinaires connaissent pareillement de tous délits commis dans l'intérieur de l'Empire, par les militaires ou les personnes attachées aux armées, lorsqu'ils seront inculpés, prévenus ou accusés de complicité avec des non-militaires, citoyens ou domiciliés.

9.° Les tribunaux militaires, avant de juger le fond des accusations dans lesquelles pourraient être impliqués des non-militaires, étrangers, vagabonds ou non-domiciliés, jugeront leur compétence. Les jugemens de compétence seront soumis au pourvoi, dans les délais ordinaires, devant la cour de cassation; et, en cas de pourvoi, les jugemens définitifs ne pourront être exécutés qu'après le jugement sur le pourvoi.

Des Peines criminelles et correctionnelles.

Les rédacteurs du Projet présentent, dans l'article 9, l'échelle des peines qu'ils se proposent d'établir contre les divers délits. L'énumération consignée dans cet article semble autoriser d'abord à penser que la gradation se compose d'un assez grand nombre de moyennes proportionnelles; mais on reconnaît bientôt, par les développemens fournis dans la fin du livre I.ᵉʳ, que plusieurs de ces peines, ne faisant que s'ajouter à quelques autres, peuvent être comptées parmi les termes déjà trop bornés peut-être de cette progression. Ainsi, la marque ou la flétrissure n'est qu'un accessoire commun de la peine des travaux forcés, soit à perpétuité, soit à temps, et de la déportation. Ainsi, le renvoi sous la surveillance spéciale du Gouvernement se joint de droit à la peine des travaux forcés à temps, à la reclusion, à la relégation: elle peut encore être la suite de toute condamnation intervenue pour délits qui intéressent la sûreté intérieure ou extérieure de l'État, la Constitution, ou la paix publique. On voit même clairement, par l'article 56, que l'intention des rédacteurs n'a jamais été d'employer cette surveillance comme peine principale; et en effet cette destination résisterait à la nature de la chose, et à l'idée que rappellent les mots

de

de renvoi sous la surveillance, pour la mise à la disposition du Gouvernement; quoique les articles 9 et 57 en parlent d'une manière peu propre à en donner une juste idée, on peut cependant conclure de ces articles mêmes, et de ceux 226, 229 et 233, que les rédacteurs n'ont considéré cette mesure que comme peine accessoire.

D'un autre côté, la peine d'infamie ou du carcan se joint également à la peine des travaux forcés, soit à perpétuité, soit à temps, et à la reclusion. La détention qui, dans le système de l'ancien Code pénal, avait été soigneusement distinguée du simple emprisonnement, n'en diffère aujourd'hui que par la durée, quoique l'emprisonnement soit une peine légère, souvent infligée aux simples contraventions de police, et qui, pouvant aller jusqu'à dix jours, pendant que la détention est susceptible de s'étendre depuis onze jours jusqu'à cinq ans, n'a véritablement d'autre ligne de démarcation qui la sépare de cette dernière peine, qu'une différence de vingt-quatre heures de durée.

On voit, à la vérité, par les articles 12, 13, 14 et 15, que les rédacteurs ont cherché à rétablir quelque gradation dans la peine même des crimes que la perte de la vie seule peut expier ; mais ont-ils bien épuisé toutes les nuances avouées par la morale publique ! Celles même qu'ils ont établies entre les diverses condamnations capitales, sont-elles admissibles et convenablement mesurées d'ailleurs sur la gravité des crimes auxquels on les applique !

Il semble que la connaissance de l'homme autorise à penser que, pour rendre les dispositions pénales les plus répressives et par conséquent les meilleures possibles, il faut établir dans les peines des différences qui, sans tourmenter par une cruauté recherchée les derniers momens du coupable, laissent dans tous les esprits une forte impression d'horreur pour la peine que le crime entraîne. Cette impression naît ou des idées d'infamie, ou des sensations douloureuses, pénibles, effrayantes, que réveille l'exécution, quoique le peu de douleur réelle du patient justifie l'humanité du législateur. Ainsi, au lieu de ce voile dont le Code pénal veut qu'on couvre le visage du parricide, de cette tunique rouge dont cette même loi revêt l'assassin à l'instant de son supplice, symboles purement moraux, insuffisans pour ébranler l'imagination du peuple, et qui n'ajoutent rien pour le coupable à la crainte de la peine; nos anciennes lois avaient adopté, pour les divers crimes capitaux, des peines dont la différence était déterminée par la nature même des idées qu'on attachait à l'action qui constituait le crime : ainsi, le vol, quand il devait entraîner la perte de la vie, était puni de la potence, supplice auquel des idées anciennes avaient attaché une infamie qui s'accordait bien avec la bassesse qui caractérise ce genre de délit : ainsi, la main dénaturée et perfide qui s'était souillée du sang d'un père, d'une mère, d'une épouse, était non-seulement coupée,

mais jeté dans un brasier ardent ; cette première partie de la peine était
même accompagnée de formes à-la-fois religieuses et expiatoires, propres
à frapper utilement l'imagination, à mêler de fortes impressions morales à
celles qui avaient plus de rapport aux sens, et à écarter de cette partie
de l'exécution toute teinte de férocité et de cruauté.

Ainsi, l'empoisonneur et l'incendiaire étaient précipités dans un brasier
ardent ; et, bien qu'il soit reconnu que cette peine était moins douloureuse,
que tout autre genre de mort, sur-tout d'après les moyens qu'on prenait
pour assurer une prompte suffocation , elle était cependant la plus propre à
remuer fortement les organes grossiers du peuple ; et l'impression profonde
qu'il éprouvait, justifiait pour lui cette idée , que les plus odieux de tous
les attentats étaient expiés par les plus cruels tourmens. Ne serait-il pas possible, en écartant pour toujours quelques supplices anciens , que leur
cruauté doit faire rejeter , de faire revivre des dispositions qui ne coûtent
rien de plus à celui qui doit mourir , et qui fructifient pour ceux auxquels
il doit donner un salutaire exemple ? Ne conviendrait-il pas de dégager,
au moins dans beaucoup de cas , la déportation, des peines accessoires de
l'exposition et de la flétrissure, de l'infamie ou du carcan? Cette mesure
ne ferait-elle pas mieux sentir la dégradation que la loi a voulu établir
entre la peine des travaux forcés et la déportation ? Ne s'accorderait-elle
pas davantage avec les idées qui ont déterminé les rédacteurs du Projet
à faire une peine principale de la déportation , qui , jusque-là , n'avait
été considérée que comme un accessoire applicable seulement à la récidive en matière de crime ? La déportation ainsi isolée ne serait - elle pas
mieux accommodée à la plupart des délits auxquels les rédacteurs l'appliquent, et notamment à ceux prévus par les articles 84 , 104, 170 ,
171, 172 ?

La flétrissure ne pourrait-elle pas être , ainsi qu'autrefois, dans certains
cas , infligée comme peine principale, à laquelle on joindrait au besoin le
renvoi sous la surveillance , ou la mise à la disposition du Gouvernement ?

Ne serait-il pas nécessaire enfin , que les mesures administratives et les
formes judiciaires concourussent à séparer , par de fortes nuances, l'emprisonnement de la détention , la détention de la reclusion ? Plus ces peines se
confondent facilement au fond , puisqu'elles n'ont toutes trois qu'un seul
et même effet, la privation plus ou moins prolongée de la liberté , plus
il importe de marquer les différences qui doivent les séparer , puisqu'il en
existe de très - frappantes dans les faits auxquels ces diverses peines sont
applicables. Ne tirerait-on pas à-la-fois de la distinction marquée qu'on établirait entre ces divers modes de punition, une plus grande force d'exemple
pour la société , et plus d'espérance de correction pour les coupables ?

Art. 13. Pour faire disparaître de cet article le mot *conjugicide*, qui n'est pas français, on propose de substituer à la rédaction donnée par les auteurs du Projet, celle suivante :

« Le coupable condamné à mort pour meurtre commis sur la personne
» de son père ou de sa mère légitimes ou naturels, de tout autre de ses
» ascendans, ou de sa femme légitime, &c. »

Même article. On propose d'accorder aux tribunaux la faculté de prononcer par le jugement, ou à l'instant de l'exécution, par *retentum*, une diminution de la durée de l'exposition.

Art. 15. *Ici gît un conjugicide.* Substituer, *un meurtrier de sa femme*, ou, *une femme homicide de son mari.*

Art. 24. Pourquoi flétri sur les deux épaules !

Art. 26. Après les mots, *il y demeurera*, on propose d'ajouter le mot *debout.*

Art. 28. Au lieu de faire ajouter par l'exécuteur à la proclamation, les mots portés en cet article, on propose de les faire mettre par écriteau sur la poitrine du condamné.

Art. 31. On propose de donner aux tribunaux la faculté d'ordonner l'exécution dans le lieu même du délit ; en se concertant, à cet effet, avec l'autorité administrative ; ce qui emporterait le retranchement du second verset de cet article.

Art. 32. On propose de commencer cet article ainsi : « Aucune femme » ne sera présentée à l'examen sur une accusation de crime capital, et ne &c. »

Art. 37. D'après les articles 20 ci-dessus, 38 *infrà*, et l'article 3, §. 2 du discours préliminaire sur cette partie du Projet, on paraît autorisé à penser qu'il est ici question du territoire européen de la République : ne faudrait-il pas le dire expressément !

Art. 39. On pense que tout homme déclaré convaincu de forfaiture, est par-là même présumé indigne d'exercer à jamais aucune fonction ou emploi public ; ainsi l'on propose d'ajouter ici les mots *à perpétuité.* Quant aux autres droits de citoyen, on demanderait que les tribunaux eussent, à l'égard de cette peine, la latitude qui leur est accordée par les articles 23, 25, 37 ci-dessus, dans l'application des autres peines temporaires.

Art. 51. On propose de rédiger ainsi le second verset de cet article :

« Les sommes recouvrées seront affectées, *jusqu'à due concurrence*, de
» préférence aux restitutions et aux dommages-intérêts adjugés aux parties
» lésées par ces crimes ou ces délits, et ensuite aux amendes et frais. »

OBSERVATIONS sur la mise à la disposition et le renvoi sous la surveillance du Gouvernement.

Ces deux institutions, comme peines, feront beaucoup d'impression : elles pourront avoir une grande utilité.

On voit, par les articles 57 et 233, que la mise à la disposition a lieu pour les vagabonds déclarés tels par jugement, et succède à la peine par eux subie.

Pourquoi cette mise à la disposition ne serait-elle pas substituée à la mise en surveillance, à l'égard de tous les condamnés pour crimes !

L'expérience n'a t-elle pas appris que les plus grands crimes sont le plus fréquemment commis par les hommes qui ont déjà été frappés par la justice ! N'a-t-elle pas appris que rendre à la société des hommes sortis des maisons de peine, c'est lui préparer les plus grands maux !

La surveillance sera-t-elle bien puissante contre des hommes qui sont parvenus au dernier degré de la corruption, et dont les premiers pas dans la société tendront à se soustraire à cette surveillance !

On pense qu'il faudrait, par la mise à la disposition du Gouvernement, établir des moyens d'épreuve de la moralité des hommes qui ont subi leur peine, avant de les rendre à la liberté.

On pense que la mise à la disposition pourrait être appliquée comme peine à ceux qui auraient violé la mise en surveillance.

On pense que la mise à la disposition serait une sorte d'esclavage légal très-adouci, qui assujettirait au travail, dans un atelier à ce destiné où les hommes déjà condamnés pour crimes seraient retenus ; que cette mesure priverait celui qui en serait atteint, non du droit de propriété, mais du droit d'administrer ses biens ; que dans cet atelier, l'homme qui y serait retenu, devrait avoir l'espérance de rentrer libre dans la société, s'il s'en montrait digne.

La mise en surveillance est une mesure moins grave ; elle est un avertissement donné par la justice à chaque citoyen, et à la société, que tel individu doit exciter de la défiance par ses dispositions morales vicieuses.

On pense que dans le projet de Code, cette mise en surveillance est étendue à trop de cas ; que cette mesure terrible doit être resserrée dans de plus étroites limites.

En effet, il arrivera ou que l'autorité elle-même négligera d'user de cette surveillance étendue sur trop d'individus ; ou que s'en servant comme d'une mesure générale, elle en frappera indistinctement tous ceux qui lui seront indiqués, et alors elle ne fera pas la distinction nécessaire de l'homme réellement dangereux d'avec l'homme qui a été un instant égaré et que la peine a corrigé.

On pense que le régime des ateliers *de disposition* doit être tellement adouci, qu'il soit possible d'y admettre les hommes mis en surveillance qui ne pourront pas fournir le cautionnement exigé d'eux.

On pense enfin qu'il serait infiniment desirable que, dans la maison de peine et de disposition, il fût établi un régime rémunérateur qui tendît, par des peines et des récompenses, à opérer l'amélioration des hommes atteints par la justice et par la loi.

Combien est déplorable l'aspect des maisons de peine ! Qu'il est douloureux de reconnaître que les hommes qui ont expié leur crime par l'accomplissement forcé de la peine, ne l'ont pas expié par le repentir, qu'ils obtiennent la liberté au moment où ils sont les plus dépravés, lorsqu'ils ont des dispositions plus audacieuses et plus ardentes à commettre de nouveaux et de plus grands crimes !

Ne serait-il donc pas utile que, pour améliorer les hommes condamnés, l'administration publique eût en son pouvoir des récompenses et des peines ! Ne serait-il pas possible que ces peines et ces récompenses eussent l'effet de corriger ceux qui sont retenus dans les maisons de peine, de leur inspirer le goût du travail, de leur inspirer des principes de religion et de morale, et de préparer leur retour dans la société en les rendant dignes d'y rentrer !

L'homme condamné espérerait d'abréger sa peine par son zèle dans le travail, par sa soumission aux règles, par des preuves données à l'administration que son ame s'est ranimée pour la vertu. N'y en eût-il qu'un très-petit nombre qui se montrassent dignes d'être récompensés par une abréviation de peine, par un renvoi dans la maison de disposition, ces exemples de récompense pourraient changer le mauvais esprit qui règne dans les maisons de peine et produire beaucoup de bien.

L'homme mis à la disposition du Gouvernement, qui se conduirait mal dans l'atelier de travail, serait puni de certaines peines dont la rigueur pourrait aller, pour les hommes déjà condamnés pour crimes, jusqu'au renvoi pendant un certain temps au bagne.

Celui qui, au contraire, travaillerait avec zèle, qui montrerait de la soumission, qui respecterait les règles, pourrait être récompensé par des adoucissemens qui, de degré en degré, le rapprocherait de l'honneur et le ferait parvenir à être affranchi.

Cet affranchissement procurerait la liberté, à la condition seulement de déclarer le lieu de la résidence.

L'affranchi qui aurait été libre pendant un certain temps fixé, pourrait obtenir, par l'assentiment du conseil général du lieu de sa résidence, la réhabilitation.

Au bout d'un temps fixé il serait obligé de demander cette réhabilitation. Si elle lui était refusée, il rentrerait de droit dans la mise à la disposition du Gouvernement.

Ainsi, la vie de l'homme condamné pour crime s'écoulerait d'abord dans l'accomplissement de sa peine, et ensuite dans des épreuves par lesquelles on s'assurerait de son amélioration. La loi s'emparerait de lui, et ne le rendrait à la société qu'après que l'administration publique se serait assurée qu'il ne lui serait pas rendu pour en être le fléau.

Il n'y aurait presque plus de récidives.

Enfin, si les efforts de l'homme qui a expié son crime ont été sincères et constans vers la vertu, si son cœur avait été purgé par le repentir, il se verrait récompensé par la réhabilitation.

La réhabilitation serait toujours présente aux yeux de tout condamné, par les impressions réunies et si fortes de la crainte et de l'espérance.

Cette réhabilitation ne s'obtenant qu'après des épreuves long-temps soutenues, qu'après un long espace de temps passé dans le travail et la soumission, deviendrait honorable dans l'opinion publique; elle existerait de fait comme de droit.

Ce sont-là les vœux qu'ont fait naître les deux institutions nouvelles proposées dans le Code criminel.

Art. 58. On propose de laisser aux tribunaux une faculté absolue de déterminer la mesure des indemnités; et par conséquent on est d'avis de retrancher les mots, « sans qu'elles puissent jamais être au-dessous du quart » des restitutions. »

Amendes, Mode de recouvrement, Contrainte par corps.

Art. 59. Il semble qu'en matières criminelle et correctionnelle, l'exécution des condamnations à l'amende, aux restitutions, aux dommages-intérêts et aux frais, devrait toujours être poursuivie par la voie de la contrainte par corps.

Art. 60. N'est-il pas trop rigoureux d'exiger que le condamné à l'amende, qui sera dans un état d'insolvabilité absolue, ne puisse être mis en liberté sans avoir payé, qu'après avoir subi, en matière criminelle, un emprisonnement de trois ans, et en matière correctionnelle, un emprisonnement d'un an!

Ainsi, celui qui, en matière correctionnelle, aurait été condamné à onze jours de prison, y resterait un an s'il ne pouvait payer l'amende à laquelle il aurait été condamné.

L'insolvabilité n'est cependant pas un crime.

Ne serait-il pas plus juste de dire que quiconque, attendu son état d'insolvabilité, ne pourra acquitter les condamnations pécuniaires contre lui prononcées, sera mis en liberté, sauf à exercer contre lui la contrainte par corps, s'il lui survient quelque moyen de payer!

Ce détail très-important est soumis à de graves inconvéniens.

Pendant long-temps il suffisait pour qu'un condamné à l'amende fût mis hors de la prison sans la payer, qu'il rapportât un certificat d'insolvabilité du maire de sa résidence. Ces certificats étaient souvent accordés à l'importunité; il n'y avait presque plus de condamnés qui payassent les amendes.

Le ministre a ordonné que les condamnés ne seraient soustraits au paiement de l'amende et mis hors de prison sans l'avoir payée, que lorsque le
receveur de l'enregistrement aurait envoyé au procureur impérial un procès-
verbal de carence constatant l'insolvabilité du condamné.

Ainsi, la preuve de l'insolvabilité dépendait de celui qui avait à la
constater. Mais, comme les receveurs de l'enregistrement ne gagnent rien
lorsqu'ils établissent cette preuve, qu'ils sont obligés de faire l'avance des
procès-verbaux de carence qui restent à la charge de la régie, ils ont mis
une grande négligence à la faire opérer ; et il est arrivé que des condamnés
insolvables sont restés six mois et davantage en prison, parce que le receveur de l'enregistrement ne faisait point dresser de procès-verbal de carence
et ne l'envoyait pas.

Peut-être ces inconvéniens cesseraient-ils en partie, si, d'une part, les
amendes étaient plus proportionnées aux facultés de ceux qui les encourent ;
si, d'autre part, la régie était intéressée à recouvrer quand cela est possible,
à constater l'impossibilité quand elle est réelle.

Les amendes seront généralement proportionnées aux facultés des condamnés, si, au lieu d'être par la loi prononcées de sommes déterminées,
elles sont fixées d'après la contribution mobilière du condamné, ou, s'il est
est mineur en puissance de père ou mère, ou si c'est une femme en puissance de mari, d'après la contribution mobilière des père, mère ou mari.

Ainsi, par exemple, le projet de Code détermine l'amende à payer par
celui qui serait convaincu d'outrages envers un fonctionnaire public, à une
somme de cinquante-un à trois cents francs, à l'arbitraire des juges.

Ne pourrait-on pas ordonner que cette amende pourra être d'une somme
égale à cent fois la contribution mobilière du condamné, et ne pourra
être fixée au-dessous d'une somme égale à vingt fois cette contribution
mobilière !

Si toutes les amendes étaient prononcées sur ce pied, il semble qu'elles
seraient plus souvent proportionnées aux facultés, et par conséquent payées.

Celui qui, imposé seulement à trois francs de contribution mobilière,
aurait commis un délit dont la peine serait d'une amende de dix fois le
montant de cette contribution, paierait facilement trente francs, et serait
puni dans la même proportion que le plus riche qui, payant vingt francs
de contribution mobilière et convaincu du même délit, serait condamné
à payer deux cents francs d'amende.

Contre ceux qui ne paieraient pas de contributions, tels que les vagabonds et non-domiciliés, les amendes seraient arbitraires.

Faute de paiement, le condamné à l'amende garderait prison, en vertu
du jugement de condamnation, un jour pour chaque montant de la contribution mobilière à laquelle il serait condamné et qu'il n'aurait pas payé ;
et il serait mis hors de prison en justifiant au procureur impérial, 1.ᵉ d'un

certificat d'indigence du maire de la commune; 2.ᵉ que, dans la huitaine qui aurait précédé l'expiration du délai pour sa sortie, il aurait communiqué ce certificat d'indigence, et l'extrait du jugement rendu contre lui, au receveur des amendes de son arrondissement; 3.ᵉ qu'il n'aurait point été écroué à la requête de ce receveur.

A compter du jour de l'écrou par le receveur de l'enregistrement, les frais de nourriture et geole des prisonniers seront à la charge de la caisse de l'enregistrement, et payés chaque mois d'avance comme pour dettes civiles.

Dans tous les temps, les condamnés à l'amende, qui, sans l'avoir payée et pour cause d'insolvabilité, auraient été mis hors de prison, pourront être poursuivis dans leurs biens et dans leurs personnes, à la requête du receveur des amendes, et aux conditions d'avancer, sur les deniers de la régie, les frais de poursuites, ceux de nourriture et de geole.

Art. 63. Supprimer le mot *gratuite*.

Au mot *l'époque*, substituer ceux-ci, « les poursuites commencées à » raison, &c. »

Le crime est défini par tous les auteurs, « une action méchante qui » blesse directement l'intérêt public ou les droits des citoyens. » (Recueil de jurisprudence, tome 5.)

Il suit de cette définition, que l'action commise contre l'intérêt public ou les droits des citoyens ne peut être punie comme crime, que lorsque l'intention de celui qui l'a commise, a été *méchante*.

Les rédacteurs du projet de Code criminel ont reconnu ce principe en admettant pour excuses la démence, le défaut de volonté, et même la volonté subjuguée par la violence.

De ce principe admis, il résulte la conséquence que le législateur, pour énumérer les crimes, doit employer les mots qui, avec l'idée de l'action, emportent avec eux l'idée accessoire d'action commise méchamment, ou que, lorsque les mots dont il se sert n'expriment qu'une action purement matérielle, il est obligé d'y ajouter des expressions qui caractérisent la méchanceté de l'action.

Les législateurs de 1791 se sont conformés à cette règle dans le Code pénal : en lisant cette loi, on reconnaît que, lorsqu'ils ont pu se servir de l'expression qui donne en même temps l'idée de l'action et celle de l'intention, ils l'ont adoptée de préférence; que, lorsqu'ils n'ont pas trouvé d'expressions qui pussent remplir ce double emploi pour certains crimes, ils ont ajouté des expressions explicatives qui rendaient évidente la méchanceté de l'action commise.

Nous

Nous allons en rapporter des exemples pris dans toutes les sections du Code pénal de 1791 :

TITRE I.er Art. 1.er « Quiconque sera convaincu d'avoir pratiqué des » machinations ou entretenu des intelligences avec les puissances étran- » gères ou leurs agens, pour les engager à commettre des hostilités ou » pour leur indiquer des moyens d'entreprendre la guerre contre la France, » &c. »

Les mots *pratiqué des machinations* portent avec eux des idées accessoires de trahison, de méchanceté : les mots *entretenu des intelligences* sont moins significatifs ; mais la loi ajoute des explications qui ne laissent aucune équivoque sur l'intention criminelle.

Art. 3. « Tout Français qui portera les armes contre la France, &c. »
L'intention criminelle est suffisamment déterminée par ces simples expressions. On ne peut objecter qu'un ennemi perfide a forcé quelquefois des Français à servir contre la France ; car la violence est une excuse admise non-seulement pour ce crime, mais pour tous les autres.

Section VI. Art. 1.er « Quiconque sera convaincu d'avoir contrefait ou » altéré les espèces ou monnaies nationales ayant cours, ou d'avoir contribué » *sciemment* à l'exposition desdites monnaies, &c. »

Les mots *contrefaire, altérer,* emportent avec eux l'idée de méchanceté ; mais lorsque la loi définit le crime de celui qui contribue à l'exposition, à l'introduction des monnaies contrefaites, elle y ajoute le mot *sciemment,* sans lequel il n'y aurait point de crime.

TITRE II. L'homicide involontaire, causé par négligence ou imprudence, n'est pas déclaré crime, mais délit.

L'homicide volontaire légal, l'homicide volontaire légitime, ne sont reconnus ni pour crimes, ni pour délits.

L'homicide volontaire par suite d'une provocation violente, est un crime excusable et puni.

L'homicide commis volontairement est plus sévèrement puni, comme *meurtre.*

L'homicide commis avec préméditation est qualifié *assassinat.*

Que de soins apportés dans ces articles pour distinguer la méchanceté de l'intention, et punir suivant le degré de cette méchanceté !

Quelquefois le législateur, ne trouvant pas d'expression assez courte qui exprime en même temps l'action et l'intention, se sert de ces expressions :

Quiconque aura commis le crime de la castration ,
Aura commis le crime de faux ,
Le crime de concussion , &c.

Section II. « Tout vol. »

La loi ne se sert que de cette expression *vol.* Cette expression est suffisante, elle emporte l'idée de la méchanceté de l'action.

Art. 32. « Mettre le feu à des maisons , bâtimens et bois taillis, ré-
» coltes, &c. par malice ou vengeance, et à dessein de nuire à autrui. »

Art. 33. « Détruit par une mine ou disposé une mine pour détruire, &c. »

L'action de mettre le feu a eu besoin d'être expliquée par la méchanceté de l'intention pour être caractérisée crime.

L'action de détruire par une mine n'a pas eu besoin de cette explication.

C'est sur-tout dans le titre III du Code pénal qu'on doit remarquer les expressions employées pour caractériser la complicité des crimes. La méchanceté de l'intention y est soigneusement expliquée par les expressions *sciemment et dans le dessein du crime ; sachant que les effets recelés ou reçus gratuitement, ou achetés, provenaient d'un vol.*

Nous avons reconnu que dans le projet de Code criminel les commissaires rédacteurs se sont, dans un grand nombre d'articles , conformés au principe qui a dirigé les législateurs du Code pénal de 1791 ; et cependant nous avons aussi remarqué qu'ils s'en sont quelquefois écartés ; qu'ils ont souvent négligé d'exprimer l'idée de la criminalité de l'action , principalement dans des articles destinés à réprimer la complicité des crimes. Nous pensons que c'est à tort qu'ils se sont écartés du principe ; et nous allons successivement rapporter les articles qui nous paraissent exiger des additions propres à exprimer la méchanceté de l'intention.

Art. 68 du Projet. « Seront punis comme coupables d'un crime ou d'un délit,

» 1.º Ceux qui auront commis l'action ;

» 2.º Ceux qui auront provoqué à cette action , ou qui auront donné » des conseils positifs ou des instructions précises pour la commettre. »

Après le mot *provoqué,* on propose d'ajouter *directement.* La proposition indirecte est si fugitive ; elle peut avoir lieu de tant de manières ; elle n'est qu'un consentement, qu'une adhésion équivoque au crime ; en sorte que cette expression *directement* peut être regardée comme nécessaire, sur-tout si l'on fait attention aux expressions fortes qui suivent dans le même article, où l'on trouve comme caractères de la complicité *donner des conseils positifs des instructions précises;* on trouvera (article 97), le mot *directement* employé pour circonstancier l'action de ceux qui excitent à la sédition.

« 3.° Ceux qui auront procuré des armes, des instrumens, ou tout
» autre moyen qui aura servi à l'action;

» 4.° Ceux qui auront aidé et assisté l'auteur de l'action, &c.;

» 5.° Ceux qui auront reçu un prix ou retiré un profit quelconque de
» l'action;

» 6.° Ceux qui fournissent habituellement logement, lieu de retraite ou
» de réunion aux malfaiteurs exerçant des brigandages. »

La nécessité de caractériser l'action des complices par ces mots, *sciemment et à dessein du crime*, sera d'autant mieux reconnue pour les précédentes dispositions, que les expressions employées sont plus vagues.

Art. 89. « Quiconque aura recelé ou retiré, ou fait recéler ou retirer
» des espions ennemis, ou les soldats ennemis envoyés à la découverte, &c. »

Le mot *recéler* peut indiquer la criminalité de l'intention ; mais le mot *retirer* exige quelques explications indicatives de l'intention : les espions qui sont compris dans cet article exigent le mot *sciemment*, car les espions prennent souvent diverses sortes de déguisemens.

Art. 92. « Quiconque, pour les exécuter (les crimes d'envahissement des
» domaines, propriétés ou deniers publics, &c.), aura formé ou dirigé une
» association de *malfaiteurs*, levé ou fait lever, organisé ou fait organiser
» des bandes, ou rempli dans ces bandes un emploi ou service quelconque,
» *ou leur aura fourni ou procuré* armes, munitions, instrumens de crime, *lo-*
» *gement, retraite ou lieu de réunion.* »

On pense que le mot *malfaiteurs* est inutile et peut être dangereux. L'intention criminelle est assez fortement exprimée par le but de l'action, l'envahissement des domaines, propriétés et deniers publics, &c. On peut se dispenser d'y joindre l'expression de malfaiteurs qui n'ajoute rien à l'idée, et peut fournir des prétextes d'interprétation aux hommes de parti qui soutiendront qu'ils ne sont pas des malfaiteurs, mais des hommes qui servent un parti sous tels ou tels noms.

Après les mots *fourni ou procuré*, ne serait-il pas nécessaire d'exprimer le crime de l'intention par le mot *sciemment* ou par d'autres expressions ! Cette expression paraît d'autant plus nécessaire que les moyens de complicité sont plus cumulés dans cet article, et qu'ils y sont plus vaguement exprimés.

Art. 98. « Quiconque *sans commission du Gouvernement* aura *pris*
» le commandement d'un corps d'armée, d'une flotte, d'une place
» forte, &c. »

Les mots *sans commission du Gouvernement* paraissent devoir être supprimés. Il peut y avoir beaucoup de cas où, sans commission du Gouvernement, un homme serait nécessité de prendre le commandement ; où les circonstances impérieuses le forceraient, pour le bien du service ou de l'État ; à agir en chef : mais peut-être alors ne doit-on pas laisser l'expression trop simple, trop peu significative de l'intention, *prendre le commandement ;* il faudra peut-être substituer au mot *prendre* le mot *usurper*, ou tel autre équivalent qui emportera l'idée accessoire de l'intention criminelle.

Art. 340. « Toute soustraction de la chose d'autrui est qualifiée vol.

» Si les auteurs de la soustraction allèguent qu'ils ont cru que la chose » soustraite leur appartenait, ou qu'ils y avaient droit, ou qu'ils ne l'ont » pas soustraite dans le dessein d'en dépouiller le possesseur ou le déten- » teur, les juges et les jurés auront tel égard que de raison à la défense, » aux rapports des personnes entre elles, et aux autres circonstances. »

Peut-être il n'était pas nécessaire de définir le vol : le mot *vol*, outre l'idée de *soustraction*, d'*action de la main*, emporte avec lui l'idée accessoire de l'intention frauduleuse de s'approprier le bien d'autrui.

La définition donnée paraît vicieuse et incomplète. Les commissaires rédacteurs l'ont si bien senti, qu'ils se sont trouvés dans la nécessité d'y suppléer par l'explication qui fait l'objet du second paragraphe de cet article.

La loi 2, *De furtis* au Dig., définit le vol : *Contrectatio fraudulosa, luçri faciendi gratiâ, vel ipsius rei, vel etiam usûs ejus, possessionisve.*

Cette définition est préférable à celle des auteurs du Projet, en ce qu'elle renferme l'idée de l'intention méchante sans laquelle il n'existe point de crime, et en ce qu'elle renferme tous les cas.

Les commissaires rédacteurs ont reconnu le vice de leur définition du vol d'une manière implicite ; car, dans tous les articles de la section Ire du chapitre II, ils se sont constamment servis de l'expression *vol*, et jamais de celle de *soustraction* qu'ils avaient, dans la définition, déclarée équivalente.

La nécessité d'énumérer les crimes, en se servant d'expressions qui renferment des idées accessoires de méchanceté, ou en ajoutant aux mots qui ne renferment que l'idée simple de l'action, des expressions explicatives de l'intention criminelle, est la conséquence du principe que le crime est une action méchante qui blesse l'intérêt public ou les droits des citoyens.

Les ordonnances anciennes, tous les auteurs qui ont écrit sur le Code criminel avant 1791, qu'il serait trop long de citer, mais qu'il est facile de consulter, se sont conformés à ce principe.

Les législateurs de 1791 sont remarquables par le soin qu'ils ont pris de s'y conformer.

Les commissaires rédacteurs eux-mêmes, dans la majeure partie des articles du Code projeté , ont cédé à cette nécessité ; c'est ce qu'il est facile de reconnaître.

Si, dans les articles que nous venons de rapporter , ils ont négligé de suivre la même règle , nous pensons qu'ils doivent réparer cette omission ; ils en seront plus semblables à eux-mêmes.

La loi pénale doit être instructive : les fonctionnaires qui sont chargés d'exercer l'action publique, doivent y trouver des règles précises pour distinguer l'innocent du coupable. On doit craindre que, par l'insuffisance de ses expressions, la loi pénale ne se trouve en opposition avec la conscience des magistrats et des citoyens.

Art. 68 , n.° 7. On propose de retrancher ce numéro comme contenant une mesure trop sévère et inquisitoriale.

Même article , n.° 9. Ce numéro est vague et trop peu clair ; on propose de le retrancher.

Art. 78 , 4.ᵉ alinéa. « Les maris , à l'égard des crimes &c. »
Disposition trop rigoureuse , attendu le peu d'autorité que nos lois et nos mœurs laissent aux maris sur leurs femmes.

Art. 84 , 86 et 87. Ces articles contiennent des dispositions qui paraissent contraires à cette juste proportion qui doit toujours régner entre la gravité des peines et celle des délits.

Une impétuosité aveugle, mais généreuse, déterminée par l'exaltation de l'honneur national, qui se confond alors dans son principe avec les mouvemens qui inspirent les plus grandes actions, et dont le législateur a fait à regret un crime parce que la raison d'état l'exige, peut entraîner l'ame la plus noble aux crimes prévus dans les articles 84 et 86. Ceux au contraire de la répression desquels s'occupe l'article 87, présentent tous les caractères de la bassesse et de la trahison. Cette trahison, cette bassesse, sont encore aggravées dans le 1.ᵉʳ alinéa de ce même article , par une prévarication et un abus de confiance que n'offre point l'espèce du 2.ᵉ alinéa.

Les peines qui sont ici les mêmes pour les trois cas, ne seraient-elles pas mieux graduées si, en laissant subsister les dispositions des articles 84 et 86, la mort était prononcée par le 1.ᵉʳ alinéa de l'article 87, et les travaux forcés à perpétuité par le 2.ᵉ alinéa. Les rapports frappans qui existent entre les cas prévus par l'article 81, et ceux rappelés au 1.ᵉʳ alinéa de l'article 87, peuvent autoriser, sous le premier rapport, le changement proposé ; il est justifié sous le second rapport, par les vues développées au n.° 3 des observations dont les rédacteurs du Projet ont cru devoir le faire précéder.

Art. 88. Cet article est trop vague et obscur.

Art. 92. Les règles grammaticales veulent que la première phrase soit ainsi conçue :

« Sera pareillement puni de mort et de la confiscation de ses biens,
» 1.° Quiconque &c. »

Même article, n.° 2. On propose la rédaction suivante :

« Quiconque aura pratiqué des intelligences avec les directeurs ou ordon-
» nateurs de ces crimes, pour en faciliter la consommation ; »

Art. 97. « Mais encore ceux qui, par *des discours tenus* &c. »

A ces mots, *des discours tenus,* on propose de substituer les mots suivans :
« Ceux qui dans des harangues publiques &c. »

Art. 104. Après ces mots, *dans toute la République,* mettez, *ou dans l'étendue d'un ou de plusieurs départemens, d'un ou de plusieurs arrondissemens.*

Art. 107. Retranchez ces mots, *ou quelque autre acte contraire à la Constitution.*

Art. 112. Après les mots, *et ceux qui en auront fait usage,* ajouter, *sciemment.*

Art. 113. Fixer, pour les opérations prescrites dans cet article, un délai de vingt-quatre heures ; enjoindre aux officiers instrumentaires d'agir pour constater les réquisitions.

Art. 114. Après ces mots, *ordre provisoire,* ajouter *et par écrit.*

Art. 116 et 117. En rapprochant ces deux articles, on est étonné que deux faits, dont l'un se présente comme une omission involontaire, et le second comme prévarication, donnent la même conséquence pénale.

Nous proposons de retrancher entièrement l'article 116, et d'adopter, pour l'article 117, la rédaction suivante :

« Tout magistrat de sûreté sera suspendu de ses fonctions et privé de son
» traitement pendant six mois, sans préjudice des dommages-intérêts envers
» la partie lésée. »

Nous croyons que le dernier des deux cas prévus par cet article ne se présentera jamais, et que la disposition qui s'y rapporte est inutile.

Art. 122 et suiv. jusqu'à 126. On propose de substituer à l'amende une suspension de fonctions, qui emportera la privation de traitement.

Art. 124. Après ces mots, *les droits et les intérêts des individus entre eux,* ajouter, *ou des individus avec le Gouvernement.*

Art. 127. Retrancher les mots *quant au poids ou quant au titre.*

Art. 128. A supprimer, comme trop rigoureux.

Art. 129, n.° 1.er Après les mots, *ou qui aura fait usage,* ajouter, *sciemment.*

Même article, n.° 3. Ce numéro cumule des faits dont les caractères présentent des différences très-marquées. On croit que cette confusion a produit une disproportion évidente entre quelques-uns des délits prévus par ce numéro, et la peine commune prononcée par l'article auquel il appartient. Il semble, en effet, que celui qui aura contrefait le timbre ou la marque d'un établissement de commerce, ne doit pas être placé sur la même ligne que celui qui a contrefait le sceau d'une autorité, ou les marques apposées au nom du Gouvernement : peut-être conviendrait-il d'appliquer au premier de ces deux cas, des peines analogues à celles de la contre-façon en matière de librairie.

Art. 132. Supprimer les dispositions suivantes :

« Ou qui auraient existé autrement, soit par omission de constater, dans
» l'acte, des faits existans et relatifs à l'objet de cet acte, quoiqu'il eût été
» requis de le faire, ou des faits que même sans réquisition il était for-
» mellement de son ministère de constater. »

Même art. 132, art. 133 et 134.

Les articles 12 et 15 de la IV.ᵉ section du titre I.ᵉʳ de la II.ᵉ partie du Code pénal, et 43, 44 de la II.ᵉ section du titre II, avaient mis une grande différence entre les peines portées contre chacun des délits prévus sous les numéros qu'on vient de rappeler. Ces dispositions anciennes nous paraissent, sous ce rapport, préférables à celles présentées par les auteurs du Projet.

D'une part, en effet, il nous semble qu'on ne doit pas placer au même degré de culpabilité le fonctionnaire ou l'officier public qui commet le crime de faux dans l'exercice de ses fonctions, et celui qui détruit, sup-prime ou detourne les actes et titres dont ses fonctions mêmes le cons-tituent dépositaire.

La destruction, la suppression, la soustraction d'un acte ou d'un titre de la part d'un fonctionnaire ou d'un officier public qui en était déposi-taire en cette qualité, est, sans doute, un abus de confiance très-crimi-nel, et cet abus peut avoir les plus funestes conséquences : mais cette action du moins ne commande pas la confiance, et n'enfante pas presque nécessairement l'erreur, comme l'action perfide d'un fonctionnaire ou d'un officier public qui déshonore son ministère par le crime de faux ; et quoi-qu'il soit vrai de dire qu'on se rende coupable de faux, non pas seule-ment en fabriquant une pièce fausse dans tout son contenu, mais encore en retranchant quelque partie d'une pièce dont la sincérité est d'ailleurs reconnue, il n'y a rien, dans ce principe, qui justifie les dispositions des articles cités ; car la suppression de quelque partie d'une pièce, d'ail-leurs reconnue vraie, offre précisément cette impulsion vers l'erreur qui fonde la différence que nous venons de relever. D'autre part, le faux com-mis dans l'exercice des fonctions publiques, est plus odieux et plus diffi-cile à découvrir que tout autre ; enfin, le faux en écritures authentiques et publiques offre, par le titre même de l'acte émané du faussaire, plus de danger dans les conséquences, plus de difficulté dans la découverte et la répression, que le faux en effets de commerce.

Il est donc essentiel que les peines aient de l'harmonie entre elles, parce qu'il est essentiel que l'on évite plutôt un grand crime qu'un crime moindre, ce qui attaque plus la société que ce qui la choque moins. Il semble que par-là même, il conviendrait de rétablir la proportion que le Code pénal avait mise entre ces divers délits.

Pour y parvenir, on propose de prononcer en général la peine des fers contre les faussaires, de rappeler, par l'article 132, les dispositions de l'article 15 du Code pénal, de maintenir la déportation pour le crime prévu par l'article 133, et de graduer dans leur durée les peines du crime de faux, selon qu'il sera commis en écritures authentiques et publiques, ou en effets de commerce ou de banque.

Art. 139. Excuse immorale, dont le principe ne doit pas être indiqué par la loi.

Art. 140. « Dans le cas même où les sommes non dues auraient été » offertes et payées volontairement. »

Supprimer ces mots, comme contraires aux idées qu'on attache à la concussion.

Art. 141. On pense, 1.° que cet article doit porter *administration directe, surveillance spéciale ;*

2.° Que l'interdiction de toute fonction publique doit être illimitée et absolue.

On pense aussi qu'un pareil article devrait être spécialement appliqué aux matières auxquelles il se rattache plus puissamment.

Art. 142. On propose de ne laisser subsister de cette énumération que les mots *grains et farines,*

Art. 143 et suiv. jusqu'à 149. Si les fonctions et les emplois ne sont confiés qu'à ceux qui en sont dignes, ces articles où le législateur annonce une défiance des mœurs publiques décourageante pour les gens de bien, seront sans objet. Ils seront sans force, si ceux qu'on peut avoir intérêt à corrompre ne sont pas, dans l'opinion générale, au-dessus du soupçon même de la corruption. D'ailleurs, rien n'est plus difficile que d'acquérir la preuve de ces sortes de délits ; et tout l'effet d'une instruction légale en pareille matière, est de joindre le scandale des recherches à celui de l'impunité. Il est des fautes que les lois ne peuvent punir, mais que prévient un Gouvernement sage : nous avons trop de confiance dans le nôtre pour ne pas proposer le retranchement de ces articles.

Art. 149 et suivans jusques et compris 159. Les espèces prévues par les articles 149, 150, 151, 152, 153, 156, 158, n'ont point proprement le caractère du délit ; c'est affaiblir la sanction des lois criminelles que de l'étendre à des faits auxquels elle n'est point applicable. Les auteurs du

Projet

Projet paraissent avoir trop peu compté sur l'attachement des hommes honnêtes pour les devoirs de leur état, et même sur les moyens coercitifs ou répressifs que donnent la subordination et la hiérarchie des pouvoirs.

On pense que des peines pécuniaires résultant implicitement de la privation du traitement attaché aux fonctions dont le délinquant pourrait être suspendu pendant un temps donné, selon la gravité des cas, conviendraient seules à l'espèce des articles 154 et 155.

L'article 159 paraît inutile, et, d'après ses dispositions même, il ne sert qu'à rappeler l'idée déjà trop fréquemment reproduite des fonctionnaires publics indignes de leurs fonctions.

Art. 168, 170 et 174. L'article 168 est conçu dans des termes tellement vagues, qu'il est à craindre que l'on n'en abuse; c'est sur-tout quand l'instigation ou la provocation à la rebellion n'ont produit aucun effet, qu'il convient de préciser les faits d'instigation ou de provocation déclarés punissables par la loi.

Dans l'article 170, l'amende cumulée avec la déportation, retombe nécessairement sur la famille innocente du condamné. A-t-on voulu se diriger ici par les principes qui font, dans certains cas, prononcer la confiscation générale !

On est affligé de voir, dans l'article 174, les ouvriers, les personnes admises dans les hospices et les étudians, à peine sortis de l'enfance, confondus, aux yeux du législateur, avec les hommes qui, déjà prévenus, accusés ou condamnés, appellent sur eux toute la défaveur de la loi; on est étonné sur-tout que les simples menaces envers les autorités de la part d'ouvriers attachés à des ateliers ou manufactures, d'individus reçus dans des hospices, d'élèves âgés au plus de seize ans, soient punis aussi sévèrement que le sont, par l'art. 160, les attaques et les résistances avec violences et voies de fait de la part de toutes sortes de personnes. Il semble que les auteurs du Projet, en rédigeant cet article, n'aient été occupés que des seuls prisonniers; car, malgré la nécessité commune de contenir plus sévèrement des hommes habituellement réunis, comment concevoir que l'on n'ait rien donné ni à la faveur de l'âge, ni à la garantie que présentent des hommes laborieux, utiles, et qui peuvent être un instant égarés sans cesser d'être estimables !

Art. 178, 179, 180, 181, 182. On propose de retrancher entièrement les articles 179, 180, 181, 182, et de substituer à la rédaction de l'article 178, celle suivante :

« Quiconque aura outragé un fonctionnaire ou un citoyen admis par » la loi à remplir un ministère quelconque de service public, en le frap- » pant dans l'exercice de ses fonctions ou de son ministère, ou à l'occa- » sion de cet exercice, sera puni de la reclusion. »

Pour appuyer cette opinion, l'on observe d'abord que l'énumération par laquelle les auteurs du Projet ont commencé l'article 178, est sans objet d'après la disposition même de cet article. En effet, la gravité du délit et de la peine ne s'y mesure pas sur la dignité des personnes outragées, et cette proportion, si on eût essayé de l'établir, aurait amené des détails de gradation propres à atténuer plutôt qu'à maintenir le respect; d'ailleurs, c'est en quelque sorte énerver la loi répressive des violences exercées envers les fonctionnaires publics, que de calculer la gravité de ces violences sur les accidens qu'elles entraînent, comme on le fait à l'égard des simples particuliers.

Quiconque frappe un fonctionnaire public, commet, par cela seul, un crime grave et doit être sévèrement puni, indépendamment des suites du coup Ces suites, si elles sont assez fâcheuses pour donner au fait un caractère encore plus important, rentrent, par-là même, dans l'ordre des délits attentatoires à la sûreté individuelle.

Le Code pénal avait disposé dans ce sens, et, par forme de citation, *voyez* l'art. 7 de la IV.ᵉ section du titre I.ᵉʳ de la II.ᵉ partie dudit Code.

Art. 187 et suivans jusqu'au §. V de la section III. Puisque les lois humaines peuvent défendre ce que la loi naturelle a permis, ou prescrire ce qu'elle n'a pas commandé, il est vrai de dire qu'en beaucoup de cas un délit se constitue de la violation d'une loi purement positive; mais s'ensuit-il de là qu'on puisse poser en principe, comme dans l'article 187, que la seule désobéissance aux ordres donnés par le Gouvernement ou par les diverses autorités, chacune dans le cercle de ses attributions, est un délit! Ne faut-il pas au contraire, pour qu'un fait puisse être réputé délit prévu et réprimé comme tel par la loi, qu'il ait le caractère du dol et de la fraude, et dès-lors l'espèce de chaque délit ne doit-elle pas présenter un fait précis et non pas une simple idée générale et abstraite de désobéissance ou d'omission !

Le défaut d'exécution d'un ordre légalement donné par une autorité légitime, et même le refus d'y obéir, ne s'offre pas toujours sous les traits odieux de la fraude et du dol; souvent même, il se présente sous des rapports qui en excluent jusqu'à l'idée; si cela n'empêche pas que le législateur, déterminé par la raison d'état, n'y applique quelquefois des dispositions pénales, du moins ces actes de sévérité doivent-ils être textuellement autorisés par la loi et non pas s'induire d'un statut général; car alors on soumet la loi aux caprices, aux passions, aux volontés des hommes, au lieu de l'opposer comme une digue salutaire à ces caprices, à ces passions, à ces volontés. Bientôt toutes les idées qui déterminent la moralité des actions, se heurtent, se confondent, s'affaiblissent; en voyant des actes exempts de criminalité érigés en crimes, on s'accoutume à croire que le bien et le mal sont purement arbitraires, que la force des lois n'est que celle par laquelle le souverain peut en assurer l'exécution, et qu'on est dispensé d'y obéir, qu'on peut les violer impunément. Les auteurs du Projet paraissent eux-mêmes avoir été frappés de ces considérations, lorsqu'ils ont qualifié de *contraventions* les délits de simple police. Comment est-il arrivé qu'ils aient ici abandonné ces idées au point de ranger avec les crimes les plus graves, le fait abstractivement et généralement considéré de désobéissance aux ordres d'une autorité, ou même le refus d'un service exigé par la loi, mais dont le défaut de prestation ne suppose pas nécessairement le dol et souvent n'en autorise pas le soupçon!

On propose de retrancher entièrement le paragraphe III de la section III, sauf à reproduire ailleurs et dans la partie qui traitera de l'instruction, l'article 190. On propose aussi de rejeter les articles 191 et suivans jusqu'à la fin du §. IV, sauf à les reproduire, comme dispositions spéciales, dans les lois isolées sur les matières auxquelles ces articles ont trait.

§. V. Art. 201 et suivans. *Évasion des détenus.* L'action d'un détenu qui se dérobe à la surveillance de ses gardiens, ou se dégage par tout autre moyen que par la violence des liens dans lesquels il était retenu; la négligence des gardiens auxquels le détenu parvient à se soustraire, n'ont pas proprement les caractères du délit, puisqu'ils ne présentent point ceux du dol et de la fraude. On pourrait ajouter même, qu'une foule de raisons puisées dans les principes de la plus saine morale, s'opposent à ce que l'on considère comme un délit proprement dit, l'action de ceux qui, n'étant chargés ni de la garde ni de la conduite des détenus, procurent ou facilitent, sans aucun moyen violent, leur évasion. Cependant la raison d'état veut que l'insouciance de ceux qui sont chargés de la conduite ou de la garde des détenus soit sévèrement réprimée: la raison d'état veut aussi la punition de ceux qui, étrangers à cette garde ou à cette conduite, contribuent à l'évasion. Mais nous serions disposés à penser que les divers cas d'évasion, qui ne se compliquent pas de violences, devraient être l'objet d'une loi particulière; et cette opinion avait été consacrée par les rédacteurs du Code pénal. Au reste, si l'on persiste à ranger cette matière parmi celles que les rédacteurs du Projet ont traitées, nous croyons que le texte de la loi du 4 vendémiaire an 6 serait préférable à celui du §. V. Les principales raisons de la préférence donnée à la loi du 4 vendémiaire an 6 sont, 1.°, que la distinction établie par les auteurs du Projet entre les cas où les détenus évadés sont simplement inculpés, et celui où ils sont, soit prévenus, soit accusés, donnera naissance à un calcul par suite duquel on conciliera la fraude, soit avec l'impunité, soit au moins avec le peu de gravité de la peine, en préparant l'évasion avant que la prévention ne soit réglée ou que l'accusation ne soit admise; 2.°, qu'en

général les auteurs du Projet ont proposé des peines trop douces et mis
trop de différence entre celles de la négligence et celles de la fraude à
laquelle, en cette matière, la négligence sert presque toujours de manteau;
3.°, que les dispositions consignées aux articles 3, 4, 5, 11, 12, 15 et 16 de
la loi du 4 vendémiaire an 6 ne se retrouvent point dans le Projet, et
ne sont suppléées par aucune autre.

§. VI. Art. 210 et suivans. *Bris de scellés.* La seule loi qui règle actuellement cette matière, est celle du 20 nivôse an 2.

Les dispositions de cette loi se sentent du malheur des temps dans lesquels elle fut portée. On y voit l'inculpation la plus vague et soutenue du
seul fait matériel de bris de scellés, autoriser les mesures les plus rigou-
reuses; on y voit l'autorité administrative investie de fonctions qui, par
leur essence, ne pouvaient appartenir qu'à l'autorité judiciaire; la conscience des jurés tyrannisée par la loi même; le fait volontaire du bris de
scellés puni comme l'étaient les forfaits les plus attroces, et un emprisonnement de deux ans, prononcé sur la simple présomption de négligence,
présomption toujours élevée de droit contre le gardien, s'il ne parvient
pas à la détruire par la preuve de la force majeure, preuve que la loi met
à sa charge. Les conséquences de cette étrange loi ont été celles qu'on
devait attendre : quelques actes de rigueur excessive, injuste peut-être,
ont été suivis lors du retour à un meilleur ordre de choses, d'une impunité affligeante, mais pourtant moins fâcheuse que l'application de peines
aussi évidemment disproportionnées au délit.

L'expérience avait donc démontré la nécessité d'une loi nouvelle; mais
nous craignons que celle projetée ne présente des inconvéniens qui, pour
naître de l'extrême contraire, n'en seraient pas moins dangereux.

Ainsi, dans l'application, la ligne qui sépare la simple négligence de
la connivence, étant d'autant plus difficile à déterminer que les inculpés
ont plus d'intérêt à confondre les nuances, ne résultera-t-il pas des dispositions trop générales de l'article 210, et du peu de sévérité de la peine
qu'il établit, un encouragement à la fraude !

On regrette que, dans cet article, les conséquences pénales du bris de
scellés, même lorsqu'il n'y a que simple négligence, ne soient pas plus
exactement calculées sur l'importance de l'intérêt qu'avait la société à la
conservation du scellé brisé. On conçoit que le législateur n'a pu faire
une disposition particulière pour chaque cas, mais on croit qu'il eût été
possible de poser des bases d'après lesquelles la mesure de la peine eût
été celle-même de l'intérêt blessé. La négligence paraît aussi, pour les raisons qu'on vient de donner, trop légèrement réprimée aux articles 212 et
215. Les articles précédens devraient d'ailleurs, comme l'article 218, faire
mention des dommages-intérêts dûs à la partie civile, même dans l'espèce

de cet article. Il devrait y avoir lieu aussi, selon les circonstances, à une peine corporelle en cas de négligence, et le *maximum* de cette peine en cas de connivence devrait être plus élevé.

Art. 221. Retrancher cet article comme contenant une définition vague et dangereuse.

Art. 226 et 233. Les termes dans lesquels ces articles sont conçus, investissent le Gouvernement d'une faculté contraire à la distinction des trois pouvoirs. Les dispositions de ces articles ne paraissent pas s'accorder avec celles de l'article 57 qui annonce, pour la mise à la disposition du Gouvernement, un terme fixé par le pouvoir judiciaire, ou expressément déterminé par la loi. Si la mise à la disposition du Gouvernement est une mesure administrative et non une peine, il faut retrancher l'article 57 ; si elle est une peine et non une mesure administrative, notre observation reste.

Art. 238. Préférer l'article du code pénal.

Sect. VI. On pense, par les raisons qu'on a données en traitant de l'ordre de l'ouvrage, que cette section, ainsi que les articles 387 et suivans jusqu'à 394, devraient faire l'objet d'une loi isolée et spéciale.

Art. 248. On propose de retrancher le mot *habituellement,* et de substituer aux mots, *de six mois à deux ans,* ceux-ci, *qui ne pourra excéder* deux ans.

On propose encore de réserver à la récidive la mesure portée au second alinéa de cet article.

Sect. VIII. Même observation que sur la section VI.

Art. 253. On propose la version suivante : « Ceux qui, dans les lieux » destinés aux cultes ou dans les cérémonies qui y sont relatives, auront » outragé les objets de ces cultes, ou leurs ministres, &c. »

Art. 254. *D'exercer un culte quelconque autorisé ;* on propose de mettre, *même autorisé.*

TITRE II. *Crimes et Délits contre les particuliers.* Chap. Ier Art. 256 jusqu'à l'art. 284. Ce chapitre, en général, comme nous l'avons annoncé en traitant de l'ordre de l'ouvrage, nous paraît pécher contre la méthode.

Ce défaut se fait principalement sentir dans la partie du chapitre qui se trouve depuis l'article 256 jusqu'à l'art. 284.

Les causes de ce défaut de méthode sont, à ce qu'il semble, 1.° qu'on n'a pas épuisé les dispositions relatives à l'homicide et à ses diverses espèces, avant de traiter des blessures graves qui peuvent, ou prendre les caractères de l'homicide, ou entraîner des peines différentes, mais toujours sévères ; 2.° que les blessures graves ont été classées sous le même titre que les blessures légères, et même les accidens involontaires.

Pour remédier à cet inconvénient, on propose d'abord de rétablir la distinction assignée par les lois actuellement existantes entre les matières correctionnelles et celles qui appartiennent au grand-criminel ; en second lieu, de transporter les articles 259 et suivans, jusques et compris l'art. 266 ; de faire venir les articles 267, 268, 272, 273 et 274, après l'art. 258. On desirerait que l'art. 272 présentât une image moins effrayante de la multiplicité des moyens de donner la mort par poison : on craint que la rédaction adoptée par les auteurs du Projet, n'éveille dans une ame perverse et cruelle des idées qui ne s'y seraient peut-être pas développées ; et on préférerait l'article 15 de la Ire section du titre II de la seconde partie du code pénal. On pense que les termes dans lesquels ce dernier article est conçu, sont assez généraux pour s'appliquer à tous les cas. On regrette d'ailleurs les dispositions de l'art. 16 ; on ne pense pas qu'il soit suffisamment suppléé par les dispositions de l'art. 272, bien que ce dernier puisse présenter peut-être implicitement la même conséquence. On ne peut dire trop clairement à l'auteur d'un grand crime non encore consommé, que son intérêt est d'accord avec celui de sa victime, pour le déterminer à écouter ses remords. D'ailleurs, la rédaction de l'article 272 écarte la possibilité d'atteindre la tentative d'empoisonnement.

Après l'article 274, on croit convenable de placer les articles 259, 270, 271, 269, 275, 276. L'espèce de l'art. 278 n'est pas suffisamment distinguée de celle de l'art. 275 ; il serait convenable de rappeler dans l'article 278 la distinction portée en l'article 277. On trouve que les peines établies par l'art. 279 devraient être graduées sur la gravité des blessures.

Art. 259. Rédaction vicieuse ; on propose celle suivante :

« Les blessures ou les coups qui auront causé la mort dans les dix jours, » lorque ces blessures auront été faites, ou ces coups portés sans armes » meurtrières, ou dans les quarante jours, avec armes, seront aussi réputés » meurtre. »

Art. 296. On peut supprimer l'article 296, en ajoutant à l'article 294, n.° 1.er, après ces mots, *instituteurs ou institutrices,* les mots suivans : « Et » contre ceux à qui l'enfant exposé aurait été confié pour en prendre » soin, ou pour toute autre cause, s'il a été délaissé par eux ou par leur » ordre. »

On pense qu'il est dangereux d'établir à-la-fois et des peines contre ceux qui exposent un enfant en un lieu même fréquenté, ou le portent à un hospice, et des peines plus graves contre ceux qui l'exposent en un lieu solitaire : l'action civile ménagée seulement dans le premier cas, aurait l'avantage de retenir dans la consommation de ce premier genre de délit, qui est assez rare, et de détourner entièrement du second, qui seul donnerait ouverture à la poursuite extraordinaire.

Art. 307. Cet article présente quelque chose de singulier dans sa sévérité : il est d'ailleurs inutile, et suffisamment suppléé par ces mots de l'article précédent : « Soit par toute autre espèce d'imprudence, d'inattention, » de négligence. »

Art. 309. Inutile, d'après la nouvelle rédaction proposée pour l'article 248.

Art. 310. En conférant cet article avec l'article 360, on trouve que, dans une espèce où le fait est aggravé soit par une grande facilité d'exécution, soit même encore par une inégalité de condition choquante, la peine n'est augmentée que d'une amende, qu'il sera rarement possible de faire payer, et qui, de toutes les punitions d'ailleurs, paraît la moins appropriée au délit. On propose, pour tous les cas prévus par le présent article, la peine des travaux forcés à temps.

Art. 315. La poursuite d'office ne serait-elle pas dangereuse! Elle pourrait avoir lieu sans avoir été provoquée ou par une dénonciation officielle, ou au moins par la rumeur qu'un scandale public aurait produite.

« Nous avons, disait Montesquieu (*Esprit des lois, liv. 6, chap. 8.*), nous » avons aujourd'hui une loi admirable : c'est celle qui veut que le prince, éta- » bli pour faire exécuter les lois, prépose un officier dans chaque tribunal » pour poursuivre en son nom tous les crimes, de sorte que la fonction des » délateurs est inconnue parmi nous ; et si ce vengeur public était soup- » çonné d'abuser de son ministère, on l'obligerait de nommer son dénon- » ciateur. »

Ces principes, il est vrai, ont été modifiés par notre nouvelle législation criminelle ; mais peut-être convient-il de les rappeler dans un cas où l'abus du ministère public présente autant de dangers.

Art. 320. On croit trop douce la disposition portée en cet article, et l'on préférerait celle de l'article 4, du titre III de la IIe partie du Code pénal ; l'influence que ce délit doit avoir sur l'impunité d'un grand crime, détermine cette opinion.

Art. 321 et 322. On propose de réserver la peine de l'article 221 exclusivement à l'espèce portée en l'article 322. Une peine qui emporterait l'infamie, conviendrait mieux dans le cas. Un sentiment d'honneur peut déterminer le second délit : le premier ne peut être que le résultat des passions les plus basses.

Art. 323 et 324. On croit qu'il est indispensable de distinguer le faux témoignage rendu en faveur d'un accusé, du faux témoignage porté contre lui. On pense encore que dans la répression de cette sorte de délit, il faut, avec plus de soin que n'en ont apporté les auteurs du Projet, graduer la peine d'après l'importance des matières dans lesquelles il est intervenu un faux témoignage.

On propose donc, en matière correctionnelle, de punir le faux témoin d'une peine double de celle réservée au prévenu en cas de conviction, quand la déposition aura été faite contre lui, et d'une peine égale quand la déclaration aura été faite en sa faveur ; au grand criminel, de prononcer la peine du talion contre le faux témoignage fait à charge, et celle du degré immédiatement inférieur contre l'auteur de toute déclaration à décharge reconnue fausse.

Art. 325, 326 et 327. On croit que, dans l'article 325, les auteurs du Projet n'auraient pas dû confondre le faux témoignage en matière civile, avec le faux témoignage en matière de police; en matière civile, en déposant pour quelqu'un, on dépose toujours contre un autre; en matière de police, on peut témoigner en faveur d'un prévenu sans blesser qui que ce soit en particulier; ce qui arrive lorsqu'il n'y a point de partie civile : dans ce cas même, il est vrai de dire que l'atteinte portée à l'ordre public étant en général très-peu grave, vu le peu d'importance des matières, le crime du faux témoin qui déclare en faveur du prévenu, suppose peu de corruption et mérite beaucoup d'indulgence.

On propose donc 1.º de réduire la peine du faux témoignage, en matière de police, à un emprisonnement de trois mois à un an, et à une amende de 50 à 200 francs, quand il n'y a pas de partie civile ; sauf à maintenir toute la latitude de la peine portée en cet article quand le témoin aura été corrompu par argent, par une récompense quelconque, ou par promesse; 2.º de réserver les articles 325 et 326 pour les cas de faux témoignage en matière civile ; 3.º de rendre perpétuelle l'interdiction du droit d'être employé comme témoin, prononcée par l'article 327 pour dix ans au plus.

Art. 328 et suivans jusques et compris l'art. 339, *sur la calomnie.*

La calomnie est la plus grave des injures : c'est un délit qui trouble le repos de la société ; le législateur doit chercher à le prévenir, en mettant sous les yeux de celui qui pourrait s'en rendre coupable, le tableau des peines qui lui sont réservées.

Mais, en cette matière peut être plus qu'en toute autre, l'intérêt essentiel de la société exige que les définitions de la loi soient claires, précises, non équivoques, et qu'elles ne laissent rien, s'il est possible, aux interprétations arbitraires. En effet, il est peu de délits qui puissent se présenter sous autant de faces que la calomnie, et par conséquent porter les esprits inquiets à ces fréquentes contestations qui entretiennent des animosités perpétuelles entre les hommes, parmi lesquels la loi, d'accord avec la morale, veut que l'union,

la

la concorde et une réciprocité de services soient maintenues pour le bonheur de tous.

Les rédacteurs du Projet que nous examinons , n'ont point ignoré ces principes ; néanmoins nous allons soumettre à l'examen quelques réflexions qu'a fait naître la lecture des articles 328 et suivans, concernant la calomnie et les injures en général.   ;

L'article 328 porte : « Quiconque aura fait par écrit une dénonciation » calomnieuse contre un ou plusieurs individus, soit au Gouvernement, &c.»

Un citoyen zélé ne peut-il pas quelquefois se faire illusion et dénoncer comme vrai , sur des rapports qu'il aura crus fidèles, un fait qui sera néanmoins reconnu faux ! et, dans ce cas, devrait-il être passible de la peine !

On ne le pensera pas sans doute , et peut-être alors jugera-t-on utile l'addition suivante à l'article que l'on vient de rapporter.

« Ne sera réputée dénonciation calomnieuse que celle qui aura été pré-» parée méchamment par son auteur, et étayée de preuves fausses, insidieu-» sement produites, propres à tromper la religion du Gouvernement ou à » égarer la justice. »

Art. 329. Cet article a pour objet d'établir une distinction que prescrivent la raison et la justice entre les divers cas d'imputations calomnieuses , afin de graduer les peines dans une juste proportion avec le délit.

Une seule réflexion se présente ici : il y a, selon cet article, gravité dans la calomnie, si le fait faux a été articulé *dans un discours tenu publiquement.* N'est-on pas fondé à craindre que ces mots *discours tenu publiquement,* ne se confondent , dans l'esprit de certains hommes , avec des propos qui devraient leur naissance à l'indiscrétion de leurs auteurs , et qui, par circonstance , auraient été tenus dans une auberge , dans un café, dans une promenade ou dans une réunion quelconque, sans avoir été directement adressés à toutes les personnes rassemblées ! N'obvierait-on pas à cet abus possible des termes de la loi , en ajoutant à l'art. 329 ce qui suit !

« On ne considérera point comme discours tenus publiquement des » propos tenus en société particulière par des personnes réunies dans un lieu » public. La calomnie, en ce cas, sera réputée verbale sans publicité. »

Art. 331. On trouvera peut-être que cet article, qui a pour but de qualifier la calomnie, aurait besoin d'une rédaction un peu plus précise. Celle proposée par les rédacteurs ne présente-t-elle pas quelques points au vague de l'interprétation !

Art. 332 et 333. Ces articles sont sages et doivent produire l'heureux effet de prévenir plus d'un délit de calomnie obscure.

L'art. 332 établissant implicitement que le fait d'excuse pourra être admis en faveur d'un accusé de calomnie, on nous dira peut-être que les vues que nous avons manifestées sur l'art. 328 se trouvent remplies, et que l'addition que nous avons proposée , devient inutile : nous répondrons que non, par la raison que, dans l'hypothèse que nous avons posée, le calomniateur involontaire, non seulement ne pourra être puni, mais qu'il ne sera même sujet à aucune poursuite.

Art. 334. Les rédacteurs du Projet montrent ici la juste horreur que leur inspirent les coupables du délit de calomnie ; et quoiqu'ils aient, dans les articles qui précèdent, reconnu que ce délit pouvait offrir différens degrés de gravité, ils veulent cependant, par l'article que nous examinons, qu'une peine extrêmement rigoureuse soit prononcée, *dans tous les cas*, par les jugemens rendus contre les calomniateurs ; cette peine est l'interdiction, pendant cinq ans au moins et dix ans au plus, des droits mentionnés dans l'article 47 du Projet. On se rappelle quels sont ces droits, et on se demande pourquoi un homme à qui la justice aurait cru ne devoir infliger qu'une peine de onze jours d'emprisonnement, suivant la disposition de l'article 330, serait nécessairement interdit pendant cinq ans au moins, de tous les droits les plus précieux aux citoyens, et sur-tout du droit de puissance paternelle, privation qui jetterait le désordre dans une famille pour un délit sans doute répréhensible, mais qui souvent n'aurait été produit que par un instant de passion. Cette sévérité ne doit-elle pas faire craindre que les juges ne soient, par un excès contraire, toujours portés vers l'indulgence, et ne renvoient absous un délinquant pour n'être pas forcés de le retrancher, pendant cinq ans, du tableau des citoyens et du rang des pères de famille ! Établissons dès aujourd'hui des modifications auxquelles l'expérience ne pourrait manquer de nous amener par la suite. La loi *Remmia* chez les romains voulait qu'on imprimât la flétrissure sur le front des calomniateurs. Constantin ne fut-il pas obligé de l'abroger, pour laisser la peine à l'arbitrage des juges selon le fait et ses circonstances !

On propose de substituer à cette disposition de l'article 334, « le calom- » niateur sera toujours interdit, &c. », celle-ci : « le calomniateur pourra, » suivant la gravité du fait et de ses circonstances, être interdit, &c. »

Art. 335. Nous transcrivons les termes de cet article : « Dans le cas » où le fait imputé serait légalement prouvé vrai, l'auteur de l'imputa- » tion qui rapportera cette preuve pleinement acquise, sera à l'abri de toute » peine. »

On convient qu'alors l'auteur de l'imputation ne pourrait plus être réputé calomniateur ni puni comme tel. Mais est-il juste qu'il soit toujours à l'abri de toute peine, et ne peut-il pas se rencontrer souvent des circonstances où il devrait être condamné comme coupable, sinon de calomnie, au moins d'injures proférées sans nécessité.

En effet, la morale publique semble s'opposer à ce que des faits vrais, mais diffamans, puissent être reprochés et articulés sans de puissans motifs. Pour nous faire mieux comprendre, nous supposons le cas suivant :

Un individu aura été condamné pour vol ou autre crime ; il l'aura expié, et la société aura été vengée par la peine qu'il aura subie. Rentré dans ses foyers, y vivant paisiblement, il s'efforcera par son travail de faire oublier ses fautes passées. Doit-il être permis à un homme mal intentionné de le troubler dans sa tranquillité et de rappeller par des injures des faits affacés par la satisfaction et par le temps ? On ne le pense pas : il faut pourtant avouer que si la société est intéressée à ce que cette conduite soit réprimée, l'exemple veut peut-être aussi qu'elle ne puisse jamais donner lieu à des dommages-intérêts en faveur de celui contre qui, dans l'hypothèse, des injures auraient été proférées ; mais seulement à une amende envers le trésor public par le trouble causé à la société. Dans cette vue, on propose une disposition additionnelle à l'article 335, dans les termes suivans :

« Pourra néanmoins être puni, comme perturbateur de la tranquillité » publique, quiconque aura proféré des injures, sans nécessité, contre » quelque personne que ce soit, quoique ces injures pussent ne rappeller » que des faits coupables, vrais et notoires, mais qui auraient été expiés » par leur auteur.

» La peine, en ce cas, sera d'une amende envers le trésor public, pro-» portionnée au fait et à ses circonstances ; mais l'auteur de semblables » injures ne pourra jamais être passible de dommages-intérêts envers la » personne outragée. »

Art. 336. Cet article règle la peine à infliger pour raison des injures ou des expressions outrageantes qui ne renfermeraient l'imputation d'aucun fait précis ; mais celle d'un vice déterminé.

On voit que les rédacteurs du Projet ont senti la nécessité de distinguer la calomnie qui est une injure caractérisée des autres espèces d'injures ; mais ont-ils fait cette distinction d'une manière satisfaisante ?

Lorsqu'en qualifiant la calomnie par l'art. 331, ils ont statué qu'elle pouvait résulter d'une imputation de faits qui, s'ils existaient, n'exposeraient l'auteur qu'au mépris ou à la haine des citoyens, n'ont-ils pas, dans cette partie de leur définition, fait entendre que la calomnie alors ne serait qu'une injure ordinaire, puisqu'elle n'imputerait que des faits non punissables selon la loi, mais seulement susceptibles d'attirer la haine ou le mépris ?

Il devient donc nécessaire de classer d'une manière plus précise les délits d'injures et expressions outrageantes.

On répétera relativement à celles qui seraient proférées dans *des discours tenus publiquement,* ce que l'on a dit sur l'art. 329, pour éviter l'équivoque que peut présenter le mot *discours.*

L'art. 337 renvoie à la simple police la répression d'injures légères.

L'art. 338 prononce des peines contre les officiers de santé, &c. qui révéleraient des secrets qui leur auraient été confiés à cause de leurs fonctions.

E 2

Sans doute la circonspection est un devoir de ceux qui exercent des professions qui exigent la confiance ; mais s'il est utile et nécessaire même de la commander dans les réglemens ou statuts des communautés, n'y a-t-il pas quelques inconvéniens à en faire un article formel dans un Code criminel ? Ne doit-on pas craindre de décourager par une prévoyance qui insulterait la profession ! L'intérêt des hommes de l'art s'opposerait seul à ce genre de contravention , si l'honnêteté publique pouvait être pour eux une barrière insuffisante. Il faut en convenir, ces cas sont rares; au surplus, les abus que l'on pourrait faire en pareil cas de ses fonctions, ne seront-ils pas suffisamment prévus dans les articles généraux , relatifs à la diffamation et aux injures , et ne doit-on pas laisser aux juges à en apprécier la gravité selon les circonstances.

Art. 341. On propose d'accorder l'action publique en fait de vol dans tous les cas où il y a distinction d'habitations, de propriétés et de droits , sauf l'exception tirée de l'honnêteté publique pour le père , la mère ou les autres ascendans.

Art. 342. Préférer la rédaction de l'art. 1.er de la IIe section du titre II de la IIe partie du Code pénal, en mettant, *et envers les personnes venant*, &c., au lieu de *ou envers*, &c.

Art. 347, n.ºs 4 et 5, et art. 362. On regrette que les auteurs du Projet aient cumulé, dans ces articles, un grand nombre d'espèces dont plusieurs avaient appartenu jusques-là à la police rurale , comme les vols de récoltes, de marne, de fumier et de tout autre engrais sur le terrain d'autrui, et qu'ils aient proposé; indistinctement, contre tous ces délits, la reclusion.

Art. 348. Effacer cette partie de l'article : « quand même ils ne seraient » pas compris dans la clôture commune. »

Art. 351. On propose de retrancher les mots compris dans les deux dernières lignes de cet article.

Art. 353. Les mots *brisement* et *forcement* ne sont pas français dans ce sens. On propose de substituer la rédaction suivante : « Est qualifiée » effraction l'action de briser, forcer, &c.

Art. 361. Les trois mots, *force, violence, contrainte*, n'étant pas synonymes , cette disposition est vicieuse.

Art. 362. On pense que la reclusion ne devrait pas être appliquée aux vols simples de poissons en étangs, viviers ou réservoirs; car, dans ce cas, le respect dû à la propriété n'est violé que de la manière la plus indirecte.

Les vols de marne , de fumiers, engrais, étaient autrefois prévus par le code rural; on pense que la peine est ici trop grave. (*Voy*. l'art. 3 , tit. II de la loi du 6 octobre 1791.)

En général, si on compare cet article avec l'article 350, on trouvera peut-être que la proportion dans les peines n'est pas justement déterminée.

Art. 365. Etablir une peine correctionnelle pour le seul fait matériel de l'inobservation des règles à l'instar de la loi sur les percepteurs de contributions qui n'émargent pas.

Art. 366. Ajouter à cet article : « Et néanmoins l'amende ne sera » payable qu'après qu'il aura été satisfait à tous les créanciers en principal, » intérêts et frais. »

Art. 367. Préférer la définition de l'article 35 du titre II de la loi du 22 juillet 1791, et de la loi du 7 frimaire an 2 ; laisser subsister la latitude jusqu'à cinq ans ; mais ne pas diminuer le *minimum.*

Art. 369. A retrancher.

Art. 371. On propose de supprimer entièrement cet article. Si le fait ici prévu n'a pas les caractères déterminés par l'article 35 du titre II de la loi du 22 juillet, il rentre dans les dispositions des lois civiles sur les restitutions en entier.

Art. 372, 373 et 374. A rejeter dans les lois particulières.

Art. 378. Contraire à la liberté et à l'intérêt du commerce, ou impossible à exécuter.

Art. 379, 380, 381, 382, 383. A supprimer comme ayant une latitude qui les rend dangereux dans l'application. Cet objet de surveillance est du ressort de l'ordre administratif.

L'art. 383 serait bon à insérer aux cahiers des charges dans les adjudications, en réduisant la peines à de simples dommages-intérêts.

Art. 385. Préférer les dispositions de l'article du titre I.ᵉʳ de la loi du 22 juillet 1791.

On regrette de ne voir dans cette seconde section, ni dans la précédente, rien qui prévoie les délits énoncés aux articles 34, 35, 36 et 37 de la loi du 6 octobre, titre II.

On renvoie ici à ce qui a été dit en traitant de l'ordre de l'ouvrage.

Art. 398. On pense que la peine de la reclusion est trop faible, et qu'en calculant les conséquences ou la gravité du délit, en la comparant à celles des crimes réprimés par les articles 395 et 396, la peine doit être des travaux forcés à perpétuité.

Art. 403. Laisser aux tribunaux une latitude indéfinie au-dessous du *maximum* de cinq ans.

Art. 409. Préférer l'article 31 du Code rural.

Art. 410. Préférer l'article 362 de la deuxième section du titre II de la deuxième partie du Code pénal. On trouve d'ailleurs entre les dispositions pénales de l'article 410 ci-dessus et celles de l'article 36 du Code pénal, une disproportion qu'il paraît difficile de justifier.

Art. 412. On propose de porter de onze jours à deux ans, le temps de la détention.

Art. 414. A refondre, d'après l'article 23 de la loi du 6 octobre.

L'article 23 serait substitué à celui-ci, en ajoutant seulement la détention contre le gardien.

Art. 417. L'élévation du déversoir étant un acte évident de mauvaise foi, on pense que la peine doit être plus grave dans ce cas que dans celui de l'article précédeut, et l'on propose d'égaler l'amende aux restitutions et dommages.

Art. 418. « Sera puni d'une amende. . . » , ajouter : « Sera, indépen« » damment des dommages-intérêts, puni d'une amende, &c. »

On regrette qu'aucune des dispositions de cette section ni des précédentes, ne retrace et ne supplée les articles 39, 40, 44, 26, 25, 24, 18, 13, 12, 11 et 9 du Code rural.

Art. 425. Renvoi aux observations générales sur cette matière.

Art. 430, n.° 2. Mettre simplement : « Les auteurs d'injures verbales. »

Art. 433. Rédiger cet article ainsi : « Il y a récidive dans tous les cas » prévus par le présent livre, lorsqu'il a été rendu contre le contrevenant, » dans les trois années précédentes, un premier jugement pour même » contravention de police. »

Art. 434. Exempter de la confiscation les instrumens aratoires.

Art. 435. Abréger la rédaction.

Même article, n.° 6. Quelles seront ces peines? Peut-être les auteurs du Projet ont-ils entendu que l'espèce alors rentrerait dans celle de l'article 385 ci-dessus ; mais il vaudrait mieux rappeler les dispositions de l'art. 38 du titre II de la loi du 22 juillet.

Même article, n.° 8. Rédiger ce numéro ainsi : « Ceux qui auraient » jeté des pierres ou autres corps durs dans les jardins ou enclos, et ceux qui » auraient jeté des immondices sur quelqu'un, &c. »

Même article, n.° 13. A retrancher.

Art. 438. Mettre, *voies et lieux publics.*

Les boissons falsifiées doivent être jetées.

Art. 439, n.° 3. Le rédiger ainsi : « Les voleurs de volailles ou de pigeons, » lorsqu'ils ne se seront pas introduits dans des lieux fermés et occupés par » le propriétaire. »

Même article, n.° 6. Au mot *inscrit,* ajouter *sciemment.*

Même article, n.° 9. Peu de proportion entre les dispositions de cet article et celles des articles 412 et 413 ci-dessus.

Même article, n.° 13. Les individus désignés dans ce numéro, devant être considérés comme escrocs, la peine est trop douce à leur égard.

Art. 443, n.° 17. Il faut une loi spéciale sur ce point. Les changemens survenus dans l'état des citoyens ayant rendu les anciennes lois inapplicables.

Art. 467. Cet article charge les gardes champêtres et les gardes forestiers, comme officiers de police judiciaire, *de suivre les choses enlevées.... et de les mettre en séquestre, sans néanmoins pouvoir s'introduire dans les maisons, ateliers, &c,,* si ce n'est en présence, soit du juge de paix, soit de son suppléant, du commissaire de police, &c., *soit de deux citoyens domiciliés dans la même commune.*

Cette faculté de prendre *deux citoyens domiciliés* pour assister à des recherches, peut dégénérer en abus : on est d'avis qu'elle doit être supprimée ej restreinte aux seuls citoyens ayant par leurs fonctions un caractère public.

Art. 468. On ne voit pas pourquoi, par cet article, *le seul adjoint du maire,* ou, en son absence, le *maire,* est appelé à rédiger un procès-verbal qu'un garde champêtre ou forestier ne saurait dresser lui-même. On pense que le garde, dans ce cas, doit pouvoir requérir le ministère du juge de paix ou de son suppléant, ou même du greffier ; et afin que les maires aient naturellement la concurrence avec les adjoints pour ce genre d'opération, on est d'avis que les mots, *en leur absence,* soient supprimés de l'article.

Art. 477. La première partie de cet article porte que le commissaire du Gouvernement remplira les fonctions de magistrat de sûreté dans l'arrondissement communal où est établi le tribunal criminel. Ces fonctions sont incompatibles, le commissaire étant le premier juge de la validité de la procédure et de l'instruction préliminaire, dont les vices peuvent échapper aux juges quand ils ne sont pas provoqués par le ministère public.

Art. 480. Le magistrat est commis par la loi pour recevoir les dénonciations et plaintes.

L'intérêt public, l'intérêt particulier, exigent que les plaintes ne soient jamais étouffées.

Ainsi, le magistrat de sûreté doit toujours statuer sur ces dénonciations et plaintes, par des ordonnances.

S'il juge que le fait dénoncé n'est pas un délit, il doit, par ce motif, déclarer par son ordonnance qu'il n'y a pas lieu à suivre.

S'il juge que le fait dénoncé est de la compétence du tribunal de simple police, il doit, par son ordonnance, y renvoyer la connaissance de l'affaire.

S'il juge que le fait dénoncé est de la compétence, soit du tribunal correctionnel, soit de la cour de justice criminelle, après avoir fait l'instruction, conformément aux articles 514, 515, 516 et 517, il doit, ou rendre une ordonnance par laquelle il déclare que l'inculpé a détruit l'inculpation, ou requérir le propréteur de procéder conformément à la loi.

Pour l'intérêt public, il est convenable que le procureur général, dans un délai quelconque, ait connaissance de ces diverses ordonnances ; et même que ce magistrat supérieur puisse ordonner que l'instruction sur laquelle elles auront été rendues, lui sera renvoyée, et, en cas qu'il n'approuve pas la décision de son substitut, requérir le directeur du jury de procéder.

Pour l'intérêt particulier , il est nécessaire que le plaignant , par le seul effet de son droit, puisse sommer respectueusement le magistrat de sûreté de répondre à une ordonnance quelconque par la plainte qu'il a rendue ; et si cette ordonnance paraît au plaignant léser son droit, il faut que la loi lui ouvre le moyen de le faire valoir.

Le plaignant doit, en ces différens cas , avoir la faculté de se pourvoir contre l'inaction ou les décisions du magistrat de sûreté, soit devant le propréteur , soit devant le tribunal de première instance , soit devant la cour de justice criminelle.

Ces observations s'appliquent également au propréteur : il ne faut pas qu'il puisse , ou par son inaction , ou par des ordonnances injustes , paralyser l'action publique ou l'action particulière ; et il est essentiel que la loi fournisse, soit au procureur général, soit aux plaignans, les moyens d'appeler devant ses supérieurs, soit de son inaction , soit de ses décisions.

Si ces observations sont trouvées raisonnables , il y aura lieu à quelque réforme dans les articles 488 et 489 , concernant les actes qui peuvent précéder les poursuites.

Même article , n.° 2. Ce numéro donne lieu d'observer qu'il est d'un ordre plus convenable que les procès-verbaux, pour constater les traces des délits , soient rédigés par des juges. ·

Art. 489. *Voyez* la note à l'article 480, n.° 2, *suprà.*

Art. 498. On observe qu'il paraît juste de supprimer ces mots : « et » avant l'audience, pour le jugement définitif ou l'ouverture des débats. » Le désistement doit avoir été fait dans les vingt-quatre heures de la plainte.

Art. 501. A cet article, on estime qu'il faut ajouter la disposition suivante : « et le magistrat de sûreté sera tenu de déférer à ces requisitions. » Conformément à la note sur l'article 480.

Art. 510. Cet article paraît présenter de graves inconvéniens ; on estime qu'il doit être supprimé et remplacé par les dispositions contenues au Code des délits et des peines. *Voyez* les articles 105, 106 et 107 de ce Code, concernant les personnes trouvées sur le lieu du délit.

Si la disposition subsistait avec cette sévérité, la justice pourrait être exposée à manquer des renseignemens qui lui seraient nécessaires.

Art. 525 et suivans. On estime que dans le cas d'apposition nécessaire de scellés, le prévenu, s'il est présent , doit être sommé d'apposer son propre cachet avec celui du magistrat de sûreté , et que s'il le refuse, mention doit en être faite dans les procès-verbaux. Ces procès-verbaux, au reste, paraissent devoir être assujettis aux formes expliquées à l'art. 507, qui prescrit la présence de deux citoyens &c.

Cette observation s'applique à tous les articles du paragraphe VII.

Art. 539. L'exception que renferme cet article, tend à prévenir l'abus de la voie criminelle quand il s'agira d'intérêts purement civils, et a donner

aux

aux tribunaux saisis par les voies ordinaires, la faculté de prononcer les peines portées par le Code, s'il y a lieu. On craint que la rédaction ne présente quelque équivoque, et ne porte à confondre la compétence des tribunaux dans certains cas. Ainsi, au lieu de ces mots : « lorsqu'il s'agira » d'escroquerie, &c. que le coupable aura commis, &c. » la volonté du législateur ne serait-elle pas plus promptement sentie, si on lisait ceux-ci ! « Lorsque l'espèce d'escroquerie, l'abus de confiance et généralement tout » délit correctionnel, qui seront le sujet de la plainte, auront été commis » par le coupable, soit &c.

Art. 553. On trouve le pouvoir de déléguer, &c, trop excessif et sujet à plusieurs inconvéniens.

Art. 566. On regarde comme insuffisantes les indemnités réglées par cet article, dans le cas nécessaire du déplacement des fonctionnaires y dénommés.

Art. 569. Cet article donne bien aux parties civiles la faculté d'adresser au propréteur des réquisitions de procéder sur leurs plaintes ; mais il ne prévoit pas le cas de négligence de ce magistrat, ou de refus.

Pour remplir cette lacune, on propose d'ajouter à l'article : « si le pro- » préteur refuse de procéder, il en sera référé au tribunal criminel pour » statuer. »

Art. 595. On regarde comme une faute typographique les mots *au- dessous* qui se lisent à la quatrième ligne de cet article ; il paraît qu'il doit y avoir *au-dessus*. Au surplus, on soumet quelques réflexions générales sur l'application du mandat d'arrêt et sur la peine d'emprisonnement : on desirerait que l'on ne pût jamais décerner de mandats d'arrêt *pour les délits légers* contre *les citoyens domiciliés,* et que ceux-ci ne pussent être incarcérés qu'en vertu des jugemens qui leur auraient infligé la peine de prison. Cette faveur ne serait pas accordée aux non domiciliés qui pourraient, dans les mêmes cas, être d'abord arrêtés.

Dans tous les cas, le magistrat de sûreté et le propréteur observent les mêmes formes pour la délivrance des mandats d'amener, de dépôt et d'arrêt.

L'exécution d'un mandat d'amener peut porter atteinte à la réputation d'un citoyen ; l'exécution du mandat de dépôt ou d'arrêt porte atteinte à sa liberté.

Ne serait-il pas convenable de réserver ces mesures pour les cas graves ! et doit-on les employer contre les prévenus de délits légers qui ne peuvent donner lieu qu'à un emprisonnement de quelques jours et à des amendes !

C'est un grand malheur que ces dépôts provisoires, indépendamment de ce qu'ils peuvent frapper et flétrir des innocens ; quand le prévenu devrait être convaincu, faut-il le retenir pendant l'instruction, l'espace de quinze jours, un mois ou davantage, lorsque définitivement peut-être il ne lui sera infligé que onze jours de prison !

On propose les articles ci-après :

» 1.° Tout prévenu saisi en état de flagrant délit, qui sera conduit devant
» le magistrat de sûreté ou tout autre officier de police judiciaire, lorsqu'il
» prouvera qu'il est citoyen et domicilié, si le délit à lui imputé est de nature
» à être puni des peines de simple police ou des peines de police correc-
» tionnelle, sera renvoyé à la charge de se représenter à toutes réquisitions. »

» 2.° Le magistrat de sûreté, le propréteur, tous officiers de police ju-
» diciaire, qui, après avoir rempli l'instruction préliminaire, auront à inter-
» roger un prévenu de délits de nature à être punis des peines de simple
» police ou des peines de police correctionnelle, s'il est prouvé que le prévenu
» soit citoyen et domicilié, décerneront contre lui un mandat de comparu-
» tion. »

» 3.° Le mandat de comparution contiendra l'ordre au prévenu de se
» rendre devant le magistrat qui l'aura décerné ; il indiquera l'heure, le lieu
» de la comparution. Il sera notifié au prévenu dans les formes prescrites
» pour les ajournemens. Ce mandat de comparution sera renouvelé pour
» chaque interrogatoire et pour chaque audience. »

» 4.° Contre le prévenu qui n'aura pas obéi au mandat de comparu-
» tion, il sera décerné un mandat d'amener, et, après son interrogatoire,
» s'il ne détruit pas l'inculpation, il sera, en vertu d'un nouveau mandat,
» mis en état de dépôt. »

Art. 596 et 597. On demande la suppression de l'article 596 et de la
disposition de l'article 597, qui accorde à la partie civile le droit de discuter
la caution, &c. On pense que la partie publique seule doit être investie de
ce droit, et que sa surveillance, en ce point, suffira à la conservation de
tous les intérêts publics et privés ; qu'il y aurait une inconvenance morale à
voir la partie civile figurer dans une discussion de cette nature.

Art. 598. On demande l'entière suppression de cet article. On n'estime
pas que le prévenu doive être admis à être sa propre *caution :* ce serait, en
quelque sorte, donner aux facultés pécuniaires du prévenu une préférence
sur sa moralité.

Art. 599 et 600. Sur ces articles on remarque 1.° qu'il faudrait fixer,
dans le cas de l'article 599, un *minimum* fort au-dessous de celui possible
à concevoir d'après cet article, et qu'il serait peut-être préférable de maintenir les dispositions du Code des délits et des peines, et de la loi du 29
thermidor an 4, relatives à cette espèce de cautionnement ;

2.° Que, s'il s'agit de crimes, les cas de cautionnement doivent être
restreints à ceux qui n'emportent que des peines infamantes.

Art. 601. Cet article porte que le paiement des réparations et frais civils
sera affecté sur les deniers et immeubles servant de cautionnement.

On estime que cette disposition ne doit être appliquée qu'en cas de condamnation par défaut ou contumace.

Le cautionnement devant avoir sur-tout pour but de faire représenter le prévenu, si celui-ci se présente, la caution retire ses fonds sans que la partie civile puisse y prétendre aucun droit (*Voyez*, au surplus, ce qui est dit sur la caution en général .

Art. 602. « Ceux qui étaient jusqu'alors sans aveu, ni les vagabonds. »

A cette rédaction substituer celle-ci : « les vagabonds et gens sans aveu. »

Art. 603. Cet article autorise la caution à faire sa soumission au greffe ou devant notaire : on ne pense pas que l'on doive laisser subsister cette alternative. Ces soumissions, comme actes de procédure, doivent être reçues par les greffiers, exclusivement aux notaires.

Art. 620. Le traitement attribué par l'article 620 au juge de police serait insuffisant. Mais on renvoie aux observations générales ; on verra que l'on regarde comme très-défectueuse l'organisation dont cet article est la suite.

Art. 626. On pense, sur cet article, que l'on doit exprimer *adjudicataire de vente de bois*, &c., et non simplement *adjudicataire de bois*, &c.

Art 632 et 633. Ces articles contiennent des dispositions insolites. Il paraîtrait plus convenable de donner au président du tribunal, le droit de rendre contre l'absent une ordonnance qui serait adressée en expédition au directeur de la régie, pour en suivre l'exécution selon son ministère.

Art. 636. Le moyen de remplacement que prescrit cet article, par une *désignation subite* paraît entièrement vicieux. Il ne semble pas plus conforme au caractère et à la dignité d'un juge (puisque le citoyen dont il s'agit est appelé en cette qualité), qu'il puisse être contraint par des peines humiliantes, et même *par main-mise sur sa personne*, de se rendre à l'audience, &c.

Les hommes contre qui de semblables mesures devraient être prises, ne mériteraient, à coup sûr, aucune confiance.

Mêmes articles 633 et 636. Ces deux articles établissent la publicité des débats en matière correctionnelle ou criminelle, sans aucune restriction. Cependant l'intérêt des bonnes mœurs en réclame une.

Dans les procès où il s'agit d'atteinte à la pudeur et de viol, la publicité des débats est un scandale.

Les jeunes gens des deux sexes, un grand nombre d'autres personnes que les magistrats voient alors avec tant de peine, assister aux audiences, et qu'ils n'ont aucun moyen d'en écarter, ne peuvent entendre sans danger les détails de la débauche, de la luxure la plus infâme ; détails sur lesquels la justice est obligée d'arrêter son attention en écartant la pudeur pour arriver à la connaissance de la vérité.

Dans ces procès, l'intérêt de la justice devient, par la publicité des débats, contraire à l'intérêt des mœurs, et les magistrats se trouvent dans l'alternative de violer l'un ou l'autre de ces intérêts sacrés.

On propose d'adopter, pour ces cas, les modifications suivantes :

« Lorsqu'il s'agira de délits d'atteinte à la pudeur ou de crimes de viol,
» les tribunaux de première instance et les cours de justice criminelle pour-
» ront, par un arrêté motivé, qui sera inscrit sur leurs registres avant
» l'audience, ordonner que, pendant les débats et l'examen, l'auditoire sera
» fermé au public : dans ce cas, le barreau et l'auditoire seront ouverts
» seulement aux fonctionnaires publics de l'ordre administratif et judiciaire
» se trouvant dans le lieu où siége le tribunal devant qui le procès sera
» porté. La déclaration du jury et le jugement seront prononcés après que
» l'audience aura été ouverte au public. »

Art. 642. On croit nécessaire d'observer que les gardes forestiers n'auront
jamais assez d'expérience, pour que l'on doive leur confier des exécutions
délicates, telles que les *saisies et ventes mobilières &c.*

En supposant en eux de suffisantes connaissances, est-il prudent de leur
remettre de semblables opérations ! de les rendre comptables de deniers et
de les exposer à être toujours vus sous des rapports odieux !

Ils ne doivent pas non plus être chargés de la *collecte des amendes.*

Art. 644. On pense qu'un intervalle *de trois jours* au moins &c.; doit être
exigé au lieu de celui de vingt-quatre heures, pour la citation dont il s'agit
et le jugement.

Art. 645. On trouve les pouvoirs énoncés en cet article, trop étendus
sous certains rapports, et trop restreints sous d'autres.

Art. 647. Cet article est susceptible de cette addition : « Les copies
» signifiées à l'officier du ministère public, seront remises au greffe par
» l'huissier, lequel fera viser les originaux par le greffier. »

Art. 648. « L'opposition, porte cet article, emportera de droit citation
» à la première audience &c. » On préférerait à cette disposition *emportera
de droit citation,* celle-ci : « devra contenir soumission de se présenter à la
» première audience &c., faute dequoi, ladite opposition sera nulle et ré-
» putée n'avoir point été fournie, sans qu'il soit besoin de faire prononcer
» cette nullité ».

Art. 651. La dernière partie de cet article, qui porte : « leurs procès-
» verbaux ou rapports feront foi jusqu'à inscription de 'faux », ne con-
tiendrait-elle pas une disposition plus généralement juste, si elle était rédigée ainsi !

« Leurs procès-verbaux ou rapports dans lesquels ils seront, s'il y a lieu,
» répétés à l'audience, feront foi jusqu'à inscription de faux. »

La foi entière ne doit en effet être accordée à ces sortes d'actes que quand
les rédacteurs ont persisté dans leur contenu.

Art. 653. Cet article présente la possibilité d'admettre l'audition en
témoignage du père, de la mère, &c., du fils, &c., du frère, &c., de la
femme ou du mari des prévenus ou responsables, ou de l'un d'eux. On estime

que la faculté de les admettre en genre de témoins, ne doit point être accordée; les mœurs publiques semblent devoir les rejeter, et on croit préférables à cet article 653 les dispositions qu'avait adoptées le Code des délits et des peines du mois de brumaire an 4.

Art. 660. Cet article suppose qu'un jugement de condamnation pourra n'être pas motivé et ne pas présenter les termes de la loi appliquée.

En cas de contravention, une peine de vingt-cinq francs d'amende est prononcée contre le greffier.

On observe que cette amende serait injuste : le greffier ne motive pas les jugemens, n'insère pas, de son propre mouvement, la loi qui a déterminé les juges. Le jugement est tout entier l'ouvrage des juges ; le greffier n'y doit rien ajouter que les formes intrinsèques, et on ne doit pas le rendre responsable de ce qu'il n'a pu empêcher, puisqu'il ne concourt point au jugement.

Art. 663. Cet article laisse subsister un abus qu'il est intéressant de prévenir.

Les parties condamnées acquiescent souvent sur-le-champ aux jugemens, et offrent les amendes qu'elles doivent pour éviter les poursuites et exécutions ultérieures. Dans ces cas assez fréquens, personne ne veut recevoir ou n'a qualité suffisante.

On croit qu'il serait juste que les greffiers fussent, en pareille occurrence, tenus de recevoir l'amende prononcée par le jugement, ainsi que les frais qu'il liquiderait, pour en rendre compte, ainsi que de droit, à la régie des domaines.

On observe encore sur cet article qu'il serait inconvenant que l'officier du ministère public fût tenu, sous sa responsabilité, de veiller au versement des sommes recouvrées.

Art. 675. On demande si même, lorsque le substitut et le propréteur sont d'accord sur le refus de viser la plainte, il ne serait pas juste d'autoriser la partie civile à demander un référé devant le tribunal criminel !

Art. 676. On rappelle ici les observations faites sur l'article 642.

Art. 678. On croit nécessaire d'interroger le prévenu dans tous les cas quand il s'agit de juger le fond.

Art. 680. Cet article fixe à cinq jours le délai pour former opposition. On estime que le délai de huitaine n'excéderait pas les bornes convenables. On croit devoir répéter ici que le *domicile de droit* du ministère public est au greffe du tribunal, et que c'est-là que doivent être remises les copies qui lui sont signifiées.

Art. 681. Même observation sur cet article que sur l'art. 648.

Art. 682. Sur la dernière disposition de cet article, même observation que celle exprimée précédemment à l'occasion de l'article 651.

Art. 683. On desirerait que l'époque de l'instruction publique fût réglée par les tribunaux.

Cet article fournit encore l'occasion d'observer que *les reproches contre les témoins* doivent être proposés *avant* leur audition. Ainsi, rédaction à réformer.

Art. 688. Il fournit les mêmes objections que l'article 653.

Art. 691. Après les mots *de la signification qui en aura été faite au témoin condamné* : ajouter, *faute de comparoir.*

Art. 691. On soumet cette réflexion.

Si le fait énoncé dans la plainte ne présente qu'une seule contravention de police, et que, par cette raison, l'instruction soit nulle, doit-il y avoir ouverture à dommages-intérêts lorsqu'il y a lieu de traduire le prévenu à la police ! Il semble qu'il ne devrait obtenir, dans ce cas, que la condamnation aux frais qu'il aurait pu faire.

Art. 697. On estime que cet article doit être restreint à sa première disposition, et que la seconde doit être supprimée.

Art. 698. Il paraît vicieux de laisser l'exécution du jugement au substitut magistrat de sûreté. L'exécution, en principe, appartient au commissaire.

Art. 701. Supprimer du n.° 3 de cet article, les mots, *ou à l'officier forestier.*

L'officier forestier est partie civile, et, sous ce rapport, la faculté d'appeler lui est accordée par le n.° 2.

Art. 704. Après les mots : *si le jugement lui a été légalement notifié :* ajouter, *au greffe.*

Art. 705. Réserver comme autrefois au commissaire, le soin énoncé dans le second alinéa de cet article.

Art. 706. *Voyez* les notes aux articles 648 et 681.

Art. 734. Le *visa* du propréteur est superflu, s'il n'a pas le droit de relever les nullités que contiendrait l'acte d'accusation.

Ajouter :

« Le propréteur examine l'acte d'accusation ; s'il juge qu'il est régulier, » il ordonne qu'il en sera fait lecture au jury qui, à cet effet, sera convoqué.

» Si le propréteur juge l'acte d'accusation nul, il en prononce la nullité » et ordonne qu'il en sera rédigé un nouveau.

» Si le substitut n'est pas de l'avis de l'ordonnance du propréteur, il » sera référé au tribunal de première instance, et, par appel, à la cour » de justice criminelle ».

Art. 738. Ce développement, quoiqu'utile, est contraire au style qui convient à une loi ; on peut en faire usage dans une instruction à annexer à la loi.

Art. 740. Préférer la formule de l'article 236 de la loi du 3 brumaire.

Art. 741. Cette instruction est préférable à celle de l'ancien Code.

Art. 743. Il y a inconvénient à choisir nécessairement le plus âgé qui pourrait être dénué d'intelligence.

Il y a encore plus d'inconvéniens à laisser les jurés maîtres d'exclure le plus âgé et d'en désigner un autre. L'exclusion serait injurieuse : le choix préparerait des dispositions à un dissentiment d'opinions qui pourrait influer sur la décision définitive.

Il ne faut pas d'alternative.

Pourquoi le propréteur ne serait-il pas autorisé à choisir à l'instant du tirage, et parmi les huit sortis par la voie du sort, celui qui serait chef !

OBSERVATION générale sur le Chapitre IV du Livre II de la IIe Partie.

Art. 770. et suivans. La composition des tribunaux criminels par un préteur, un propréteur et un procureur-général accusateur, paraît impraticable.

Nous allons examiner les motifs d'une semblable composition, et proposer les raisons qui paraissent devoir l'exclure.

On convient d'abord qu'il paraît impossible, pour l'intérêt du trésor impérial et la commodité des plaignans, celle des témoins et des jurés, de restreindre les tribunaux criminels. Il faut qu'il y en ait un dans chaque département.

Objection. Pourquoi ces tribunaux seraient-ils composés de trois, de quatre, de cinq juges ! Un seul juge suffit pour appliquer la loi, et c'est l'usage en Angleterre.

Réponse. Quelquefois cependant l'application de la loi exige une délibération solennelle.

Mais ce qui en exige beaucoup plus fréquemment, c'est,

1.° La position des questions ;

2.° Les jugemens des nullités dans l'instruction du directeur du jury et les appels des jugemens sur référés des tribunaux de première instance ;

3.° Le jugement des dommages-intérêts requis par l'accusé ou les plaignans ;

4.° Le jugement des appels en matière de police correctionelle.

Serait-il convenable qu'un seul préteur ou un propréteur réformât les procédures ou les jugemens auxquels auraient concouru trois juges !

Non-seulement il est impossible qu'un seul juge forme le tribunal criminel, mais encore il est essentiel de trouver un moyen quelconque de porter à cinq au moins les juges de ces tribunaux.

Objection. En prenant un terme moyen, chaque président n'a à prononcer, chaque année , que sur cinquante déclarations de jury ; par conséquent, les présidens n'ont pas assez de travail ; on doit en réduire le nombre.

Réponse. Si, en l'an 9, les tribunaux criminels ont rendu 7,576 jugemens, dont 971 correctionnels, ils on rendu, sur déclaration de jury , 6,605 jugemens ; ce qui donne , pour chaque tribunal , un terme moyen de 66.

Il ne faut pas diminuer ce nombre sous le prétexte que plusieurs affaires instruites par jury auront définitivement, et d'après la déclaration, été jugées correctionnellement. Un homicide a été commis, le jury déclare qu'il a été commis par imprudence : un vol paraît caractérisé, le jury écarte les circonstances aggravantes : il a toujours fallu que la séance du jury tînt, et il ne serait pas juste de n'apprécier le travail des tribunaux criminels que par les condamnations qu'ils prononcent, il faut aussi compter les acquits. Ainsi, le terme moyen est 66 et non 50.

Ce terme moyen de 66 est de plus de 100 pour quelques tribunaux , de 66 à 100 pour un plus grand nombre : d'après le relevé que contient le Projet , vingt-cinq seulement ont jugé de 10 à 30.

Il n'y a pas d'affaire par jury qui n'exige trois à quatre heures ; il y en a qui exigent deux jours , trois jours, quatre jours et plus.

Avant de porter l'affaire à l'audience, il faut que le président l'examine, fasse ses notes , se mette en état de former le débat; et si l'on ajoute à ce travail celui nécessaire pour compléter les instructions , pour juger les affaires correctionnelles, on trouvera que le tribunal qui fait juger cent affaires par jurys , est extraordinairement occupé.

On convient que les tribunaux qui n'ont à juger que dix à trente affaires, n'ont pas une occupation suffisante ; mais serait-ce une raison de les supprimer ! L'on peut poser en fait que , de tous les tribunaux, les cours de justice criminelle sont , sans exception et sans aucune proportion avec ceux établis dans les mêmes lieux que chacun d'eux , ceux qui ont le plus de travail. Ainsi, sans contredit, la cour de justice criminelle de Paris a beaucoup plus d'ouvrage que les tribunaux de première instance, la cour d'appel et même la cour de cassation ; et l'on vérifierait que le tribunal criminel qui n'expédie que dix ou vingt affaires, est encore plus occupé que les tribunaux civils de son ressort. Faudrait-il supprimer la plupart des tribunaux de première instance et d'appel , parce que les juges qui les composent n'ont presque pas de ttavail ! Non , sans doute. La justice est une dette du chef de l'État ; il la doit prompte ; il la doit rapprochée des lieux. Si quelques tribunaux ne sont pas fort occupés, ce n'est pas une raison d'en priver les départemens ou les villes où ils sont établis , mais peut-être de proportionner les honoraires du juge à son travail.

Objection. Difficulté de trouver des présidens.

Ils sont influencés par leurs entours , par leur ambition.

Réponse. Ces reproches pourraient s'appliquer à tous les juges. Faudra t-il

donc

donc aussi faire postillonner les juges civils, et, sous un Gouvernement ferme et juste, les juges de toutes les classes n'auront-ils pas plus d'espérance d'avancement dans leur soin à remplir leurs devoirs que dans la faveur populaire !

Objection. Les anciens connaissaient, dans les grandes occasions, l'établissement des commissaires extraordinaires : en France, nous avons eu nos grands-jours.

Réponse. L'arrivée des préteurs serait périodique, et n'aurait rien d'extraordinaire.

Quand les commissions extraordinaires pourraient-elles être utiles ! dans les affaires de parti. La Constitution y a pourvu ; les crimes de lèse-majesté sont attribués à la Haute-cour ; et s'il est utile en d'autres occasions de soustraire la connaissance d'un crime aux juges des lieux, qui, relativement aux personnes ou aux choses, pourraient malheureusement être influencés par une opinion publique égarée, le Gouvernement, la cour de cassation, y pourvoiront par des renvois à des tribunaux éloignés et impartiaux.

L'exemple de l'Angleterre.....

Objection. La considération accordée aux grands-juges des assises.....; leur arrivée avec pompe et appareil, est marquée, attendue, célébrée comme jour de fête ; elle est l'époque de divertissemens pour la jeunesse et les dames.

Ils correspondent ensemble pour l'établissement de la même jurisprudence.

Leur impartialité est remarquable.

Ils indiquent aux jurés le prononcé qu'ils vont faire ; leurs avis sont presque toujours suivis ; ils font à eux seuls presque tous les jugemens.

Réponse. Tout ce que nous apprennent à ce sujet *Blackstone* et M. *de Liancourt*, en supposant qu'ils ne se soient pas trompés, peut-il avoir son application en France !

Les Anglais sont fiers de leurs lois, ils les exécutent depuis long-temps ; ils sont accoutumés au respect pour leurs magistrats.

Les Français, au contraire, sont enclins à la critique, et la révolution n'a fait qu'affermir cette disposition.

Croit-on, par exemple, que de long-temps il arrive en France que l'arrivée d'un grave magistrat, qui aura des jugemens à rendre sur des accusés, soit, pour notre jeunesse ou nos femmes, une occasion de fête et de divertissement !

Le Gouvernement, pour remplir la fonction de préteur, choisira des jurisconsultes intègres et instruits ; leur mérite sera accompli, ils seront accompagnés d'un grand train, hommes nouveaux ou illustrés par la mémoire de leurs ancêtres, leur institution sera nouvelle, elle sera critiquée ; il n'y aura pas, dans chaque petite ville, de président d'élection, de conseiller du présidial, qui ne les trouve fort ridicules, qui ne le dise et qui ne tr ès-écouté.

Quant à leur ascendant sur les jurés, il sera nul en raison de ce qu'ils le connaîtront moins. Les jurés, en France, ont précisément la disposition contraire à celle que l'on attribue aux jurés d'Angleterre. En France, les jurés résistent à toute indication; il faut les conduire sans qu'ils s'en aperçoivent, par beaucoup de soins, de patience, de modération et d'impartialité. Les débats en France, sont beaucoup plus longs, beaucoup plus soignés qu'on dit qu'ils ne le sont en Angleterre. Si les jurés croient que le chef du tribunal veut les influencer, ils vont du côté opposé à celui vers lequel il les dirige; il faut les instruire, mais respecter leur indépendance et sur-tout leur amour-propre.

Et c'est par ces différens motifs que l'on pense que les juges ambulans ne sont pas propres en France. Il faut qu'ils soient sédentaires, que les justiciables les connaissent, qu'ils aient gagné la confiance par l'exercice habituel de leurs fonctions, par une bonne conduite.

Le préteur qui viendra aujourd'hui pour partir demain, n'aura aucune influence sur les jurés; mais le juge qui sera connu pour un homme instruit et impartial, chassera les préjugés et inspirera la confiance.

Le préteur n'inspirera pas de courage aux jurés, car il ne restera pas là pour les défendre; mais le juge qui, par sa conduite aura inspiré le respect, communiquera une partie du sien.

Examinons si l'établissement des préteurs ne comporte pas d'autres inconveniens.

1.° L'État donnera à ces préteurs de forts appointemens : leur dépense ne surpassera-t-elle pas celle des juges des tribunaux actuels ?

2.° La nourriture des accusés sera triplée; car les accusés sont actuellement jugés par-tout, excepté à Paris, parce que cela n'est pas possible, dans le mois de leur arrivée à la maison de justice; ils y resteront 3, 4, 5, 6 mois ou davantage, lorsque les procédures auront été annullées.

3.° Indépendamment de cette dépense, les accusés resteront plus long-temps en prison, et ce défaut d'expédition de la justice est un grand mal.

4.° Sur les 100 départemens dont l'auteur du mémoire a fait le relevé, il y en a 50 au moins dont les tribunaux jugent par mois de 8 à 10 affaires.

Les affaires accumulées pendant trois mois fourniront 24 à 30 affaires. C'est déjà trop pour un mois, et cela sera trop sur-tout s'il y a quelque affaire qui exige plusieurs jours d'examen. Ainsi, ou le préteur restera plus d'un mois dans le département, et alors il n'y aura pas de jugemens dans le département voisin, ou il laissera des affaires sans être jugées, et alors elles s'arriéreront.

5.° Cette théorie des juges ambulans a déjà été proposée dans l'assemblée constituante, elle y a été rejetée, et l'expérience prouve que sa pratique ne serait pas avantageuse.

Cela se fait en Angleterre; mais en Angleterre on se plaint du peu d'expédition des affaires criminelles; les juges ambulans y sont un abus qu'ils ont raison peut-être de ne pas réformer, puisqu'ils y sont depuis long-temps accoutumés, mais que nous ne devons pas admettre.

Quelle sera donc la constitution des tribunaux criminels !

En général, ce qui nuit au respect pour les institutions, c'est l'instabilité : ces créations renouvelées s'y opposent ; il faut corriger, réformer, ne pas supprimer.

On pense que les tribunaux criminels doivent continuer d'être sédentaires et établis dans chaque département, même dans chacun de ceux qui ont le moins d'affaires, parce que, quoique ce soit un inconvénient que des juges n'aient presque rien à faire, l'inconvénient est plus grave d'éloigner la justice des justiciables ; et qu'en matière criminelle sur-tout, cet éloignement est à charge au trésor public, aux plaignans, aux accusés, aux témoins, aux jurés, par les déplacemens dispendieux qu'il nécessite.

On propose quelques vues de réforme et d'amélioration.

1.° Il était peut-être convenable que les présidens des tribunaux criminels fussent amovibles. L'inamovibilité des présidens des cours civiles, très-avantageuse pour la sûreté des propriétés privées, n'a pas plus d'inconvénient que celle des autres juges. Les présidens des cours civiles ne font rien seuls ; ils écoutent, ils jugent ; s'ils se trompent, leurs collègues les ramènent ou les réforment.

Il n'en est pas ainsi des présidens des cours de justice criminelle. L'instruction des jurés dépend presqu'entièrement de la manière de suivre le débat. Si le Gouvernement s'est trompé dans son choix, si le président qu'il aura nommé n'a ni le caractère, ni l'espèce de talent, ni la force convenable pour remplir sa place, faudra-t-il que, toute sa vie, les jurés soient sans instruction !

Ne serait-il donc pas convenable de déroger, à l'égard de l'inamovibilité des présidens des cours criminelles, aux dispositions du Sénatus-consulte ! Ne serait-il pas suffisant qu'ils fussent nommés pour trois ans parmi les membres inamovibles de tous les corps judiciaires, qu'ils pussent être continués, et libres, après trois ans, de rentrer dans le corps d'où ils auraient été tirés ; car leurs fonctions sont pénibles, et il paraît juste de permettre à ceux pour qui elles seraient devenues insupportables, de s'en débarrasser autrement que par une démission absolue.

2.° Les présidens devraient être autorisés à distribuer aux juges leurs collègues, la moitié des affaires pour l'instruction, le rapport et la direction du débat ; ainsi les juges des tribunaux criminels deviendraient plus utiles, se formeraient aux fonctions de président et en seraient la pépinière.

3.° Les juges de première instance jugent les affaires correctionnelles au nombre de trois. Ne serait-il pas contraire à toute convenance qu'ils fussent réformés par un seul, le préteur ou le propréteur ! Comment le propréteur du département réformerait-il les jugemens que lui-même aurait rendus comme préteur d'arrondissement ! Ainsi , dans le cas même où l'institution des préteurs aurait lieu, il serait essentiel qu'ils eussent pour adjoints plusieurs juges ; et que le propréteur qui devrait suppléer au tribunal criminel, instruisît ou ne jugeât jamais en première instance.

Il serait utile que , pour le jugement des appels en matière de police correctionnelle , les tribunaux criminels fussent composés de plus de trois juges. Quelle garantie les justiciables ont-ils , que les trois juges du tribunal criminel jugeront mieux que les trois juges de première instance !

On propose, qu'en matière de police correctionnelle , les tribunaux criminels soient composés de cinq juges au moins. Chaque tribunal criminel pourrait, en ce cas, s'adjoindre chaque mois , par tour ou par la voie du sort , ou deux juges de première instance , ou deux juges de paix , ou deux maires , ou deux membres des conseils municipaux d'arrondissement , de département , ou deux jurés. Ces adjoints seraient convoqués pour la session correctionnelle qui , dans les tribunaux médiocres , peut durer quatre ou cinq jours : ils recevraient l'indemnité de leur voyage, et, chaque jour , l'honoraire d'un juré.

4.º Le Gouvernement serait-il occupé de la dépense , en quelque sorte inutile , causée par les traitemens payés aux juges criminels qui ont peu d'occupation ! Peut-être écarterait-on cette considération , en distribuant partie des émolumens relativement au travail, et non pas relativement au titre.

Ainsi , à compter du   , le traitement fixe des présidens , juges et procureurs-généraux des tribunaux criminels , sera réduit à moitié des sommes fixées par la loi du 27 ventôse an 7.

Ce traitement, ainsi réduit , sera alloué pour indemnité du travail des jugemens en matière de police correctionnelle et de l'instruction des autres affaires. Il sera en outre alloué , aux membres des tribunaux , la somme de cent vingt francs , pour chaque affaire jugée sur déclaration de jury ou en tribunal spécial. Le tiers de ces cent vingt francs sera payé au président; un sixième à chaque juge ; un tiers au procureur-général.

Les traitemens des juges criminels s'élèvent à environ   1,225,000 f.

Ils demeureront réduits à.   612,500

Si tous les tribunaux criminels jugent cinq mille affaires sur déclarations de jury , ...   600,000

TOTAL , ...   1,212,500

Ainsi, l'Etat ne sera pas grévé d'une somme plus forte, et l'honoraire du juge sera proportionné à son travail.

5.º Les esprits s'accoutumeraient à l'apparition périodique , dans les départemens, des préteurs ; leur arrivée ne ferait plus époque ; elle serait marquée, attendue ; elle n'aurait rien d'extraordinaire.

Il serait peut-être bon de former une institution qui eût pour but de remplacer, dans les occasions vraiment extraordinaires, les commissaires des Romains, les grands-jours tenus dans les provinces, par des membres des parlemens en France.

Les *missi dominici* de Charlemagne rempliront cet objet.

Chaque année, l'Empereur choisira, parmi les juges de la cour de cassation, quatre commissaires généraux de justice, dont l'emploi sera de surveiller les cours et tribunaux de l'Empire.

Chacun de ces commissaires fera, chaque année, la visite au moins dans quatre départemens qui lui seront indiqués par le Gouvernement.

Les commissaires de justice assisteront aux audiences des cours et tribunaux, et alors ils y rempliront la première place ; ils vérifieront si les régles sont observées au greffe et aux audiences, la tenue des juges, et généralement s'ils remplissent leurs devoirs ; ils visiteront les maisons de dépôt, d'arrêt, de justice et de détention ; et, sur le tout, feront leurs observations, qu'ils transmettront au Grand-juge Ministre de la justice, qui en rendra compte à S. M. I. Les commissaires-généraux de justice auront, sur les présidens, juges, procureurs-généraux et impériaux, le droit de réprimande en la chambre du conseil, et celui de réprimande en audience publique, aux greffiers et autres officiers ministériels ; ils pourront même les suspendre, et commettre à leurs places provisoirement.

Dans les cas où, sur le réquisitoire du procureur-général impérial de la cour de cassation, il sera ordonné, pour quelque cause que ce soit, renvoi de la connaissance d'une affaire devant une cour de justice criminelle, autre que celle saisie par les régles ordinaires de la compétence, la cour de cassation pourra, soit d'office, soit sur le réquisitoire du procureur-général impérial, commettre l'un des commissaires-généraux de justice, pour présider à l'instruction et au jugement de l'affaire renvoyée.

Art. 789, 790, 791. Il est très-contraire à la dignité des juges inférieurs, d'abandonner au préteur seul le pouvoir de les avertir et de les réprimander.

Il est convenable que ces avertissemens officiels et ces réprimandes soient donnés sur la réquisition du procureur-général, et par délibération de la cour.

Art. 792. Le développement compris dans les deux derniers alinéa de cet article, est inutile : il est de l'essence du pouvoir discrétionnaire que les bornes n'en soient pas posées, qu'elles soient inconnues.

Il est de son essence que tel usage qui en sera fait en telle occasion, ne fasse pas autorité pour qu'il en soit fait le même usage dans une autre.

Le tout doit être remis à la discrétion du préteur ; et, s'il abuse, à celle de la cour de cassation.

Art. 797. Inutile. Ou les réquisitions sont aux pièces, ou elles sont au procès-verbal de débat.

Art. 800. A ces mots : « le commissaire leur déléguera les fonctions » qu'ils devront remplir », substituer ceux-ci : « le commissaire fera le » partage du travail entre lui et ses substituts. »

Art. 806. Si le magistrat de sûreté, le propréteur ou le juge inculpé résident dans la ville où siége la cour de justice criminelle, n'y aura-t-il pas lieu à renvoyer toute l'instruction, dès le commencement, devant les juges d'un autre département !

Art. 811. A ces mots : « le commissaire près le tribunal de première » instance », substituer ceux-ci : « le commissaire près le tribunal d'appel. » *Voir* d'ailleurs l'art. 808.

L'instruction ne doit pas être faite par des juges et fonctionnaires qui auront été sous la surveillance du commissaire.

Art. 817, 818, 819. Il est très-utile pour l'expédition de la justice que, dans des délais quelconques, l'accusé et le commissaire du Gouvernement, sous peine de déchéance, soient tenus de proposer les moyens de nullité et d'incompétence.

Le délai, pour l'accusé, peut être de cinq jours à compter de son interrogatoire, si, aussitôt son interrogatoire, on lui donne, ou à son défenseur, communication ou copie des pièces de l'instruction.

La communication aux accusés des pièces de l'instruction est impossible. La plupart des accusés ne savent pas lire ; tous sont suspects, et beaucoup sont capables de soustraire une pièce décisive. Quelle serait donc la condition malheureuse des greffiers !

Quant aux défenseurs, tous ceux nommés d'office n'y mettront presque jamais assez de zèle pour prendre communication.

Ainsi, ou la communication serait inutile, ou, ce qui serait pire, elle ne serait pas faite, et illusoirement constatée ; et l'accusé serait privé de ses moyens de défense légitime.

Comment d'ailleurs croire qu'un accusé ou son défenseur pourrait asseoir ses moyens de défense sur une communication rapide et sans déplacement !

Il en faut donc revenir nécessairement aux copies de l'instruction qui doivent être fournies à l'accusé.

On sait que cette dépense est très-considérable ; mais elle est indispensable : il faut la faire.

Ne pourrait-on pas d'ailleurs diminuer la dépense en conservant la formalité !

Le greffier a le même traitement qu'un juge. il a de plus ses expéditions qui triplent ou quadruplent ses honoraires.

On ne parle pas de diminuer le coût des expéditions des jugemens ; mais il semble qu'au lieu de quarante centimes par rôle de copie des pièces de l'instruction, on pourrait n'allouer au greffier que la moitié ; ce qui réduirait notablement cette dépense.

Dans ce système, les trois derniers alinéa de l'article 817 seront supprimés, et l'on y substituera les dispositions suivantes :

« 1.° Dans les cinq jours de l'interrogatoire subi par l'accusé, le greffier » sera tenu de lui remettre, en présence d'un juge, copie de toutes les pièces » de l'instruction.

» Chaque rôle de cette copie sera payé au greffier, compris le papier, » vingt-cinq centimes.

» 2.° Il sera dressé procès-verbal de cette remise, lors de laquelle le juge » avertira l'accusé, qu'il devra, dans les cinq jours suivans, sous peine de » déchéance, proposer contre les actes de poursuite ou d'instruction, ses » moyens de nullité, d'incompétence ou d'excès de pouvoir.

» Le procès-verbal fera mention de l'avertissement donné par le juge, à » peine de nullité ; il sera signé par l'accusé, le juge et le greffier ; si l'accusé » ne sait ou ne veut signer, il en sera fait mention.

» 3.° Après l'expiration des cinq jours, lorsque la formalité ci-dessus » prescrite aura été observée, l'accusé sera déchu, &c., même devant la » cour de cassation. »

Même article 818. Le commissaire ne peut être tenu de proposer dans les cinq jours ; ses autres occupations pourraient l'en empêcher. La déchéance contre lui résultera de sa mention, *la loi autorise.*

Art. 821. Le préteur ne pourra jamais convoquer le tribunal dans les vingt-quatre heures.

En général, on observe que beaucoup de points confiés au préteur lui seront impossibles à remplir.

Art. 824. Il paraît que l'acte d'accusation nul n'entraîne pas la nullité de la déclaration rendue au pied de cet acte par le jury d'accusation. Le système est difficile à concilier avec le principe par lequel ce qui est nul ne peut produire d'effet. Il ne se concilie point avec l'article 822.

Art. 827. *Voir* la note sur les articles 817, 818 et 819.

Art. 839. Si le préteur reste assis, le propréteur, membre d'un seul et même tribunal avec le préteur, doit pareillement rester assis.

Même article. Dans l'instruction, pourquoi dire que *le Gouvernement accuse !*

Art. 842. Les témoins seront plus convenablement appelés par l'un des huissiers de service.

Art. 848. *Voir* la note à l'article semblable ci-dessus.

Art. 858. « Le tribunal jugera les motifs. »

Mais le tribunal sera alors, quant à la force de décision, composé du seul préteur.

Art. 860. Après les mots, « la partie civile », ajoutez ceux-ci, « ou » son défenseur ou son avoué. »

Art. 882. Aux mots : « par eux et de son consentement », substituer ceux-ci : « par le préteur ou celui qui en fait les fonctions. » On pense que cela a peu d'inconvéniens pour le jury de jugement dont les fontions sont publiques.

Art. 883. Retrancher la fin de cet article, depuis et compris les mots « que par le préteur et par écrit, » second alinéa.

Art. 866. Cette formule générale doit être rédigée et signée par le chef du jury.

Observations sur la position des questions.

Art. 866 et 871. La première de toutes les règles, en matière criminelle, consiste à constater la réalité du délit : avant de chercher des coupables, il faut savoir s'il y a un délit ; c'et un fait essentiel, préalable non seulement au jugement et à la condamnation, mais encore à la procédure et à l'instruction criminelle.

Cette règle doit guider les magistrats qui commencent et achèvent l'instruction, aussi bien que les jurés qui sont appelés à prononcer sur l'accusation. La constatation du délit éclaire les premières démarches de la justice et doit répandre sa lumière sur toute l'instruction ; la nécessité de reconnaître si le délit est constant, réfléchit cette lumière qui a éclairé l'instruction sur le jugement ; car la déclaration que le délit est constant, est, en cas de condamnation, pour la société entière, une garantie expresse, donnée par les jurés eux-mêmes, que depuis le commencement de l'instruction jusqu'au jugement, cette règle fondamentale et salutaire a été observée.

Il est d'autant plus important, d'autant plus nécessaire d'obliger les jurés à suivre cette règle, que les jurés, juges momentanés du fait, sont ordinairement peu familiers avec les principes judiciaires. La manière la plus forte, la plus marquante de rappeler les jurés à l'observation de cette règle salutaire, c'est de faire de la réalité du fait la première question qui doive leur être présentée.

On desire donc que la déclaration du jury de jugement soit exprimée par deux solutions, suivant la formule suivante :

« Sur mon honneur et ma conscience, devant Dieu et devant les » hommes, la déclaration unanime du jury est : 1.° oui, le crime ex- » primé en l'acte d'accusation est constant ; 2.° oui, l'accusé est coupable » de ce crime. »

Sur cette dernière solution, nous ferons remarquer que souvent un acte d'accusation, après avoir détaillé et précisé les faits, les résume dans des expressions qui laissent à décider si l'accusé est auteur du crime ou complice du crime. C'est un grand vice, dans un jugement criminel, que les faits qui y sont déclarés être à la charge du condamné, soient susceptibles

du

du plus léger équivoque, du plus léger doute ; et cependant la déclaration du jury, *oui, l'accusé est coupable*, laissera, dans un cas pareil, incertain si les jurés l'ont reconnu coupable comme auteur ou comme complice : cette incertitude nous paraît vicieuse et dangereuse.

La complicité peut avoir lieu avant que le délit soit commis, par des provocations directes à le commettre, par des conseils positifs et des instructions précises pour le commettre ; en fournissant les armes, instrumens et les moyens nécessaires pour le commettre ; elle a lieu pendant la consommation du délit, en aidant et assistant le coupable à le commettre ; la complicité a encore lieu après la consommation du délit, par le profit que l'on retire sciemment, en recelant, en achetant, en recevant gratuitement les fruits odieux du délit.

Le mot *coupable* peut être restreint aux auteurs et à ceux qui aident et assistent sciemment le coupable ou les coupables dans le moment de l'action ; mais les mots *coupable comme complice*, ou seulement *complice*, doivent être consacrés à déclarer la culpabilité de ceux qui se seront rendus coupables par complicité avant ou après la consommation du crime.

Nous pensons que cette manière d'interroger les jurés sera très-simple, très-courte, très méthodique, et que, par ce moyen, on évitera de trop multiplier les questions, comme on évitera aussi l'inconvénient grave de recevoir des solutions mal digérées ou équivoques.

Nous sommes confirmés dans notre avis par l'examen des dispositions des articles 736 et 737 du projet de Code. Suivant ces deux articles, un acte d'accusation peut contenir plusieurs délits à la charge d'un seul individu, il est même ordonné de comprendre dans le même acte d'accusation tous les délits connexes.

Si les jurés ne donnaient qu'une seule déclaration exprimée ainsi : « oui, l'accusé est coupable, « quelles incertitudes ! car est-il coupable de tous les délits mentionnés dans l'acte d'accusation, ou d'un seul de ces délits ! duquel de ces délits ! En procédant sur chaque délit par déclaration sur le fait constant et sur le genre de culpabilité, comme nous le proposons, toutes les incertitudes sont levées.

La nécessité de poser des questions sur le fait matériel est rejetée par les commissaires rédacteurs du Projet. Les motifs de leur rejet se trouvent dans les observations préliminaires ; nous allons examiner ces motifs ; nous espérons faire reconnaître cette nécessité, en détruisant leurs objections.

Première objection. (page 61 des observations.) « La pensée ne sépare pas » aussi aisément qu'on le croit, le fait commis d'avec l'individu qui en est » l'auteur. Ainsi, tel français est accusé d'avoir porté les armes contre sa » patrie : demanderez-vous vaguement d'abord si un individu quelconque a » porté les armes contre la France, si l'on a porté les armes, si l'action

» de porter les armes a été commise! et demanderez-vous ensuite si l'ac-
» cusé est cet individu qui a porté les armes! Mais il s'agit dans le procès
» de l'action imputée à l'accusé et non d'une action indéterminée ou im-
» putée à d'autres individus ; et tout est dit sur l'auteur, si le jury répond
» que l'action a été commise; comme tout serait dit sur le fait, si le jury
» avait donné cette réponse unique : l'accusé est convaincu d'avoir porté les
» armes contre sa patrie. Poser ces deux questions, c'est moins faire une
» première question sur le fait, et une seconde sur l'auteur, que de faire
» deux questions successives de même nature, l'une impersonnelle et l'autre
» personnelle. »

Réponse. Sans doute il arrive quelquefois que la pensée sépare difficilement
le fait commis d'avec l'individu qui en est l'auteur; mais ces cas sont rares
et particuliers ; dans les cas ordinaires il n'en est pas ainsi.

La pensée ne separe-t-elle pas aisément les faits d'un meurtre, d'un viol,
d'un incendie, d'un vol, d'une fausse signature, &c.! Ne sépare-t-elle pas
facilement les faits et les torts soufferts par ces crimes, d'avec les individus
qui ont commis ces crimes!

Dans l'exemple même choisi par les commissaires et dans le petit
nombre de cas qui peuvent se rapprocher de cet exemple, le temps, le
lieu, l'espèce d'armes, les effets qui ont résulté du crime, ne se séparent-
ils pas aisément par la pensée d'avec celui qui a commis le crime! La rela-
tion que les faits dont il s'agit ont avec l'accusé, vient se joindre à l'examen
du fait matériel ; elle vient sans doute fortifier les circonstances qui rendent
le fait certain ; mais est-ce donc une règle abusive que celle qui force
à reconnaître le temps, le lieu, les effets du crime, avant de porter ses
regards sur celui qui en est accusé! Dans cette espèce, la question du fait
matériel ne se confond peut-être pas plus que dans toutes les autres espèces
avec la question de l'auteur. Mais quelques-uns des élémens qui sont
propres à faire décider la question du fait matériel, servent encore à faire
décider la question d'auteur. Conclure de cas particuliers au général est
vicieux, et il nous paraît de plus que le cas particulier cité, peut se ranger
dans la classe générale.

L'importance de la règle qui oblige de poser la question du fait matériel,
n'est pas méconnue par les commissaires eux-mêmes ; mais suivant eux,
*tout sera dit sur le fait, si le jury a donné cette réponse unique : l'accusé est
convaincu, &c.* Dans l'espèce qu'ils ont citée, comme dans toutes les espèces,
tout serait dit sur le fait, si l'on prononçait que l'accusé est coupable. Ils
conviennent par-là *qu'ils se contentent d'une déclaration implicite ;* nous désirons, dans tous les cas, une déclaration expresse. Quelle méthode assure
un plus sérieux examen, ou de celle qu'ils adoptent, ou de celle que nous
désirons! Ils conviennent que la règle qui veut que le fait matériel soit

reconnu pour constant avant de rechercher l'auteur du fait, est un guide sûr, nécessaire qu'il ne faut jamais abandonner. Ils ne font de cette règle qu'un précepte ; nous en faisons une loi. Nous pensons qu'il en faut faire plus qu'un prétexte pour des jurés.

Sur l'importance de la règle, voici comme les commissaires s'expriment *(pag. 62) : « Nous rendons justice aux motifs* qui ont porté l'assemblée » constituante à exiger du jury une réponse positive sur le fait de l'accu- » sation : on *citait quelques exemples* d'hommes *condamnés* pour des délits » qui n'avaient point existé ; pour *homicide,* par exemple, et *quelque temps* » *après* la personne homicidée avait reparu dans la contrée. L'assemblée » constituante a donc *voulu forcer* le jury à vérifier le fait premièrement, » en le forçant de faire, avant tout, une réponse *positive* sur une question » qui n'aurait que le fait pour objet. »

Les commissaires ajoutent : « Cependant ces exemples prouvaient, non » pas que les juges eussent omis de délibérer sur le fait, mais qu'ils l'avaient » admis comme constant quoique non prouvé. Aussi Mathieu Hale recom- » mande-t-il, non pas de commencer par délibérer sur le fait isolément, » ce qui certes *n'a jamais eu besoin d'être recommandé,* même dans des ma- » tières moins graves, ni aux juges anglais ni aux juges français ; mais de » ne jamais réputer un accusé convaincu d'avoir volé les effets d'un inconnu, » sur le simple motif qu'il n'indique point d'où il les tient, à moins qu'il » ne soit, en même temps, prouvé que ces effets ont été volés. Il recom- » mande sur-tout de ne jamais réputer un accusé convaincu de meurtre ou » d'homicide tant qu'on n'aura pas représenté le cadavre de l'individu qu'on » suppose avoir été tué. »

On ne peut reconnaître plus fortement le principe que nous avons posé.

On ne peut accorder, dans des termes plus expressifs, qu'il est néces- saire de délibérer sur le fait isolément. Selon eux, cela n'a jamais eu besoin d'être recommandé ni aux juges anglais ni aux juges français ; selon nous, il faut en faire une loi pour les jurés : à toutes les raisons que nous en avons données, nous ajouterons que forcer les jurés à donner une décla- ration positive sur la question de fait, c'est donner encore à tous les ma- gistrats qui préparent leur décision, l'avertissement de rassembler toutes les lumières sur ce fait, et d'éclairer, en partant de ce point, toute la route que doit parcourir la justice pour atteindre les coupables.

Nous croyons avoir détruit la première objection, passons à la seconde.

Deuxième objection. « De deux jurys de jugement appelés à six mois » d'intervalle pour donner leur déclaration sur le même fait, l'un a déclaré » le fait constant, et les premiers accusés ont subi la peine de mort ; l'autre » a déclaré le même fait non constant, et les derniers accusés jouissent des » droits de l'innocence.

» Ces contradictions sont scandaleuses et alarmantes. Si certaines décla-
» rations sont scandaleuses et alarmantes parce qu'elles sont contradic-
» toires, il en est d'autres qui, considérées isolément, produisent d'aussi
» funestes effets. Dans le plus grand nombre des affaires, le fait a été constaté
» par les officiers de police avec la plus scrupuleuse attention : dans telle
» autre affaire, le fait est de notoriété publique; il est constant pour toute
» la France, pour toute l'Europe. En interrogeant le jury sur cette action;
» vous faites une chose non-seulement inutile, mais dangereuse : le jury
» niera le fait; un tel résultat, qui offense la raison et qui a décrié parmi
» nous l'institution des jurés, est arrivé dans des circonstances si éclatantes
» qu'enfin il faut qu'il n'arrive plus. »

Réponse. Les déclarations contradictoires sur le fait constant sont alarmantes, elles sont scandaleuses.

Une déclaration négative sur un fait constaté régulièrement, est alar-
mant et scandaleuse : tout cela est vrai.

Mais d'abord, ces cas ont été rares.

Ensuite a-t-on examiné les élémens de la composition des jurys qui ont
donné de semblables résultats, quelle influence ont eu sur les jurés ou
l'esprit de parti ou le peu de soin qu'on a eu de préparer leur décision ou
leur faible composition ?

Enfin, parce que des jurés ont erré, ont donné des décisions contradictoires, faut-il dorénavant exposer les jurés à l'oubli de la première de
toutes les règles ? ce serait mal conclure.

Il faut maintenant donner au jury une orgnisation plus forte, plus énergique, mais forcer les jurés de donner une réponse positive sur le fait
matériel ; c'est les bien diriger, leur poser une règle importante et sûre.

La proposition des commissaires rédacteurs tend à cacher le scandale,
et non à détruire le mal dans sa racine.

Il vaut mieux que le mal soit connu, s'il existe réellement.

Art. 874. On trouve ce pouvoir trop grand, le préteur composant seul
la décision.

Art. 876. Préférer l'ancienne rédaction du Code des délits et des
peines.

Art. 887. On ne peut admettre ce morcèlement.

Si cet article était maintenu, la rédaction du §. I.er semblerait indiquer le morcèlement des fonctions du tribunal.

Art. 889, 3.e numéro. Dans le cas où ce texte aurait été lu à l'audience.

Art. 892. Pourquoi pas le tribunal ?

Art. 895. « Soit de la décision qui aura maintenu, &c. »

Rédiger ainsi :

« Soit de l'entérinement de la décision qui aura maintenu, &c. »

Art. 897. « Le tribunal criminel ordonnera, &c. »

Substituer « pourra ordonner, &c. »

On observe que cet article paraît rédigé dans la supposition où le tribunal criminel serait compétent; mais il faudrait le dire plus clairement.

Art. 914. A la place de ces mots, « ils seront contraints, même par » main-mise sur leurs personnes, &c. »; substituer ceux-ci : « ils seront » tenus, &c. »

Observations sur l'Organisation des Jurés.]

L'institution du jury, en matière criminelle, va s'écrouler, si l'on ne parvient pas à l'asseoir sur une base solide.

Cette institution, créée dans un moment où les principes populaires dissolvaient le Gouvernement monarchique, a été corrompue, dans sa création, par un excès de popularité.

Il faut maintenant asseoir l'institution des jurés, comme celle de la représentation nationale, sur la base de la propriété, parce que la propriété est généralement un gage assuré de l'intérêt qu'un citoyen prend à la conservation de l'ordre public; il faut même donner beaucoup au choix, et peu laisser au sort, en conservant précieusement aux accusés le droit de récusation, droit qui suffit seul pour assurer l'impartialité des jugemens.

Ainsi, on approuve que les jurés d'accusation soient choisis, et non tirés au sort; que le nombre de ces jurés soit augmenté; que ces jurés ne soient pas susceptibles de récusation; que, dans le cas de partage égal d'avis, la décision soit pour l'accusation; enfin que les jurés d'accusation ne puissent être pris que parmi les plus imposés de l'arrondissement. Ainsi, on approuve que le nombre des incompatibilités soit beaucoup restreint; que dans tous les délits qui intéressent directement l'ordre public, un certain nombre de fonctionnaires publics soit nécessairement appelé à remplir les devoirs de jurés; que la liste des jurés de jugement ne soit que de quarante-huit; que les jurés de jugement ne puissent être pris que parmi ceux qui paient au moins 100 francs de contributions directes : toutes ces dispositions sont fondamentales; elles sont propres à donner une force et une énergie convenables à l'institution des jurés, et à offrir à la société des motifs de sécurité, sans donner à l'innocence aucun motif de crainte.

Les dispositions qui nous paraissent susceptibles d'observations, sont comprises dans l'article 925, ou dérivent de celles comprises en cet article.

Suivant cet article, quarante-huit jurés sont destinés à être présens à la session, lorsque douze seulement seront appelés à entrer en exercice.

Nous allons développer les objections qui se présentent contre cette disposition, en prenant nos exemples d'application dans le département de Seine-et-Oise ; nous ne pouvons mieux faire que de consulter notre expérience journalière.

Dans le département de Seine-et-Oise, les sessions de jury de jugement de chaque mois, emploient six à sept jours pour six à huit affaires ; c'est un fait certain.

De deux choses l'une, où ces quarante-huit personnes seront appelées à prononcer sur toutes les affaires de la session, ou il sera formé autant de listes qu'il y aura d'affaires à juger, et les jurés ne seront appelés que pour prononcer sur une seule affaire, sur deux au plus, et les affaires qui suivront, exigeront la présence d'autres jurés inscrits sur d'autres listes.

Examinons séparément ces deux hypothèses, en les appliquant au département dont il s'agit.

I.ᵉ *Hypothèse.* Les préteurs ne tiendront leurs grands-jours que tous les trois mois.

Six à sept affaires par mois.

En trois mois, de dix-huit à vingt-une affaires, qui exigeront vingt-un ou vingt-deux jours de travail et deux jours de voyage.

Voilà donc de quarante à quarante-huit personnes déplacées de leur domicile, dérangées de leurs affaires, de leurs occupations habituelles ; en voilà quarante-huit au moins qui souffriront ce déplacement, presque sans service pendant près de vingt-quatre jours.

Conçoit-on que de pareils sacrifices puissent-être exigés des citoyens ! Conçoit-on ce que l'ennui, l'impatience peut ajouter à ces sacrifices, pour ceux d'entre ces citoyens qui ne seront obligés de se présenter au commencement de chaque affaire, que pour voir leurs noms rester dans l'urne, ou voir leurs personnes récusées ou par l'accusé ou par le magistrat chargé du ministère public ! Pourra-t-on supporter un déplacement si long, si coûteux, étant condamné à une pénible oisiveté !

Nous ferons remarquer, avant de discuter la seconde hypothèse, que, dans celle que nous venons d'examiner, le but que l'on a voulu atteindre par la disposition projetée, serait manqué ; ce but paraît être de ne faire connaître aux accusés les jurés qui doivent prononcer sur leur sort, qu'au moment du jugement, et par-là de garantir les jurés de l'influence des sollicitations : ce but serait manqué ; car ces quarante ou quarante-huit jurés qui resteraient vingt-un à vingt-deux jours dans un lieu où la plupart seraient étrangers, sont connus, dès le premier jour de la session, par l'appel fait publiquement de leurs noms ; on sait qu'il arrive ordinairement que des hommes appelés pour remplir momentanément le même service public, aiment à se réunir dans les mêmes auberges : les accusés dont le jugement serait indiqué vers les derniers jours de la session, auront donc le temps et beaucoup de facilités pour faire solliciter d'avance les jurés par leurs parens et leurs amis.

IIe Hypothèse. Le préteur se fera donner autant de listes de quarante-huit personnes qu'il y aura d'affaires à juger, ou du moins il n'emploiera chaque jury de jugement qu'à prononcer sur deux affaires.

Dans cette hypothèse, les inconvéniens ne sont pas les mêmes ; ils sont peut-être plus graves, en ce qu'ils énervent l'institution ; les déplacemens ne sont pas longs et onéreux pour les individus, mais ils s'étendent sur un trop grand nombre de personnes.

Nous suivons l'application du mode du Projet à la même localité.

L'expérience autorise à supposer dix-huit affaires au moins pour une session de trimestre. Si l'on convoque successivement dix-huit jurys composés chacun de quarante-huit personnes, il y aura huit cent soixante-quatre personnes qui seront déplacées, si on ne les emploie qu'à une seule affaire ; si on donne à chaque jury deux affaires à juger, il y aura quatre cent trente-deux personnes déplacées pendant quatre jours au moins.

Si l'on considère ensuite que ces citoyens, ayant été appelés une fois hors de leur domicile, ne pourront plus être appelés de nouveau pendant une année ; qu'il faudra en appeler d'autres tous les trois mois ; qu'il y aura par conséquent mille sept cent vingt-huit personnes sur lesquelles le service du jury sera réparti dans ce département chaque année ; que si l'on oblige les jurés à remplir deux fois cette obligation dans l'espace d'une année, il y aura huit cent soixante-quatre personnes sur lesquelles tombera cette charge. Croit-on qu'il se trouvera un si grand nombre de personnes en état de bien remplir les fonctions de juré ? L'institution du jury ne devient-elle pas, par cette disposition, plus entachée qu'auparavant du vice de popularité qui l'a ruinée et minée jusqu'à présent ? Lorsque les choix doivent forcément s'étendre sur un si grand nombre, ce ne sont plus des choix.

L'article 925 contient encore une disposition qui répugne à nos mœurs, et qui nous paraît dangereuse et vicieuse : dangereuse, en ce qu'elle nous paraît porter atteinte au droit de récusation, qui doit être exercé librement par les accusés ; vicieuse, en ce qu'elle expose les jurés eux-mêmes à recevoir publiquement, pour prix de leur zèle, l'affront d'une récusation de la part du magistrat chargé du ministère public.

Cette récusation faite en public, en présence des jurés eux-mêmes, de la part de l'accusé, ne peut, à la vérité, blesser la personne récusée, parce qu'il peut s'y joindre l'idée que l'accusé a craint la sévérité de principes de celui qu'il récuse, parce que l'accusé est dans une position fâcheuse, qu'il exerce un droit de défense légitime que lui prescrit l'intérêt de sa conservation : mais la solennité de cette récusation, mais la présence des jurés, mais la nécessité d'exercer ce droit à l'instant même, sans pouvoir consulter sa mémoire ou prendre quelque information, doivent être considérées comme des restrictions indirectes à l'exercice libre de ce droit. L'accusé ne craindra-t-il jamais de donner, par ses récusations, à quelques-uns des jurés qu'il admet, de mauvaises impressions ! Il faut bien se garder de porter atteinte au droit de récusation : l'exercice de ce droit n'aura point assez de liberté, s'il est fait en public et en la présence même des jurés.

Cette récusation faite en public, en présence des jurés eux-mêmes, *de la part du ministère public,* ne peut être admise. Elle exposerait un citoyen qui se serait déplacé, qui aurait quitté son domicile, sa famille, ses affaires, pour remplir un service public, à une sorte de honte : plus le ministère public mérite de respect, plus il est honorable, et plus l'affront qu'un citoyen trouvera dans la récusation lui sera sensible : le juré récusé par le ministère public trouvera, dans cette récusation, de la honte, parce qu'il ne peut se joindre à cette récusation (dans les affaires ordinaires) que des idées d'insuffisance de lumières, de faiblesse de caractère, de relâchement dans les mœurs et les principes, ou de liaison avec l'accusé.

Toutes les dispositions de l'article 925 du Projet ne sont donc point admissibles : quelles dispositions doivent les remplacer ! Celles qui s'allieront avec les bases déjà approuvées et admises.

Nous remarquerons que les bases admises ont de grandes analogies avec ce qui a été établi par le Code de brumaire an 4, sur les jurés spéciaux.

Nous observerons qu'avant la loi du 6 germinal an 8, qui a dénaturé les jurés spéciaux, les décisions de ces jurés étaient remarquables par une plus grande justesse, par une plus grande fermeté, par une plus grande sévérité que celles des jurés ordinaires. C'est un fait que nous attestons, qu'il est facile de vérifier, que tous les magistrats attesteront sans doute.

Nous remarquerons que le Projet s'est rapproché de l'institution des jurés spéciaux et l'a améliorée.

Les jurés spéciaux de jugement étaient choisis par le président de l'administration départementale, au nombre de 30.

Les nouveaux jurés, en toute matière, seront choisis par le préfet, au nombre de quarante-huit.

Les jurés spéciaux étaient pris parmi les personnes ayant les qualités requises pour être électeurs. Ils ne pourront être pris que parmi les fonctionnaires publics et parmi les citoyens payant au moins 100 francs de contribution directe.

D'après ces remarques, nous pensons que les dispositions des articles 504, 520, et 521 du Code des délits et des peines, légèrement modifiées avec celles du Projet, formeront un système cohérent, qui sera exempt des vices que nous avons cru reconnaître, et qui conservera à l'organisation projetée, tous les avantages qu'on lui a donnés sur l'organisation actuelle.

Nous allons, conformément à ce vœu, présenter quelques articles que nous proposons d'adopter. Nous n'avons rédigé ces articles, que pour mieux faire connaître notre avis.

Art.   « La liste des quarante-huit citoyens, destinée à former, par

la

» la voie du sort, le tableau du jury du département, est communiquée au
» procureur général, par ordonnance du préteur. Dans les trois jours de
» cette communication, le procureur général peut récuser douze de ces
» citoyens, sans donner de motifs. »

Art.   « Sur les jurés restant sur la liste, après les récusations que
» pouvait opérer le procureur général, le président du tribunal en fait tirer
» au sort, seize; savoir, douze pour composer le tableau du jury de juge-
» ment, et quatre destinés à servir de suppléans.

» Ce tableau est présenté à l'accusé ou aux accusés qui ont droit de
» récuser ceux qui le composent, selon le mode réglé ci-après. »

Art.   « L'accusé peut exercer vingt récusations sans donner de motifs.
» Les récusations qu'il présente ensuite, doivent être fondées sur des causes
» dont le tribunal juge la validité.

» S'il y a plusieurs accusés, ils peuvent se concerter pour exercer les
» vingt récusations que la loi leur accorde, sans en déclarer les motifs.

» Ils peuvent aussi les exercer séparément. »

Art.   « Mais dans l'un et l'autre cas, la faculté de récuser ne peut s'éten-
» dre au-delà du nombre de vingt jurés, quel que soit celui des accusés. »

Art.   « Si les accusés ne peuvent se concerter pour récuser, le sort
» règle entre eux le rang dans lequel se feront les récusations; et, dans ce
» cas, chacun d'eux récuse successivement un des jurés, jusqu'à ce que la
» faculté de récusation soit épuisée. »

Art.   « Les accusés peuvent se concerter pour récuser une partie des
» vingt jurés; sauf à exercer ensuite séparément le reste des récusations,
» suivant le rang fixé entre eux par le sort. »

Art.   (927 du Projet.) « Lorsqu'il s'agira de quelques-uns des crimes
» mentionnés dans l'art. 906, les récusations des accusés et du ministère pu-
» blic, s'arrêteront, relativement aux fonctionnaires publics, lorsqu'il n'en
» restera plus que huit non récusés, sur la liste.

» De ces huit, six feront partie des douze jurés de jugement, deux seront
» destinés à être suppléans. »

Art.   « Une première récusation peut être faite sur la liste entière,
» comme ayant été formée en haine de l'accusé; et si le tribunal le juge
» ainsi, le préfet du département le plus voisin, formera une nouvelle liste,
» dans laquelle ne pourront être portés ceux qui l'ont été sur la première. »

Art.   « Les quatre suppléans sont destinés à compléter le nombre de
» douze jurés nécessaire pour composer le jury, en cas d'absence ou d'ex-
» cuse de la part de quelques-uns des douze jurés. »

Art.   « En cas d'insuffisance des suppléans pour compléter ce nombre,
» ce nombre sera complété par le président du tribunal criminel : ils seront
» pris parmi les citoyens inscrits sur la dernière liste des jurés de jugement,
» qui avait été faite dans la session précédente. »

Si l'on met une grande importance à ce que les accusés ne connaissent les jurés qui doivent prononcer sur leurs affaires, qu'au moment du jugement, afin de rendre les sollicitations presque impossibles, il faut d'abord que la liste des jurés contienne au moins soixante-douze noms ; ensuite, que le tableau des jurés restans, après les récusations opérées par le ministère public, soit communiqué aux accusés qui, dans les vingt-quatre heures, feront leurs récusations ; après toutes ces opérations opérées, la liste des douze jurés et des quatre suppléans serait formée par la voie du tirage au sort, sans que du résultat de ce tirage, on donnât aucune connaissance aux accusés.

De cette manière, les accusés auront joui du droit de récusation ; et cependant ils ne connaîtront les jurés que le sort leur aura donnés, qu'au moment où les jurés se présenteront.

Car, lors même que le ministère public épuiserait les récusations qui lui appartiennent, ce qui arrivera fort rarement ; en supposant que les accusés épuisassent aussi le nombre des récusations qui leur appartiennent, ce qui ordinairement n'arrive pas ; il resterait encore un nombre de quarante jurés, dans lesquels se fera le tirage ; et ce nombre est assez considérable pour rendre les sollicitations impraticables ou extrêmement difficiles.

Si le ministère public n'exerçait aucune récusation ou peu de récusations, si l'accusé n'en exerçait que peu, il resterait environ soixante noms exposés à sortir de l'urne par la voie du sort.

On ne peut penser que des accusés puissent entreprendre de faire postillonner chez quarante ou soixante jurés épars dans tous les points du département : c'est la facilité de se livrer aux sollicitations qui engage à les faire. Au surplus, avec des jurés bien composés, nous ne regardons pas les sollicitations comme très-dangereuses.

Pour éviter les sollicitations, il faudrait sur-tout que chaque liste de jurés ne fût employée que pour une seule affaire, pour deux au plus ; car, c'est dans le lieu où ils exerceront leurs fonctions, qu'il sera plus facile de connaître les jurés et de les approcher. On croit avoir établi qu'il serait très-à charge pour les citoyens, de ne les appeler que pour une seule affaire : sur quarante-huit, trente-deux seraient appelés inutilement.

Art. 939. Cette mesure, trop généralisée, perd son effet. On pense qu'on doit la réserver aux cas très-graves, et que l'annullation doit toujours être transcrite sur les registres.

Art. 945. Il ne paraît pas nécessaire que le registre destiné à inscrire la déclaration de recours en cassation contre les jugemens des tribunaux criminels, soit déclaré public, et que toute personne ait le droit de se faire délivrer des extraits de la déclaration de recours en cassation.

Il suffit de dire :

« La déclaration de recours sera inscrite sur un registre à ce destiné, et
» toute personne intéressée aura le droit de s'en faire délivrer des extraits. »

Art. 946. Le commissaire du Gouvernement ne doit pas être astreint
à avertir l'accusé auquel il a notifié son pourvoi, qu'il doit se choisir un
défenseur, si non qu'il lui en sera nommé un d'office par le président de
la section criminelle du tribunal de cassation.

On propose de retrancher la fin de l'article, depuis les mots, *il l'avertira.*

Art. 957, 4.ᵉ alinéa. La formalité de comparution devant les bureaux de
conciliation, en matière civile, avant d'intenter aucune demande principale,
est devenue une source d'abus, par l'énormité des frais qu'elle occasionne
dans les demandes dirigées contre un grand nombre de co-intéressés. Il
serait, sans doute, avantageux de supprimer cette formalité dans beaucoup de cas, peut-être même de la supprimer tout-à-fait.

Mais si on conserve cette formalité, il n'y a pas de motif pour en dispenser dans le cas prévu par cet article.

Si l'action publique est éteinte, il ne peut plus être question que des
intérêts civils, dans le cas prévu par cet article ; si les parties se concilient
au bureau de paix, l'action civile s'éteindra.

Les procès criminels portés dans les tribunaux sur les intérêts civils seulement, et après l'extinction de l'action publique, ne présentent souvent que
le scandale de l'impunité, relativement à l'atteinte portée à l'intérêt public.

Art. 962. Le pouvoir donné par cet article au tribunal de cassation est
immense. Il aura la faculté de casser, pour partie, la déclaration du jury ou
le jugement. Ne serait-il pas nécessaire de préciser d'avantage les cas où
le tribunal de cassation usera de cette faculté, de manière que ce tribunal
ne s'immisçât jamais dans la discussion du fond !

L'exigence des cas peut aussi bien être reconnue par *l'examen du fond*
du procès, que par l'examen de la forme ou de l'application de la loi.

L'exigence des cas est une expression trop vague et trop générale.

Art. 969, 970, 971. Les secondes ou troisièmes cassations sont très-
onéreuses aux parties.

Il serait utile de ne pas admettre cette distinction de moyens nouveaux,
et de renvoyer toujours les secondes cassations aux sections réunies du
tribunal de cassation.

Art. 984. L'instance sur laquelle doit être jugé le faux de la pièce
produite à charge, doit être portée devant la cour de justice criminelle
qui a rendu le jugement de condamnation.

Autrement, il est à craindre que, par des jugemens rendus au civil sans
contestation, ou par défaut, qui acquièrent la force de chose jugée, on
ne parvienne à obtenir un sursis et ensuite la cassation du jugement de
condamnation.

Art. 988. L'Empereur ne peut être entendu comme témoin ; les raisons en sont trop nombreuses et trop évidentes pour avoir besoin d'être énumérées.

Art. 992 , 2.ᵉ alinéa. Le mot *critiques* doit être retranché.

Les observations des experts doivent être faites à charge et à décharge.

Art. 1016. Le mode de juridiction est d'ordre public ; la compétence se fixe par la raison de la matière.

D'ailleurs , le tribunal criminel n'étant composé, suivant l'organisation projetée, que du préteur et du propréteur , le préteur ayant voix prépondérante en cas de partage d'opinions , il en résulterait que les contumaces ne seraient jugés que par un seul juge : une pareille nouveauté en matière criminelle effraie la justice.

Lorsqu'un accusé condamné par contumace ne se sera pas représenté ou n'aura pas été repris dans les cinq ans du jour de la condamnation, on propose que, lors même que le jugement contradictoire prononcerait son acquittement, le contumace acquitté soit, dans ce cas, déclaré soumis à la surveillance du Gouvernement.

Les motifs de cette rigueur sont qu'il est probable que cet acquittement n'est dû qu'au dépérissement des preuves ; qu'il est probable que ce dépérissement, après un si long espace de temps , est la seule cause qui a donné à l'accusé la confiance de se représenter à justice ; enfin que l'accusé a vécu, pendant ces cinq ans, dans un état très-suspect.

Art. 1077 , 3.ᵉ alinéa. Cette mesure de la prise à partie est bien sévère pour la seule omission des motifs d'arrestation et de la citation de l'article de la loi qui autorise à décerner mandat d'arrêt.

Même article, 7.ᵉ alinéa Ces expressions : « Lorsque dans l'exercice de » ses fonctions, il se sera conduit *par fraude*, *par faveur ou par inimitié* » *personnelle* » , sont bien vagues.

Art. 1096. Cette disposition est très-dangereuse.

Puisque le jugement a été rendu dans l'année , les preuves sont encore existantes ; il vaut mieux suivre le mode indiqué par l'art. 1098.

Art. 1143 *et suivans.* Les maisons d'arrêt et de justice , les maisons de peine , devraient être distraites de l'attribution du ministre de l'intérieur, pour être mises dans l'attribution du ministre de la justice.

Le ministère de l'intérieur , déjà chargé d'une surveillance si immense , ne donne point à cet objet important toute l'attention qu'il mérite.

Une bonne administration des prisons dans toute l'étendue de l'Empire, suffirait pour la gloire d'un ministre par le bien qu'en recevrait l'humanité , par les avantages qu'en pourrait retirer la nation.

A Versailles , le cinquième jour complémentaire an 12.

Signé BOLET , *président ;* F. N. DRIERES , BARBIER , *juges ;* C. H. GIRAUDET , *commissaire* , BRUN , *greffier.*

OBSERVATIONS

DU TRIBUNAL CRIMINEL

DE LA STURA ET DU TANARO,

SUR

LE PROJET DE CODE CRIMINEL.

OBSERVATIONS

DU TRIBUNAL CRIMINEL

DE LA STURA ET DU TANARO,

SUR

LE PROJET DE CODE CRIMINEL.

C'EST une idée sage, grande et généreuse, que celle conçue par le Gouvernement, d'appeler, sur le projet du nouveau Code criminel, les méditations et les observations des tribunaux principalement chargés de l'application des lois dont il est le prélude.

Aussi le tribunal criminel des départemens de la Stura et du Tanaro a-t-il infiniment apprécié ce témoignage d'estime et de confiance de la part du Gouvernement ; mais il a à regretter que le court intervalle de temps qui lui a été prescrit pour les transmettre, et plus encore le cours périodique des graves occupations dont il se trouvait surchargé, ne lui aient pas permis de se livrer, sur un sujet si important, aux méditations profondes que la matière aurait exigées, et à des développemens qui en auraient été le résultat.

Il s'est borné à rendre, d'une manière franche et loyale, les objections qui lui ont paru les plus importantes, d'après les observations que l'expérience l'avait mis à même de recueillir, en rendant hommage d'ailleurs aux hautes conceptions qui ont dirigé l'ensemble du nouveau Projet, et pour lesquelles la nation devra une éternelle reconnaissance à ses rédacteurs.

Ces observations sont, en premier lieu, générales, et ensuite particulières à quelques articles qui ont paru susceptibles d'une nouvelle rédaction.

OBSERVATIONS GÉNÉRALES.

ON a dit plusieurs fois que les tribunaux n'étaient pas dans une sphère assez élevée pour connaître les grands intérêts de la nation, et apprécier les vues générales d'utilité publique : ils sont, dit-on, plongés dans la sphère départementale ; on les suppose composés d'hommes faibles et capables de fléchir, dans l'exercice de leurs fonctions, sous le crédit et l'autorité d'autrui, sans force eux-mêmes, sans crédit, sans influence.

On les suppose tourmentés de l'ambition de sortir d'une médiocrité politique, et desireux d'être portés sur une liste de candidats.

On dit que la plus grande partie des tribunaux criminels n'ont presque rien à faire; on est allé jusqu'à calculer que les présidens qui avaient rendu de cinquante à cent jugemens par année, avaient expédié l'ouvrage d'un mois. Cette analyse n'annonce pas un examen réfléchi de la longueur inévitable des débats, sur-tout dans les pays réunis, dans lesquels on est forcé de se servir d'un interprète, ce qui en double la durée; et moins encore des actes préparatoires qui doivent précéder l'examen et le jugement.

Heureusement rien de tout cela n'est applicable aux tribunaux criminels de la 27.ᵉ division militaire. Aucun président ne s'y trouve dans son département; par-tout le crime a été poursuivi et puni; le nombre des attentats à l'ordre social a diminué d'une manière sensible.

Les tribunaux criminels y sont considérés et aimés par tous les bons citoyens sans distinction. Les grandes routes deviennent sûres; les propriétés sont respectées; et le peuple bénit le Gouvernement français, de l'amélioration sensible qu'il a déjà apportée à la législation criminelle. Il ne manque aux tribunaux, comme l'a si judicieusement remarqué le grand-juge, qu'un traitement plus considérable, et quelque témoignage de considération de la part d'un Gouvernement qui a acquis dans si peu de temps une si grande influence sur l'esprit public, pour porter les tribunaux au degré de splendeur dont le Gouvernement paraît desirer de les voir revêtus.

Si c'est une vérité incontestable que l'utilité publique ne soit qu'un assemblage des utilités particulières, et que les grands intérêts de la nation ne soient que le résultat de l'intérêt proportionnel des départemens dont elle se compose, sur-tout dans tout ce qui a rapport à l'administration de la justice;

Si l'institution d'un seul tribunal criminel pour deux départemens, a opéré d'aussi bons effets dans la 27.ᵉ division militaire; s'ils ont jugé chaque année trois cents accusés environ, comme ce tribunal en a jugé deux cent quatre-vingt-dix dans les dix derniers mois, sans compter l'instruction des procédures de ceux qui sont morts à la veille d'être jugés;

Si l'expérience, qui est le creuset de toutes les institutions civiles, a démontré que cet établissement était utile, et avait suffi, dans un pays ravagé par la guerre, tourmenté par l'esprit de parti, et dans lequel, il faut le dire, une mauvaise police, l'impunité ou la lenteur dans la répression des crimes, l'immoralité qui en était la conséquence, avaient créé une pépinière de malfaiteurs,

On ne voit pas pourquoi cette institution ne serait pas applicable au reste de la France. Se laisserait-on entraîner par une théorie séduisante, et plus spécieuse que réelle, de préteurs ambulans, en empruntant cette institution d'une nation ennemie, sur le simple témoignage d'un voyageur tel que *Liancourt*, et d'un auteur intéressé à louer les institutions dans lesquelles ses compatriotes font consister le palladium de leur liberté, tel que *Blackstone*.

D'ailleurs, à supposer réelle la considération dont jouissent les jurés et les grands-juges ambulans en Angleterre, cette considération ne dériverait-elle pas principalement de la faculté à eux donnée de recommander les condamnés à la clémence souveraine, de celle donnée aux grands-juges de suspendre l'exécution des sentences de mort en plusieurs cas, de commuer les peines, de les graduer, et de la déférence du souverain à leurs recommandations, ou de leur mérite personnel, plutôt que de toute autre source!

Comptera-t-on pour rien le temps, toujours précieux pour la célérité de l'administration de la justice, que les préteurs devront nécessairement perdre en voyages, d'après le système du nouveau Code, les distractions et les incommodités qui en seront la suite, et le temps nécessaire pour notifier au Gouvernement l'empêchement des préteurs et recevoir l'ordre de leur remplacement (article 780); le défaut de connaissance des mœurs, des habitudes, des localités, connaissance si nécessaire pour distinguer l'erreur d'avec le crime, et caractériser non-seulement les divers genres de délits, mais les nuances de chacun!

Comment un préteur ambulant pourra-t-il acquérir ces notions dans le court intervalle de temps qu'il s'arrêtera dans un département! Comment découvrira-t-il la négligence, la malversation, la mauvaise conduite des propréteurs et autres officiers soumis à sa surveillance; les crimes qui auront été soustraits au glaive de la justice, les détentions, sinon arbitraires, au moins oppressives?

Comment les réclamations de l'innocence pourront-elles percer auprès d'un magistrat environné et extrêmement occupé!

L'atmosphère départementale ne saura-t-elle pas mettre des barrières entre lui et la vérité! Et de combien de préventions n'aura-t-il pas à se défendre, dans un pays à lui inconnu, et où tout ce qui l'environne sera peut-être intéressé à le tromper! La connaissance des hommes, ce guide si nécessaire pour les gouvernans, et pour tous ceux à qui leurs pouvoirs sont délégués, lui manquera certainement.

Combien de prisonniers, même innocens, ne devront pas gémir pendant six mois, et quelquefois une année, dans les maisons de douleur, après l'ouverture des grands-jours! Cette seule considération, en déterminant les propréteurs humains à trop de circonspection pour décerner les mandats d'arrêt, ne nuirait-elle pas à la répression des délits, comme, en Angleterre, la circonspection des juges de paix à lancer les *mittimus or warrants*, ou décrets de prise de corps, favorise l'impunité des coupables!

Enfin, l'aveu universel que nulle part il n'y a autant de crimes et de désordres qu'en Angleterre, à quelque cause étrangère qu'on veuille les attribuer, n'est pas sûrement un préjugé favorable à ses institutions, et moins encore déterminant pour que la grande nation doive les adopter.

Mais l'on objectera que les motifs qui ont déterminé l'Assemblée constituante à donner un tribunal criminel à chaque département, sont, entre autres, la difficulté d'appeler à de plus grandes distances les accusés, les parties civiles, les témoins et les jurés ; la surcharge encore qui en résulterait au trésor public. Cette réflexion est fondée : mais ne pourrait-on pas y parer, en faisant alterner, chaque trois mois, le tribunal entre les deux départemens qui seraient de son ressort ; donner un préteur au tribunal criminel des deux départemens, lequel devrait, lors de sa nomination, aller prêter serment entre les mains du premier Consul, et transmettre annuellement, par écrit, au grand-juge, un rapport sur l'administration de la justice dans son ressort, pour mettre le grand-juge à portée d'en faire un résumé général au Gouvernement, et de rectifier, par une circulaire adressée aux préteurs, les vues, observations ou méthodes qui tendraient à s'écarter de l'esprit du Gouvernement, et de l'unité qu'on desirerait atteindre par la création des préteurs ambulans ! Cette institution ne présenterait-elle pas les mêmes avantages, sans être sujette aux mêmes inconvéniens !

Tribunaux de police. Les mêmes réflexions s'adaptent naturellement à l'ambulance du suppléant, qui, d'après le Projet, serait chargé de présider les tribunaux.

Et à cet égard, le tribunal a pensé qu'il serait peut-être plus à propos de rendre aux juges de paix et à leurs suppléans l'autorité du tribunal de police, à charge de l'appel au tribunal de première instance, et de faire remplacer les suppléans manquans par le plus ancien docteur, et, à défaut, le plus ancien notaire résidant dans le chef-lieu de canton, comme étant présumés avoir une raison plus exercée, plus de moralité et de lumières que le citoyen le plus imposé.

Ce système ne serait-il pas plus simple et moins onéreux au trésor public ! et n'atteindrait-on pas aussi, par ce moyen, une plus grande célérité dans la répression des délits, seul moyen efficace pour les prévenir !

Les juges ordinaires des lieux jouissaient, dans l'ancien régime, d'une très-grande autorité, et de la confiance du Gouvernement.

Les juges de paix actuels, dans cette division, sont, presque tous, docteurs en droit, ou d'anciens juges estimables. Ils ont vu de mauvais œil leur autorité presque réduite au néant ; et le public lui-même, accoutumé à mesurer le mérite des hommes par l'autorité dont ils sont revêtus, et qui attache à celle-ci sa considération, a beaucoup perdu du respect et de la confiance qu'il avait pour cette magistrature subalterne, depuis qu'elle se trouve si limitée dans ses attributions : ce qui nuit au but de son institution.

Dans la République italienne, les juges de paix sont seuls chargés de la police. En France, elle est attribuée aux commissaires de police et aux adjoints des maires : il serait peut-être à propos, sous les rapports de la politique, de l'économie et du bien public, d'attribuer le jugement de ces délits aux juges de paix, pour les attacher de plus en plus au Gouvernement et leur donner plus de considération, à l'égard des citoyens qu'ils doivent concilier sur leurs différens.

Il est d'autant plus intéressant d'accroître leur considération, pour les encourager à remplir avec zèle et fermeté les informations préparatoires que les directeurs du jury se voient dans la nécessité de leur déléguer journellement pour les délits de grand criminel et correctionnels.

Ce sera par ces doubles services réels que le premier Consul aura l'avantage d'avoir approuvé les juges de paix, avant de leur faire le don important d'un caractère inamovible, en les élevant au grade de juges du tribunal de première instance, et que les assesseurs des juges de paix, docteurs et notaires, acquerront les lumières et le service nécessaires pour remplir à leur tour les fonctions importantes de juges de paix, sans qu'il en coûte des frais de voyages et des portions de traitement pour le suppléant du tribunal de première instance, et des pièces d'argent pour le citoyen imposé ; sans que l'on doive appréhender que l'idée de capter les suffrages des citoyens dans les assemblées de canton, les rende indolens pour la répression des délits de police, ou que leur permanence dans le canton fasse dégénérer en oppression l'exercice de cette même autorité, soit parce que le concours des suppléans, hommes de loi et notaires, en partageant l'odieux, les mettrait tous de niveau à l'égard des votans ; soit parce que la surveillance des commissaires et propréteurs, et la faculté de l'appel, ne manqueraient pas de retenir dans l'ordre le petit nombre des juges de paix qui s'estimeraient assez peu pour y manquer.

Institution des jurés. Le tribunal a pensé en général que l'institution des jurés, peut-être précoce pour la 27.ᵉ division militaire, dans laquelle malheureusement l'esprit de parti n'est qu'assoupi, contient cependant des modifications assez sages pour la rendre aussi avantageuse qu'elle peut l'être, eu égard à la moralité des citoyens, qui seule peut en assurer le succès ; et il croit même que cette institution doit concourir, avec la publicité des jugemens, au progrès de la morale, que le Gouvernement s'empresse de rétablir.

Il a seulement observé que, d'après les priviléges, la féodalité et la primogéniture, la loi de la succession des agnats et de l'exclusion des femmes, qui étaient en vigueur dans le Piémont, les trois quarts des plus imposés dans la vingt-septième division étant des ci-devant nobles ou des entrepreneurs, et autres propriétaires d'une fortune rapide, il pourrait être dangereux, sur-tout dans certains arrondissemens, de prendre les jurés

d'accusation parmi les deux cents citoyens plus imposés de l'arrondissement, et les jurés de jugement parmi les citoyens imposés au moins à
cent francs aux rôles des contributions, parce que, par ce moyen, les ci-
devant nobles se trouveraient indirectement établis les seuls juges de la
vie et de l'honneur de ceux de leurs concitoyens qui, pour avoir montré de
la propension pour le Gouvernement français, seraient peut-être sacrifiés au
nom de ce même Gouvernement; sur-tout lorsque les préfets, chargés
seuls de la formation des listes, ne voudraient pas ou ne penseraient pas
à les composer, en partie, de personnes attachées par leurs principes
au Gouvernement.

Ce n'est pas tout : la formation de cette liste, restreinte aux deux
cents plus imposés, donne peu de latitude aux préfets pour y comprendre
des hommes éclairés, vertueux et respectables, que les circonstances de la
révolution, celles de famille, ou leur désintéressement, ont réduits à n'être
pas dans la classe des plus imposés. Dans cette classe se rencontrent
presque tous les amis du Gouvernement, les hommes de loi, les juges
de paix, les notaires et les gens de lettres, et en conséquence les plus
instruits.

Pour parer à ces inconvéniens, il serait peut-être à propos de corriger
les articles 902 et 903, en portant à trois cents le nombre des citoyens
plus imposés de l'arrondissement, pour le choix des jurés d'accusation,
et à quatre-vingts francs au moins l'imposition nécessaire pour les jurés de
jugement, ou en les choisissant tous parmi les cent plus imposés de chaque
canton.

Délits commis par les militaires. L'état militaire est celui qui forme la force
de la nation; il est assujetti, sur-tout en temps de guerre, à des dangers
et à des sacrifices pénibles; il ne doit pas être entravé dans ses opérations;
il mérite les plus grands égards.

La discipline que les militaires observent depuis deux ans dans la 27.ᵉ
division militaire, mérite les plus grands éloges : mais l'expérience de tous
les siècles a prouvé que cette discipline est sujette à se ralentir, et que les
dépositaires de la force publique, par une fatalité humaine, tendent toujours
insensiblement à l'indépendance des lois, à l'oppression et au mépris des
autorités administratives et judiciaires, par cela même qu'elles protégent les
autres classes de citoyens.

Celles-ci ont aussi abusé de leur influence sur l'ordre social, et ont usurpé
des pouvoirs. L'esprit de corps a souvent fait taire la justice; et les pai-
sibles laboureurs, qui sont le premier soutien de tous les Etats, en ont
souvent été la victime.

Il paraît que l'art. 8 du Projet a non-seulement trop soustrait les militaires à l'autorité des tribunaux, mais encore qu'il n'a pas prévu le cas où

un citoyen non militaire serait impliqué dans des délits avec des militaires, ni fixé dans ce cas le tribunal compétent à l'égard de tous, pour prévenir l'incongruité de deux jugemens.

Toute distinction de juridiction à l'égard des délits commis par des militaires, dérive ou de la nature des délits, ou du privilége accordé à cet état.

La distinction dérivant de la nature des délits admet une démarcation entre les délits militaires et les délits communs.

Celle qui dériverait du privilége, étant odieuse, devrait au moins être restreinte aux délits commis dans l'exercice des fonctions militaires, et ne paraît pas devoir s'étendre à l'état de service militaire. Bien plus, tout militaire qui a dévié du sentier de la gloire, pour commettre des délits prévus par la loi du 18 pluviôse an 9, ne devrait-il pas être justiciable des tribunaux, comme l'a sagement établi l'arrêté du Gouvernement!

Comment pourra-t-on acquérir la preuve des délits commis, à de grandes distances des corps armés, par des militaires isolés et détachés du corps, ou qui se trouveront en état de service militaire sans faire partie d'aucun corps, tels que les commandans d'armes, adjudans des places, et autres!

Les mots, *en état de service militaire,* sont susceptibles d'une trop grande extension; et ce n'est peut-être pas sans inconvéniens qu'on livrerait à la justice militaire tous les délits commis par des citoyens à l'égard des militaires en état de service militaire; et, à tout événement, les citoyens qui ne sont aucunement affectés à une armée, et qui seraient complices de quelque délit commis par des militaires, ne devraient pas être distraits de leurs juges naturels.

Enfin, à supposer une garde nationale existante en état de service dans une ville non fortifiée, ou dans une commune, des individus devraient-ils, pour des délits non militaires, être assujettis à un tribunal d'exception!

Graduation des peines, et application de la loi au délit. Dans le cas où l'institution des préteurs ambulans entrerait absolument dans les vues du Gouvernement, malgré le respect que l'on a pour l'auteur de *l'Esprit des lois,* qui dit qu'il ne faut que des yeux pour prononcer la peine qu'inflige la loi, le tribunal a pensé que la graduation des peines, sagement établie dans le Projet pour caractériser le délit, exige beaucoup de méditation et un examen bien approfondi des circonstances du crime, et de l'intention plus ou moins perverse de l'accusé, pour déterminer la durée de la peine; et de là il s'ensuit combien il serait dangereux de se reposer sur un seul homme, qui enfin est toujours un homme, pour l'application d'une peine, plus ou moins grave, aux délits dont les accusés auront été déclarés convaincus.

La prépondérance donnée sur le propréteur à l'opinion du préteur par l'article 779, rendrait ce dernier seul arbitre de la durée de la peine, pour

l'intervalle qui se trouve entre le *maximum* et le *minimum* fixés par la loi :
le respect pour la liberté individuelle, l'honneur, l'existence des citoyens ;
l'importance des jugemens, la nécessité de modifier l'arbitraire, et la tranquillité des condamnés et du public sur la justice de la graduation de la
peine, paraissent exiger qu'on ne puisse en attribuer la sévérité à une mauvaise digestion, à la mauvaise humeur, à la prévention d'un seul homme ; et
la douceur, à des recommandations particulières, ou à la faveur du moment :
et l'on pense qu'on ne pourrait se reposer, à cet égard, sur un nombre
inférieur à celui de trois juges, sur-tout dès qu'il s'agit de graduation ; ce
qu'il serait facile d'obtenir par le moyen d'un autre propréteur, ou, à
défaut, d'un suppléant, qui dussent intervenir dans le jugement et y opiner.

Influence de l'âge des condamnés sur la nature et la durée des peines. Un
homme à l'âge de seize ans n'a pas encore acquis ordinairement un jugement
assez mûr, une raison assez éclairée par l'expérience, pour connaître ses
rapports avec la société, et l'importance attachée à l'infraction des lois qui
en sont les bases. Son sang bouillant, son cœur livré pour la première fois
aux passions, suit les attraits des plaisirs et l'impulsion du besoin, sans en
prévoir les conséquences : aussi le Code civil, ce chef-d'œuvre de sagesse,
lui interdit-il, à cet âge, la faculté d'administrer ses biens, et de contracter
le plus louable et le plus doux de tous les liens.

Pourquoi la rigueur du droit criminel ne plierait-elle pas devant cette
réflexion, en fixant la majorité à vingt ans pour les crimes ordinaires, et
à dix-huit pour les crimes graves et dont la tentative et l'exécution paraissent exiger une combinaison et une malice prématurées, tels que ceux
énoncés au livre III, tit. I.er, sections I.re et II.e, du Projet, lorsque l'accusé
est aussi l'auteur principal de ces délits ? Qu'on fouille dans les codes de
toutes les nations policées ; on verra, presque chez toutes, la majorité fixée,
dans les causes criminelles, à un âge supérieur à celui de seize ans.

On ne peut se dissimuler, à la vérité, que la nation française, plus que
toute autre, est douée d'une vivacité et d'une pénétration d'esprit rares chez
les autres nations ; mais si l'on considère que cette vivacité et cette pénétration, qui rendent le Français, dès ses jeunes années, plus avide de
jouissance de la vie, ne sont pas toujours accompagnées de la solidité du
jugement, et qu'il est hors de doute que plus les passions sont vives, moins
elles laissent de place à la réflexion et à l'entendement ; si l'on considère
que le territoire de la République s'est agrandi par la réunion de plusieurs
pays de climat et de caractère différens, on se convaincra peut-être de la
nécessité de se rapprocher, dans le criminel, de l'époque de majorité fixée
pour le droit civil.

Amendes et confiscations. Il semble que, dans la rédaction du Projet,
on se soit écarté des principes généraux développés par le C.en *Target* dans
l'article

l'article 10 de ses Observations, qu'il serait superflu de répéter, puisqu'on y rencontre à tout propos des amendes dont la perception, rarement praticable, serait d'une petite ressource pour le trésor public, et donnerait lieu à des vexations pénibles et odieuses pour les familles, et à des détentions étrangères, et tout au moins aggravatoires de la peine appliquée à chaque délit. On se permettra seulement d'observer qu'un cultivateur qui a subi la peine, et auquel, après son expiration, la nation enlève, pour les frais et l'amende, sa propriété, se voit dénué de ressources, et forcé de se ranger dans la classe, sinon des voleurs, au moins des vagabonds, personne ne voulant louer ses travaux.

Serment décisoire. Le Code civil ayant rangé dans la classe des preuves le serment décisoire, ne serait-il pas à propos de déterminer une peine contre ceux qui seraient convaincus de s'être parjurés?

OBSERVATIONS PARTICULIÈRES.

ART. 13. Il présente une agonie pénible d'une heure pour un homme qui va expier, par la perte de la vie, ses forfaits : elle est en contraste avec l'humanité française ; elle n'est propre qu'à exciter la pitié ; et il paraît que l'amputation du poing, l'écriteau, et le reste de l'appareil, pourraient suffire sans cette attente du dernier moment. Il serait difficile d'ailleurs, dans les grandes chaleurs et dans la rigueur du froid, de trouver des ministres du culte dont le zèle pût soutenir cet intervalle d'une heure à exhorter le condamné à la résignation.

Art. 14. Cet article introduirait une distinction propre à reproduire des préjugés de flétrissure pour les familles, que la loi, d'accord avec la raison, s'est empressée d'abolir, d'après le principe irréfragable que les fautes sont personnelles ; et il paraît que tous les corps des suppliciés, indistinctement, doivent être rendus à leurs familles, si elles les réclament.

Art. 15. Il deviendrait illusoire pour le but auquel il paraît dirigé, parce que l'écriteau et le poteau ne manqueraient pas d'être enlevés, pendant la nuit, par les parens du condamné et les habitans de la commune, comme l'expérience l'a prouvé, lorsque le ci-devant sénat ordonnait des exemples analogues ; et ce serait en conséquence charger en pure perte de frais le trésor public.

Art. 21. La déportation étant considérée comme une peine inférieure à celle des travaux forcés à perpétuité, il paraît que la graduation des peines exigerait que la rentrée des déportés sur le territoire européen de la République, dût être punie des travaux forcés à perpétuité, et non de la mort.

Art. 24. Si sa disposition n'est pas impérieusement commandée par la nécessité de reconnaître les individus condamnés et le genre de condamnation, et par des vues de police, il paraît que la flétrissure de la marque devrait être restreinte aux faussaires, voleurs, et coupables des délits qui, suivant le droit romain, emportent l'infamie de droit et de fait.

Art. 26. Il est susceptible de la même restriction, quant au carcan.

Art. 28. Il paraît que l'affiche et l'écriteau pourraient suffire; et, en tout cas, outre la distinction supposée, il semble qu'un huissier du tribunal, et non l'exécuteur des jugemens, devrait porter la parole pour le pays, la loi et le tribunal.

Art. 29. Il paraît que la loi devrait fixer le genre de châtiment, sans le laisser à la merci de l'exécuteur, et que l'ordre de son application devrait être réservé à celui qui commande l'escorte de gendarmerie, et non au caprice de l'exécuteur.

Art. 31. Ne serait-ce point au tribunal ou au commissaire, plutôt qu'au préfet, à ordonner, dans des cas particuliers, que l'exécution du jugement se fera dans un autre lieu qu'une place publique; ceux-ci étant, d'après la connaissance des circonstances du délit, du caractère des habitans, et du nombre et de la qualité des délits qui se seraient commis dans certains endroits, plus en état d'apprécier l'utilité ou la nécessité de cette variation que les préfets!

Art. 32. La vérification prescrite par cet article ne serait-elle pas inutile, d'après celle exigée par l'article 831! L'intervalle du jugement à l'exécution d'une sentence de mort n'étant ordinairement que de deux mois et demi, lorsqu'il y a recours en cassation, et la femme condamnée gardant prison pendant cet intervalle, sa grossesse ne pourrait provenir que du fait des concierges ou guichetiers; elle n'est guère probable, et sa vérification, dans ce cas, serait, sinon impossible, au moins très-douteuse : ce serait donner aux femmes un moyen de se soustraire à la peine par une grossesse feinte de deux mois, sur laquelle peu d'accoucheuses ou d'officiers de santé pourraient prononcer la négative, parce que la grossesse, à cette époque, donne rarement des symptômes, et jamais des symptômes certains!

Art. 36. En cas de maladie ou infirmité grave, l'humanité n'exigerait-elle pas que le curateur fût autorisé à fournir aux condamnés quelques secours pour un meilleur genre d'alimens, et assistance, sur-tout à l'égard des vieillards!

Art. 43. Il laisse à desirer qu'on détermine, d'une manière positive, à quelle autorité les créanciers d'une hoirie confisquée, les enfans ou autres descendans, doivent s'adresser pour le paiement et pour les alimens : cependant, eu égard à l'étendue immense de la République, et à la difficulté qu'auraient naturellement les misérables de faire parvenir leurs réclamations à Paris auprès du Gouvernement, et à l'impossibilité dans laquelle les mettra la confiscation, de suivre une instance régulière, toujours dispendieuse, contre la nation, ne serait-il pas à propos d'attribuer au tribunal civil, ou au préfet, ou au conseil de préfecture, l'autorité de liquider administrativement les prétentions en contradictoire du directeur des domaines, pour ne porter ensuite, sous la main de la nation, que le reste de l'hoirie confisquée, exempt et libre de toutes charges, sans préjudice des libéralités à exercer par le Gouvernement, lorsqu'il le jugerait à propos ?

Art. 52 et 53. Ne pourraient-ils pas être aussi limités aux condamnés pour crimes qui emportent infamie de droit et de fait !

Art. 59 et 60. L'emprisonnement pendant trois ans, et pendant une année par la voie de contrainte par corps, a paru excessif et nuisible aux intérêts de la nation et au but qu'elle se propose, par la perte des travaux de l'individu, par le pain à lui fournir pendant cet intervalle, et sur-tout par l'impossibilité dans laquelle on le met d'acquérir des moyens de solvabilité. Ne pourrait-on pas le réduire à un mois et trois mois respectivement, et obliger les détenus, avant de sortir, à faire cession de leurs biens, à concurrence des amendes, restitutions, indemnités et frais en faveur de la nation, avec caution juratoire de payer, en cas d'insuffisance de ces biens et survenance de nouveaux biens, ainsi que cela se pratiquait autrefois en Piémont ; si mieux l'on n'aime proscrire cette espèce de torture fiscale, qui n'existait pas en Piémont !

Art. 63. Ne serait-il pas à propos d'y ajouter toute aliénation à titre onéreux, puisque, d'après les lois romaines et celles du ci-devant Piémont, la nation avait une hypothèque acquise, dès le jour du délit, sur les biens des délinquans, pour les dépens et amendes !

Le CHAP. IV, *de la Récidive,* ne fixe aucun intervalle de temps entre la condamnation pour le premier délit et l'époque du second. Il n'explique pas si la seule condamnation en contumace est suffisante pour donner lieu à la peine de la récidive ; il n'explique pas si les condamnations prononcées dans l'ancien ordre de choses, sont suffisantes pour donner lieu à ladite peine ; il ne parle pas de la récidive dans les contraventions de simple police. Enfin, la peine de récidive est-elle juste, lorsqu'il s'agit de délits de nature totalement diverse !

Art. 68. La rédaction des §§. 1, 2 et 3, est faite en termes trop génériques. La peine y est dans certains cas trop sévère, et excède les bornes de la justice : par exemple, celui qui, dans une rixe, ou dans un mouvement de colère, aurait dit à son compagnon, *frappe-le*, sans aucune préméditation ou intelligence précédente de tuer, devra-t-il être puni comme homicide ou comme assassin, lorsque ce compagnon aura postérieurement tué ou assassiné la personne contre laquelle il aura été provoqué ! Ne faut-il pas que le complice ait non-seulement donné des conseils ou provoqué à l'action, mais encore prêté son assistance, ou qu'il ait provoqué et fourni les moyens de tuer, voler, pour être assujetti à la même peine que l'auteur !

Ne serait-il pas à propos de punir plus sévèrement les pères qui auraient provoqué les fils, les maîtres qui auraient provoqué leurs domestiques, et autres qui auraient provoqué leurs subordonnés ! ne pourrait-on pas établir un *maximum* et un *minimum* de peine, et laisser ensuite aux juges la faculté de graduer les peines à l'égard des complices, d'après les moyens d'excuse ou d'atténuation, et les degrés ou nuances de la perversité humaine dans le crime, et la part plus ou moins grande qu'ils ont eue aux délits, que la conscience des juges est seule dans le cas d'apprécier !

Le §. 5 peut donner lieu à des injustices criantes, de la manière qu'il est conçu. On peut avoir retiré un profit quelconque de l'action criminelle, en avoir reçu un prix, sans savoir les circonstances de l'action, sans y avoir eu part. Supposez une personne qui accidentellement aurait vu commettre le crime, et à qui les auteurs donneraient, d'abord après l'exécution, quelque argent ou effet, dans l'idée de la faire taire, et qui, par crainte, n'aurait pas eu le courage de le refuser : la considérera-t-on comme complice ou comme recéleur !

§. 6 et 7. Il en est de même à l'égard de ceux qui auraient fourni le logement habituel aux malfaiteurs, sans savoir qu'ils fussent tels, ou parce que, demeurant dans une maison isolée, ils y ont été contraints par une force majeure, et n'ont pas eu le moyen d'en prévenir la force armée. Il y a, on le répète, mille nuances que la sagesse du législateur ne peut pas prévoir, et que l'expérience a démontré devoir être laissées à la sagesse des tribunaux.

L'explication donnée à ce sujet par l'article 69, est juste sans doute ; mais elle est encore insuffisante pour fixer une juste balance de la peine et rassurer l'innocence.

Articles 72, 73, 74. *Voyez* les observations générales.

Art. 78. La responsabilité civile, telle qu'elle est conçue dans cet article, peut être justement appliquée aux crimes et délits contre la sûreté intérieure et extérieure de l'État ; mais elle paraît trop rigoureuse, et peut devenir injuste dans certains cas, et sur-tout dans celui où un père, une mère, un mari, une tutrice, un maître de pension, un instituteur, n'auraient rien négligé pour prévenir les écarts des personnes commises à leur surveillance, lorsque l'humeur revêche et farouche de ces derniers aurait méconnu leur autorité ou trompé leur surveillance. Ne serait-il pas à propos de la restreindre, à l'égard des autres délits, au cas de négligence ou faiblesse, et aux délits qu'ils auraient pu prévenir ? Et on pourrait rendre commune à leur égard, la restriction qui se trouve limitée dans ce paragraphe aux personnes en démence, ou laisser aux tribunaux à juger dans leur sagesse, et d'après les circonstances particulières des cas, s'il y a lieu à les déclarer civilement responsables, par raison de négligence, mauvaise éducation, ou d'une aveugle affection, qui leur aurait fait négliger les moyens de coercition.

Art. 110. Il semble qu'on devrait rédiger ainsi la fin de cet article : « Nul » autre fonctionnaire public ne pourra être exempt de peine, en alléguant » que sa signature lui a été surprise ; mais en le prouvant, la peine sera réduite » à la perte de son emploi » ; car il y a nombre de fonctionnaires publics auxquels, comme aux ministres, il est facile de surprendre une signature, les administrateurs généraux, les préfets et autres ; et il paraît injuste qu'ils fussent soumis à une peine aussi grave que la forfaiture, lorsque leur intention aurait été pure et serait démontrée telle, et que la faute matérielle ne proviendrait que d'une distraction ou d'un excès de confiance pour leurs subordonnés.

Art. 127. La justice et le droit des gens paraissent nécessiter, sinon la même peine, au moins une peine d'un degré immédiatement inférieur, pour ceux qui contreferaient ou altéreraient les monnaies étrangères ayant cours dans le territoire de la République ; ainsi que pour ceux qui les introduiraient ou débiteraient sciemment, une peine d'un degré encore inférieur.

Art. 129. La protection due à l'innocence semble exiger qu'on ajoute les expressions, *sachant qu'ils étaient faux,* à la fin des §. 1, 2 et 3 de l'article 129.

Art. 132, 133 et 134. Il semble que le faux commis, dans une écriture authentique, par un notaire ou autre fonctionnaire public dépositaire de la foi publique, doit être puni d'une peine plus grave que l'auteur du faux dans une écriture privée, qui n'est revêtue d'aucun caractère public.

On n'a pas prononcé de peine contre celui qui aurait introduit sur le territoire de la République, ou sciemment débité, du papier timbré avec de faux timbres. N'est-ce pas celui qui le débite qui consomme le délit, et usurpe une branche du revenu national ?

Art. 151. La preuve d'avoir jugé par faveur pour une partie, ou par inimitié contre elle, est sinon impossible, au moins difficile à établir : ainsi cet article laisse à desirer plus de développement touchant les présomptions et moyens qui établiraient la preuve de ce délit.

Art. 158. Le droit des gens n'exige-t-il pas qu'on étende sa disposition aux lettres venant de l'étranger, sans préjudice de la surveillance du Gouvernement et des mesures de haute police !

Art. 183. Ne serait-il pas nécessaire, pour éviter toute équivoque dans l'application de cet article, de le limiter aux personnes contre lesquelles la force publique est dirigée, et au cas où le militaire en fonctions ne s'en est pas servi de prétexte pour vexer ou insulter des citoyens, en outre-passant les ordres à lui donnés !

Art. 200. L'amende n'est pas un frein assez puissant pour assurer aux autorités civiles et judiciaires le secours de la force publique ; et eu égard aux conséquences ruineuses qui pourraient résulter, dans une infinité de cas, de son refus, ne serait-il pas à propos d'infliger la peine de la destitution !

Art. 262. Le citoyen dont on viole l'asile pendant la nuit, à l'aide d'escalade et d'effraction, réveillé en sursaut et saisi de frayeur, a-t-il la facilité et le sang-froid suffisant pour distinguer le nombre des agresseurs, et le moyen de le vérifier dans sa défense ! Pourquoi cette limitation au cas de deux ou plusieurs agresseurs ! Les voleurs sont ordinairement cachés, ou en sentinelle à quelque distance de l'effraction, et on s'exposerait à être tué lorsqu'on tenterait d'en découvrir le nombre.

Art. 265. Il y a des ascendans assez brutaux, pour qu'en certains cas l'homicide à leur égard puisse devenir excusable. La disposition de cet article est sans doute morale, mais elle doit admettre des restrictions ; et on peut laisser à la sagesse des tribunaux le soin de les appliquer, si l'on ne veut pas dire : *à moins que le descendant n'ait eu aucun autre moyen de se soustraire à la mort dont il était actuellement menacé par l'ascendant.*

Art. 273. Cette loi paraît trop rigoureuse. Ne pourrait-on pas exclure l'homicide commis en rixe, et suivre au surplus le Code pénal !

Art. 275. Il paraît nécessaire d'ajouter à la rédaction, *des coups avec armes ;* et dans le cas où ils auraient été portés sans armes, réduire la peine à la détention.

Art. 276. La peine des travaux forcés sera éludée comme trop sévère, dans le cas où les blessures auront été causées avec des armes non meurtrières de leur nature, telles que bâtons, pierres, &c., lorsque l'intention de tuer n'est pas manifestée ; et il paraîtrait non-seulement à propos de distinguer le genre d'armes, mais encore les cas où les officiers de santé déclareraient que les blessures ont été la cause immédiate de la mort, et ceux où ils déclareraient qu'ils n'ont été que la cause médiate ou accidentelle, sur-tout dès qu'il s'agit de rixe ou provocation violente.

Art. 278. Il paraît en opposition avec l'article 275, et ce dernier pourrait être supprimé sans inconvénient.

Art. 279. Il paraît nécessaire d'ajouter *avec armes;* un simple coup de bâton, un soufflet, ne pouvant mériter la reclusion.

Art. 280. Lorsqu'il s'agit de simples coups sans armes meurtrières, la peine pourrait être correctionnelle et non infamante.

Art. 287. Il apporte une modification, mais insuffisante.

Art. 288. L'amour aveugle de plusieurs pères et mères, qui ne voudraient jamais voir châtier leurs enfans, ne permet pas l'application d'une peine, sur-tout afflictive, en haine des instituteurs; ni les calculs de l'avarice des autres parens, à l'égard des tuteurs, sur la seule dénonciation ou plainte des familles, sans une preuve positive de l'excès des traitemens allégués.

Art. 289. Le viol n'est pas assez sévèrement puni par la reclusion. Cet attentat renferme plusieurs délits; la violence envers la personne, l'attentat aux mœurs publiques et à l'honneur de la personne violée : il laisse des traces ineffaçables quand il s'agit d'une fille, et influe sur la destinée de sa vie entière.

Art. 293. La tentative de l'avortement, quoique non suivie de la réussite, a souvent des suites funestes pour la vie de la mère et de l'enfant. Elle a été souvent la cause de la stérilité postérieure à l'accouchement. Pourquoi l'usage et la fourniture des moyens seront-ils impunis, lorsque le crime n'a pas été suivi du succès funeste! Une dose trop légère, une saignée moins abondante, la force du tempérament, sont des circonstances fortuites et indépendantes de la volonté des coupables.

Art. 295. Pourquoi n'y ajouterait-on pas, *sans préjudice de peines plus graves, lorsque la mort de l'enfant aura été la suite de l'exposition!* En effet, exposer pendant l'hiver, et de nuit, un enfant sans secours, à la porte d'une église ou d'une maison en campagne, n'est-ce pas le vouer à une mort presque certaine!

Art. 297, 298 et 299. La peine est trop légère, si l'enlèvement a eu pour but la corruption; et la peine établie par l'article 299, trop sévère, si le but a été le mariage : l'article 300 paraîtrait suffire dans ce dernier cas.

Article 305. La seule menace verbale dont parle cet article, échappée dans une querelle ou contestation quelconque, ne paraît pas suffire pour constituer un délit punissable de peines afflictives, lorsqu'elle n'est accompagnée d'aucun acte qui annonce l'intention de la réaliser; une peine correctionnelle serait suffisante. Il en est autrement lorsque ces menaces ont eu pour but de forcer quelqu'un à commettre un délit, une action quelconque, ou à débourser une somme, à livrer un effet : dans ce dernier cas, la peine n'est pas assez grave. Un seul exemple rendra cette vérité sensible. Un brigand écrit de sang-froid à un citoyen, *Si tu ne me donnes pas telle somme dans tel délai, je te tue à la première rencontre, ou je brûlerai ta maison :* il fait dire cela par un tiers, il le dira lui-même ; il se fera voir armé ; il inspirera la crainte par quelque autre moyen. Le rançonnement, non prévu dans le projet de Code, ne devrait-il pas être classé, après l'article 361, parmi les vols commis avec force ou les tentatives de vol, avec quelque diminution de la peine ordinaire ?

Supposons qu'un vrai créancier, n'ayant pas les moyens de poursuivre une demande judiciaire, ou ne voulant pas en faire les frais, obtienne, par de semblables menaces verbales, le paiement de sa créance : alors ce serait le cas d'appliquer la peine portée par l'article 305.

Art. 305. A la fin de cet article, il faut ajouter l'article 280 aux articles 259 et 277 ; sans cela il y aurait contradiction.

Art. 315. Les lois romaines punissaient d'une peine afflictive et infamante, les maris qui prostituaient leurs femmes ; et, en effet, l'homme qui a violé le plus sacré de tous les liens aux dépens de son propre honneur, qui a peut-être assujetti par ses menaces une chaste épouse au dernier des avilissemens, est un opprobre de la société ; il est déja infame de droit : ce n'est pas assez le punir que de lui ôter une partie du produit de son honteux trafic. L'honnêteté publique doit être vengée, et l'innocence mise à l'abri des séductions et du droit du plus fort.

Art. 322. Cet article est inutile, d'après les observations déjà faites.

Art. 323. Il pourrait comprendre encore le faux serment décisoire ou déféré par le juge.

Art. 327. *Idem.*

Art. 328. Chez les Romains, et chez toutes les nations, la calomnie a été considérée comme un crime atroce ; plusieurs l'avaient punie de la peine du talion : en effet, le dénonciateur calomnieux d'un crime emportant peine de mort, est un vrai assassin qui a l'impudence de vouloir faire servir la justice à l'exécution de son crime. Non content de ravir la vie, il en veut à l'honneur et à la mémoire de son ennemi.

Ce n'est que dans les Gouvernemens oppresseurs et corrompus que la calomnie est tolérée. La dignité et la grandeur du Gouvernement actuel ne permettent pas que la calomnie soit punie aussi légèrement.

Art. 338. On pourrait imposer aux officiers de santé, médecins, chirurgiens, pharmaciens, l'obligation, sous peine d'un forte amende, de

dénoncer

dénoncer aussitôt, et au plus tard dans les vingt-quatre heures, par écrit, aux magistrats de sûreté, juges de paix ou commissaires de police, les soins qu'ils ont été requis de donner pour blessures, meurtrissures, contusions ou autres qui pourraient provenir d'un délit, afin que la police judiciaire puisse être à même de dresser les procès-verbaux, et de suivre les traces du délit et leurs auteurs.

Art. 341. Il est conçu dans des termes qui pourraient renverser la magistrature domestique ; et il paraît dangereux d'établir en principe que les personnes comprises dans cet article peuvent se voler impunément : d'ailleurs, ne serait-il pas nécessaire d'y mettre une restriction à l'égard des alliés, et de faire lieu à des peines correctionnelles lorsqu'il y aurait effraction, usage de fausses clefs, ou complicité avec des étrangers ! enfin, ne serait-il pas plus prudent de laisser aux juges le soin d'admettre comme excuse les liens du sang, dans certains cas, plutôt que de consacrer ce principe !

Art. 347, §. 4. La disposition paraît trop rigoureuse à l'égard des bois et récoltes, la misère et le besoin urgent pouvant, dans certains cas, atténuer le délit ; et il serait peut-être à propos de graduer la peine sur la quantité de la récolte ou du bois emporté, et de la diminuer quand il s'agit de soustractions de peu de valeur, commandées par la loi de nature, plus forte que toutes les institutions humaines.

La même réflexion milite à l'égard des gens de service ou autres ; et si l'on veut distinguer l'erreur d'avec le crime, il faudra fixer une peine différente pour la soustraction d'un objet de peu de valeur, auquel ils peuvent croire que le maître n'attache aucun prix, et le vol d'argent ou autres effets précieux.

Art. 362. Il paraît aussi que la quantité des objets volés, la différente valeur et le nombre des bestiaux, doivent influer sur l'application de la peine ; et l'on observe, à tout événement, que le *minimum* de la reclusion étant de cinq ans, est une peine trop grave pour le vol d'un peu de marne ou de fumier, de quelques poissons ou d'un agneau, sur-tout quand il s'agit du premier vol : et ce qui prouve que telle n'a pas été l'intention des rédacteurs, c'est l'article 410, qui inflige une peine inférieure pour un délit qui suppose un plus grand degré de perversité.

Art. 367. Il présente une faute d'impression, et l'on pense qu'on doit lire *au-dessous* de 100 francs, et non pas *au-dessus*.

Art. 383. Il semble que la justice exige cette addition, *Toutes les fois que le Goúvernement ou les administrations auraient, de leur côté, rempli leurs engagemens, et que l'omission sera légitimement constatée;* sans cela, quelle serait la garantie des entrepreneurs, et qui voudrait l'être !

Stura et Tanaro. C

Art. 395. Ne serait-il pas à propos d'y ajouter, *malicieusement et à dessein de nuire,* pour que l'imprudence, la négligence ou l'étourderie d'un berger à l'égard des forêts et récoltes, ne fût pas confondue avec le crime! Cet article est d'ailleurs en opposition avec l'article 418.

Art. 397. On répète que la menace verbale dans un mouvement de colère, souvent destituée de la volonté, sans aucun préparatif ni commencement d'exécution, serait trop sévèrement punie.

Art. 505. Il serait sans doute à desirer que les magistrats de sûreté et les propréteurs pussent se transporter sur les lieux pour ouïr les témoins et recueillir les preuves des délits : mais dans les arrondissemens où les délits sont multipliés et le nombre des prisonniers considérable, ces transports sont impraticables, et nuiraient tout au moins à la célérité de l'expédition des causes; il est donc de toute nécessité que les magistrats de sûreté soient autorisés à exciter les juges de paix et commissaires de police judiciaire à remplir les fonctions dont il s'agit dans ledit article.

Art. 578. Comme les propréteurs décernent aussi des mandats d'amener, il faudrait ajouter à la fin, après les mots, *sur la réquisition directe du magistrat de sûreté,* ceux, *ou du propréteur.*

Art. 827. Les communications sans déplacement, et la faculté donnée aux conseils des accusés de prendre ou faire prendre copie de telles pièces du procès qu'ils jugeaient utiles à la défense, sans explication à la charge de qui seront levées les copies, paraissent ne pas donner assez de latitude au droit sacré de la défense, et ne sont pas assez rassurantes pour l'innocence. En effet, sur dix accusés, neuf sont ordinairement sans moyens. Comment espérer que les hommes de loi et les avoués que la seule commisération engage à se charger de leur défense, voudront bien passer leurs journées entières au greffe, lever eux-mêmes ou faire lever à leurs frais les copies des pièces, quelquefois volumineuses, pour préparer ensuite leur défense?

La grandeur et la générosité du Gouvernement, la facilité et la latitude donnée à la défense chez presque toutes les nations civilisées, l'égalité det moyens que la justice commande entre celle-ci et l'attaque., ne permettens pas cette économie; et l'accusé doit avoir, aux frais de la nation, la copie de la procédure contre lui instruite, sauf à elle d'en répéter les frais envers le condamné, s'il est solvable.

Si ces copies coûtent des sommes considérables à la nation, la modification doit en être procurée par tout autre moyen; et tout ce que l'on pourrait faire à cet égard sans beaucoup d'inconvéniens, ce serait d'obliger les défenseurs de divers accusés impliqués dans la même procédure, à se contenter d'une seule expédition : encore, dans ce cas, serait-il indispensable de prolonger le temps à courir depuis sa remise , pour préparer les défenses.

Art. 904-905. Il a paru que ce ne serait pas sans inconvénient que l'on abandonnerait au pouvoir administratif, la formation des listes des jurés d'accusation et de jugement. N'est-il pas à craindre que n'ayant ensuite aucun rapport avec les jurés dans l'exercice de leurs fonctions, ils n'y attachent pas l'importance nécessaire, et ne regardent cette désignation que comme une opération matérielle et indifférente ! et à supposer qu'ils y missent toute l'importance, se trouvent-ils à la portée de discerner la fermeté ou la faiblesse, l'intégrité ou la corruption qui les caractérisent, les lumières dont ils sont ou ne sont pas doués ?

Enfin , comme tout est possible dans l'ordre des choses humaines, malgré la présomption qui milite en faveur de personnages revêtus d'une si haute considération de la part du Gouvernement, l'intrigue et la cabale ne trouveraient-elles point d'accès auprès de leurs subordonnés, qui seraient chargés de la formation de ces tableaux , pour faire comprendre dans le tableau du mois auquel un accusé doit être jugé , des jurés de tel ou tel autre caractère ou impression favorable ou défavorable à l'accusé ! ne serait-ce pas mettre le pouvoir administratif dans le cas, sinon de paralyser l'action de la justice , du moins de l'influencer indirectement ! ne serait-il pas plus sage, sous tous les rapports , de suivre le mode d'organisation du jury, suggéré par le grand-juge dans le Compte rendu au Gouvernement (3.ᵉ objet, *Organisation du jury*), en faisant concourir le choix avec le sort, afin qu'ils se balançassent réciproquement, pour éviter l'arbitraire dans une formation aussi importante pour le maintien de l'ordre social , la liberté et l'honneur des citoyens !

Art. 914. Il serait indécent qu'un homme désobéissant à la loi fût amené par la force publique pour en juger un autre. D'ailleurs il ne pourrait qu'y apporter de l'humeur et du ressentiment contre l'autorité publique , et n'aurait plus dès-lors l'impassibilité nécessaire pour remplir ses fonctions.

Art. 915. Il paraît suffisant pour que les jurés ne manquent pas à leur appel.

Art. 929. Il paraît que , dans le concours de plusieurs accusés, la loi pourrait leur accorder la faculté d'exercer les récusations dont le ministère public n'aurait pas cru devoir se prévaloir, et qu'ainsi la faculté de récuser ne devrait cesser que lorsqu'il ne resterait plus que douze jurés non reprochés par le commissaire ou les accusés.

Art. 1034. Le tribunal de cassation remplissant dans ce cas les fonctions des jurés, il paraît évident que le partage des opinions doit être en faveur de l'accusé , conformément à la loi romaine *Inter pares,* §. *de re judicatâ*

En effet, tous les membres du tribunal de cassation étant supposés également éclairés, fermes et courageux, il n'est pas plus à présumer que ceux qui sont en faveur de l'accusé se soient trompés ou soient faibles, que ceux qui opinent contre lui ; et les juges soumis à leur jugement ne devraient pas être dans une condition pire que celle des autres accusés, à l'égard desquels la loi exige l'unanimité : ce serait enfreindre, à leur égard seulement, le grand principe tant de fois reconnu par le Gouvernement actuel et par tous les meilleurs criminalistes, que, dans le doute, on doit suivre l'opinion la plus favorable à l'accusé.

TELLES sont en substance les observations que le tribunal a l'honneur de soumettre aux profondes méditations du grand-juge et du conseil d'état.

C'est dans cette auguste assemblée, qui balance dans sa sagesse les destinées de la France, que celles qui pourraient mériter son approbation seront développées et discutées avec cette éloquence mâle et cette profonde érudition qui sont le propre de tous les orateurs du Gouvernement et du Tribunat.

Le tribunal s'est attaché à présenter, d'une manière tout-à-fait concise, les difficultés qui se sont présentées à lui, d'après la lecture réfléchie du Projet. Il s'est souvent abstenu de préjuger sur les améliorations dont il était susceptible ; et il s'estimera heureux si le Gouvernement est convaincu de la sincérité de ses vues, de la droiture de ses intentions, et de son attachement très-respectueux au premier Consul et à la nation française.

Coni, ce 20 floréal an 12.

Signé BERTOLIN, *président ;* GERBOUD, BORIO; LAGARDE, *commissaire du Gouvernement ;* A. TORRIGGIANI, *substitut-commissaire ;* LEBRUN, *greffier.*

OBSERVATIONS

DU TRIBUNAL CRIMINEL

DU VAR,

LE PROJET DE CODE CRIMINEL.

OBSERVATIONS

DU TRIBUNAL CRIMINEL

DU VAR,

SUR

LE PROJET DE CODE CRIMINEL.

Jurés.

AVANT le 18 brumaire an 8 on eût pu, sans crainte d'être démenti, soutenir qu'il n'y avait point ou qu'il n'y avait que peu d'esprit public en France. Si la justice généralement reconnue du Gouvernement consulaire, si les bienfaits qu'il ne cesse de répandre sur ce vaste empire, si la sagesse de nos nouvelles institutions, si le zèle et le dévouement constamment soutenu de tous les fonctionnaires publics, si enfin la reconnaissance et l'attachement de tous les citoyens pour ce Chef auguste qui arracha la France aux fureurs des dissentions civiles, ont créé un esprit public, on ne saurait disconvenir que cet esprit public n'a point encore atteint ce degré de maturité et de fixité qui peut permettre sans danger de confier le glaive protecteur des lois à des hommes peut-être encore aigris par le souvenir de leur infortune, et dont les actes conservateurs ou destructeurs de la sûreté publique, ne sont soumis à aucun examen, comme leurs auteurs à aucune responsabilité.

Le temps seul, en éteignant dans tous les cœurs ces sentimens haineux qu'entretient le souvenir trop récent des malheurs et des crimes inséparables d'une grande révolution, où tous les citoyens, entraînés par le mouvement irrésistible de la plus terrible commotion politique, furent alternativement oppresseurs ou opprimés ; le temps seul, disons-nous, en opérant ce grand œuvre de la régénération publique, indiquera au Gouvernement l'époque à laquelle l'institution des jurés pourra sans danger être rétablie en France ; mais nous pensons que ce moment heureux n'est point encore arrivé.

Nous ne fouillerons point dans les greffes de nos tribunaux criminels pour en extraire ces déclarations marquées au coin de la plus révoltante partialité, et dont les funestes résultats furent si préjudiciables à la tranquillité publique de nos départemens, trop long-temps désolés par ces êtres

dangereux et pervers , ennemis de tout ordre social.Nous nous abstiendrons
de parler d'autres déclarations non moins empreintes de l'esprit de parti et
de faction. L'humanité seule n'eut pas à en gémir, mais l'État, privé des
hommes dont les talens et le dévouement au bien public nous font chaque
jour regretter amèrement la perte, serait devenu la proie d'un ennemi
atrocement perfide, dont l'or corrupteur a constamment salarié le crime , si
l'héroïsme de nos armées n'eût opposé l'égide de la victoire au poignard des
sicaires d'un gouvernement ennemi du repos du monde, de la gloire et de
la prospérité du peuple Français.

Les départemens méridionaux, et particulièrement celui dont l'administration de la justice nous est confiée, plus fortement agités par les orages
révolutionnaires , exigent impérieusement un régime d'administration ferme,
mais juste; fort, mais impartial. Ici plus qu'ailleurs, le dévouement entier
de tous les fonctionnaires publics devient indispensable. Si les progrès
effrayans du brigandage sont arrêtés; si à la voix du chef de l'État ce prodige est opéré; si les rares et précieux talens, l'infatigable activité du chef
de la magistrature ont préparé les moyens d'extirper ce chancre rongeur
du sein de l'État; si l'exécution de ces moyens n'ayant rien laissé à desirer,
un terme a été mis aux plus affreux excès, craignons de les voir renouveler.
L'origine du brigandage remonte à des causes politiques que nous devons
taire, quand un Gouvernement réparateur verse sur les plaies de l'État un
baume bienfaisant et consolateur : loin de nous la pensée de rappeler les
temps malheureux qui ont précédé ces jours de paix et de bonheur.

Nous convenons que les listes des jurés ont été généralement très-peu
soignées. Celles des citoyens appelés à remplir ces importantes fonctions,
d'après les conditions exigées par le Projet de Code , paraissent nous
promettre une meilleure composition; mais nous l'avouerons , nous ne
sommes point rassurés. Sera-ce la fortune des nouveaux jurés, leurs connaissances acquises que suppose assez généralement un état d'aisance, qui
nous garantiront la justice et l'impartialité de leurs déclarations ! mais la
majeure partie de cette classe de citoyens a été appelée à remplir les
fonctions de jurés , à des époques assez marquantes de notre révolution.
Dans des temps non moins difficiles, des hommes ignares , sans talens ,
sans moyens, et souvent même sans principes ont figuré sur des listes
de jurés, et prononcé sur l'honneur et la vie des citoyens; mais, dans
aucun temps , quelle qu'ait été la composition de ces listes, osons le dire,
le jury n'a inspiré cette confiance générale, et recueilli cette honorable
approbation publique, qui peuvent seules garantir la bonté de cette institution.

Nous terminons cette partie délicate et pénible de nos observations ,
avec la certitude acquise que l'institution des jurés ne saurait, en l'état actuel,
être rétablie sans danger en France.

Tribunaux criminels.

Si le jury n'est point rétabli, les tribunaux criminels, créés par le projet de Code, ne peuvent exister en l'état de leur organisation arrêtée par ce Code. Si le préteur, qui constitue véritablement seul le tribunal criminel, puisque lui seul a voix délibérative, prononçait sur la culpabilité de l'accusé, l'administration de la justice criminelle serait confiée à un seul homme. L'erreur est le partage de l'humanité, et quand il s'agit de prononcer sur ce que l'homme a de plus cher, l'honneur et la vie, combien cette erreur, même involontaire, si elle était l'ouvrage d'un seul juge, laisserait dans l'ame de ce magistrat de longs et douloureux souvenirs ! Nous croyons inutile d'observer que ses jugemens n'étant soumis à l'examen du tribunal régulateur que pour fausse application de la loi, pour défaut de forme, mais dans aucun cas pour le bien ou mal jugé, un préteur nommé à vie, revêtu d'un pouvoir aussi monstrueux, serait bien autrement puissant que le souverain lui-même au nom duquel la justice est rendue, à qui seul appartient le droit d'en régler l'administration et d'en désigner l'exercice, puisque les actes de cet agent, qu'il ne pourrait réformer, établiraient dans l'État un pouvoir unique supérieur à celui du prince.

Faut-il conserver l'établissement d'un tribunal criminel dans chaque département ?

Pour discuter avec quelque succès cette question, et pouvoir la résoudre, il faudrait connaître précisément le nombre des jugemens qu'à rendus annuellement chaque tribunal criminel. Le rapport de M. *Oudart* présente bien le total de ces jugemens pour les années 8 et 9 ; mais ce rapport ne peut nous fournir l'aperçu exact et particulier que nous demandons, 1.º parce qu'on n'y rapporte que le nombre des jugemens de condamnation et non ceux d'absolution, dont l'instruction et l'examen ne sont ni moins longs ni moins pénibles ; 2.º parce que du mois de germinal an 9 au même mois de germinal an 10, il a été rendu des jugemens par les tribunaux spéciaux établis par la loi du 18 pluviôse an 9, dont il n'est point parlé dans ce rapport. A la suppression de ces tribunaux spéciaux, les délits dont le jugement leur est dévolu, rentreront dans les attributions des tribunaux criminels.

Nous convenons que tous les tribunaux criminels ne sont point également occupés, sans sortir du ressort du tribunal d'appel séant à Aix. Nous avons la certitude que les tribunaux criminels des départemens des Basses-Alpes et Alpes-Maritimes qui nous avoisinent, ont moins d'affaires à juger que les tribunaux criminels des Bouches-du-Rhône et du Var. Pendant l'an 11, nous avons rendu cent sept jugement ; cinquante-quatre portant condamnation à peine afflictive et infamante ; trente-neuf d'absolution ; douze correctionnels, de condamnation, et deux d'absolution. Nous ne parlons pas des jugemens de mise en liberté après instruction rendue par le tribunal spécial, et moins encore de ses nombreux jugemens de compétence.

Mais malgré cette différence, nous ne pensons pas que ces tribunaux, quoique placés dans les départemens peut-être les moins populeux, doivent subir une suppression, 1.° par la difficulté de faire transporter à un autre tribunal les prisonniers, d'y faire arriver les témoins et les parties civiles, au milieu des neiges, par des chemins en majeure partie impraticables pendant l'hiver, en très-mauvais état, et que leur situation ne permet pas d'améliorer. Joignez à ces inconvéniens des obstacles invincibles, qu'apportent fréquemment les torrens et les petites rivières qui divisent. sur plusieurs points ces départemens; 2.° cette suppression serait onéreuse au trésor public, par l'augmentation importante qu'occasionneraient l'indemnité accordée aux jurés, aux témoins, les salaires des officiers ministériels et l'éloignement des justiciables du chef-lieu du tribunal criminel. Nous croyons pouvoir assurer que ce surcroît de charge pour le trésor public, ne saurait être couvert par l'économie qui résulterait de la suppression d'un ou plusieurs tribunaux criminels, puisque ceux qui augmenteraient leur ressort de celui des tribunaux supprimés, ne pourraient suffire à l'expédition des affaires, sans être divisés au moins en deux sections. D'ailleurs, comment renfermer sûrement les prisonniers réunis de plusieurs départemens, dans les prisons d'un seul tribunal criminel, reconnues insuffisantes pour retenir, et souvent d'une manière peu saine, ceux d'un seul département! La construction et l'établissement de nouvelles prisons donnerait lieu à des dépenses très-considérables.

Les délits sont plus fréquens dans les départemens frontières, par la facilité qu'ils offrent aux malfaiteurs de passer à l'étranger, en cas de poursuite. Celui du Var, par sa situation, ses bois, ses collines, leur présente un asile presque assuré contre les poursuites dirigées contre eux. Le voisinage de la mer qui baigne ses côtes orientales, leur procure des moyens de fuite aussi prompts qu'efficaces. La grande route d'Italie qui le traverse dans sa plus longue étendue, fut dans tous les temps plus exposée aux incursions des malfaiteurs qu'aucune autre route des départemens méridionaux, nous dirions même de la France. Ces motifs puissans nécessitent la conservation du tribunal criminel de ce département : ils sont communs, à quelques exceptions près, à ceux des Basses-Alpes et des Alpes-Maritimes.

Faut-il augmenter le nombre des juges qui composent actuellement les tribunaux criminels! Nous pensons que cette augmentation doit avoir lieu, parce que trois juges sont notoirement insuffisans à l'administration de la justice criminelle en l'état de la législation établie par le projet de Code. La suppression des tribunaux spéciaux et la suspension du jury rendant les juges des tribunaux criminels chargés de la connaissance et du jugement de tous les délits quelconques, ayant encore à prononcer sur la culpabilité de l'accusé, et les peines établies par la loi, trois juges ne peuvent suffire à la composition d'un tribunal criminel ; la justice civile est rendue en dernier ressort par des tribunaux composés de sept juges au moins, et quand il s'agit de prononcer sur l'honneur et la vie des citoyens, trois juges suffiraient ! Nous sommes loin de partager une pareille idée. Nous croyons, au contraire, que le nombre des juges des tribunaux criminels doit être porté à six, y compris le préteur qui les présidera ; que le nombre des suppléans doit être porté à trois ; que le tribunal ne pourra juger qu'au nombre de six juges ; que le préteur ne pourra présider le même tribunal que pendant trois années, et ne pourra être rappelé à cette présidence qu'après douze années : nous rapportant, pour le surplus des attributions de ce magistrat, aux dispositions du projet de Code. Nous assurons que le traitement qui sera accordé à ces trois nouveaux juges, ne sera point une charge nouvelle pour l'État, la suppression du tribunal spécial établi par la loi du 18 pluviôse an 9, donnera lieu à une économie qui fera face à cette nouvelle dépense.

Observations paticulières sur quelques articles du Projet de Code.

Art. 39. Nous pensons que tout fonctionnaire public convaincu de forfaiture doit être déclaré incapable d'exercer à jamais aucune fonction ou emploi public, et même aucun droit de citoyen. Quelle confiance pourra inspirer dans aucun temps un pareil fonctionnaire !

Art. 54. La faculté accordée aux tribunaux criminels de renvoyer l'individu mis deux fois en accusation, sous la surveillance du Gouvernement, est attentatoire au respect religieux qu'on doit porter à toute décision de jurés. D'ailleurs, des jurés prévenus de cette disposition de la loi, et se reposant sur son exécution, peuvent acquitter un accusé qu'ils auraient peut-être condamné si elle n'eût pas existé. Nous croyons que c'est aux jurés à déclarer que l'accusé doit être soumis à cette surveillance, parce qu'eux seuls peuvent juger si les charges produites contre lui, quoiqu'insuffisantes pour déterminer sa condamnation, ont cependant laissé dans leur ame des présomptions ou des indices de crime assez graves pour commander cette surveillance.

Art. 59. Il devrait être ajouté à cet article : « Les juges tenus de la » prononcer, en cas de négligence, seront avertis officiellement. »

Art. 63. On ne devrait pas se borner à interdire toute disposition à titre gratuit, mais comprendre dans cette prohibition tout acte d'aliénation, à moins qu'elle n'ait eu pour motif l'acquit d'une dette constituée par acte public antérieur à l'époque du délit ; qu'elle n'ait point été consentie à vil prix, ou qu'ayant pour objet des secours à fournir au détenu ou à sa famille, elle ne soit autorisée par le tribunal criminel. Ces précautions nous paraissent indispensables pour assurer les reprises du trésor public que rendent illusoires des ventes ou transports simulés et frauduleux que ne manquent jamais de consentir les coupables sans espoir d'échapper à la punition de leur crime. Les mesures conservatrices devraient avoir leur effet dès l'instant où l'individu repris de justice est déclaré en état d'accusation.

Art. 68. Comprendre dans les exceptions de cet article les frères et sœurs consanguins. La morale publique et les lois naturelles réclament cette exception.

Art. 87. La livraison des plans des fortifications, &c. à l'ennemi, manifeste l'intention formelle de lui procurer les moyens d'envahir le territoire français; si cet envahissement n'est point effectué, ne doit-il pas être rapporté à des circonstances indépendantes de la volonté de celui qui, par la livraison de ces plans, avait facilité les moyens de l'opérer! et l'intention du crime n'est-elle pas manifestée par cet acte de livraison! Nous pensons que la peine de mort doit être appliquée à ce genre de délit.

Art. 89. L'espionnage en campagne a toujours été puni militairement de la peine capitale; celui qui recèle l'espion ne doit-il pas être réputé son complice et puni de la même peine!

Art. 100. La peine ordonnée par cet article, ne nous paraît pas proportionnée à la gravité du délit. Les individus désignés par l'article 99, sont bien coupables; leurs dénonciations auraient permis de prévenir les projets des conspirateurs. Nous proposons de punir la réticence incivique par la déportation, si le crime projeté a eu son exécution; de la reclusion, s'il n'a eu qu'un commencement d'exécution, et d'une détention qui ne pourra excéder une année, et de l'amende, quand même l'exécution du crime aurait été abandonnée par les auteurs, et dans tous les cas, le renvoi sous la surveillance du Gouvernement.

Art. 102. Même exception pour les frères et sœurs consanguins.

Art. 118. L'interdiction doit être perpétuelle. On ne saurait se dissimuler que ces réunions d'autorité, ces députations et ces correspondances ont fréquemment entravé la marche du Gouvernement, et brisé tous les liens de la hiérarchie politique. Quand un Gouvernement tutélaire veille avec soin à la sûreté intérieure et extérieure de l'État, toute mesure d'ordre public qui n'émane point directement de son autorité suprême, ou qui n'est point expressément commandée par les lois, est un acte de rebellion. L'exécution fidelle et prompte des ordres supérieurs ou légaux, doit être la seule et la plus importante occupation de tous les fonctionnaires publics.

Art. 138. Que l'exemple du passé serve de leçon pour l'avenir; que des peines sévères mettent enfin un terme aux dilapidations de la fortune publique. Nous proposons de punir ce genre de délit des travaux forcés à perpétuité, quelle que soit la somme soustraite ou détournée, comme la valeur des objets confiés. Dans les vols qui n'intéressent point l'État, le plus ou le moins de valeur des objets soustraits, rendent-ils le délit plus ou moins grave ! Pourquoi cette exception pour les vols faits à la généralité des citoyens !

Art. 141. L'interdiction des fonctions publiques doit être perpétuelle.

Art. 149. Une simple amende ne suffit pas. Ce retard peut être l'effet de la corruption toujours difficile à prouver; et dans ce cas, une peine pécuniaire est illusoire. Nous proposons la détention pendant six mois au plus, ou l'interdiction de toute fonction publique.

Art. 150. Dans le cas prévu par cet article, il y a lieu à forfaiture. Cette négligence, après avertissement, constitue une désobéissance formelle, dont les suites ne peuvent qu'être très-funestes à la tranquillité publique.

Art. 170. Si la réquisition a eu son effet, on doit appliquer la peine capitale et la confiscation des biens. La loi, expression de la volonté générale, est, chez un peuple libre, le seul, mais le plus inflexible despote. La rebellion à force armée contre l'exécution de ses volontés, est un véritable attentat à la souveraineté nationale. Ils sont encore présens à notre mémoire ces temps malheureux de trouble et d'anarchie, où les volontés particulières s'élevant au-dessus de la volonté générale, il n'existait ni loi ni gouvernement.

Art. 214. Tout vol commis à l'aide de bris de scellé, étant assimilé au vol commis à l'aide d'effraction, tout gardien de scellé convaincu de l'avoir brisé, doit être considéré comme l'auteur du vol des effets renfermés sous ce scellé. En effet, ces effets n'étant point décrits ni inventoriés, comment pouvoir reconnaître s'il y a eu soustraction! Est-il permis de douter que le bris de scellé n'a eu d'autres motifs que celui de faciliter cette soustraction ! Le gardien devant toujours être l'auteur du bris de scellé tant qu'il n'existe pas de preuve du contraire, peut-on se refuser à le réputer l'auteur d'un vol commis avec effraction! En cas de connivence, ou de participation, n'est-il pas le complice de l'auteur connu du bris de scellé!

Art. 217. Cet article devrait prononcer les travaux forcés à perpétuité. Si le vol commis à l'aide de bris de scellé, quoique sans violence, est réputé vol commis à l'aide d'effraction, et puni des travaux forcés à temps, la circonstance majeure de la violence n'exige-t-elle pas une peine plus forte !

Art. 222. Une cruelle expérience nous a convaincus que ces malfaiteurs sont incorrigibles, et, qu'en quelque temps que ce soit, on ne peut, sans danger, leur permettre de rentrer dans le sein de la société. Nous pensons qu'ils doivent être punis, les auteurs et directeurs de l'association, les commandans en chef, ou en sous-ordre, de ces bandes, des travaux forcés à perpétuité; et les individus chargés d'un service quelconque dans ces bandes, ou qui leur auraient fourni armes, munitions, &c...., des travaux forcés à temps.

Art. 262. On devrait supprimer la circonstance de la réunion de deux ou plusieurs personnes, et pendant la nuit : 1.° Parce que dans les maisons de campagne les effractions, et les escalades ont lieu même pendant le jour par l'éloignement de tout secours étranger; 2.° Parce que la nécessité de défendre sa propriété, sa vie, contre un comme contre plusieurs malfaiteurs, est impérieusement commandée pendant le jour comme pendant la nuit.

Art. 265. Si ces crimes sont commis involontairement, ne doivent-ils pas être excusés ! Solon n'avait point compris le parricide dans le Code des lois immortelles qu'il donna à Athènes sa patrie. Ce sage ne pouvait croire à la possibilité d'un pareil crime. S'il était réservé aux races futures d'être forcées de suppléer au silence de ce législateur, qu'il leur soit au moins permis de penser que le plus grand des forfaits peut être involontaire.

Art. 289. Le déréglement des mœurs rend le viol fréquent : que les lois s'empressent de donner un appui salutaire à la morale publique ; que les travaux forcés à temps soient la peine du viol ; et qu'il soit ordonné à perpétuité, s'il est commis dans le cas prévu par l'article 290.

Art. 343, 344 et 345. Nous pensons que la cinquième circonstance de l'article 343 doit seule, et sans le concours d'aucune autre circonstance, entraîner la peine des travaux forcés à perpétuité. Et, sur les articles 344 et 345, qu'il nous soit permis d'observer que la même peine doit être appliquée dans le cas de concours de deux des quatre premières circonstances. Point de pitié pour cette espèce de voleurs, la mort était jadis la peine de leurs crimes, et ne pourrait-on pas raisonnablement penser que c'est à la douceur de nos nouvelles lois criminelles qu'on doit attribuer la multiplicité effrayante de ce genre de délits qui ne furent jamais aussi fréquens !

Art. 359. Sous la dénomination de fausses clefs, on devrait comprendre la vraie clef, si le voleur en a fait usage après l'avoir enlevée au légitime propriétaire, pour s'introduire dans le lieu où le vol a été commis.

Art. 270. La confiscation ordonnée par cet article devrait être au profit des capteurs. On ne saurait trop fortement stimuler le zèle des agens de la police pour mettre un frein à la funeste passion du jeu, fermer ces antres du crime. L'intérêt public, le repos et le bonheur des familles l'exigent impérieusement. N'est-ce pas de ces maisons de jeu que tant de malheureux individus, honnêtes et probes avant de les avoir fréquentées, sont sortis pour se livrer au vol, au pillage et à l'assassinat ! L'existence trop long-temps prolongée de ces bandes de brigands, ne doit-elle pas être attribuée aux renforts journaliers que leur ont fournis ces lieux infames, où tant d'infortunés, laissant leur fortune et leur honneur, n'ont reçu en échange que le désespoir et le germe de tous les crimes, que le besoin de satisfaire cette funeste passion ont développé d'une manière aussi effrayante pour la tranquillité publique? La détention et l'amende sont des moyens de répression bien insuffisans. Nous croyons indispensable d'ajouter à ces peines celles de l'infamie et du carcan.

Art. 477. Nous pensons que les magistrats de sûreté doivent être conservés dans les arrondissemens communaux où siége le tribunal criminel. Il est en effet bien difficile de concevoir que le commissaire du Gouvernement établi près ce tribunal, puisse, en réunissant à ces fonctions, déjà très-importantes, et dont l'acquit exige des occupations très-multipliées, celles de magistrat de sûreté, suffire à l'expédition des affaires.

Art. 483. Les commissaires établis près les tribunaux d'arrondissement, autres que ceux séant dans les communes de premier ordre, n'ont point de substitut. En cas d'empêchement du magistrat de sûreté ainsi que du commissaire, lorsqu'il n'a point de substitut, nous proposons d'appeler en remplacement le premier suppléant de ces tribunaux.

Art. 484. Nous avons établi dans nos observations sur l'art. 477, que le commissaire du Gouvernement près le tribunal criminel, ne pouvait cumuler les fonctions de magistrat de sûreté dans les arrondissemens communaux où siége ce tribunal. Dans cette hypothèse, les magistrats de sûreté étant conservés dans ces arrondissemens, il doit être pourvu à leur remplacement, conformément au mode que nous avons établi dans l'article précédent, et le premier suppléant du tribunal criminel ne doit remplacer le commissaire du Gouvernement que dans l'exercice des fonctions qu'il a à remplir près le tribunal criminel.

Art. 539. Les délits d'escroquerie et d'abus de confiance étant qualifiés délits correctionnels par l'art. 367, 2.ᵉ section, 1.ʳᵉ partie des délits et des peines, l'exception particulière à ces délits, comprise dans le présent article, nous paraît devoir être rejetée; la mauvaise foi généralement répandue commande ce rejet.

Art. 548. L'obligation imposée aux officiers de police judiciaire de dresser leurs procès-verbaux en présence de deux témoins domiciliés et lettrés, nous paraît d'une difficile exécution, quand il s'agira de constater des délits dans les campagnes où les citoyens lettrés sont généralement fort rares. D'ailleurs, l'appel de ces deux citoyens ne peut que retarder les opérations de l'officier de police, retard qui, dans certains cas, entraînera l'atténuation ou même la perte totale des preuves du délit. Il nous paraîtrait sage de supprimer cette formalité pour tous les procès-verbaux constatant les délits commis hors l'enceinte des communes.

Art. 566. Nous craignons que la modicité de l'indemnité accordée aux propréteurs, en cas de déplacement, ne soit un obstacle au transport de ces magistrats sur les lieux, dans des circonstances où leur présence serait très-utile. Nous proposons de porter cette indemnité au moins à six francs; augmentation commune au substitut magistrat de sûreté.

Art. 581 jusques inclus 587. La disposition générale de l'article 580 nous paraît devoir être maintenue dans toute sa force, et les articles suivans jusques y compris l'art. 587, être retranchés du projet de Code. Les formalités prescrites par ces articles opposeraient des entraves et des longueurs à l'exécution des mandats, qui non seulement en retarderaient nécessairement l'exécution, mais pourraient mêmeempêcher qu'elle ne fût effectuée. Le *visa* de l'officier de police du lieu où l'ordre reçoit son exécution, en garantit l'authenticité, assure la responsabilité de l'officier ministériel qui en est porteur, et prévient par ce moyen toute arrestation arbitraire.

Art. 613. Si le tribunal criminel annulle l'ordonnance d'un propréteur, sur le pourvoi d'office d'un commissaire du Gouvernement, doit-il ordonner le renvoi par-devant le même ou par-devant tout autre propréteur! Le présent article ne paraît pas avoir fixé ce point de législation. Nous proposons d'y suppléer en ordonnant ce renvoi par-devant tout autre propréteur que celui dont l'ordonnance est annullée, dans le cas seulement où l'ordonnance annullée l'aurait été par incompétence, excès de pouvoir, ou basée sur une loi qui ne serait point applicable à l'espèce de délit soumis à la poursuite et à l'instruction de propréteur, en exceptant de cette disposition toutes ordonnances de simple instruction qui peuvent être réparées en tout état de la procédure, quand le propréteur n'a point encore la connaissance de l'affaire.

Art. 638. Le ministère public ne peut être confié qu'à des citoyens versés dans l'étude des lois, et propres à en développer les dispositions pour en requérir la juste application. On trouvera difficilement parmi les adjoints des petites communes des citoyens qui les réunissent. Pour parer à cet inconvénient, il conviendrait de supprimer les fonctions du ministère public près les tribunaux de simple police, dans toutes les affaires qui n'auraient point pour objet la répression des contraventions aux lois forestières.

Art. 652. Nous pensons qu'on doit supprimer cette formule de serment qui ne présente qu'une répétition inutile, et qu'on doit exiger du témoin, qu'il jure simplement de dire la vérité.

Art. 672. Pourquoi le commissaire du Gouvernement près le tribunal d'arrondissement, serait-il nécessairement exclu de l'exercice du ministère public dans le jugement des affaires qui ont pour but la répression des délits forestiers! Ce commissaire est-il étranger à la connaissance des lois forestières! Peut-on penser qu'il poursuivra les auteurs de ce genre de délit et défendra les intérêts de l'État avec moins de chaleur qu'un agent forestier! Cette exclusion nous paraît étrange ; cette disposition devrait être supprimée. Nous n'avons pas cru nécessaire de faire pareille observation sur l'article 638, parce que nous avons pensé qu'auprès d'un tribunal de police, siégeant dans les communes au-dessous de cinq mille ames, le ministère public ne pouvait être confié à des adjoints. Sans cette certitude, nous aurions réclamé l'exclusion des agens forestiers. Si les tribunaux de police avaient eu un commissaire tout autre que l'adjoint, nous aurions réclamé en faveur de ce commissaire l'exercice plein et entier de ses fonctions.

Art. 874. En rétablissant les jurés, ils doivent l'être dans la plénitude de leurs attributions. L'exécution de leur décision sur le sort de l'accusé, quelle qu'elle soit, ne doit jamais être retardée. Leurs déclarations sont des ordres que le tribunal criminel ne doit ni affaiblir, ni modifier. Si l'on admet que, dans le cas de condamnation, le tribunal est autorisé à surseoir au jugement, s'il pense que les jurés se sont trompés au fond, pourquoi ne pas user du même droit en cas d'absolution? Dans ce cas, les jurés peuvent-ils être moins exposés à errer? Il faut le dire; on sent tous les inconvéniens qui résulteront du rétablissement des jurés; on cherche à les éviter en touchant à l'indépendance de cette sublime institution; mais nous craignons que toutes les précautions, quelque sagement combinées qu'elles soient, ne puissent nous en garantir.

Art. 887. La seconde disposition de cet article nous paraît trop rigoureuse. Ce renvoi aux prochains grands-jours, prolonge la détention de l'accusé, qu'on doit abréger sans cependant blesser l'intérêt de la justice. Tous les délits compris dans un acte d'accusation doivent être jugés, sans renvoi, sans retard, du moment où les débats sont ouverts. L'intérêt du trésor public le réclame, le sort de l'accusé le commande, et l'humanité l'exige. Un second jugement nécessite un second appel de témoins, de nouvelles citations, enfin, de nouveaux frais de procédure. Les reprises sur les biens des condamnés sont presque généralement sans succès.

Art. 900. Les juges des tribunaux civils doivent être dispensés de remplir les fonctions de jurés; leurs déplacemens, leur absence du tribunal nuirait essentiellement à l'administration de la justice civile.

Art. 922. A la première tenue des grands-jours, s'il y a moins de quarante jurés présens, comment le maire de la municipalité où siége le tribunal criminel pourra-t-il compléter ce nombre, puisqu'il n'existera point de liste antérieure de jurés de jugement? et dans le cas où, pendant la tenue des grands-jours, il existerait une liste antérieure de jurés de jugement, sera-ce parmi les jurés résidant dans la municipalité où siége le tribunal criminel, dans l'arrondissement communal, ou dans tout le département, que le maire choisira les jurés appelés en remplacement? Nous estimons que le choix de ces jurés devrait être fait par le préteur, sur une liste supplémentaire contenant le nom de douze jurés résidant dans la commune où siége le tribunal criminel, formée par les préfets, toutes les fois qu'ils seraient requis par les préteurs de former celle composée de quarante-huit citoyens, prescrite par l'article 945.

Art. 932. Cet article porte que l'examen de l'accusé commencera immédiatement après la formation du tableau des jurés appelés à prononcer sur son sort ; faut-il en conclure qu'avant de procéder à l'examen et au jugement de chaque accusé ou de plusieurs accusés prévenus du même délit, les opérations prescrites par les articles 925 et suivans, relatifs au tirage au sort des jurés et à leurs récusations, doivent avoir lieu ! ou bien à l'ouverture des grands-jours et avant de procéder à l'examen et au jugement d'aucun des accusés, doit-il être formé autant de tableaux particuliers de jurés qu'il y aura d'affaires à juger pendant la tenue de ces grands-jours ! Dans le premier cas, tous les jurés sont tenus de rester au tribunal criminel jusqu'à la clôture des grands-jours pour essuyer le tirage au sort qui aurait lieu avant de procéder à l'examen de chaque accusé. Dans le second cas, le juré non appelé par le sort, ou récusé, pourrait retourner dans ses foyers. Nous observons que si le tirage au sort des jurés et les récusations qu'ils peuvent essuyer, doivent avoir lieu avant le jugement de chaque affaire particulière, outre que les jurés sont tenus, sans aucune indemnité, de résider pendant long-temps au chef-lieu du tribunal, ces opérations retarderont nécessairement le jugement des affaires.

Art. 982. Le tribunal de cassation ayant reconnu l'existence légalement constatée de la personne prétendue homicidée, devrait, en cassant le jugement sur le motif qu'il a été rendu sur un délit qui n'existe point, ordonner que le condamné fût mis sur-le-champ en liberté. Ce renvoi du condamné devant un autre tribunal criminel, pour y subir une nouvelle instruction et un second jugement, à raison d'un délit qui n'a jamais existé, nous paraît contraire à tous les sentimens de justice et d'humanité qui doivent particulièrement hâter la marche toujours lente des formes judiciaires, quand il il s'agit de rendre un innocent à la liberté.

Art. 1009. Cet article est en opposition avec l'article 28 de la loi du 17 ventôse an 11, du Code civil, en ce qu'il ordonne la séquestration des biens des contumax que le Code veut être seulement administrés judiciairement. Nous pensons cependant que les dispositions du Code pénal doivent être préférées ; quelle serait, en effet, la peine de la rebellion à la loi, et par quel moyen contraindre un contumax à se représenter !

MAUCHE, *président ;* L. PISSIN-BARVAL, ROTTAN, *juges ;* MARTIN, *commissaire du Gouvernement.*

OBSERVATIONS

DE LA COUR DE JUSTICE CRIMINELLE

DE VAUCLUSE,

SUR

LE PROJET DE CODE CRIMINEL.

OBSERVATIONS

DE LA COUR DE JUSTICE CRIMINELLE

DE VAUCLUSE,

SUR

LE PROJET DE CODE CRIMINEL.

Nous suivrons, dans nos observations, l'ordre du Projet, et nous commencerons par la *partie des Délits et des Peines*, en cotant les numéros des articles.

Ire PARTIE.

DÉLITS ET PEINES.

Art. 8. « Sont qualifiés *délits militaires*, ceux commis par des militaires
» ou des personnes attachées aux armées, dans l'exercice de leurs fonctions
» militaires, ou en *état de service militaire*, ou par quelque personne que ce
» soit, envers des militaires remplissant actuellement des fonctions militaires,
» ou *en état de service militaire*. »

Cet article donne lieu à deux observations :

1.º Il serait bon d'expliquer clairement ce qu'on entend par ces termes, *ou en état de service militaire*, pour prévenir qu'on ne leur donne une extension abusive, et qu'on ne l'applique aux militaires en garnison ; ce qui serait d'une dangereuse conséquence.

2.º Cet article viole ce principe tutélaire, *actor sequitur forum rei*, et, ce qu'il y a de plus fort, il donne pour juges à l'accusé les pairs de la partie offensée. Les attributions extraordinaires, lesquelles sont fondées sur la nature des délits ou la qualité des prévenus, peuvent être tolérables ; mais celles qui ont pour motif la considération de la personne lésée, mettent en danger la liberté civile, et sont réprouvées par toutes les législations.

Vaucluse,   A

Art. 13 et 15. Puisqu'il est reconnu que la peine de mort ne doit point être abolie, il faut du moins, en l'appliquant, n'avoir pour but que de retrancher de la société le scélérat qui l'a outragée, et de présenter un exemple capable de contenir ceux qui pourraient être disposés à se livrer au crime : toute disposition qui amenerait un autre résultat, doit être écartée. Or, quelle nécessité d'exposer à un poteau celui qui va périr!... quelle nécessité de lui couper le poignet!... N'est-ce pas prolonger l'agonie du patient! n'est-ce pas, en quelque manière, mettre de la cruauté dans la vindicte publique!... Au surplus, cette exposition au carcan, et ce poignet coupé, ne feront rien pour l'exemple : le malfaiteur qui ne sera point retenu par la crainte de la mort, ne saurait l'être par les accessoires de cette peine.

Quant à ce qui est de l'inhumation des condamnés le long des grandes routes, elle présenterait des inconvéniens, sans procurer aucun avantage. En effet, le brigand verra les poteaux qui indiqueront la sépulture des coupables exécutés à mort, sans que cette vue fasse sur lui plus d'impression que n'en produisait autrefois, sur ceux qui couraient dans la carrière du crime, l'aspect des corps des suppliciés suspendus aux fourches patibulaires.

Les poteaux, en se multipliant, ne feraient qu'affliger davantage les ames sensibles qui auraient à les voir, sans inspirer aux pervers la moindre horreur du crime. Ne sait-on pas que ceux-ci, tant qu'ils ont la facilité de se livrer à leur coupable penchant, se flattent toujours d'être plus adroits ou plus heureux que ceux qui n'ont pu échapper au glaive de la justice, quand même l'intérêt ou le desir de la vengeance ne suffirait pas pour écarter de leur imagination toute idée des traitemens rigoureux réservés aux criminels?

Et la famille du condamné, déjà trop malheureuse de la perte méritée d'un de ses membres, et qui aurait encore à gémir de voir subsister un monument élevé à sa honte, ne serait-elle pas portée à le détruire!... Cependant, celui qui se le permettrait, pourrait être condamné à deux années de détention, et à 500 francs d'amende (art. 322)... Ah! sans doute, le législateur ne voudra pas avoir à se reprocher d'avoir, par une telle disposition, aggravé l'infortune d'une famille honnête!

Quoique l'on pût faire entrer en considération les dépenses qu'il y aurait à faire pour élever ces déplorables monumens sur les fosses des condamnés, lesquelles dépenses resteraient le plus souvent à la charge du trésor public, nous nous abstenons d'en parler ici, parce qu'en effet, si l'existence de tels monumens pouvait ète utile, il n'y aurait pas à balancer, quoi qu'il dût en coûter.

Art. 21. D'après cet article, un déporté qui sort du lieu de sa déportation et rentre sur le territoire français en Europe, est condamné à mort, sur la seule preuve de son identité.

Cette disposition est bien sévère : il semble qu'il suffirait que le déporté rentré fût condamné aux travaux forcés à perpétuité. Si néanmoins cet article était conservé tel qu'il est, il serait raisonnable d'y ajouter que lecture devrait en être faite au condamné, lors de la prononciation du jugement qui ordonnerait sa déportation.

Art. 32 et 831. Suivant l'article 831, aucune femme accusée de crime emportant la peine de mort, ne doit être mise en jugement, s'il n'a été vérifié qu'elle n'est pas enceinte.

L'exécution de cet article semble rendre inutile celle de l'article 32, qui porte qu'aucune femme ne subira la peine de mort, s'il n'a été vérifié qu'elle n'est pas enceinte ; parce qu'il n'est guère probable que, depuis sa mise en jugement, une femme soit devenue enceinte. Cependant la chose pouvant arriver, il n'est pas inutile de la prévoir. Peut-être même serait-il convenable de prévoir aussi le cas où un geolier se serait servi de l'ascendant que lui aurait donné sa place, pour abuser de quelque femme détenue sous sa garde ; et de prononcer contre lui une peine quelconque, sans néanmoins adopter la sévérité de l'ancienne jurisprudence.

Art. 127 et 128. L'art. 127 prononce peine de mort et confiscation de biens, contre celui qui a contrefait ou altéré les monnaies nationales qui ont cours, ou participé à l'émission ou exposition de ces monnaies contrefaites ou altérées.

L'art. 128, relatif à quiconque ayant reçu pour bonnes des pièces de monnaie contrefaites ou altérées, et ensuite, étant éclairé sur son erreur, aura délivré pour bonnes à d'autres les mêmes pièces, ne prononce contre celui-ci qu'une amende de 50 à 150 fr.

Il est juste assurément que, dans le cas prévu par ce dernier article, ceux qui livrent des espèces contrefaites ou altérées ne soient pas punis comme les distributeurs dont il est question à l'article précédent, parce qu'il n'y a pas en eux la même intention du crime ; mais aussi, comme l'intérêt de la société est d'arrêter toute circulation d'espèces qui sont reconnues contrefaites ou altérées, il importe, ce semble, qu'un frein plus puissant que celui présenté par l'article 128, empêche ceux qui ont été payés en espèces fausses, de livrer ces mêmes espèces comme bonnes, dès qu'ils sont informés qu'elles pèchent par leur poids ou par leur titre.

Art. 140. Cet article prononce une peine contre le crime de concussion, qui se commet en exigeant ou en recevant ce qui n'était pas dû, ou plus qu'il n'était dû, pour droits, taxes, &c. . . .

Ce crime est toujours punissable ; mais il semble qu'il conviendrait que celui qui *a exigé ce qui ne lui était pas dû*, fût plus rigoureusement traité que celui qui *a reçu des sommes offertes et payées volontairement, quoique non dues.* Cette différence dans la peine dérive naturellement de celle

A 2

qui se trouve dans le degré de malice que présente l'un et l'autre délit.

Art. 158. Cet article punit toute violation du sceau, ou toute suppression de lettres confiées à la poste , autres que celles venant de l'étranger, si cette violation a été faite *sans ordre.*

Il s'ensuit de cette rédaction que les lettres venant de l'étranger peuvent être ouvertes arbitrairement ; cependant on ne saurait attribuer au Gouvernement une telle intention.

Quant à ce qui est des lettres, autres que celles venant de l'étranger , et qui peuvent être ouvertes si l'ordre en a été donné , il serait convenable que la loi s'expliquât clairement sur les fonctionnaires publics à qui elle veut spécialement confier la faculté de donner un tel ordre.

Art. 178. Cet article et les huit suivans sont relatifs aux violences , outrages , irréverences , commis envers les fonctionnaires publics *en exercice,* ou *à cause de l'exercice de leurs fonctions.*

Ne serait-il pas à propos qu'il y eût aussi quelque peine pour celui qui fait insulte à un fonctionnaire public revêtu du costume que la loi lui a assigné, quoique, au moment de cette insulte , ce fonctionnaire ne soit point en exercice de ses fonctions, et qu'il ne paraisse pas que l'insulte ait eu lieu à cause de l'exercice de ces mêmes fonctions ?.....

Art. 223 et suivans. Jusqu'à présent il n'existait aucune disposition propre à réprimer le vagabondage; et certainement il ne pourra qu'être avantageux d'adopter celles présentées par le projet de Code criminel : cependant il est vrai de dire que l'art. 228, portant qu'un vagabond pourra être cautionné par un citoyen solvable *agréé par le Gouvernement ,* donne au Gouvernement un soin trop minutieux , qui pourrait , sans inconvénient , être laissé à l'autorité locale; d'autant qu'il est vraisemblable que ce ne sera que sur les informations données par celle-ci que le Gouvernement agréera le cautionnement proposé.

Art. 261 et 262. L'article 261 dit que l'homicide n'est point un crime, quand il est commandé par la nécessité actuelle d'une légitime défense.

Suivant l'article 262 , est réputée nécessité actuelle de défense, celle de repousser l'escalade ou l'effraction des clôtures, lorsqu'elles sont commises par deux ou plusieurs personnes pendant la nuit.....

Mais pourquoi exiger une réunion de personnes , quand il est possible qu'un citoyen , se trouvant seul dans sa maison, ne soit pas assez fort pour résister à un brigand qui même ne serait accompagné d'aucun autre ?.....
Au surplus , ce citoyen , surpris durant son sommeil, qui voit un homme s'introduire dans son domicile , doit-il se laisser égorger en attendant de s'assurer s'il a à se défendre contre plus d'une personne ?.....

En pareil cas, l'accès du brigand dans la maison, fût-il seul, doit suffire pour établir la nécessité actuelle de défense; d'autant mieux qu'il pourrait être fort difficile de constater cette nécessité par la preuve d'une réunion de deux ou plusieurs personnes, sur-tout s'il s'agissait d'escalade ou d'effraction faite aux murs d'un bâtiment isolé, puisqu'il n'est pas douteux que des brigands, quoique en nombre, pourraient s'enfuir voyant qu'on les repousse, sur-tout si l'un d'eux venait d'être frappé de quelque coup mortel. Il résulterait de là que le citoyen qui aurait porté ce coup, parce qu'il avait tout à craindre pour sa vie, ne pouvant, par défaut de témoins, justifier de la nécessité actuelle de sa défense en prouvant qu'il y avait réunion de personnes, se verrait exposé à être poursuivi comme meurtrier, si le législateur maintenait la disposition de l'article 262 précité, telle qu'elle est proposée.

Art. 294. Cet article, relatif à ceux qui exposent ou délaissent en un lieu solitaire un enfant au-dessous de l'âge de sept ans, prononce contre eux une peine correctionnelle, sans préjudice de peines plus graves, si la mort de l'enfant s'en est ensuivie. Quelles seront ces peines plus graves! C'est ce qui n'est point dit.

Cette mort d'un enfant exposé sera punie de la peine de la déportation, d'après les dispositions des articles 285, 286 et 287, si elle a été causée par une mère non engagée dans les liens du mariage, laquelle, sans doute, n'a étouffé les sentimens de la nature que parce qu'elle a été maîtrisée par l'opinion.

Mais s'il s'agit d'un enfant légitime qu'un père a délaissé pour diminuer le fardeau d'une famille qu'il trouvait trop nombreuse; si une sœur ou un frère, jaloux de la tendresse que leurs parens portaient à un autre frère ou sœur, ou peut-être pour se débarrasser d'un copartageant dans les successions qu'ils auront à recueillir, ont eu la barbarie d'exposer ce jeune enfant; ce père, ce frère, cette sœur, devront-ils n'être punis que comme la malheureuse mère qu'un aveugle préjugé a entraînée!.....

Et si c'est par inimitié qu'un individu quelconque a voulu priver un citoyen de l'enfant dans lequel celui-ci mettait toute son espérance; ce ravisseur, qui aurait ainsi causé la mort de cet enfant, n'aura-t-il mérité que la peine établie par l'article 287!....

Cependant on peut dire avec raison que, dans ces divers cas, la peine de mort serait trop sévère.

Art. 248 et 309. Ces articles sont relatifs aux individus qui favorisent ou facilitent à des jeunes gens les moyens de se livrer à la débauche, et ils prononcent absolument les mêmes peines contre les coupables, quoiqu'il y ait quelque différence dans leur culpabilité, en ce que l'art. 248 suppose que ces individus font *habituellement* cet infame métier, et qu'ils l'exercent auprès de jeunes gens *âgés de moins de vingt ans ;* tandis que l'article 309 suppose la débauche d'une ou de plusieurs personnes *au-dessous de l'âge de seize ans,* sans présenter celui qui favorise cette débauche comme étant en habitude d'en agir ainsi.

Cependant, comme ces articles ont ensemble un très-grand rapport, ils devraient peut-être ne former qu'une seule disposition ; ou bien il serait convenable de préciser, d'une manière plus marquée, la différence que le législateur voudrait mettre entre l'un et l'autre.

Art. 312. On propose de punir de la détention pendant trois mois au moins et deux ans au plus, la femme convaincue d'adultère ; mais cette peine, fût-elle portée à son *maximum,* ne sera-t-elle pas encore trop faible pour contenir la femme disposée à souiller le lit conjugal ?

II.ᵉ PARTIE.

POLICE ET JUSTICE.

Nous bornerons les observations sur cette partie aux dispositions relatives,

1.° A la réunion des fonctions du magistrat de sûreté à celles du procureur général, dans les arrondissemens où siége la cour de justice ;

2.° A la composition des tribunaux de police ;

3.° A l'institution du jury ;

4.° A l'établissement des préteurs et à l'organisation des cours criminelles ;

5.° A quelques dispositions particulières dont l'examen n'a pu entrer dans la discussion de l'ensemble.

Après avoir attaqué ces différentes dispositions, nous proposerons, dans un sixième paragraphe, nos vues sur celles qui doivent les remplacer.

§. I.ᵉʳ *Réunion des fonctions du Magistrat de sûreté à celles du Procureur général, dans les arrondissemens où siége la Cour de justice.*

Cette disposition nous paraît vicieuse,

1.° Parce qu'elle rompt cette uniformité de régime qui fait le plus bel ornement du système judiciaire ;

2.° Parce qu'elle surcharge les fonctions du procureur général, de détails subalternes qui ne peuvent qu'affaiblir la dignité de son ministère ;

3.° Parce que, dans les affaires correctionnelles, on verrait un tribunal d'arrondissement prononcer sur les opérations du procureur général, et le même fonctionnaire requérir en première instance et en cause d'appel ;

4.° Parce que le recours des ordonnances du propréteur à la cour criminelle, ne pourrait plus exister; car, quelle incongruité ne serait-ce pas, de
voir le même fonctionnaire défendre, comme procureur général, une opinion qu'il aurait émise comme magistrat de sûreté, et monter des degrés d'un
tribunal subalterne au siége d'une cour supérieure!

Si son opinion, éconduite par le propréteur, prévalait devant la cour, on
attribuerait ce succès à son influence : si elle était condamnée, il serait à
craindre que son ministère n'en fût avili.

§. II. *Composition des Tribunaux de simple police.*

Nous prévoyons les plus grands inconvéniens dans l'adjonction au tribunal de police, d'un juge de police ambulant, qui ne pourra pas suffire à
tous les tribunaux de police de l'arrondissement, qui sera toujours pressé
de repartir, qui souvent ne trouvera aucune affaire prète, et qui, peu attaché
à des fonctions aussi précaires, ne cherchera qu'à spéculer sur ses voyages
et ses rétributions.

L'appel d'un citoyen pour compléter le tribunal de police ne nous paraît
pas moins vicieux : tant de précautions prises pour assurer l'effet de cette
disposition, nous en démontrent les inconvéniens; car il suffira qu'une seule
de ces mesures vienne à manquer, pour que l'audience du tribunal de
police ne puisse pas avoir lieu. On doit s'attendre à être mal servi, lorsqu'on est obligé d'avoir recours à des moyens de contrainte, et qu'on n'a
d'autre stimulant pour exciter l'émulation d'un fonctionnaire momentané,
qu'une pièce d'argent qui suffirait pour avilir les distinctions de ce genre.

Pour ne plus revenir sur cet article, nous proposerons de laisser les choses
telles qu'elles sont actuellement, ou de rétablir les assesseurs, à moins
qu'on ne préférât de donner à chaque commune une police exercée, dans
les villages, par les maires et adjoints; et dans les villes, par un bureau
municipal.

§. III. *Institution du Jury.*

Un simple raisonnement suffit pour démontrer le vice de cette institution. Les jurés sont les veritables juges dans les procès criminels; car, en
prononçant sur le fait, ils forcent la main au magistrat : c'est d'eux que
dépend le salut ou la condamnation de l'accusé; ils sont, dans la réalité,
investis du droit de vie et de mort. Le fonctionnaire qui applique la loi,
n'est qu'une machine. Le juré qui décide si l'accusé est coupable, remplit
seul un ministère libre, exposé à toutes les chances de l'ignorance, de la
séduction, de la faiblesse, et à tous les piéges qui entourent l'homme qui
exerce un pouvoir redoutable.

Or, si les jurés sont de véritables juges, il faut qu'ils en aient les qualités :

mais si ces qualités sont très-rares, si elles ne sont données qu'à un petit nombre de personnes, si elles supposent une grande rectitude dans le jugement, une expérience consommée dans les affaires, une délicatesse, une fermeté, un caractère, une incorruptibilité à toute épreuve, comment veut-on les trouver réunies dans cette foule de personnes qui nécessairement doivent être appelées à remplir les listes des jurés! Quoi! à peine on distingue dans un département six sujets dignes d'occuper des places dans une cour de justice; et on se flatterait de pouvoir répartir sur deux cents, sur quatre cents personnes, des pouvoirs qui, pour être momentanés, n'en sont que plus dangereux!

On nous oppose sans cesse l'exemple de l'Angleterre. Mais si les Anglais sont si fort attachés à cette institution, qui, au reste, ne laisse pas d'affaiblir leur justice criminelle, c'est à cause de l'ancienneté de cet usage, qui en corrige les vices, et l'a adapté aux mœurs et au caractère de la nation.

Cet usage leur est encore cher sous un rapport politique. Le pouvoir exécutif leur paraîtrait trop puissant et trop dangereux, si les juges, qui sont à la nomination du roi, exerçaient sans restriction le pouvoir judiciaire.

On aura beau faire en France : les jurés qui ne seront pas payés, ou qui le seront mal, se prêteront toujours de mauvaise grâce à remplir un ministère pénible et délicat ; ils seront toujours impatiens de s'en retourner. Dégagés de toute espèce de responsabilité, même morale, ils mettront peu d'intérêt et d'importance dans l'objet de leur convocation; et les moyens de séduction ne seront contre-balancés chez eux que par les inspirations d'une conscience qui est un assez bon guide dans la conduite ordinaire de la vie civile, mais qui, dans les occurrences difficiles et extraordinaires, a besoin d'être éveillée, chez la plupart des hommes, par l'opinion publique, la crainte du blâme et l'amour de la réputation.

Quelle comparaison entre de pareils jugeurs, et des magistrats nourris dans les sentimens d'honneur, dispensant la justice par état, jouissant d'une existence indépendante, et à qui mille considérations tiendraient lieu de vertus, s'ils pouvaient en manquer ! .

Les fonctionnaires chargés de prononcer sur la fortune, l'honneur et la vie des citoyens, doivent être les protecteurs des faibles et des opprimés ; mais ils ne doivent être les pairs de personne.

Toutes les précautions que le Projet propose pour diriger, restreindre et limiter les pouvoirs des jurés, sont une preuve palpable de leur incapacité ; car si on les croyait en état de remplir leur mission, on ne chercherait pas à mettre tant d'entraves à l'exercice de leur ministère.

L'unanimité qu'on exige pour former leur décision, est une chose impraticable en France, et qui serait du plus grand danger. Un juré opiniâtre,

gagné

gagné ou fortement prévenu, lasserait bientôt, par son entêtement, des collègues qui seraient bien aises de conclure, et qui ne mettraient à soutenir leur opinion que le faible intérêt de leur amour-propre ou de la justice. Ils ne céderaient pas facilement, il est vrai, lorsque leur condescendance tendrait à faire condamner un innocent ; mais combien de coupables qui, par la lassitude des jurés, échapperaient à la juste punition de leurs crimes !

Nous pensons donc que l'institution du jury est le présent le plus funeste que nous ait fait l'Angleterre, et qu'elle a contre elle, non-seulement le résultat d'une malheureuse expérience, mais encore les principes d'une saine philosophie.

§. IV. *Établissement des Préteurs.*

LA suppression du jury doit nécessairement entraîner l'exclusion de la préture. Les cours criminelles, acquérant par un plus grand nombre de membres, par de nouvelles attributions, par des choix épurés et soumis à des épreuves, plus de considération et d'importance, n'auront pas besoin d'être dirigées et surveillées par un homme du Gouvernement, par un président temporaire, envoyé à grands frais, et se présentant aux assises entouré d'un grand appareil et revêtu d'un pouvoir immense.

Néanmoins, raisonnant d'après le système du Projet, nous allons détailler les inconvéniens que nous remarquons dans cette institution nouvelle, qui paraît n'avoir été imaginée que pour fortifier celle du jury, mais qui prouve qu'on ne peut guère corriger un abus que par un autre.

1.° Il serait à craindre que le préteur, séduit par ses grandes attributions, ne voulût dominer les jurés, ou que ceux-ci, choqués de sa primauté, ne cherchassent à l'humilier et à établir leur indépendance par une opinion contraire à la sienne. Dans le premier cas, il y aurait despotisme ; dans le second, anarchie et confusion.

2.° La latitude que le Projet accorde dans l'application de la peine, est sans doute une modification indispensable que réclamaient impérieusement l'équité, et la nécessité de proportionner les peines aux délits suivant les circonstances. Mais cette latitude, déférée à un seul homme (car la voix prépondérante du préteur frappe de neutralité l'opinion du propréteur appelé à l'assister), est une monstruosité dans la distribution de la justice, qui répugne trop aux usages et aux mœurs françaises, et qui n'a d'exemple que dans les États despotiques. Il ne s'agit pas seulement, suivant le Projet, de savoir quelle est la peine que la loi prononce contre le fait caractérisé par le jury ; il faut porter un nouveau jugement, peser les circonstances du fait, apprécier la moralité de l'action, et décider si l'on doublera, si l'on triplera la peine : mission trop importante et trop délicate pour être confiée aux lumières, à la prudence et à la probité d'un seul fonctionnaire.

Vaucluse. B

3.° Le préteur ne pouvant présider la cour criminelle que tous les trois mois, il arrivera que les affaires languiront pendant son absence, et qu'à son arrivée elles seront précipitées par l'impatience que le préteur aura de repartir, et par l'inconvénient où l'on se trouvera de renvoyer au trimestre prochain les affaires non jugées.

4.° Le préteur, étranger au département, sera privé de l'avantage inappréciable qu'ont les tribunaux sédentaires, de connaître la moralité, non-seulement des accusés, mais des témoins, et des officiers inférieurs qui ont commencé la procédure et envoyé des renseignemens. Tombé comme des nues dans un pays tout nouveau pour lui, n'étant occupé que du soin d'expédier bien vîte la session, à quelles erreurs, à quelles préventions ne sera-t-il pas exposé ! Dans un terrain qu'il n'aura pas le temps de sonder, tout sera piége pour lui, jusqu'à sa méfiance même.

5.° Dans les départemens où les dernières classes ne parlent et ne comprennent que l'idiome du pays, il faudra envoyer nécessairement des préteurs domiciliés dans les environs; autrement ils n'entendraient rien à la plupart des déclarations, des interrogatoires et des débats; ce qui rendrait nuls pour ces départemens le roulage des préteurs, et l'exécution de l'article 776, qui veut que nul ne puisse remplir les fonctions de préteur dans le département où il est né, ni dans celui où il a fixé son domicile.

6.° Le préteur absorbera, par sa prééminence et son éclat, toute la considération de la magistrature; tout sera petit autour de lui. Ces propréteurs appelés d'un tribunal inférieur pour venir siéger à ses côtés, pourraient-ils se regarder comme collègues de celui qui, en vertu de sa surveillance, pourrait les mander, les reprendre et les mulcter? Cependant ces propréteurs sont chargés de fonctions importantes; ils font tous les actes d'instruction; ils président la cour criminelle en l'absence du préteur; ils jugent en dernier ressort les affaires correctionnelles. Tels sont les juges suprêmes qui, à côté des préteurs, ne seront que des pygmées dégradés, et qui, courbant un front humilié sous l'avilissement dont ils seront couverts, ne sauront jamais élever leur pensée à la hauteur de leurs fonctions, et ne songeront qu'à faire leur profit dans un poste où l'honneur n'est point pour eux.

7.° Enfin l'établissement des préteurs exigerait une très-grande dépense, qui serait plus utilement répartie sur toutes les cours, et employée à relever leur considération.

§. V. *Observations détachées.*

Nota. On remarquera facilement que la plupart de ces observations ne sont que subsidiaires, et dans le cas où l'on conserverait l'institution des jurés, &c.

Nous reprenons ici l'ordre numérique.

Art. 430, n.° 13. Il est défendu à quiconque n'a, sur un terrain, aucun droit de propriété ni d'usage, &c. de passer sur le même terrain, s'il est préparé, ensemencé ou chargé d'une récolte quelconque. Il y a lieu de conclure de là qu'on peut impunément passer sur ce terrain, lorsqu'il ne se trouve ni préparé, ni ensemencé, ni chargé d'une récolte. Cependant, par respect pour le droit du propriétaire, il ne serait pas hors de propos d'interdire, même dans ce cas, le passage dans les terres sur lesquelles n'a aucun droit celui qui prétendrait y passer, à moins que celui-ci ne fût en quelque manière contraint d'y passer, à cause que le chemin voisin serait impraticable. En effet, souvent on passe dans un champ, uniquement pour faire quelques pas de moins ; bientôt ce champ présente un chemin battu, qui invite chaque passant à abréger aussi sa route : ce qui ne laisse pas de rendre ensuite la culture de ce sol plus pénible, indépendamment du déplaisir qu'éprouve le propriétaire à voir ainsi s'établir sur son terrain une espèce de servitude ; ce qui peut occasionner des rixes, &c.

Art. 651 et 682. Ces deux articles interdisent la faculté de faire entendre des témoins contre le contenu aux procès-verbaux ou rapports, &c.

On voudrait en vain dissimuler que la plupart des gardes champêtres ou forestiers n'inspirent pas la plus grande confiance ; et cependant, d'après leurs procès-verbaux ou rapports, un homme pourra être condamné.

Ne serait-il pas utile d'entendre les témoins dans tous les cas, sauf à avoir à leurs dires tel égard que de raison !

Art. 779 et 1016. Quelque soin que prenne le législateur pour graduer les peines d'après la nature des délits et le nombre des circonstances qui les accompagnent, il n'est pas possible de prévoir et de déterminer toutes les nuances qui, les rendant plus ou moins graves, les rendent en même temps susceptibles d'une peine plus ou moins sévère ; on ne pourrait donc qu'applaudir aux dispositions de la loi qui, dans la graduation de certaines peines, établiraient un *minimum* et un *maximum*. Cependant il est vrai de dire que, relativement à l'application, il pourrait y avoir de l'inconvénient, si l'organisation des tribunaux criminels était telle que la présente l'article 779 du projet de Code criminel. En effet, les jugemens criminels devant être rendus seulement par deux magistrats, dont l'un aurait voix prépondérante, il s'ensuivrait que ces jugemens seraient toujours le résultat de l'opinion de celui-ci ; et comme il ne serait pas possible de prendre une détermination sur le point à choisir entre le *maximum* et le *minimum* de la peine à infliger, sans peser les circonstances du délit, il s'ensuivrait aussi qu'un seul homme serait, par-là même, juge du fait et du droit ; et alors l'on pourrait, avec quelque raison, craindre l'arbitraire laissé au juge.

Les accusés contumax auraient peut-être à redouter davantage cet arbitraire, d'autant que, suivant l'article 1016 du Projet, ils devraient être jugés sans l'intervention du jury.

Art. 817. Quand un prévenu s'est choisi un conseil, ou sur-tout lorsqu'il lui en a été désigné un d'office, il paraîtrait convenable que le conseil choisi ou désigné en fût officiellement averti dans les vingt-quatre heures : une disposition de la loi pourrait charger quelqu'un de ce soin.

Art. 869. La disposition de l'article 869, qui autorise le jury à donner une déclaration spéciale sur une ou plusieurs circonstances aggravantes du délit, n'est pas bien aisée à comprendre, relativement à son application.

L'intention que pourra avoir le jury de donner une déclaration spéciale, devra-t-elle être manifestée avant que les jurés se soient réunis dans leur chambre, pour s'y occuper de la déclaration générale qui leur sera demandée ! ou bien, pourront-ils, après s'y être réunis, venir dire que leur intention est de faire une déclaration spéciale !

Il paraît que cette déclaration spéciale ne peut être que favorable à l'accusé, c'est-à-dire, qu'elle n'aura lieu que pour séparer du délit telle ou telle circonstance aggravante énoncée dans l'acte d'accusation, et que conséquemment elle exclut la déclaration générale dont parle l'article 866 : cependant le Projet ne dit rien sur ce point ; et la formule de la déclaration spéciale, présentée par l'article 871, est parfaitement la même que celle précédemment énoncée. Il est à desirer que le législateur s'explique d'une manière plus claire et plus précise.

Art. 990. Par l'article 990, les préfets, les sous-préfets et les maires sont dispensés, en certains cas, de comparaître devant le jury de jugement, pour y faire leur déposition orale lors des débats. L'honneur des fonctionnaires publics de l'ordre judiciaire, ne semblerait-il pas exiger que les membres des tribunaux, ou du moins ceux des cours d'appel et de justice criminelle, jouissent, en pareil cas, de la même prérogative !

Art 991 et suivans. Les articles 991 et suivans, qui forment le chapitre XV du Projet, veulent que, s'il s'agit d'un crime commis à l'aide d'un écrit répandu ou affiché, cet écrit soit soumis à l'examen de trois hommes de lettres de l'Institut national, qui donneront, sur icelui, leurs observations critiques sous le rapport du crime imputé au prévenu.

Une telle opération ne saurait avoir lieu sans entraîner des longueurs qu'il est toujours bon d'écarter des procédures criminelles.

Au surplus, quoique l'on pense, avec raison, que dans l'Institut national il existe un grand foyer de lumières, on peut se persuader aussi que ce serait faire injure aux départemens de l'Empire français, que de supposer qu'il ne se trouve pas, dans chacun d'eux, des hommes en état d'apprécier un écrit quelconque.

§. VI. *Quelles sont les Réformes à faire ?*

Le jury étant supprimé, il faudrait charger les tribunaux d'arrondissement de rendre le décret de prise de corps, qui serait le premier degré en matière criminelle.

Le décret de prise de corps rendu, l'affaire serait portée devant la cour criminelle du département, composée de six juges au moins, et prononçant en nombre pair, afin qu'en cas de partage l'accusé fût acquitté.

Nous avons parlé des craintes que les Anglais auraient de donner, par la suppression de leur jury, trop d'influence à l'autorité royale sur les jugemens criminels : pour prévenir de pareilles craintes en France, on pourrait établir que l'Empereur nommerait les membres des cours criminelles, sur une liste de trois candidats présentés par les colléges de département et choisis parmi les avocats qui auraient dix ans de postulation, ou parmi les juges des tribunaux d'arrondissement qui auraient exercé pendant cinq ans au moins.

Si l'on craignait que les cours criminelles ne fussent trop nombreuses, y en ayant une par département, on pourrait en réunir deux, non par la suppression de l'une d'elles, ce qui serait sacrifier la moitié des départemens et décentraliser l'autorité, mais en faisant siéger les deux cours réunies et voisines dans l'un des deux départemens pendant une session, et dans l'autre pendant la session suivante ; de manière que chaque cour, jugeant alternativement une fois chez elle et l'autre fois dans le département voisin, ne se déplacerait que six fois dans l'année, pendant environ dix à quinze jours que pourrait durer la session : bien entendu que chaque session ne serait consacrée qu'aux affaires criminelles du département dans lequel elle se tiendrait.

Par ce moyen on économiserait un grand nombre de juges ; les témoins et les accusés ne seraient pas obligés de passer d'un département dans un autre ; la justice criminelle conserverait tous les avantages de la localité, et acquerrait une considération et un caractère de plus d'impartialité par l'adjonction de trois membres étrangers au département.

Il faudrait seulement nommer un juge de plus par cour criminelle, afin que, pendant la tenue de la session voisine, le président et le procureur général, qui ne se déplaceraient jamais, pussent vaquer aux actes d'instruction et préparer les affaires.

Telles sont les observations que nous soumettons à son Excellence M.ᵍʳ le Grand-Juge, et que nous terminons par cette réflexion : Les meilleures lois, l'organisation la mieux combinée en théorie, échoueront toujours dans la pratique, si les tribunaux ne sont pas composés des hommes les plus recommandables, et si, pour exciter l'émulation, faire germer les vertus, et donner de l'efficacité au pouvoir judiciaire, on ne l'entoure de cette considération qui, en même temps qu'elle sert de récompense à l'homme en place, adoucit et facilite l'obéissance des citoyens. *Il faut en même temps rendre les juges dignes des lois, et les lois dignes des juges.*

A Carpentras, au palais de justice, le 9 thermidor an 12.

Signé CH. COTTIER, *président;* DEBRUGES, FAURE; MÉRARD, *procureur général impérial.*

OBSERVATIONS

DE LA COUR DE JUSTICE CRIMINELLE

DE LA HAUTE-VIENNE,

SUR

LE PROJET DE CODE CRIMINEL.

OBSERVATIONS

DE LA COUR DE JUSTICE CRIMINELLE

DE LA HAUTE-VIENNE,

SUR

LE PROJET DE CODE CRIMINEL.

UN Code criminel qui prévoit, autant que la sagesse humaine peut
le permettre, tous les genres de délits qui peuvent avoir lieu dans la
société, qui établit des mesures promptes, sûres, et telles qu'il ne
puisse rester aux coupables aucune espérance d'échapper au glaive de
la loi, qui proportionne la peine à la gravité du délit, qui fixe d'une
manière positive la marche que doivent tenir, dans les différentes occasions qui se présentent, les magistrats chargés de la partie importante de
l'administration de la justice répressive, qui assure à l'accusé tous les
moyens de faire ressortir son innocence, en même temps qu'il garantit à
la société que le vrai coupable ne rentrera plus dans son sein ; un pareil
code est, sans doute, le présent le plus précieux qu'un législateur puisse
faire au peuple qui l'a chargé de régler ses droits et ses devoirs, puisqu'il
est la sauve-garde de la vie, de l'honneur et de la propriété de tous
les individus qui le composent.

Mais pour que ce code puisse produire tout son effet, il faut nécessairement que les moyens organiques qui sont destinés à en assurer l'exécution, soient appropriés aux mœurs, aux usages et au caractère national ;
sans cela, dans une infinité de circonstances, on trouvera des moyens
d'éluder les dispositions de la loi ; le but du législateur ne sera pas rempli.

« Les sociétés auxquelles on donne des lois, doivent effectivement
» être considérées telles qu'elles sont, et non telles qu'elles pourraient
» être. » *Target*, pag. 5 de ses *Observations*.

Le législateur ne doit jamais perdre de vue cette importante vérité :
elle doit être la base de ses institutions ; s'il s'en écarte, et qu'il présume

trop avantageusement des individus qui composent la société à laquelle il doit donner des lois, cette illusion produit un effet contraire à celui qu'il s'était proposé. Il ne tarde pas, il est vrai, à reconnaître l'erreur qui l'a séduit ; il est forcé de revenir sur ses pas, et d'opérer des changemens démontrés nécessaires : mais ces changemens sont des oscillations qui ébranlent toujours plus ou moins les fondemens de l'édifice social.

Il est du devoir du législateur, il est de l'intérêt de tous les membres de la société, que les lois criminelles soient tellement prévoyantes, que dans aucune circonstance, dans aucune occasion, l'innocent ne puisse être condamné, et que le vrai coupable ne puisse échapper à la vengeance de la loi.

Institution des Jurés. L'institution des jurés, sur laquelle est basé le Code criminel présenté au Gouvernement par la commission nommée à cet effet, est-elle de nature à produire ce double résultat ?

Elle le produirait sans doute, si les membres qui composent la société, ou du moins le plus grand nombre, étaient ce qu'ils doivent être, c'est-à-dire, vertueux, amis des lois et du bon ordre; s'ils étaient exempts de préjugés et de passions, s'ils avaient pour le vice toute l'horreur qu'il doit inspirer, s'ils préféraient enfin leurs devoirs à toute autre considération.

L'épreuve que nous avons faite de cette institution, ne nous permet pas malheureusement de la considérer sous un rapport aussi consolant. Les moyens faciles qu'elle présente, et dont on n'use que trop souvent, pour soustraire les coupables à la peine qu'ils ont encourue ; l'alarme que de pareilles décisions portent dans la société, l'encouragement qu'elles font naître dans le cœur de l'homme corrompu, l'espérance qu'elles lui donnent d'échapper par les mêmes moyens qui ont soustrait tel autre au glaive de la loi, sont autant de circonstances qui prescrivent à notre conscience de se prononcer contre une pareille institution.

Nous n'entendons pas néanmoins, en émettant cette opinion, nous rendre les détracteurs de la procédure par jurés : nous avons pour cette institution tout le respect qu'elle mérite et qu'on ne peut justement lui refuser.

Nous conviendrons qu'elle est belle, majestueuse, qu'elle honore le législateur ainsi que la société où elle est adoptée, puisqu'elle constitue l'homme dans toute sa dignité. Nous conviendrons qu'il est flatteur et consolent d'être jugé par ses pairs ; nous conviendrons enfin qu'il est des sociétés où cette institution peut être bonne et avantageuse : mais d'après la connaissance particulière que nous avons des effets qu'a produits parmi nous ce genre de procédure, nous ne pouvons nous empêcher de dire qu'elle n'est pas appropriée à nos mœurs; que la plupart de ceux qui sont appelés à remplir les fonctions délicates et honorables de jurés, sont loin de savoir les apprécier; que plus remplis de l'idée d'être utiles soit à l'accusé, soit à ses parens et amis, qu'occupés à venger le tort fait à la société, ils finissent le plus souvent par émettre une opinion qui attriste les magistrats et les bons citoyens, et qui porte la joie dans le cœur des méchans.

Quelques représentations qu'on puisse faire aux citoyens qui sont appelés à remplir les fonctions de jurés d'accusation, quelques soins qu'on prenne à leur développer les obligations que la loi leur impose, à leur tracer les limites dans lesquelles ils doivent se circonscrire et qu'ils ne peuvent légitimement dépasser, ils vont toujours plus loin. Ils veulent absolument être en même temps jurés d'accusation et jurés de jugement; ils cumulent par-là deux fonctions absolument distinctes et séparées, sapent les fondemens de cette institution, et font disparaître tous les avantages que s'en était promis le législateur.

De là il résulte que tel prévenu contre lequel la justice n'avait encore pu recueillir assez de preuves pour le convaincre pleinement du délit qui lui était imputé, mais contre lequel ces premières preuves auraient conduit à d'autres, et dont la culpabilité eût été démontrée lors des débats, échappe avec triomphe au glaive de la loi, et acquiert une impunité scandaleuse.

Tel autre échappe également malgré l'évidence des preuves qui existaient contre lui, parce que dans le jury se trouvaient des hommes faibles, peut-être même des hommes pervers, à l'égard desquels les moyens de prévention, même de corruption, avaient été utilement employés.

La force des preuves existantes dans la procédure oblige-t-elle le jury d'accusation à se prononcer contre le prévenu; ses partisans, ses protecteurs, ne perdent pas courage; leurs démarches sont d'autant plus actives, que le moment décisive va arriver. Tous les moyens imaginables sont par eux employés pour circonvenir les membres du jury de jugement et les rendre favorables à l'accusé. Ils s'informent soigneusement de la moralité, des goûts, des relations de chacun de ceux qui le composent : tout est mis à profit pour les séduire; et comme l'expérience a appris que la plupart des hommes sont susceptibles d'être séduits, les uns d'une manière, les autres de l'autre, et que le nombre des hommes forts et inaccessibles à tous moyens illégitimes, et qui répugnent à leur conscience, est le plus petit, ils parviennent souvent, au grand détriment de la société, à faire réussir leurs funestes projets.

Ajoutez à cela que les jurés étant pris en partie dans la contrée habitée par l'accusé, les relations qui existent entre eux, entre leurs parens, leurs amis, les empêchent le plus souvent d'émettre une opinion conforme à leur conscience, dans la crainte que cet acte de justice de leur part ne leur procure des désagrémens ultérieurs.

Depuis l'institution des jurés parmi nous, combien d'exemples avons-nous eus de ces tristes vérités! combien de vrais coupables ont été soustraits à la justice d'une manière révoltante et scandaleuse! Nous en avons gémi; nous n'avons pu nous empêcher de transmettre au grand - juge ministre de la

justice , les sentimens d'indignation dont nous étions pénétrés. Il n'a pu
s'empêcher de les partager. Le scaudale a même quelquefois été porté si
loin , que le Gouvernement s'est vu obligé d'user de sa suprême autorité ,
et de séquestrer de la société des individus qui, y étant rentrés par une voie
aussi illégitime , n'auraient pu qu'en être le fléau.   -

Nos observations, fondées sur une expérience de plusieurs années, seront
senties et appréciées par le Gouvernement. Il reconnaîtra qu'une institution
proposée et avidement adoptée par l'Assemblée constituante , c'est-à-dire ,
dans un temps où l'on présumait encore trop avantageusement du cœur
humain , parce qu'il n'avait pas eu le temps et les occasions de se développer , ne saurait aujourd'hui produire les résultats avantageux qu'on s'en
était promis. Il se décidera dès-lors à remplacer cette institution par un établissement qui présente à la société une garantie plus solide, et qui ne laisse
au vrai coupable aucun espoir d'impunité.

Ne serait - ce pas ici le cas de dire qu'en fait d'institutions humaines ,
l'idée de perfectibilité est en quelque façon une idée chimérique , et que
toutes les fois qu'on abandonne des usages appropriés aux mœurs d'un pays
et au caractère national des habitans, pour courir après un ordre de choses
qui suppose les hommes plus parfaits qu'ils ne le sont effectivement, on tombe
dans des écarts dont les suites sont toujours funestes. Plus on croit atteindre
le but qu'on se propose , plus on s'en éloigne. On est enfin forcé de reconnaître que le mieux qu'on voulait saisir , n'est qu'une brillante illusion , qui
s'évanouit à fur et mesure qu'on veut s'en rapprocher.

Ici se présentent une foule de réflexions, dont le développement ne serait
peut-être pas inutile ; nous laissons à d'autres plus sages et plus instruits
que nous le soin de les approfondir ; nous nous bornerons à suivre l'objet
qui nous occupe.

Le Gouvernement, qui mieux que nous a été à portée d'apprécier l'institution des jurés , puisqu'il est constamment instruit de ce qui se passe dans
toute l'étendue du territoire français, a été obligé d'en suspendre l'exercice,
à différentes époques , dans un grand nombre de départemens ; il a été
obligé , dans les autres , d'interdire aux jurés la connaissance de divers
crimes, et de créer des tribunaux particuliers qui seuls ont droit d'en connaître.

Pourquoi a-t-il ainsi dérogé à cette institution ? C'est qu'il a reconnu
qu'elle était insuffisante pour arrêter les progrès de divers genres de crimes,
qui se propageaient par-tout avec une audace révoltante ; c'est qu'il a regardé comme un de ses premiers devoirs , l'obligation qui lui est imposée
par la nature même de ses fonctions , de garantir la société des atteintes
journalières portées à la vie et à la propriété des divers membres qui la
composent ; c'est qu'il a reconnu qu'il était essentiel de couper le mal dans
sa racine : les résultats des mesures qu'il a prises , ont pleinement justifié la

sagesse de ses vues ; les crimes que les tribunaux spéciaux sont chargés de poursuivre et de punir, sont aujourd'hui infiniment plus rares ; et c'est un droit de plus qu'il a à la reconnaissance nationale.

L'expérience prouve donc qu'un tribunal fortement organisé, composé d'hommes probes, instruits, et qui savent apprécier les droits et la liberté de leurs semblables, qui portent dans l'examen des causes qui leur sont présentées, toute l'attention dont elles sont susceptibles, qui savent allier l'indulgence à une juste sévérité, est bien plus propre à en imposer aux individus qui seraient tentés d'entrer dans le carrière du crime, qu'un jury souvent composé, en majeure partie, d'êtres ignorans, sans instruction, sans délicatesse, quelquefois même sans moralité, qu'on a conséquemment toujours l'espérance de séduire.

Tous les crimes ne portent-ils pas la désolation dans la société ! S'il en est de plus atroces les uns que les autres, s'il en est qui produisent des effets plus funestes, reste toujours pour constant qu'il n'en est aucun qui ne produise un mal réel. Pourquoi donc n'userait - on pas, pour arrêter les progrès de tous, des moyens que le Gouvernement a déjà si utilement employés contre quelques-uns !

Craindra-t-on que le juge chargé de prononcer, se laisse guider par des sollicitations, par des considérations particulières, ou par tout autre motif encore plus vil et plus abject ! Cette crainte ne peut jamais naturellement être fondée ; les cas d'exception, s'il pouvait en exister, seraient infiniment rares : pourquoi ! parce que le juge ayant des fonctions durables et permanentes, pour lesquelles il a été formé et instruit dès son enfance, doit nécessairement sentir toute la dignité des fonctions délicates qu'il exerce ; qu'il est en présence de ses collègues, aux yeux desquels il craindrait de se déshonorer ; qu'il a une réputation de probité et de délicatesse qu'il doit constamment et précieusement conserver tant pour lui - même que pour ses enfans, ordinairement destinés à suivre la même carrière ; qu'il est enfin comptable de toutes ses actions au Gouvernement et au public. A son égard, il y a toute garantie : les jurés au contraire n'en présentent aucune. Leur conscience, des mouvemens de laquelle ils ne doivent compte à personne, est un asile impénétrable, dans lequel ils peuvent cacher impunément les motifs souvent honteux qui ont guidé leur opinion.

La commission n'a pu elle-même se dissimuler que l'institution des jurés, telle qu'elle existe parmi nous, ne produit et ne peut produire le bien qu'on s'en était promis : aussi, dans son Projet, propose-t-elle de l'améliorer, en n'admettant pas indistinctement toute sorte de personnes à remplir ces fonctions délicates et honorables, et en exigeant qu'on ne puisse appeler que des citoyens qui sachent lire et écrire, et qui payent une certaine quotité d'impositions.

Cette mesure, qui éloigne une infinité de personnes sans moyens et sans instruction, est, nous en convenons, un grand pas fait vers le mieux de cette institution; mais nous craignons encore que ce nouvel essai ne réussisse guère mieux que le premier. La quotité des impositions prouve bien le degré d'aisance ou de richesse d'un particulier ; mais elle n'ajoute ordinairement rien à son savoir, et souvent très-peu à ses qualités morales.

Dans une affaire des plus graves et des plus importantes, portée l'an dernier devant le tribunal criminel de ce département, le jury de jugement se trouva entièrement composé de personnes riches, instruites, et desquelles on attendait une décision sage et faite pour les honorer : loin d'agir ainsi, ils émirent, après une délibération de vingt-quatre heures, une décision qui atterra les juges, et qui excita les plus vives réclamations de la part du public, en ce qu'elle procura la relaxance de trois grands coupables.

Cet exemple, que nous citons entre plusieurs, prouve que le jury ne remplira jamais le but de son institution : tôt ou tard le législateur sera obligé de l'anéantir pour y substituer une institution plus solide et qui présente une plus forte garantie.

L'institution des jurés, dit-on de toute part, produit des effets merveilleux en Angleterre; depuis qu'elle y est établie, il n'y a pas d'exemple qu'il ait été rendu de jugement qui ne soit frappé au coin de la plus exacte justice : c'est l'institution à laquelle le peuple anglais tient le plus ; il la considère comme le *palladium* de sa liberté, et comme une des bases fondamentales de son existence civile.

Nous n'entrerons pas dans la discussion des avantages que l'institution des jurés produit en Angleterre; nous n'avons pas une connaissance assez particulière des mœurs et des habitudes de cette nation, pour contrarier ce qu'on publie à cet égard ; nous n'avons pas été à portée de voir et d'examiner les résultats que produit chez ces insulaires l'institution de la procédure par jurés : si nous avions eu occasion de recueillir l'opinion des gens instruits de ce pays, peut-être nous serait-il facile de démontrer que cette institution n'est pas sans inconvéniens. L'unanimité, par exemple, qui en Angleterre doit toujours avoir lieu dans les délibérations du jury, et que l'on propose d'adopter en France, est une grande ressource pour les hommes entêtés et qui ont un estomac fortement constitué. Heureux est alors le coupable en faveur duquel se prononce le juré qui est de cette trempe ; il a toute espérance d'obtenir l'impunité, parce que ce juré est assuré, en lassant ses collègues, de les ramener à son opinion.

Mais supposons que cette institution produise en Angleterre les résultats avantageux qu'on lui attribue, que devra-t-on en conclure ! Rien autre chose, sinon que telle institution qui est bonne dans un pays ne vaut rien dans un autre, parce que ses mœurs, ses usages, la manière de voir et de penser sont absolument différens.

Si les observations que nous venons de présenter paraissaient au Gouvernement assez frappantes pour fixer son attention, s'il se décidait à substituer à l'institution des jurés, tout autre établissement plus mâle, plus énergique, et conséquemment plus propre à arrêter les progrès du crime, quel serait celui qui présenterait le plus d'avantages, qui serait sujet à moins d'inconvéniens ! c'est ce qu'il convient d'examiner sommairement.

D'abord, en supposant même qu'on voulût essayer encore pendant quelque temps du jury de jugement, amélioré d'après les bases proposées, on pourrait toujours remplacer dès à présent le jury d'accusation, dont les inconvéniens sont sentis et l'inutilité absolue démontrée, en chargeant le tribunal de première instance, auquel on pourrait adjoindre les suppléans, de décider s'il y a lieu ou non à accusation : la substitution de ce tribunal au jury d'accusation aurait tous les avantages de ce dernier sans en avoir les inconvéniens ; il en résulterait même une économie pour le trésor public, qui n'aurait à payer chaque fois que deux suppléans au lieu de huit jurés.

Il serait peut-être mieux encore, soit par principe d'économie, soit à cause de la multiplicité des affaires correctionnelles, de donner à chaque tribunal de première instance, un, deux et même trois juges de plus, suivant les localités. Cette addition, qui d'ailleurs est indispensable pour la dignité de ces tribunaux, éviterait l'appel des suppléans ; et les traitemens de ces nouveaux juges seraient encore au - dessous des dépenses qu'occasionne le jury d'accusation.

Enfin, les causes criminelles ou d'appel pourraient, en cas de suppression du jury de jugement, être portées devant une chambre criminelle faisant partie de la cour d'appel, et qui serait formée d'un certain nombre de membres pris alternativement et par semestre parmi les membres de cette cour : dans l'un et l'autre cas, les juges criminels ne pourraient prononcer qu'après des débats publics et solennels, sur tous les délits dont la connaissance leur serait attribuée.

Le seul inconvénient d'une tournelle criminelle serait dans la dépense résultant des frais de voyage, des témoins et des accusés ; mais cette dépense ne serait point comparable à celle qu'occasionnent en ce moment les tribunaux criminels et les jurés de jugement, dans toute l'étendue du ressort des cours d'appel.

On pourrait même diminuer la dépense, ainsi que le nombre des affaires dont la chambre criminelle devrait connaître, en étendant encore un peu plus l'attribution des tribunaux correctionnels.

Enfin l'étendue du ressort de la cour de justice criminelle ne nuirait en rien à la surveillance et à l'activité des poursuites. D'après les relations suivies qui existeraient entre le procureur général près ladite cour, ses substituts magistrats de sûreté, les procureurs impériaux et juges instructeurs de chaque arrondissement.

Institution des préteurs. Ces changemens , dont les avantages réels seront certainement appréciés par le Gouvernement, rendraient évidemment inutile la création d'un préteur proposée par la commission , parce que cette magistrature n'ayant d'autre but que de régulariser la marche des tribunaux criminels, ils se trouveraient assez fortement constitués pour n'avoir besoin d'autre régulateur que la loi.

Placés sous la surveillance immédiate du grand - juge ministre de la justice , et à côté du procureur général, qui rend un compte exact de leurs opérations , on n'aurait jamais à craindre que ces tribunaux , qui déjà sont investis du pouvoir de juger en matière civile, fussent dans le cas de trahir leurs devoirs. Le sentiment de leur propre dignité , le desir si naturel aux hommes pensans et qui ont reçu de l'éducation, de se rendre respectables aux yeux du public, et de répondre à la confiance et aux vues du Gouvernement, sont autant de circonstances qui garantiraient la justice de leurs jugemens. Quel est en effet le tribunal , quel est le juge qui, par son fait , voudrait s'exposer, nous ne dirons pas à des reproches , mais à une simple censure de la part de ses supérieurs.

En supposant le maintien provisoire ou définitif des jurys de jugement , la création d'un préteur chargé de présider successivement un certain nombre de tribunaux criminels, de régulariser leur marche , de la rendre uniforme, et de ramener à un centre d'unité des parties qu'on suppose tendre sans cesse à s'en détacher, ne présenterait ni plus de nécessité , ni plus d'utilité.

Pour faire ressortir davantage cette magistrature extraordinaire et ambulante, fortement adoptée par la commission, et présentée sous des dehors sésuisans , on s'est attaché à jeter de la défaveur sur les membres des tribunaux criminels qui existent maintenant, et à les représenter comme insuffisans pour opérer le bien que le législateur s'en était promis, et que la société avait droit d'en attendre.

Nous aurions desiré plus de ménagement à l'égard de cette classe de fonctionnaires publics, parce qu'il est constant qu'ils ont des droits à la reconaissance de leur pays. S'ils ont été souvent obligés de rendre des jugemens qui ne portaient pas avec eux l'empreinte de l'équité, ce n'est pas à eux , mais aux mauvaises compositions des jurys qu'il faut les imputer. On sait qu'ils ne peuvent appliquer la loi que d'après les déclarations du jury ; et c'est-là que se trouve le vice dont on voudrait les rendre garans. S'ils avaient été autorisés à prononcer tant sur le fait que sur le droit , on ose se flatter qu'il n'y aurait jamais eu de décisions scandaleuses.

Peu importe qu'ils aient expédié chaque année plus ou moins de procès. L'objet essentiel est de savoir s'ils ont expédié tous ceux qui se sont présentés , et s'ils ont mis dans l'instruction toute la célérité qui leur est
recommandée

recommandée par la loi. C'est sur quoi on ne peut justement leur faire de reproche.

Croirait-on, au surplus, que l'institution des préteurs fût sans inconvéniens !

Indépendamment de ceux que l'expérience fera connaître, il en est déjà plusieurs qu'on ne peut s'empêcher d'apercevoir.

Le préteur, d'après son institution, sera obligé de se transporter dans divers départemens, d'assister aux débats des procès criminels, d'entendre les accusés et les témoins, de leur faire souvent des questions sur les circonstances qui ont précédé ou accompagné le crime qui fait la matière du procès soumis à la délibération du jury. Comment pourra-t-il remplir cette tâche, sur-tout dans les départemens méridionaux, où l'idiome change d'une ville à l'autre, où le peuple est très peu familier avec la langue française, où il ne parle et n'entend que la langue vulgaire du pays ! Le plus souvent il ne comprendra pas ce que lui diront l'accusé et les témoins ; ceux-ci ne comprendront pas eux-mêmes les questions qu'il leur fera : à chaque pas il rencontrera des entraves qui le fatigueront, qui nuiront à la justification de l'accusé, ou qui atténueront les preuves de sa culpabilité.

Ce que nous avançons est tellement vrai, que des citoyens domiciliés à l'extrémité d'un département, souvent ne comprennent pas l'idiome vulgaire en usage à l'extrémité opposée du même département; et sous ce rapport, nous avons vu des juges, quoique natifs du département où ils exerçaient leurs fonctions, et y ayant toujours vécu, être quelquefois embarrassés dans l'instruction de la procédure.

On nous répondra que le préteur aura près de lui le propréteur, qui, étant du pays, et entendant le langage vulgaire, lui servira d'interprète, et lui expliquera, soit les réponses des accusés, soit les dépositions des témoins : mais indépendamment de ce que ce mode prolongera considérablement la durée des débats, le propréteur, quelle que soit son attention, rendra rarement, avec toute l'exactitude nécessaire en pareil cas, ce que les accusés et les témoins auront dit. On sait cependant combien il est essentiel, sur-tout en matière criminelle, que le magistrat chargé de recueillir toutes les preuves à charge et à décharge, en saisisse le véritable sens, pour qu'il transmette dans l'ame des jurés la conviction dont il est lui-même pénétré. Dans l'esprit de la loi, le préteur doit lui-même tout entendre; dans le fait, il n'entendra que par l'organe d'autrui.

Dans le système de la création d'un préteur, on propose d'entourer ce magistrat d'une considération extraordinaire ; on propose de lui accorder de grands émolumens, parce que, ajoute-t-on, la pompe qui l'entourera en imposera au peuple, et le préparera à une entière soumission à ses prononcés.

Mais cette grande influence que l'on suppose que le préteur aura sur la multitude , ainsi que sur les délibérations du jury, ne produira-t-elle jamais que des effets salutaires! C'est ce que nous avons de la peine à nous persuader.

Le préteur, ainsi richement doté , ne fréquentera que les personnes riches et opulentes des contrées où il ira tenir ses assises ; il s'établira entre eux des relations d'estime ou d'amitié ; et si par hasard ces personnes prennent intérêt pour ou contre les accusés qui doivent comparaître devant lui , sera-t-il toujours inaccessible à leurs sollicitations ; et ces sollicitations , présentées sous des dehors plus ou moins spécieux et avec des ménagemens adroits , ne nuiront-elles pas à la justice de ses opinions !

Le préteur , qui n'habite pas ordinairement les lieux où il doit gérer ses fonctions , qui n'a aucune donnée positive sur la moralité des accusés et des témoins , qui ne verra et n'entendra que des personnes souvent intéressées à les sauver , peut-être même quelquefois à les perdre , se laissera circonvenir sans s'en douter. Il montera sur le siége avec des idées plus ou moins défavorables à l'accusé ; et l'on sait combien , en pareil cas, les préjugés peuvent être funestes , sur-tout en supposant l'influence qu'il doit avoir sur les délibérations du jury.

Dans le système d'un tribunal criminel permanent , et entièrement composé de juges pris dans la contrée , ces inconvéniens ne peuvent se rencontrer.

Un crime est-il commis, chaque juge en est instruit promptement. Avant qu'il lui soit légalement déféré , il en connaît toutes les circonstances , il est fixé sur la moralité du prévenu , sur celle de ses accusateurs , sur la réputation dont il jouit ; il a recueilli sur son compte l'opinion publique , qui est souvent le juge le plus impartial : toutes ces circonstances préparent et assurent à l'avance la justice de la décision qui doit avoir lieu.

La création d'un préteur avec les attributs que lui donne la commission, présente, sous d'autres rapports, des inconvéniens qui ne sont pas moins frappans.

Elle veut que les propréteurs qui seront chargés de l'instruction de la procédure , et qui devront concourir avec lui au jugement des procès criminels , soient immédiatement sous sa surveillance ; qu'il ait le droit de les censurer et même de préparer leur changement d'un arrondissement à l'autre : c'est-à-dire que, pour augmenter les prérogatives de ce magistrat, on veut tenir les magistrats du second ordre dans une dépendance humiliante , et les forcer, en quelque sorte , à suivre aveuglément toutes les volontés du préteur , puisqu'en lui résidera le pouvoir de leur faire éprouver des mortifications d'autant plus sensibles , qu'elles tendront à diminuer le respect qu'exige nécessairement la dignité des fonctions qui leur sont déléguées.

Ce n'est pas là , nous ne craignons point de le dire , le moyen d'attacher à cette partie, qui présente déjà par elle-même bien des dégoûts, les hommes vraiment faits pour y opérer le bien.

Un magistrat tel que le propréteur, qui sera directement nommé par le chef de l'État, sera flatté de sa dignité, lorsqu'il saura qu'il est sous la surveillance immédiate du Gouvernement et du grand-juge ministre de la justice ; il sera humilié s'il est sous la dépendance du préteur, parce qu'il sentira que les ennemis que son austérité pourra lui créer, réussiront, dans bien des circonstances, à lui procurer des désagrémens réels.

Ce sera sur-tout parmi les hommes qui ont vieilli dans l'exercice du barreau ou des magistratures, et qui se sont acquis une réputation de savoir, de droiture et de probité, que le Gouvernement choisira les propréteurs et autres magistrats chargés de concourir à l'instruction de la procédure criminelle. Ces hommes, qui ont une famille à élever et à faire instruire, pour la rendre digne de mériter un jour les regards et la confiance du Gouvernement, répugneront à accepter des places à raison desquelles ils peuvent, d'un moment à l'autre, être transplantés dans une contrée éloignée de leurs habitudes, des objets de leur affection, et de leurs affaires personnelles. La perspective d'un déplacement possible, et la peine qu'ils éprouveraient s'ils étaient obligés de donner leur démission, les engageront souvent à se mettre à l'écart, et à ne pas accepter des fonctions qui peurraient être pour eux une source de désagrémens ; par ce moyen l'État sera privé des lumières de plusieurs hommes estimables.

On ne saurait donc penser que, sous aucun rapport et dans aucun cas, la création des préteurs, telle qu'elle est proposée, puisse obtenir la sanction du Gouvernement ; puisqu'au lieu d'y trouver le mieux possible, il ne ferait, au contraire, que s'en éloigner d'une manière sensible.

Substituts magistats de sûreté. Mais il n'en est pas de même de l'établissement des magistrats de sûreté, destinés, par la nature de leurs fonctions, à rechercher les délits et les crimes, à en faire arrêter les auteurs, et à activer l'instruction de la procédure. Cette institution a rendu et rend journellement des services si essentiels et si marquans, qu'on ne peut s'empêcher d'être pénétré de reconnaissance pour celui qui en est le créateur. La correspondance active qui existe entre les magistrats de sûreté des divers arrondissemens de la République et le procureur général près la cour de justice criminelle, le zèle qu'ils mettent dans l'exercice de leurs fonctions, la célérité avec laquelle leurs ordres sont exécutés, ne laissent presque plus d'espoir aux coupables d'échapper à la vengeance de la loi.

Mais plus cette institution est utile, moins il faut distraire ce magistrat des fonctions qui lui sont particulièrement déléguées. La proposition faite par la commission, de réunir dans les villes où siége le tribunal criminel, les deux places de magistrat de sûreté et de commissaire du Gouvernement, ne

nous paraît pas devoir être adoptée, en ce que l'homme sur la tête duquel
on les cumulerait, serait trop surchargé, et ne pourrait suffire à ce qu'elles
exigeraient de lui.

Code des délits et des peines. Nous avons vu avec plaisir que la commission ait conservé la majeure partie des dispositions du Code des délits et des
peines, parce que, ainsi qu'elle l'observe très-judicieusement, la rédaction
en est simple, correcte, méthodique, appropriée à nos usages, et qu'elle
ne présente pas de difficultés dans son exécution. Nous desirions seulement
qu'on fît disparaître cette multitude de nullités qui assiégent continuellement
le magistrat, qui le laissent dans une inquiétude fatigante, et qui lui font
craindre la cassation des procédures qu'il a instruites avec la plus sérieuse
attention. La commission a prévenu nos vœux à cet égard : le magistrat sera
plus rassuré, et le trésor public n'aura plus à débourser les frais de plusieurs
instructions pour la même affaire, ou du moins ces cas seront très-rares.

Publicité de l'examen et des débats. Quelle que soit l'institution que le
législateur se décide à adopter, soit qu'il se décide pour celle des jurés, ou
pour celle des tribunaux permanens, chargés de statuer en même temps tant
sur le fait que sur le droit, il conservera indubitablement la partie de la loi
du 16 septembre 1791, qui a pour objet l'examen de l'accusé et les débats :
la publicité qu'obtiennent alors les preuves pour ou contre l'accusé; la faculté
qu'il a de manifester son innocence devant ses concitoyens, si dans le fait
il n'est ni l'auteur ni le complice du crime qui lui est imputé; les circonstances
accablantes qui, dans le cas contraire, s'élèvent alors contre lui, portent
dans l'ame des jurés, des juges et du public, une conviction irrésistible, qui
est le plus sûr garant de l'équité du jugement qui doit suivre.

La vie et la liberté de l'homme sont des biens précieux qui ne lui appartiennent pas ; ils appartiennent à la société entière : il faut qu'elle ait la certitude qu'aucun de ses membres n'en sera privé que dans les cas voulus
et déterminés par la loi. Il faut donc qu'on la mette à portée d'asseoir elle-
même son jugement : rien ne remplit mieux cet objet que la publicité des
débats.

Défenseurs des accusés ; répression de leurs écarts. Mais en conservant cette
manière de procéder, dont l'utilité est généralement reconnue, nous desirerions qu'on prescrivît, d'une manière impérative, à tous ceux qui exercent la
profession honorable de défendre les accusés, de mettre dans leurs plaidoyers plus d'honnêteté et de modération, de ne point s'écarter du respect
qu'ils doivent au tribunal, au public et à eux-mêmes; qu'on leur prescrivît
enfin de se renfermer dans les bornes du mandat dont ils sont chargés.
Sous prétexte que l'accusé a la plus grande latitude pour faire ressortir sa
justification, il en est qui attaquent audacieusement tous les témoins appelés

par la justice pour lui donner des renseignemens sur les circonstances du crime qui lui est déféré ; ils ne se bornent pas à leur supposer des intentions défavorables à l'accusé, ils leur créent des défauts, des ridicules ; ils vont même souvent fouiller dans les générations qui ont précédé, et rappeler des faits imaginaires ou depuis long-temps oubliés, pour diminuer la confiance que méritent leurs dépositions.

Le magistrat chargé par la loi du ministère pénible d'accuser, n'est pas lui-même exempt de leurs sorties. Ils l'attaquent avec d'autant plus d'âpreté, que ses observations, qui ressortent de la nature même des preuves existantes contre l'accusé, sont dans le cas de produire une conviction décisive dans l'ame des jurés.

De là il résulte plusieurs inconvéniens sensibles.

Le public, témoin du peu d'égards des défenseurs envers le magistrat chargé de maintenir l'exécution de la loi, s'accoutume peu-à-peu à moins le respecter.

D'autre part, la société en souffre elle-même, en ce que des citoyens, qui auraient pu faire à la justice des révélations précieuses sur les circonstances d'un crime qu'il serait essentiel de ne pas laisser impuni, gardent le plus profond silence, dans la crainte d'éprouver, lors des débats, des propos amers de la part du défenseur de l'accusé. S'il est des hommes qui sont au-dessus de ces considérations, et pour lesquels la manifestation de la vérité est un devoir impérieux, il en est d'autres qui, n'étant pas doués d'une trempe aussi forte, craignent de mettre leur sensibilité à une pareille épreuve.

Il paraîtrait donc nécessaire que le législateur prît des mesures telles, que, sans nuire en aucune manière à la justification des accusés, et à la faculté de la faire ressortir dans toute son étendue, il ne fût plus permis à un défenseur de dépasser les limites dans lesquelles il doit se circonscrire, et d'attaquer impunément et avec indécence le magistrat et les témoins avec lesquels il est en opposition.

Pour cela, il faudrait que la loi précisât, en matière criminelle comme en matière civile, les moyens de reproches que l'accusé ou ses conseils pourraient faire contre les témoins ; il faudrait également que la loi fît un devoir au président de prononcer, sur le requis du procureur général, une peine légère, mais exécutoire sur-le-champ, contre le défenseur qui excéderait les bornes ; et ce, indépendamment du droit qui lui serait conservé de lui interdire la parole.

Peine de mort. Depuis long-tems des hommes sensibles desiraient voir disparaître des codes criminels la peine de mort ; une de nos assemblées nationales en avait même hautement émis le vœu, parce qu'elle présumait qu'une peine moins grave y suppléerait suffisamment. L'expérience de la perversité dont est capable le cœur humain a prouvé que la suppression de cette peine serait impolitique et même meurtrière, en ce que l'homme méchant et pervers, qui souvent ne tient à la société par aucun lien, et qui ne connaît d'autre bien que la vie, se livrerait à toute sorte d'atrocités, s'il avait la certitude de ne pouvoir en être privé. La vie d'un pareil homme est la seule garantie qu'il présente ; il est donc de toute justice qu'elle lui soit ravie, s'il attente à celle de quelqu'un des membres de la société. Il est d'ailleurs des crimes si atroces en eux-mêmes et si révoltans par les circonstances qui les accompagnent, qu'il n'est pas possible de laisser exister celui qui est assez pervers pour s'en rendre coupable. Sa présence serait à chaque instant un sujet d'horreur et de crainte : il faut que la société en soit totalement débarrassée, et qu'elle n'ait pas à craindre qu'il puisse jamais y reparaître. C'est donc un bienfait de laisser subsister la peine de mort pour tous les crimes qui révoltent la nature ; mais cette punition étant assez forte en elle-même, nous desirerions qu'on n'aggravât pas davantage le sort de celui qui sera dans le cas de l'éprouver. Cette terrible condamnation, quel que soit le crime commis, quelle que soit l'horreur qu'il inspire, présente à la société une satisfaction suffisante. Il y aurait une espèce de barbarie à laisser le condamné exposé pendant une heure aux yeux du public, et en face de l'instrument de son supplice ; on ne pourrait même appliquer cette disposition de la loi à la plupart des condamnés, en ce qu'ils ne pourraient tenir à une aussi longue agonie.

Poteaux sur les grandes routes. L'idée d'inhumer les suppliciés le long des grandes routes, dans l'endroit le plus voisin du lieu où le crime aurait été commis, et d'élever sur le lieu de leur sépulture un poteau où serait gravée, en gros caractères, une inscription qui désignerait la nature du crime par eux commis, présente pour la société des inconvéniens trop graves, pour que le législateur se décide à l'adopter.

Ces poteaux, qui, à la suite des temps, deviendraient nombreux, éloigneraient des grandes routes, qui en plusieurs endroits sont les seules promenades fréquentées, toutes les personnes sensibles ; et, sous ce rapport, ils occasioneraient des privations à la société : ils présenteraient en outre à tous les passans, à tous les voyageurs, l'idée du crime, toujours fatigante pour les cœurs honnêtes ; peut-être même feraient-ils sur celui des méchans une sensation toute opposée à celle que le législateur s'en serait promis.

Loin de familiariser le peuple avec l'idée du crime, il est politique d'en détourner ses regards. Nos anciennes fourches patibulaires étaient souvent les endroits où les grands scélérats se plaisaient à commettre leurs forfaits.

Délits d'escroquerie. La proposition faite, par la commision, d'attribuer aux tribunaux civils, et, par suite, aux tribunaux d'appel, la connaissance des délits d'escroquerie et d'abus de confiance, sous prétexte qu'en l'attribuant aux tribunaux correctionnels on irait souvent contre la maxime qui défend d'admettre la preuve testimoniale outre et contre le contenu aux actes, ou lorsqu'il s'agit d'une somme qui excéde 100 livres, ne nous paraît pas devoir être accueillie. Ces sortes de délits sont aujourd'hui si communs dans la société, qu'il nous paraît indispensable de les poursuivre de la même manière que les autres délits.

Toute action qui tend à enlever furtivement, ou par des voies illicites, la totalité ou une partie de la fortune d'autrui, mérite une peine. Ce n'est plus alors le cas d'appliquer la maxime qui n'a pour objet que les transactions ordinaires qui ont lieu dans la société. Une pareille action est une contravention formelle à la loi; elle caractérise un véritable délit : elle doit être poursuivie et jugée par les magistrats chargés de la poursuite et de la répression des délits : tous moyens adoptés pour faciliter cette poursuite et cette répression, doivent donc être employés pour découvrir si cette action a réellement été commise, et quel est celui qui en est l'auteur. On est bien admis à prouver, par témoins, la fausseté d'un acte passé devant un officier public; pourquoi ne serait-on pas admis à prouver de la même manière que l'enlèvement d'une somme quelconque est l'effet d'un abus de confiance, ou encore du dol, de la fraude et de la supercherie !

Le délit d'escroquerie, qui suppose toujours chez son auteur un cœur corrompu et une certaine adresse, n'est qu'un essai que fait dans la carrière du crime celui qui se détermine à le commettre. L'indulgence et la simple application des règles admises en matière civile, seraient alors d'autant plus impolitiques, que cela ne ferait qu'encourager celui qui serait enclin à le commettre. Il est d'ailleurs de toute justice que celui qui, sortant du cercle tracé par la loi pour séparer les actions licites de celles qui ne le sont pas, cherche à attenter à la fortune d'autrui, subisse l'épreuve d'une procédure extraordinaire. Si on ne pouvait poursuivre que par la voie civile l'auteur d'une escroquerie ou d'un abus de confiance, la justice ne pourrait le saisir qu'après le jugement; averti par l'instruction, il aurait tout le temps nécessaire pour se soustraire à ses poursuites et éviter la peine qu'il aurait encourue. Si on veut rendre ce délit plus rare, il faut en attribuer la connaissance au tribunal de police correctionnelle : la crainte d'une prompte arrestation sera un frein salutaire qui, le plus souvent, arrêtera celui qui serait tenté de s'approprier illicitement la fortune d'autrui.

Classification des délits. Trois tribunaux sont chargés par le Code présenté par la commission, de prononcer sur les crimes et délits qui peuvent troubler l'ordre de la société.

Les tribunaux criminels prononcent sur ceux qui emportent peine afflictive ou infamante.

Les tribunaux civils prononcent correctionnellement sur ceux qui peuvent donner lieu à un emprisonnement de plus de trois jours, ou à une amende excédant une certaine quotité.

Les tribunaux de police prononcent sur les contraventions aux lois de police.

L'attribution donnée à chacun de ces tribunaux est, sans doute, très-appropriée à son institution ; mais pour que les magistrats chargés de la poursuite des crimes et délits soient à même de classer, au premier coup-d'œil, chaque délit qu'ils parviennent à découvrir ou qui leur est dénoncé, nous desirerions que le Code fût divisé en trois parties, dont la première traiterait uniquement des délits qualifiés crimes, et soumis aux tribunaux criminels ; la seconde, des délits soumis aux tribunaux correctionnels ; et la troisième, des contraventions soumises aux tribunaux de police.

Cette division, simple en elle-même, pourrait éviter des erreurs. Il est des cas qui sont pressans, où il est à propos que le magistrat puisse se fixer promptement sur ce que la loi lui prescrit ; s'il était obligé de fouiller dans un code volumineux pour y chercher la mesure de sa conduite, il en résulterait souvent des délais et des lenteurs préjudiciables à la société. Les tribunaux trouveraient eux-mêmes dans cette division une grande facilité, en ce qu'ils pourraient vérifier aisément et promptement si les délits portés devant eux sont réellement de leur compétence.

Plaintes. On attribue aux magistrats de sûreté la recherche et la poursuite des délits dont la connaissance appartient, soit aux tribunaux criminels, soit aux tribunaux de police correctionnelle. Pourront-ils refuser de recevoir les plaintes qui ont pour objet des contraventions aux lois de police, et renvoyer purement et simplement les plaignans, soit devant le juge de paix, soit devant le commissaire de police ! C'est sur quoi il serait à propos de ne laisser aucune équivoque.

Emprisonnement pour moins de ving-quatre heures, par voie de police. L'expérience journalière nous a appris qu'il se commet, sur-tout dans les villes populeuses, une infinité de petits délits qui sont trop minutieux pour que la loi puisse tous les prévoir, pour que leur répression puisse et doive devenir l'objet de l'examen d'un tribunal. De ce nombre sont, par exemple, les disputes dans les marchés publics, entre les revendeurs ou revendeuses de poisson, de fruits et de légumes ; les coups légers donnés à l'occasion de ces disputes ; les désobéissances ou irrévérences envers les autorités chargées du maintien de la police, qui, le plus souvent, ne sont l'effet que de l'irréflexion ou d'une éducation grossière. Comme il serait également déplacé de les laisser impunis, et de les poursuivre par les voies judiciaires, ne serait-il pas à propos, dans ces cas et autres de même espèce, de donner aux maires des villes au-dessus de trois mille ames, et aux

magistrats

magistrats de sûreté, dans leurs arrondissemens respectifs, le droit de punir les auteurs de ces délits, par un emprisonnement de quelques heures. Cette mesure n'entraînerait aucune conséquence fâcheuse pour la liberté des citoyens; elle serait un frein qui en imposerait à cette classe de personnes naturellement grossières, et augmenterait le respect dû à l'autorité.

Prostitution et débauche. Les lieux de prostitution, dans les villes populeuses, deviennent très-multipliés. Ces lieux, par les rassemblemens qui s'y font, sur-tout pendant la nuit, deviennent souvent un objet d'inquiétude pour les voisins, qui n'osent sortir de leur domicile, dans la crainte d'être insultés et même maltraités par les libertins qui s'y rendent. Il nous paraîtrait à propos d'imposer à la police l'obligation de détruire ces lieux, et même de punir les chefs de ces sortes de maisons, ainsi que les femmes débauchées qui en sont les habituées, d'une peine déterminée par la loi; toutes les fois qu'une pétition, signée de dix propriétaires voisins, présentée au maire de la ville, en émettrait le vœu, et qu'elle présenterait la preuve d'un trouble porté à la tranquillité publique. L'art. 248 du Code, qui contient des dispositions sur cet objet, ne nous a pas paru assez étendu.

Jeux de hasard. Les contraventions nombreuses aux lois prohibitives des jeux de hasard, les précautions mises en usage pour éluder les mesures prises par la police, afin de constater ces contraventions, en déguisant les jeux prohibés sous les apparences des jeux permis, nécessiteraient également une disposition législative, qui, indépendamment des peines portées, à cet égard, par la loi, prononcerait, par mesure de police, la clôture des maisons où l'on donnerait à jouer de la sorte, sur la dénonciation signée de dix pères de famille.

Ventes faites depuis le mandat d'arrêt ou la mise en accusation. L'intérêt du trésor public exigerait une disposition qui annullât les ventes et hypothèques qu'un condamné pourrait consentir depuis la mise en accusation, et même depuis le mandat d'arrêt qui accompagne le réglement de la compétence; la validité des unes et des autres jusqu'à la mort civile du condamné, rend presque toujours illusoires, quant aux dépens, la majeure partie des condamnations prononcées, et enlève au Gouvernement les rentrées qui forment la juste indemnité des avances, souvent considérables, qu'il est obligé de faire dans l'intérêt de la vindicte publique.

Peines contre les fonctionnaires publics. Le Code présenté par la commission nous a paru, en général, s'être trop appesanti sur les peines à infliger, en cas de prévarication, aux magistrats et autres fonctionnaires publics. S'ils se rendent coupables de quelques délits, ils doivent sans doute être punis d'autant plus sévèrement, qu'ayant plus de connaissances, ils sont moins excusables ; mais des lois générales à leur égard nous auraient paru suffisantes. En voulant trop prévoir les différens cas où ils peuvent se trouver, et en appliquant à chaque cas une peine particulière, il semble qu'il en résulte un avilissement pour les dignités dont ils sont revêtus.

Telles sont les réflexions que nous ont inspirées la lecture du projet de Code criminel présenté par la commission, l'épreuve souvent réitérée des avantages et des inconvéniens de notre législation criminelle, et notre ardent desir de contribuer au bien de la chose en répondant à la confiance du Gouvernement. Nous nous estimerons trop heureux, si quelques-unes de ces observations paraissent faites pour être appréciées, si elles produisent une amélioration, la réforme d'un abus, si enfin elles font naître quelques idées utiles, et peuvent contribuer à la perfection de l'important ouvrage qui doit lier ensemble toutes les parties d'une législation aussi essentielle à la tranquillité, au repos et par suite au bonheur de la société.

Fait et arrêté en la chambre du conseil, le 15 prairial an 12.

Signé Beaune, *président ;* Guineau, Lesterps, *juges ;* E. Larivière, *procureur-général ;* Cousin, *greffier.*

OBSERVATIONS

DE LA COUR DE JUSTICE CRIMINELLE

DES VOSGES,

SUR

LE PROJET DE CODE CRIMINEL.

OBSERVATIONS

DE LA COUR DE JUSTICE CRIMINELLE

DES VOSGES,

SUR

LE PROJET DE CODE CRIMINEL.

LA première partie, sous le rapport de la classification des délits, semble ne rien laisser à desirer. En effet, toutes les actions, toutes les omissions qui pouvaient compromettre le but de l'association politique, s'y trouvent classées avec autant de soin que de sagacité : sous le rapport des peines, elle présente une amélioration sensible,

1.° Par des mesures pour rendre, dans les cas les plus graves, la peine de mort plus effrayante, conséquemment son exemple plus utile ;

2.° Par l'extension de la peine de mort au crime de meurtre : sa multiplicité atteste évidemment l'insuffisance de la peine de vingt ans de fers ;

3.° Par le rétablissement de la peine perpétuelle des travaux forcés : la fréquence des récidives parmi le plus grand nombre des forçats libérés, démontrait la nécessité de cette peine et la provoquait ;

4.° Par celui de la flétrissure, sagement limitée à des cas très-graves : efficace par la crainte de la douleur, elle le sera plus encore par son indélébilité ; cette conclusion se tire des efforts remarqués souvent pour échapper à des condamnations, principalement parce qu'elles entraînaient l'exposition aux regards du peuple ;

5.° Par une sévérité salutaire contre les récidives : l'état de notre législation actuelle, à cet égard, semblait formé en raison inverse de la perversité humaine ; aussi a-t-on vu les récidives se multiplier d'une manière effrayante;

6.° Par une juste distribution des peines, que promet la liberté laissée aux tribunaux de les varier en proportion du plus ou moins de gravité de certains délits, et qui prémunit ainsi contre une foule d'impunités dont la source se découvrait facilement dans la rigueur inflexible de la loi ;

7.° Par de justes nuances entre l'auteur et le complice de certains délits, dont la peine, appliquée uniformément à l'un et à l'autre, quoique celui-ci

Vosges.   **A**

fût souvent beaucoup moins coupable, présentait une injustice tellement révoltante, qu'elle a trop souvent enchaîné le bras vengeur de la loi ;

8.° Par la sage précaution de placer sous la surveillance du Gouvernement, après l'expiration de leurs peines, une certaine classe de condamnés, et par la faculté accordée aux tribunaux de renvoyer sous cette surveillance certains individus condamnés ou même acquittés, que la nature et le caractère des délits ou crimes qui ont donné lieu aux poursuites, exigent non-seulement qu'on surveille, mais encore qu'on contienne par un frein puissant.

Une connaissance profonde des mœurs de la nation, ou plutôt de la lie de la nation, a dicté pour son avantage ces nouvelles rigueurs ; l'expérience y fait applaudir.

Mais il est bien plus doux d'applaudir encore à des adoucissemens commandés par l'équité, et à des mesures dont l'efficacité incontestable préviendra conséquemment un grand nombre de délits.

Ne serait-ce pas aussi une amélioration de nos lois pénales, que la faculté de cumuler contre un condamné pour plusieurs délits, les peines temporaires décernées contre chacun d'eux ? Cette faculté n'est-elle pas indispensable pour proportionner la peine au degré de perversité ? et ne serait-il pas choquant qu'un coupable couvert d'un grand nombre de crimes, fût cependant puni d'une peine moindre que le coupable d'un seul délit tant soit peu plus grave ?

Cette faculté est-elle établie dans le Projet ? L'article 887 semble l'indiquer, tandis que l'article 167 fait naître des doutes à cet égard. La nécessité d'une disposition précise sur cet objet se fait sentir.

Les frais de poursuite des délits, par la progression énorme de ceux-ci, sont devenus si considérables, que des mesures pour en alléger le fardeau, qui pèse presque toujours sur le trésor public, étaient commandées par l'active et ingénieuse improbité du petit nombre de coupables en état de payer les frais de leurs procès. Ces mesures sont l'objet de l'article 63 ; mais la facilité de déguiser un acte de disposition gratuite, dans un acte à titre onéreux, en laissant douter de l'efficacité de la mesure, n'insinue-t-elle pas de l'étendre à toute espèce de dispositions ?

La cour terminera ses observations sur la première partie du Projet, en faisant remarquer que les art. 275 et 278 lui ont paru n'avoir pour objet que le même crime, pour lequel chacun d'eux établit cependant une peine différente.

Mais, si la première partie du Projet a généralement provoqué l'assentiment des membres de la cour de justice criminelle des Vosges, il n'en est pas de même de la deuxième partie, qui présente des innovations dont le danger et l'insuccès sont indiqués par l'expérience.

On avait développé de nombreuses réflexions contre la nouvelle composition des tribunaux criminels ; mais le sénatus-consulte organique du

28 floréal, présentant, dans ses dispositions relatives aux tribunaux, des idées inconciliables avec le Projet, et annonçant ainsi sa condamnation dans cette partie, on a dès-lors senti la nécessité de se raccourcir à cet égard : telle est la cause du retard de l'envoi de ces observations.

Elles se borneront, sur cette partie du Projet, comme sur la première, aux innovations qu'elle renferme : il serait inutile de parler des dispositions que l'expérience a cimentées, et que l'habitude rendra plus précieuses, sur-tout lorsqu'elles sont rendues plus complètes.

Avant d'entrer dans l'examen des innovations, on réclame, en faveur des gardes forestiers,

1.º La faculté de faire rédiger, d'affirmer leurs procès-verbaux, dans les communes de leur domicile, suivant les distinctions établies et devant les fonctionnaires désignés par les articles 468 et 469, qui, prescrivant de faire ces opérations dans la commune du lieu du délit, créent des entraves nuisibles à l'activité qu'exige la garde des forêts. En effet, il peut arriver fréquemment que le jour où un garde aura reconnu dans une commune l'existence d'un délit, il ne puisse, soit que le temps lui manque, soit à raison de l'absence du fonctionnaire auquel il doit s'adresser, soit pour toute autre cause, parvenir à la rédaction et à l'affirmation du procès-verbal de cette reconnaissance ; il devrait donc y procéder le lendemain ou le sur-lendemain : éloigné souvent de cette commune, il perdra, pour s'y rendre, un temps précieux que réclameraient souvent quelques parties des forêts confiées à sa garde.

2.º Un délai de plus de trois jours pour faire la remise de leurs rapports. Ce délai, fixé par l'article 470, paraît insuffisant. Il est sensible que les démarches multipliées qu'entraînerait un si court délai, déroberaient trop de temps à la garde des forêts, et exposeraient les gardes à des dépenses peu compatibles avec la modicité de leur traitement. En effet, supposons qu'un garde fasse régulièrement un rapport tous les trois jours : pour peu qu'il soit éloigné de l'officier auquel il devra en faire la remise, cette démarche absorbera le quatrième ; ainsi, voilà le quart de l'année perdu pour la surveillance. L'envoi par la poste ne serait ouvert qu'à un petit nombre de gardes domiciliés dans les lieux de placement de bureaux ; par des exprès ou des occasions, il serait ou coûteux ou dangereux.

On aperçoit aussi des dangers réels dans l'aptitude accordée aux gardes forestiers, de donner les citations aux délinquans et de faire la collecte des amendes. Cette besogne facile, et suivie d'un salaire certain, obtiendra chez eux la préférence sur leur devoir habituel, et sur des courses qui ne sont presque jamais commandées que par l'espoir d'un bénéfice très-incertain. D'un autre côté, cette distraction nuirait incontestablement au but que l'on s'est proposé dans leur établissement.

Un danger non moins réel se découvre dans l'attribution aux tribunaux

de police, des délits forestiers dont la peine ne s'élève pas au-dessus de
5 o francs d'amende et de dix jours de détention, c'est-à-dire, d'après les lois
en vigueur, de la très-grande majorité des délits forestiers.

D'abord leur poursuite à la diligence des inspecteurs ou sous-inspecteurs
forestiers, ne pouvant se faire devant les divers tribunaux d'un arrondissement qu'avec des intervalles de plusieurs jours, et nécessitant ainsi des déplacemens fréquens de trois jours au moins chacun dans les vingt premiers
jours de chaque mois, permettra à peine à ces fonctionnaires de se livrer
pendant ce temps à leurs fonctions administratives, pour lesquelles on a
pensé et dit souvent qu'ils étaient en nombre insuffisant.

Mais cet inconvénient n'est pas le plus grave. La conservation des forêts
dépend sans doute beaucoup de la sévérité des tribunaux envers les délinquans forestiers ; cependant il n'est guère possible d'attendre cette sévérité
d'un tribunal composé suivant le Projet. En effet, ne doit-on pas redouter
un accord, pour faire adoucir les peines, entre le juge de paix et l'asses-
seur, entre ces deux juges trop connus et trop accessibles par leurs habitudes
et leur demeure au milieu des délinquans, pour n'en être pas constamment
sollicités ! Ne doit-on pas craindre encore que leur intérêt personnel ne se
lie à un système de modération ! Est-il prudent de livrer un intérêt aussi
majeur à des chances de cette nature ! ne serait-il pas confié, avec plus
de sécurité pour l'intérêt national, aux tribunaux de première instance
exclusivement, vu sur-tout que ce genre de service ne les ayant pas surchar-
gés jusqu'à présent, leur situation plus indépendante, sans parler de la
prééminence de leurs lumières, et du tact que produit une foule d'affaires,
promet une plus juste et plus salutaire application de peines !

On pourrait aussi relever le danger qui résulterait de ce que ces tribunaux de police jugeraient sans appel le plus grand nombre des délits forestiers ; faculté qui ne favoriserait que trop puissamment l'introduction de
l'arbitraire dans les jugemens.

Maintenant ces tribunaux, sans la connaissance des délits forestiers,
paraissent-ils assez nécessaires pour être établis et composés des élémens
proposés ! On ne le pense pas. Ni l'importance ni la multiplicité des affaires
n'exige une telle consistance, si cependant on pouvait considérer l'asses-
seur comme devant jamais y jouer un rôle par lui-même ; mais alors son
inutilité devrait l'en faire rejeter.

Depuis plusieurs années, les affaires de police ont été attribuées aux juges
de paix ; et si cette partie de la justice est restée souvent en arrière, il est
constant qu'on doit en accuser plutôt le ministère public, confié sans succès
jusqu'ici aux adjoints des maires, que les juges de paix. Néanmoins, malgré
sa nullité incontestable, on le laisse subsister. Ne conviendrait-il pas de
tourner son attention de ce côté ! Et où sont les motifs de désespérer de
l'état actuel des choses avec une meilleure organisation du ministère public !

Cet état a, sur le nouvel ordre proposé, un avantage bien sensible, en ce que, dans celui-ci, il n'y aurait qu'une audience par mois, tandis que dans l'autre le besoin seul peut en faire la règle. Mais qui ignore qu'en fait de contraventions de police, il est souvent plus urgent d'en arrêter subitement le cours, qu'il n'est intéressant de les punir? Comment atteindre ce but sans un exemple très-prompt de punition! mais comment pourrait-on allier cette promptitude avec le système proposé!

Quant à celui relatif à une nouvelle organisation des tribunaux criminels, par la raison déjà dite, on se borne à observer, 1.° qu'il éloigne le jugement des coupables, et qu'il produirait les conséquences les plus funestes. Qui ne sent qu'il faudrait que le châtiment pût être aussi prompt que le crime! L'expérience n'a-t-elle pas appris que le premier bruit du crime soulève l'indignation, excite l'horreur, fait desirer à tous sa punition, et que chacun y applaudit; tandis que si l'on retarde le jugement, le coupable ne présentant plus cet aspect odieux que donne encore un crime récent, la pitié prend la place de l'horreur et de l'indignation! De ces impressions effacées par le temps, le succès des poursuites devient incertain; et le châtiment qui en serait la suite, loin d'exciter des applaudissemens qui attestent la justice des lois, fait le plus souvent éclater des regrets, qui le présentent comme une vengeance trop dure.

D'un autre côté, prolonger sans nécessité la détention des accusés, ne serait-ce pas une rigueur qu'il serait difficile de justifier! Mais cette prolongation, organisée par la loi, peut s'étendre encore par un vice de la loi.

Il consiste, ce vice, dans le droit accordé seulement au préteur, de tenir les grands-jours.

Il s'en faut infiniment qu'on ait paré à tous les inconvéniens, en ordonnant qu'un préteur empêché sera remplacé par un autre préteur désigné par le Chef de l'État.

L'empêchement peut naître à l'ouverture même des grands-jours, ou pendant leur durée, pendant même la discussion d'une affaire : quelle ressource alors de faire désigner un autre préteur pour le remplacer, ou d'aller le chercher au loin, s'il est désigné d'avance et par précaution!

Dans ce cas, le cours de la justice suspendu; les jurés, les témoins retenus, oisifs, mourant d'ennui; l'intrigue, la séduction profitant de cet intervalle pour faire jouer à l'aise leurs batteries.

Si, au contraire, on prend le parti de renvoyer les affaires aux grands-jours suivans, des frais considérables en pure perte, la détention des accusés prolongée.

Tels seraient les résultats funestes et pernicieux du système proposé, dans lequel, pendant un mois de l'année, lors de la réunion des préteurs à Paris, la justice criminelle devrait nécessairement chômer dans quelques départe-

mens, puisque la loi, dans ce cas, n'a aucunement pourvu à leur remplacement, et qu'il est moralement impossible que dans tous à - la - fois,
pendant un mois quelconque de l'année, la présence d'un préteur ne soit
pas indispensable dans sa division. Il serait donc nécessaire d'établir la
vacance des tribunaux pendant un mois ; alors nouvelle prolongation de
la détention des accusés.

Le Projet charge le préteur de plusieurs opérations incompatibles avec
son ambulance. On y a pourvu par la faculté de déléguer ; mais pourquoi
un juge toujours présent, et presque toujours chargé de ces opérations, n'en
reçoit-il pas le pouvoir de la loi ? Est-ce que l'on aurait voulu composer l'émi-
nence du préteur de la nullité du propréteur ? Cette nullité devient frappante
dans le jugement des affaires criminelles, où le propréteur ne serait, à
proprement parler, qu'un bouche-trou.

On placera ici une dernière observation relativement au préteur, évidemment seul investi du droit de juger les affaires criminelles. Elle a pour
objet de faire remarquer l'abus qu'il pourrait en faire, à raison de la latitude
accordée par la loi de varier les peines entre un *maximum* et un *minimum*
déterminés ; on pense que cette latitude ne peut être confiée sans danger
qu'à une réunion de juges en nombre impair : il est d'expérience que le
jeu des passions se neutralise dans les corps.

Ce qui peut paraître étonnant dans ce système, c'est que, pour des
matières moins graves, pour le jugement des affaires correctionnelles, on
organise le tribunal avec plus de consistance ; trois juges sont alors appelés
à le composer : il devrait l'être de propréteurs, ou, à défaut de ceux-ci, de
suppléans, ou indifféremment des uns et des autres, au choix du préteur.
Ce point n'est pas sans équivoque dans le Projet ; mais dans les cas où
les propréteurs seraient appelés tournairement au tribunal criminel, dont
l'activité devra être permanente, tant à raison du jugement des appels que
de celui, à des époques toujours incertaines, de la validité des procédures,
on voit s'évanouir l'idée heureuse de confier invariablement à des fonctionnaires spéciaux, l'instruction des procédures ; et puisque ceux-ci, durant leur
stage, devront être remplacés par des juges civils, on verra renaître tous les
dangers que l'on a cherché à éviter. D'ailleurs, si l'instruction préliminaire
peut fonder la suspicion contre le juge instructeur, ce que le Projet laisse
en problème, il arriverait assez fréquemment qu'il serait impossible de former le tribunal avec des propréteurs seulement ; qu'il le serait bien plus
encore, sans en avoir au moins deux présens, de le composer d'un propréteur et de suppléans : il suffit, pour cela, qu'il y ait des appels de tous les
tribunaux du ressort.

Mais ces difficultés tenant à un système que l'on croit impraticable et
déjà réprouvé, on passera rapidement à un objet plus sérieux, plus important, sur-tout si on s'arrête à la pensée que nourrit l'annonce de son

Excellence le grand-juge ministre de la justice, qu'il faut faire un dernier essai de l'institution du jury, après l'avoir cependant débarrassée des imperfections et des dangers que l'expérience a signalés.

Pour parvenir à ce but, trois innovations essentielles sont proposées.

La première a pour objet de déterminer des conditions pour être apte aux fonctions de juré.

La deuxième règle la manière dont sera formé le jury.

La troisième établit le mode de délibération du jury.

La cour se bornera, sur ces trois objets, à des réflexions puisées dans son expérience. Elle applaudit à la première innovation, bien convaincue que la déplorable issue d'un grand nombre de procès criminels ne doit être imputée qu'à la composition en quelque sorte populacière des jurés, composition inévitable d'après les lois actuelles sur la formation périodique des listes de citoyens appelés presque indistinctement aux fonctions de jurés : elle pencherait même vers une plus grande limitation ; et son desir à cet égard trouvera son développement dans ses observations sur la manière proposée de former le jury.

Le Projet substitue au mode actuel, des listes d'un petit nombre de citoyens déclarés éligibles, désignés par le préfet seul ; tous les désignés pour le jury d'accusation peuvent y concourir, tandis que, pour celui de jugement, il se fait un tirage au sort de douze citoyens sur un nombre de quarante-huit dont est composée la liste : une seule liste est fournie pour chaque session ; il doit se former avec cette liste autant de tableaux de jury qu'il y a de procès à juger.

Ces innovations sont-elles sans danger ! tariront-elles la source des inconvéniens que l'on reproche au mode actuel ! La cour ne peut en acquérir la confiance.

D'abord elle a vu, avec une inquiétude peut-être trop ombrageuse, que la formation des listes, confiée au préfet seul, lui conférait un pouvoir terrible par l'influence la plus facile sur le sort des prévenus et des accusés. Les abus qui sont résultés de l'ancienne formation des listes pour les jurés spéciaux, abus réprimés par une loi, ne sont pas encore oubliés. Pourquoi donc ne serviraient-ils pas de leçon pour l'avenir ! Alors ne serait-il pas préférable, en restreignant autant que possible le nombre des citoyens appelés aux fonctions de jurés, d'appeler, dans le concours de plusieurs fonctionnaires, une plus grande garantie de lumières et d'impartialité, à la formation d'une liste sur laquelle serait formé le jury par la voie du sort, combinée avec un juste système de récusation !

La précaution proposée de ne faire le tirage des jurés qu'à l'ouverture des débats, ne sera pas, ainsi qu'on se le promet, le tombeau de l'intrigue et des sollicitations ; il est même à craindre qu'elle n'en favorise le jeu, en le facilitant, en lui fournissant des données plus certaines. En effet, suivant le

Projet, les grands-jours n'auront lieu qu'une fois par trimestre ; en calculant sur le temps qu'exigent les sessions de chaque mois, et le nombre des affaires qui y sont portées, on doit fixer la durée ordinaire des grands-jours à douze jours, et le nombre des affaires au terme moyen de douze (on ne présente cette supposition que pour ce département) ; la présence des quarante-huit citoyens appelés sera nécessaire pendant tout ce temps à proximité de la cour, c'est-à-dire, dans la commune où elle siége : mais, à l'exception des douze citoyens composant le jury de l'affaire soumise aux débats, les autres ne seront-ils pas sans cesse abordables ! la sévérité et l'impartialité des premiers, prouvées par leur exercice ; des autres, annoncées lorsqu'on aura cherché à les pressentir, ne deviendront-elles pas, avec la faiblesse découverte et les séductions possibles, la règle dangereuse des récusations des accusés !

Passant à l'examen de la troisième innovation, si, d'un côté, frappée de l'embarras dans lequel a souvent jeté les jurés la multiplicité quelquefois effrayante des questions que commande le système actuel, frappée également des abus scandaleux qu'ils ont faits des questions intentionnelles, la cour a vu dans l'unité de la question à proposer au jury de jugement, une réforme salutaire et une amélioration louable ; d'un autre côté, elle est loin de partager l'opinion des rédacteurs du Projet sur la nécessité et la facilité d'obtenir une déclaration unanime : cette nécessité serait le renversement de toutes les idées reçues, qui, pour le besoin politique, ont fixé dans toutes les assemblées délibérantes, la raison du côté du plus grand nombre ; elle est inconciliable avec la divergence trop réelle des opinions humaines, divergence qui, quoi qu'on en dise, opposera toujours à la règle de l'unanimité, des obstacles d'autant plus sérieux, qu'ils seront souvent soutenus des efforts de l'amour-propre, qui engendre l'opiniâtreté.

On sent déjà que l'unanimité, loin de pouvoir s'obtenir facilement, aurait à combattre ces deux ennemis puissans.

Mais l'opiniâtreté achetée ou commandée par des motifs impurs, si elle se trouve réunie à des talens supérieurs à ceux de ses adversaires, ne devient-elle pas tout-à-fait redoutable !

L'expérience a prouvé que l'unanimité ne s'obtient sans peine, même dans le cas de la conviction la plus facile, que contre les coupables abandonnés de leurs familles et sans ressources ; et le délai trop long accordé jusqu'à présent pour former un délibération unanime, a souvent fait remarquer avec douleur que des accusés puissans par eux-mêmes ou par leurs familles, avaient dans le jury un parti dont l'opiniâtreté constante n'a trouvé de remède que dans l'écoulement du délai. On doit dire ici que très-rarement la raison a été du côté de ce parti.

La cour, guidée par l'exemple du passé, pense donc que l'unanimité
ne

ne doit être recherchée que pendant un délai proportionné à l'importance de l'affaire.

Elle n'a pas été séduite par ce qui se pratique à cet égard en Angleterre, où, dit-on, le grand-juge fait à lui seul presque toutes les délibérations. Elle verrait avec la plus grande inquiétude que, dans le système proposé, il s'établît en France une influence aussi destructive de l'institution du jury, qui alors ne serait plus qu'un simulacre dangereux.

D'ailleurs, ce que la force de l'habitude peut seulement légitimer chez un peuple, ne peut brusquement être adapté à un autre peuple dont les opinions et les préjugés seraient bien différens. En Angleterre, le préjugé des condamnations n'a aucune influence sur les familles : en France, on est bien venu à bout de l'atténuer ; mais il est bien loin encore d'être détruit ; et cette circonstance fera toujours agir les ressorts de l'intrigue et de la séduction envers les jurés.

La cour terminera ses observations par le vœu de voir insérer une disposition relative aux dépositions des témoins morts pendant le cours de l'instruction contradictoire. S'il n'était pas possible d'en faire usage au procès, l'impunité du crime en serait souvent le résultat funeste.

Signé J. HUGO, DERAZEY, DERIVAUX, PAPIGNY.

OBSERVATIONS

DU TRIBUNAL CRIMINEL

DE L'YONNE,

SUR

LE PROJET DE CODE CRIMINEL.

OBSERVATIONS

DU TRIBUNAL CRIMINEL

DE L'YONNE,

SUR

LE PROJET DE CODE CRIMINEL.

Les Membres composant le Tribunal criminel du département de l'Yonne

Au Citoyen Grand-juge, *Ministre de la justice.*

CITOYEN GRAND-JUGE,

TOUT le temps dont nous avons pu disposer, depuis la réception de votre lettre, datée du 7 ventôse dernier, nous l'avons employé à l'examen du Code proposé.

Avant de vous présenter le tribut de nos réflexions sur les trois parties de ce Projet, permettez que nous vous exprimions notre juste sensibilité sur certaines pensées qui se remarquent dans les observations faites sur la seconde partie, et qui ont dû profondément affliger les magistrats qui composent aujourd'hui les tribunaux criminels : nous sommes loin de croire que l'on puisse nous en faire l'application ; et nous sommes même bien portés à penser que les autres tribunaux de ce genre, sont également sans reproche.

Quoi ! les magistrats des tribunaux criminels ont-ils mérité qu'on propose de les remplacer par des magistrats *vraiment nationaux*, si l'on ne veut pas que le pouvoir qu'ils exercent, *devienne la proie des passions et des intrigues locales !*

Quoi ! les présidens de ces tribunaux sont représentés comme à *poste fixe, au milieu de parens, d'amis, de créanciers, pour recevoir toutes les sollicitations !*

Yonne.   A

Quoi! on suppose *qu'ils prendront parti dans tous les événemens du pays, qu'ils se plongeront dans l'atmosphère départementale,* qu'ils rechercheront *les hommes accrédités, qu'ils fléchiront peut-être dans l'exercice de leurs fonctions sous le crédit d'autrui, et qu'ils se tiendront pour bien avertis qu'il n'y a de succès à espérer qu'en administrant la justice criminelle au gré des directeurs de l'esprit départemental !*

Quoi! le président d'un tribunal criminel, est un homme *qui a ses aises!* tandis qu'il est des temps où son travail est au-dessus de ses forces.

Quoi! on reproche aux magistrats des tribunaux criminels, *d'ouvrir la séance tard, de l'interrompre pour aller prendre des repas au-dehors, de rentrer à six heures du soir, de se retirer à neuf; de concilier ainsi leurs austères fonctions avec les douceurs de la vie citadine, et d'induire par ces exemples, les jurés à prendre aussi des engagemens en ville!*

Nous cessons une analyse trop affligeante pour les magistrats : aucun, sans doute, ne se reconnaîtra dans ces tableaux ; et, s'il en était beaucoup à qui ils convinssent, on le dit sans hésiter, ils ne mériteraient aucun ménagement; mais non; c'est sans-doute une fiction dont les conséquences n'ont pas été calculées, et qui a eu pour objet, moins d'inculper des magistrats qu'on ne connaît pas, que de faire adopter avec plus de promptitude un état de choses nouveau, dans lequel les *jurés respireront,* dit-on, *dans une région plus élevée, un air plus pur.*

Qu'importe au reste, une déclamation victorieusement réfutée par le témoignage glorieux que vous avez rendu, Citoyen Grand-juge, des tribunaux criminels existans, dans votre discours du 3.ᵉ jour complémentaire an 11.

Qu'il nous soit encore permis, sur ce sujet, de citer la pensée du C. *Target,* exprimée à la fin du numéro 9 de ses observations, sur la première partie du Code proposé.

« L'ordre général est intéressé à ce que les ménagemens, les égards,
» le respect pour les dépositaires des différentes autorités, soient maintenus,
» et que des plaintes indiscrètes, ou des rigueurs précipitées, ne viennent
» pas troubler, à chaque instant, le pénible et délicat exercice des fonctions
» nécessaires au mouvement de la chose publique. »

Ainsi, d'après le témoignage du grand-juge, les magistrats des tribunaux criminels méritent généralement des éloges ; et, suivant la pensée du C.ᶜⁿ *Target,* on n'a pas dû les inquiéter par de vagues inculpations.

Nous arrivons à un point plus important, et sur lequel il y a des erreurs graves à rectifier. On lit dans les observations sur la seconde partie, qui sont relatives au travail réel des présidens des tribunaux criminels, la phrase qui suit : Ils expédient en un an, *les uns l'ouvrage d'un mois, les autres celui de quinze jours, ceux-ci de dix jours, ceux-là de quatre jours et moins encore.*

Comme cette partie n'est pas traitée fort clairement, et que nous craindrions aussi de tomber dans quelque méprise, nous adopterons un moyen plus sûr d'en opérer la réfutation : c'est le travail auquel nous allons nous livrer, et dont il résultera sans doute qu'il faut une autre base que celle présentée, pour apprécier les occupations des tribunaux criminels.

Le tribunal criminel de l'Yonne, que nous croyons dans le terme moyen, et dont le Gouvernement peut d'ailleurs assigner la place comparative parmi les autres tribunaux criminels, a rendu, de floréal an 4 à floréal an 5, cinquante-huit jugemens définitifs ;

De floréal an 5 à floréal an 6, soixante-seize jugemens définitifs ;

De floréal an 6 à floréal an 7, soixante-quinze jugemens aussi définitifs ;

Et de floréal an 7 à floréal an 8, soixante-un jugemens du même ordre.

C'est, année commune, près de soixante-huit jugemens définitifs en grande matière criminelle rendus par ce tribunal.

Nous ne comptons, dans ce nombre, ni les jugemens de prorogation, ni ceux qui ont prononcé sur des procédures irrégulières.

Pendant les mêmes quatre années, c'est-à-dire, de floréal an 4 à floréal an 8, il a été rendu, par le même tribunal, quatre cent quatre-vingt-onze jugemens définitifs en appel de police correctionnelle : c'est, comme l'on voit, cent vingt-trois affaires de ce genre par année commune.

De semblables relevés, et dont on garantit l'exactitude, prouvent que de floréal an 8 à floréal an 12, le tribunal criminel de l'Yonne a jugé définitivement cent trente-trois affaires criminelles, non compris les jugemens de prorogation et ceux rendus sur les irrégularités de procédures et sur les compétences : ce nombre cent trente-trois donne, par chacune de ces quatre années, près de trente-quatre jugemens définitifs.

Quant aux affaires de police correctionnelle jugées pendant ces quatre dernières années, non compris les jugemens de remise, le nombre total est de deux cent treize : ce qui donne près de cinquante-quatre par année commune. Il résulte de ces tableaux, que c'est à tort que l'on a dit, dans les observations sur la seconde partie, que le nombre des affaires correctionnelles était le même que celui des affaires criminelles : le nombre de celles-là est généralement double.

On remarquera sans doute que le tribunal criminel, pendant les quatre années qui se comptent de floréal an 8 à floréal an 12, a rendu beaucoup moins de jugemens définitifs au grand criminel que pendant les quatre années qui ont précédé, et il en faut donner la raison ; c'est que la loi du 25 frimaire an 8 a donné aux tribunaux correctionnels la connaissance de plusieurs cas qui auparavant étaient compris dans le Code pénal. Cette distraction paraît avoir enlevé aux tribunaux criminels environ la moitié de leurs affaires ; mais on observe que ce n'est qu'à l'égard du nombre, car à l'égard de l'importance, toutes les affaires majeures leur sont restées.

Mais, diront peut-être ceux qui se décident au premier aperçu, et qui se dispensent des observations de détail, pourquoi les jugemens de police correctionnelle rendus par le tribunal, de floréal an 8 à floréal an 12, sont-ils moins nombreux que dans les quatre années précédentes où la compétence des tribunaux correctionnels était moins étendue? La réponse est simple; c'est que les tribunaux de première instance ont mieux observé leurs devoirs et rendu moins de jugemens susceptibles d'appel; c'est que le tribunal criminel, devenu plus sévère par la nécessité de réprimer des délits qui se multipliaient sans cesse, a fait connaître aux délinquans condamnés que l'appel était pour eux une mauvaise ressource quand leurs délits étaient prouvés; c'est enfin que la plupart de ces condamnés à des peines correctionnelles, se sont trouvés trop heureux de subir des peines légères, tandis que le Code criminel, qui leur était auparavant applicable, leur infligeait des peines afflictives.

Toutes ces explications données, prouvons qu'il y a complète inexactitude à dire que les présidens des tribunaux criminels sont peu occupés, ou plutôt qu'ils ne le sont pas pour la plupart, si l'on admet les données contenues à cet égard aux observations sur la seconde partie.

Nous établirions facilement, d'après même le relevé des quatre dernières années, que le jugement de trente-quatre affaires criminelles par an, affaires toutes de la plus haute importance, suffirait, avec tous les accessoires attachés à ces affaires, pour occuper un président, de manière à ce qu'on ne pût pas dire, raisonnablement, qu'il n'a rien à faire.

Mais notre raisonnement sera plus fort, et deviendra sans réplique, lorsque l'on considérera que dans le Projet actuel, il s'agit d'appliquer le Code pénal à presque tous les cas qui avaient été distraits des tribunaux criminels et transportés aux tribunaux correctionnels.

Ainsi, ce ne sera pas le travail de floréal an 8 à floréal an 12, mais bien celui de floréal an 4 à floréal an 8, qu'il faudra prendre pour base du travail des magistrats, puisque le projet de Code pénal les remet au même état que celui qui existait avant la loi du 25 frimaire an 8.

Or, nous avons vu que le tribunal criminel de l'Yonne a jugé, par chaque année, soixante-huit affaires, à compter de floréal an 4 à floréal an 8. Les choses devant être remises sur le même pied, c'est donc sur cette base qu'il faut juger, et voir si l'expédition de soixante-huit affaires, qui comportent pour la plupart plusieurs accusés et plusieurs chefs d'accusation, doivent suffire pour qu'un tribunal criminel soit censé occupé.

Nous devons le dire, pour ceux qui n'ont sur cette matière que des connaissances théoriques et souvent hypothétiques, qu'un tel nombre d'affaires remplit complètement les jours du magistrat; et que par-tout où l'on expédie un plus grand nombre d'affaires, elles ne peuvent être soignées comme leur importance l'exige, à moins que le travail ne se trouve délégué à plusieurs individus.

D'après nos relevés, soixante-huit affaires donnent au moins cent accusés. Le premier devoir du magistrat est de les interroger ; et l'expérience nous a appris combien il importe qu'ils le soient avec soin. Pour que ce premier acte remplisse son but, le procès doit être visité avec exactitude, et cette visite du procès, jointe à l'interrogatoire lui-même, n'emploiera jamais moins d'une journée et quelquefois en demandera davantage : voilà déjà soixante-huit journées du président employées.

Il a à remplir un autre devoir qui demandera bien du temps, c'est de faire l'extrait exact et raisonné de chaque procès ; c'est-à-dire, de se procurer des notes claires et précises des procès-verbaux des interrogatoires, des dépositions de tous les témoins qui sont quelquefois en très-grand nombre, et de ce qui concerne chaque accusé dans ces différens actes : on ose assurer qu'un président qui aurait négligé ce travail, quel que soit d'ailleurs son talent, ne peut tenir les débats avec fruit. Qui ne sait pas que le succès d'une affaire dépend souvent d'une interpellation faite à propos, soit aux accusés, soit aux témoins! et le magistrat pourra-t-il faire cette interpellation, s'il n'a pas sous les yeux la note des aveux ou des dénégations des accusés, et celle de la déposition des témoins pour faire expliquer les uns et les autres de manière à éclairer les jurés !

Tout homme qui sait par expérience combien tous ces soins sont nécessaires à la manifestation de la vérité, avouera, sans peine, que le magistrat ne fait pas trop en donnant deux jours à l'examen particulier de chaque affaire et à en faire l'extrait, ce qui l'occupera pendant la durée de cent trente-six jours.

Il faut enfin faire juger les soixante-huit affaires : c'est calculer au plus bas que d'assigner à chacune un jour et demi ; plusieurs ne demanderont qu'une matinée ; mais combien emploieront plusieurs jours ! C'est encore cent deux jours évidemment remplis.

Enfin il convient de compter le temps employé aux audiences destinées aux appels de jugemens de police correctionnelle. D'après les états qui précèdent, on ne peut guère en fixer le nombre à moins de soixante par année ; et en supposant qu'on en puisse expédier trois par jour, ce qu'on ne pense pas, c'est au moins vingt jours à ajouter à ceux ci-dessus déterminés.

Le total des jours remplis, comme il est dit précédemment, et qui n'est assurément pas forcé, s'élève à trois cent vingt-six : ce qui reste pour compléter l'année peut encore être considéré comme occupé par les jugemens qui statuent sur les compétences, par ceux de prorogation et par ceux qui statuent sur des irrégularités de procédures, et enfin par les jugemens à rendre en cas de dissentiment entre les directeurs de jury et les magistrats de sûreté.

Que l'on suppose, ce qu'en vérité on ne croit pas, que le temps du magistrat n'est pas aussi complètement rempli qu'on le dit ici, à la bonne heure ; mais que ce qui peut avoir été compté de trop lui soit au moins accordé comme jours de repos : cette condescendance sera d'autant plus juste, que les tribunaux criminels ne connaissent pas de vacances.

A l'égard des autres membres des tribunaux criminels, on ne contestera pas que le commissaire du Gouvernement est sans cesse occupé de la poursuite des affaires ; que les audiences lui prennent autant de jours qu'au tribunal même , et qu'il a encore une correspondance active avec les ministres et avec ses auxiliaires. On ne contestera pas non plus que les juges de ces tribunaux , qui ne sont qu'au nombre de deux , ont aussi leurs occupations. Le président est quelquefois obligé de leur déléguer des fonctions que d'autres soins l'empêchent de remplir lui-même. Ils emploient un temps considérable aux sessions criminelles. Ils font les rapports des affaires correctionnelles, et concourent à tous les jugemens qui sont rendus, soit aux audiences , soit à la chambre du conseil dans tous les cas ci-dessus exprimés. Le Projet d'organisation les exclut de la composition des tribunaux, et cependant au premier aperçu , et considérant le nouveau Code pénal , qui établit des peines graduées, leur conservation paraît encore plus nécessaire que par le passé. Mais n'anticipons pas sur des réflexions qui trouveront leur place ailleurs.

Après ces observations, qui étaient nécessaires pour relever des erreurs qui ne devaient pas subsister dans une circonstance aussi solennelle que celle où il s'agit de réformer à-la-fois l'organisation des tribunaux , les formes de procéder, le Code pénal lui-même , nous allons faire les réflexions particulières qui nous ont été successivement inspirées à-la-lecture des dispositions contenues aux trois parties qui composent le Projet.

Commençant par le Code pénal , nous reconnaissons qu'il offre des améliorations importantes ; que le système des peines est mieux conçu que celui de 1791 , en ce qu'il comprend un plus grand nombre de cas, et assigne des punitions plus analogues aux différentes circonstances. On ne peut trop louer sur-tout la graduation des peines, et cette mesure salutaire qui laisse aux tribunaux la faculté d'appliquer, suivant les circonstances, un *maximum* ou un *minimum*. On peut assurer que cette disposition était la seule propre à faire disparaître ces exemples scandaleux et déplorables où , parce qu'une peine paraissait trop forte , on était réduit à n'en appliquer aucune : cette disposition rend d'ailleurs les tribunaux à leur vraie destination, qui est le droit de distribuer la justice après une mûre et salutaire délibération.

Cependant comme le Gouvernement attend de nous que nous lui présentions en cette occasion le tribut de nos connaissances , de notre expérience et de nos lumières , nous ne lui dissimulerons pas ce qui nous a paru défectueux dans le projet de Code pénal dont il s'agit.

Première observation générale. Le système des amendes est forcé. On pouvait espérer, d'après une excellente réflexion du C.^{en} Target, *pag.* 20, *n.°* 10 *de ses Observations*, qu'il serait plus mitigé, et tel, qu'en même-temps que l'amende serait une mesure de repression, elle ne fût pas un moyen de ruine pour les condamnés. Plus ces malheureux seront rendus pauvres, et plus ils seront dangereux à la société. Les amendes sont d'ailleurs réglées sur une base trop incertaine, sur les dommages-intérêts : il est des cas où ils sont très-considérables et où l'amende sera accablante ; il en est d'autres où les dommages-intérêts ne seront presque rien, et où, par conséquent, l'amende sera illusoire, quoiqu'il y eût lieu à en prononcer une de quelque valeur : on avoue que l'article 421 remédie en quelque chose à cet inconvénient.

Seconde observation. La privation des droits civils et civiques est beaucoup trop multipliée. On admet sur-tout trop souvent le cas où un père sera privé des droits et de l'autorité attachés à la paternité. Si l'on excepte le cas de prostitution, on ne voit pas de quelle utilité il sera le plus souvent de soustraire des enfans à la surveillance de leurs parens.

Troisième observation. La surveillance du Gouvernement introduite par le Projet, est d'une durée qui paraît excessive : elle est comme une seconde peine que le condamné doit subir après avoir épuisé la première. — Il serait sans doute juste de restreindre la peine de surveillance aux cas où elle sera strictement reconnue nécessaire : un de ces derniers cas est assurément celui où la sûreté de l'État est intéressée : quant aux crimes ou délits particuliers, la peine ordinaire, sur-tout en matière correctionnelle, doit suffire ; et un condamné qui a subi sa peine, quoiqu'il ne soit pas en surveillance spéciale, n'excite pas moins sur sa conduite ultérieure l'attention des magistrats et celle de la force publique.

Quatrième observation. Le système des cautions introduit dans les cas de la surveillance, n'atteindra pas le but que l'on s'est proposé, et souvent sera inexécutable ; le plus grand nombre des condamnés ne pourra trouver de caution, si sur-tout il n'est pas permis au répondant de résilier en tout temps son engagement, et si sa mort naturelle ne détruit pas l'effet du cautionnement ; car, qui voudrait laisser à ses enfans une pareille charge ?

Si l'on tenait à la mesure de surveillance proposée, il faudrait au moins en fixer le *maximum* à deux ans, et le *minimum* à six mois. C'est autant qu'il en faut en général pour reconnaître le plan de conduite qu'a adopté pour l'avenir un homme qui a subi une condamnation.

Une autre observation générale que l'on n'a pu s'empêcher de faire sur le projet relatif aux peines, c'est qu'elles ne sont point assez distinctes et séparées ; que l'on rencontre souvent dans le même chapitre des peines afflictives, des peines correctionnelles et des peines applicables à de simples contraventions : la loi renvoie aussi trop souvent à des articles précédens ou

suivans ; et souvent ces articles auxquels 'il est renvoyé , renvoient eux-
mêmes à d'autres , ce qui ne peut manquer de donner lieu à des méprises.
Une rédaction définitive fera sans doute disparaître ces défauts, et on a
sur-tout le droit d'en attendre une définition plus exacte des peines et
de leurs effets , et particulièrement la distinction formelle des peines afflictives de celles qui sont seulement réputées infamantes.

Le travail auquel nous allons nous livrer fera sentir , d'une manière plus
positive, les réformes que nous proposons , et dont nous n'avons pu, dans
ce préliminaire , faire connaître les raisons avec l'étendue dont elles sont
susceptibles.

On remarque un oubli important entre les articles 2 et 3 des dispositions
préliminaires au Code concernant les délits et les peines. L'article 2 qualifie
crime , toute action qui est de nature à mériter peine afflictive ou infamante ; l'article 3 qualifie *contravention* ce qui n'entraîne qu'une peine de
police , mais il n'est pas parlé des délits et des peines correctionnelles. On
propose, entre les articles 2 et 3 , de mettre sous le numéro 2 *bis,* « Toute
» action qui n'entraîne que des peines correctionnelles, sera qualifiée *délit.* »

On propose d'ajouter un article après l'article 3 , par lequel on désignerait d'une manière précise si toutes les peines afflictives sont infamantes
(ce que l'on croit) , celles qui sont à-la-fois afflictives et infamantes , et
celles qui sont infamantes sans être afflictives. On reconnaîtra souvent dans
le cours de l'examen du Projet la nécessité de ces distinctions.

Sur l'art. 4 , nous demandons si l'on devra considérer les escalades
et effractions comme tentatives de crimes , quoique ceux-ci n'aient pas été
exécutées ! Cette question n'est pas inutile , car souvent on a soutenu et
plaidé que l'escalade et l'effraction n'étant que des circonstances accessoires,
ne pouvaient être considérées comme le commencement d'exécution d'un
vol ; par exemple, dont l'exécution ne commence, dirait-t-on , qu'au moment
où le voleur tente de s'emparer de la chose qui excite sa cupidité.

Art. 8. Nous estimons que l'on doit supprimer à la fin du premier
numéro de cet article ces mots : *ou en état de service militaire ;* parce qu'ils
sont susceptibles d'interprétations arbitraires , et pourront quelquefois donner
lieu à faire regarder comme délits militaires des délits fort différens. Ce
même article , portant ces mots : *dans l'exercice de leurs fonctions militaires*
n'a besoin de rien de plus.

A l'égard des deuxième et troisième numéros de ce même article 8 , nous
ne pouvons dissimuler que nous croyons nécessaire de les retrancher, ou
de leur donner une telle clarté, une telle précision , qu'ils ne puissent alarmer
les citoyens. Un militaire logera chez un citoyen, ils auront querelle ensemble , il en résultera quelques violences ; et quoiqu'en général la provocation ne soit guère supportable de la part du citoyen , celui-ci se trouvera justiciable des tribunaux militaires ; parce qu'on regardera le militaire

voyageant

voyageant comme *étant en état de service militaire.*. Certes, c'est un devoir
que de loger les soldats de la République, et on le remplit toujours avec
exactitude; mais les habitans de Paris, à qui cette charge est inconnue,
ne savent pas assez qu'elle a quelquefois des inconvéniens majeurs : un
soldat ivre, et cela arrive fréquemment, rentre à son logement; il se
rend libre envers la femme ou la fille ; de là querelle et quelquefois
batterie entre lui et le maître justement alarmé et offensé. Le citoyen sera-t-il,
en ce cas, enlevé à ses juges ordinaires, &c. &c.! On pourrait citer aussi
des cas où les dispositions du troisième numéro présenteraient de justes
sujets d'inquiétude pour des citoyens obligés d'aller *dans les lieux affectés
au service militaire ;* mais nous nous contenterons d'avoir fixé l'attention sur
cette partie qui intéresse si essentiellement les droits naturels des citoyens;
nous nous permettrons seulement de dire de plus à cette occasion, que
les lois des 22 messidor an 4 et 13 brumaire an 5, contiennent des dispositions suffisantes; la première porte que tout délit commun à un
citoyen et à des militaires, sera jugé par les tribunaux ordinaires, et la
seconde désigne tous les individus attachés aux armées, qui sont justiciables
des tribunaux militaires.

Art. 9 , n.° 6. N'est-ce pas une erreur que d'avoir compris dans la liste
des peines principales la marque ou la flétrissure ! Cette peine n'est jamais
qu'une peine accessoire à une autre peine.

Art. 11. Pour conserver la suite des idées , il convient d'ajouter, pour
compléter cet article , ces mots : « les peines contre les personnes coupables
» de contravention de police, seront, la détention, l'amende et la confiscation
» spéciale aux cas déterminés. »   ·

Art. 13. Le parricide étant de tous les crimes le plus atroce, on pense
qu'il serait bon'de restreindre à ce cas l'amputation du poing : cette amputation devrait aussi être exécutée sur les coupables de conspiration contre la
sûreté de l'État et la vie du chef suprême du Gouvernement. Le conspirateur n'est-il pas en effet un parricide ! On propose que le condamné soit
assis pendant la durée de l'exposition , pouvant être supposé avec raison
que ses forces physiques ne pourront le soutenir debout.

Nous nous permettrons de demander la suppression des articles 14 et 15.
Leurs dispositions sont propres à entretenir les préjugés contre les familles
des condamnés. L'exécution de l'article 15, particulièrement, affligera les
propriétaires voisins du lieu des inhumations ; quelques-uns d'eux pourraient avoir l'imprudence d'enlever les poteaux qu'ils prendront pour des
signaux d'infamie à l'égard de leurs propriétés ; de là la nécessité d'infliger des peines à des hommes , mal avisés il est vrai, mais cependant
excusables sous certains rapports. L'exécution du Projet sur les poteaux
et inscriptions ne serait-elle pas en outre une occasion trop fréquente
pour les étrangers de prendre une idée peu favorable de la nation !

Yonne.   B

Art. 19. Pour confirmer par un exemple ce que nous avons dit dans les réflexions préliminaires sur l'inconvenance qu'il y a souvent de renvoyer à d'autres articles, nous pensons que cet article 19 devrait être rédigé comme il suit : « les femmes et les filles condamnées à la peine des » travaux forcés, n'y seront employées que dans l'intérieur d'une maison de » force. » On remarque que, par cette rédaction, on évite la lecture et l'insertion dans le jugement de l'article 17, auquel il n'est plus besoin de recourir.

Art. 21. Le déporté qui rentre sur le territoire de la République étant condamné à mort, il est d'une absolue nécessité qu'il en soit averti au moment de sa condamnation à la déportation, par la lecture qui lui sera donnée de l'article 21, dont il sera fait mention.

Art. 24. Cet article doit porter en outre que la marque aura lieu immédiatement après l'exposition.

Art. 28. On désirerait un autre organe que celui de l'exécuteur pour déclarer à l'accusé qu'il est condamné comme infame. Autrefois le jugement contenait cette déclaration, et elle était faite au condamné par le magistrat au moment même du jugement.

L'exécuteur doit être purement passif : un silence absolu convient à ses opérations.

Art. 29. Ce qui est dit sur l'article qui précède, annonce assez que l'on desire la suppression de celui-ci. Il est à souhaiter que l'on trouve un autre moyen de châtier l'irrévérence, et sur-tout qu'en aucun cas l'exécuteur de la loi n'en soit jamais l'organe.

Art. 31. Il n'y a pas d'intérêt moral à ce que les exécutions se fassent aux chefs-lieux d'arrondissement où le délit a été commis. Ce changement donnera lieu à une forte augmentation de frais pour la République. Au chef-lieu d'arrondissement, il y aura un moindre concours de spectateurs qu'au chef-lieu du département ; par conséquent moins de personnes à qui l'exemple puisse servir. Il est rare qu'au chef-lieu du département il n'y ait pas quelqu'un de l'arrondissement pour porter la nouvelle de l'exécution.

Pour atteindre la perfection en ce genre, il semble que l'exécution devrait toujours se faire au lieu même du délit ; mais en général cela est impraticable. Il serait bon de laisser aux tribunaux la faculté d'ordonner cette mesure d'exécution, qui se rencontrera rarement. De quelque manière au reste que l'article soit rédigé, les préfets ne doivent rien avoir à ordonner. De même qu'il faut éviter que les tribunaux puissent prendre des mesures administratives, de même on doit prohiber l'intervention des administrateurs pour l'exécution des jugemens, qui appartient naturellement aux commissaires du Gouvernement : le tribunal suffit pour juger s'il convient par exception de fixer un lieu particulier d'exécution, et le commissaire suffit aussi pour activer cette exécution.

Art. 33. Il est inutile de nommer les déportés et les condamnés à des travaux perpétuels, qui sont déclarés morts civilement par l'article 22.

Art. 39. En se reportant au n.° 9 de l'article 9, n'est-il pas juste de faire remarquer que cette expression, *la peine de forfaiture*, est inexacte? La forfaiture n'est pas une peine, mais le sujet d'une peine. Peut-être suffirait-il de mettre, au lieu de « la peine de forfaiture », *la peine pour forfaiture consiste dans la destitution du condamné, &c.*

Art. 41. Aux peines qui y sont énoncées, ne devrait-on pas ajouter celle de reclusion qui est plus forte que la peine d'infamie, que la relégation et la peine pour forfaiture, si l'on en juge par le rang qu'elle tient en l'article 9?

Quant à la publication et affiche des jugemens, il est bien à souhaiter que la loi prescrive des mesures fortes pour en assurer l'exécution.

Art. 47 et 48. Une réflexion naturelle se présente en lisant ces articles, c'est qu'ils donnent aux tribunaux correctionnels une autorité excessive ; cette faculté qui leur est donnée de prononcer des interdictions si importantes, ne devrait avoir lieu qu'à l'égard des condamnés à deux ans de détention et au-dessus, pour vol, filouterie, escroquerie, et pour le cas de prostitution d'un père à l'égard de ses enfans.

Art. 60. Les tribunaux doivent être expressément autorisés à prononcer les condamnations aux frais dans tous les cas de condamnation, et à prononcer la solidarité lorsqu'il y a plusieurs complices. La loi du 18 germinal an 7 est conçue dans le sens qui vient d'être exprimé. La durée proposée pour la détention qui doit être infligée à ceux qui après l'expiration de leurs peines n'acquitteraient pas les amendes et frais, est trop considérable ; réduire cette détention à un an pour ceux qui ont subi une peine afflictive, à six mois pour les cas de peines correctionnelles, et à un mois pour ceux de contravention, est tout ce qu'il faut. Ces différentes détentions subies, il ne devrait pas y avoir lieu à de nouvelles poursuites, lors même que les condamnés deviendraient ultérieurement solvables. Ne serait-il pas même nécessaire d'examiner s'il est bien juste d'assujettir à une détention quelconque celui qui est reconnu insolvable, comme si l'insolvabilité était un délit?

Art. 63. Nous proposons de donner plus de latitude à cet article, et de ne le pas borner aux dispositions gratuites. Voici comme serait conçu l'article à substituer : « Toute disposition de biens, sous quelque dénomi- » nation que ce soit, est interdite aux prévenus, à compter du jour de » la signification à personne ou domicile du mandat de dépôt ou d'arrêt. »

Art. 68. Aux n.ᵒˢ 3 et 6 n'est-il pas nécessaire d'ajouter le mot *sciemment?*

Sur les articles 81, 82 et 83 nous dirons encore qu'il serait mieux de répéter les peines à infliger; on évite par là des longueurs dans le prononcé et la rédaction des jugemens; c'est aussi le moyen de préserver le magistrat de méprise et d'erreurs. Nous ne reviendrons plus sur cette remarque, à laquelle il y a souvent lieu.

Art. 87. Ceux qui sont désignés en la première partie de cet article, ne doivent pas espérer un meilleur traitement que ceux compris aux articles 81, 82 et 83; les uns comme les autres sont coupables du crime de trahison envers l'Etat.

Art. 95. N'est-il pas juste de comprendre dans l'exemption des peines, ceux qui, ayant fourni ou procuré des armes, les auraient retirées, ou auraient fait leur déclaration avant qu'elles eussent servi?

Art. 97. Les mots *dans un temps prochain*, qui sont à la fin de cet article, sont trop vagues; il est préférable, si faire se peut, de déterminer le temps.

Art. 102. Rien de plus prudent que d'exempter de peines ceux qui auront donné connaissance des complots contre la sûreté de l'État; mais n'a-t-on pas à redouter de la dernière partie de cet article, que la perspective de la surveillance ne mette obstacle aux révélations?

Les articles 103 et 104 portent des peines contre ceux qui, par menaces ou voies de fait, auraient nui à l'exercice des droits civils. Ces peines ne ne devraient-elles pas être graduées suivant l'étendue du territoire où le crime aurait été commis!

Art. 110. A la fin on lit ces mots: *Nul autre fonctionnaire public ne pourra alléguer que sa signature lui a été surprise.* Le fonctionnaire le plus exact peut être surpris. Ne serait-il pas juste d'ajouter: *à moins qu'il n'en justifie!*

Art. 111. Rien de plus grave, en effet, qu'un attentat à la liberté; cependant s'il n'est pas possible de fixer un *maximum*, il est convenable que le *minimum* ne soit pas lui-même porté trop haut: vingt-cinq francs par jour de détention, pour dommages et intérêts accordés à un homme qui ne gagne souvent pas trente sous par jour, c'est trop: il ne faut pas faire des dommages - intérêts un objet de spéculation pour les personnes lésées, sans quoi on aura à appréhender des demandes souvent inconsidérées contre les fonctionnaires.

Art. 116. L'omission d'une simple formalité de la part d'un magistrat est punie, par cet article, d'une amende. Pour un magistrat, c'est un deshonneur que d'être condamné à l'amende. Il est douteux qu'en pareil cas l'homme délicat puisse continuer ses fonctions; en tout cas, s'il surmonte son chagrin, jouira-t-il ultérieurement de la même considération. Une faute d'omission ne demande pas d'autre mesure qu'un avertissement.

L'art. 117 inflige la même peine contre le magistrat qui aura retenu ou fait retenir un individu hors des lieux déterminés, &c. Un exemple va faire sentir que cet article demande explication. Un magistrat est obligé de se transporter hors de sa résidence pour l'instruction d'un procès , et souvent cela est nécessaire dès le premier pas ; il arrive dans le lieu ; il reconnaît la nécessité de saisir un prévenu ; il n'y a pas de maison d'arrêt à sa portée , et cependant ce magistrat doit employer plusieurs jours à constater le délit et à prendre tous les renseignemens nécessaires pour lesquels il a besoin de la présence du prévenu : que fera-t-il en pareille circonstance ?

Le cas exprimé à la fin de ce même article n'arrivera jamais, tant qu'il y aura un jury d'accusation. Que serait-ce qu'un tribunal criminel qui se croirait saisi d'une affaire , sans avoir sous les yeux un acte d'accusation admis !

Art. 121. Qu'il soit permis de dire ici qu'il peut échapper à un tribunal d'insérer dans un jugement des dispositions qu'on pourrait regarder comme réglémentaires. Il est bien rigoureux d'appliquer en ce cas la peine pour forfaiture. Il suffit bien de casser le jugement et de donner un avertissement.

L'article 123 porte des dispositions contre les magistrats qui , sans autorisation du Gouvernement, auraient fait ou permis des poursuites contre ses agens. Il est indispensable d'observer à ce sujet qu'il est des cas où il est permis aux magistrats de penser que des réclamations ne sont pas fondées ; il serait bien de les autoriser, en ce cas, à en référer au Grand-juge.

Art. 124. Cet article suppose, de la part des administrateurs, une prévarication dont la nature est absolument la même que celle de l'art. 123 concernant les magistrats. L'amende ne doit pas être plus forte pour l'administrateur que pour le magistrat ; mais qu'on nous permette de le demander : pourquoi l'administrateur n'est-il pas interdit pour au moins deux mois ou un an au plus de l'exercice de ses fonctions , ainsi qu'il est ordonné par l'article 123 à l'égard des magistrats ! Cette différence ne provient pas , sans doute, de ce qu'on croirait devoir attacher plus de considération aux places administratives qu'aux places judiciaires ; la vérité est qu'elles méritent une égale protection.

Art. 127. Les mots *quant au poids ou quant au titre* semblent autoriser toutes personnes à fabriquer la monnaie ayant le titre et le poids.

Cette réflexion en fait naître une autre ; c'est que des particuliers, pour s'approprier les profits de la fabrication, pourraient faire de la monnaie ayant le titre et le poids. La peine de mort serait exagérée à leur égard, mais ils devraient être passibles d'une peine propre à détourner d'une telle spéculation.

Art. 131. Si notre remarque sur l'article 102 est accueillie, on retranchera la surveillance de l'article 131 pour ne pas décourager ceux qui voudraient faire des révélations.

Art. 132. Rien de mieux mérité que la peine de la déportation contre le fonctionnaire qui s'est rendu coupable du crime de faux dans l'exercice de ses fonctions ; mais plus cet article est important et plus il est indispensable que les dispositions en soient méditées. Les mots, *soit en constatant comme vrais des faits qui n'auraient pas existé ou qui auraient existé autrement,* font naître deux réflexions ; la première, c'est que le fonctionnaire doit avoir constaté sciemment : la seconde porte sur le mot *autrement.* Une différence, même légère, peut autoriser l'application de ce mot, et, par conséquent, de la peine de déportation. Cette rédaction demande absolument une réforme. Ce même article porte ces mots : *Soit par omission de constater, &c.* Ceci est bien encore d'une autre conséquence, et si, pour des omissions qui souvent peuvent être involontaires, un fonctionnaire a l'effrayante perspective de la déportation, il se trouvera peu d'hommes qui veuillent courir un tel danger.

Art. 133. Seront punis de la même peine les fonctionnaires qui auraient détruit ou détourné, &c. des titres dont ils étaient dépositaires à raison de leurs fonctions. Nous proposons, au lieu de ces mots, *de leurs fonctions,* de mettre ceux-ci : *Des fonctions qu'ils exercent ou qu'ils auraient précédemment exercées.*

Art. 135. La peine pour le cas de faux passe-ports, de fausses feuilles de route, de faux certificats, &c. semble insuffisante ; la peine de six mois à deux ans de détention devrait être appliquée dans le cas non exprimé où un individu se servirait sciemment d'un passe-port délivré à un autre.

Art. 136. Il est nécessaire d'ajouter que la peine sera appliquée à celui qui aura fait *sciemment* usage de ces actes faux.

Art. 138. Comme cet article ne porte pas seulement la peine de déportation, mais encore celle de détention pour un cas particulier, il est convenable d'ajouter la destitution et même l'incapacité de remplir toutes fonctions publiques.

Art. 139. Ajouter la destitution.

Art. 142. Il semblerait que la prohibition ne devrait se porter que sur le commerce de froment, seigle, orge et farines, comme denrées qui sont de plus étroite nécessité. Comme le commerce de ces denrées, d'ailleurs très-utile, est toujours suspect à la partie non éclairée et trop nombreuse des citoyens qui lui attribue faussement les augmentations de prix, le moindre soupçon diminuerait le respect qui est dû au fonctionnaire. Cet effet est moins à craindre pour le commerce des autres objets ; cependant, il faut l'avouer, le commerce, de quelque chose que ce soit, ne convient guère à un fonctionnaire dont il est à craindre qu'il ne concentre trop l'attention. Nous réduisons donc notre observation, au sujet de cet article, à demander une exception en faveur des préposés ou fonctionnaires sans traitement , ou dont les traitemens ou salaires sont si peu considérables , que leur interdire le commerce c'est les forcer d'abandonner leurs places.

Art. 151. La première partie de cet article est inadmissible ; car, comment prouvera-t-on que le juge a jugé par faveur ou par inimitié ! Combien trop souvent le juge serait menacé de la peine pour forfaiture ; car personne n'ignore qu'il y a peu de plaideurs qui ne soient disposés à accuser leurs juges de partialité : il est bien utile en général d'éviter dans les lois toutes dispositions , à moins qu'elles ne soient strictement nécessaires , qui pourraient tendre à déconsidérer les magistrats : cette réflexion s'applique également à tous les fonctionnaires de quelque importance.

Art. 153. Les tribunaux criminels, correctionnels et de police , doivent être formellement exceptés de cet article ; car ces tribunaux ne peuvent qu'appliquer la loi , et jamais suppléer à son silence.

Art. 158. Il convient de réformer la rédaction de cet article , car telle qu'elle est , il semblerait qu'un employé pourrait, sans ordre , violer le sceau des lettres qui viennent de l'étranger.

Art. 161. Concernant les attaques ou résistances avec voies de fait , &c. on croit que le nombre de vingt pourrait être réduit à dix.

Art. 165. Il n'est pas nécessaire qu'il y ait plus de deux personnes armées ; c'est assez de deux sur dix qui soient armées pour faire supposer des intentions criminelles.

Sur l'article 181 , on demande quelle sera la peine lorsque le guet-apens sera réuni à la préméditation ! On remarque au reste que le guet-apens ne peut jamais se rencontrer sans qu'il y ait préméditation.

Art. 192. Il serait à desirer que cet article ne fût applicable qu'aux gardes nationales en réquisition pour le maintien de la sûreté publique ou individuelle , et qui se refuseraient à la réquisition. Car il serait dur de l'appliquer dans les occasions où il ne s'agirait que de cérémonies et de représentation , cas pour lesquels les peines de discipline sont suffisantes.

Art. 198. L'officier de santé qui a délivré un faux certificat de maladie doit être puni d'une peine plus forte que le témoin lui-même, c'est pourquoi on demande contre l'officier de santé la peine portée en l'article 135.

Art. 199. On demande encore contre l'officier de santé, qui aura délivré de faux certificats à des jurés , l'application de l'article 135. On propose aussi d'ôter de l'article 199 l'interdiction du droit de cité , &c. contre le juré délinquant. La raison de cela , c'est que l'article 200 qui suit, ne contient pas cette peine contre les officiers de la force publique qui , étant légalement requis , auraient refusé de la faire agir : cas autrement important que le refus d'un juré motivé sur une fausse maladie.

L'article 201 , relatif à l'évasion des détenus, laisse à regretter qu'on n'y ait pas fondu les dispositions des articles 3 et 4 de la loi du 4 vendémiaire an 6. Au surplus, ces mots, par chaque évasion, employés aux numéros 1 et 2 de cet article 201 , doivent-ils s'entendre de tous ceux qui s'évadent en même temps, ou de chacun de ceux qui s'évadent? On remarque de plus, sur le numéro 2 qui suppose connivence, que la peine est trop légère. La destitution, l'incapacité de remplir à l'avenir aucunes fonctions publiques, la confiscation des sommes reçues, la peine d'infamie et du carcan, et l'amende, devraient être appliquées en ce cas extrêmement grave, et de la conséquence la plus dangereuse : la connivence rentre dans les articles 145 et 146, et ne doit pas être traitée avec plus de ménagement.

Art. 202. Si nos remarques sur l'article précédent, pour le cas de connivence, sont adoptées , on en doit conclure que la seconde partie du présent article 202, doit être changée dans le même esprit.

Art. 205. Les gardiens et autres, compris dans cet article , ne doivent encourir la peine des travaux forcés à temps , qu'autant qu'ils auront eu connaissance des violences, bris de prisons et autres tentatives de délivrance , ou lorsque, pouvant le faire, ils ne s'y seront pas opposés.

Art. 208. Il n'y a nulle necessité à mettre en surveillance les gardiens, et autres de ce genre, qui ne seraient coupables que de négligence ; ne plus les employer est tout ce qu'il faut ; nous dirons, à ce sujet, que plus on étendra les cas de surveillance, et moins elle pourra être utilement exercée ; cette mesure ne sera utile qu'autant qu'elle sera restreinte aux circonstances d'un intérêt majeur.

Art. 226. Il importe à la tranquillité publique que les vagabons, déclarés tels par jugement , restent en détention jusqu'à ce que le Gouvernement ait disposé d'eux.

Art. 232. Nous demandons ici, comme sur l'article 135, qu'une peine soit appliquée à celui qui se servirait sciemment d'un passeport délivré à un autre individu.

Art. 248. Sur les attentats publics aux mœurs, on aperçoit un oubli au troisième alinéa de cet article , qui parle de l'enlèvement des jeunes gens des lieux où ils ont été placés par leurs pères et mères , &c. : il semble qu'il faudrait aussi parler du cas où ils sont enlevés du domicile même de leurs pères, mères, &c. Il est à souhaiter aussi qu'à la fin de ce troisième alinéa, on désigne les peines destinées aux pères , mères, tuteurs, &c. qui auraient contribué à la prostitution de leurs enfans ou de leurs pupiles.

Art. 262. Il ne doit pas être nécessaire pour être considéré en état de légitime défense, qu'il y ait plus d'un homme qui escalade ou qui commette l'effraction. L'apparition d'un seul fait naturellement supposer, que d'autres sont à portée de venir l'aider dans son crime. En cas d'escalade, par exemple, on aperçoit un voleur sur le mur, on doit croire qu'un autre est prêt à monter ou monte déjà ; il n'y aurait pas sûreté à attendre la réunion pour prendre les fortes mesures qui conviennent à la légitime défense. La circonstance de *la nuit,* insérée en ce même article , peut être

retrancchée

retranchée ; car ceux qui pendant le jour escaladent ou commettent des effractions , sont bien assurés de trouver peu ou point de résistance.

Art. 272. Les peines de cet article doivent s'appliquer à ceux qui empoisonnent des puits, citernes et fontaines destinés à l'usage des hommes. On propose de décharger de toutes peines ceux qui avoueraient leur crime, avant qu'il eût produit son effet.

Art. 277. A la suite de cet article il conviendrait d'en établir un autre qui pourrait être ainsi conçu : « les enfans qui auront porté des coups ou fait » des blessures même légères à leurs pères, mères légitimes ou naturels ou » autres ascendans, seront punis de la peine de........»

Cette intercalation n'exclut point l'article 280 qui ne parle pas des pères, mères, &c.

Il semble encore qu'il serait nécessaire que la loi pourvût à des peines contre les enfans qui, par paroles, gestes et menaces, auraient outragé leurs pères, mères, &c.

Art. 286. L'infanticide n'est pas complètement défini par cet article. Il existe encore des manières plus directes d'occasionner la mort d'un enfant, comme de le massacrer, de le noyer, &c. Dans ces derniers cas sera-ce encore la peine de la déportation ou la peine de mort! cela demande une explication positive.

Art. 288. On ne peut se dispenser de dire que cet article est bien vague. Outre la dénonciation ou plainte des familles, ne faudra-t-il pas des preuves pour condamner des instituteurs ou maîtres prévenus d'avoir usé de violences envers leurs élèves! Ces mots, *sur la seule dénonciation,* autorisent notre observation. De plus, comme les suites des violences ou mauvais traitemens des maîtres envers leurs élèves peuvent avoir des suites graves, il arrivera que le *maximum* de peine énoncé en cet article, se trouvera quelquefois insuffisant.

Art. 291. Cet article exige des explications : il punit le viol de la peine de la déportation à l'égard de certains individus ; mais il ne détermine pas assez ceux qui ont autorité sur la personne violée : il ne dit pas si le fonctionnaire public doit être compris indistinctement sous l'empire de cette peine, ou si c'est seulement lorsqu'il aurait abusé des facilités que sa place aurait pu lui donner, ce qui paraîtrait juste.

Art. 292. L'exception portée en cet article pour le cas d'attaque violente à la pudeur, ne paraît pas susceptible de peine, à moins que la femme ne soit de mauvaise vie.

Art. 297. Ici comme sur l'article 248 , on demande que le cas où des mineurs seraient enlevés de la maison même de leurs pères ou mères, soit exprimé.

Art. 305. Il est une autre espèce de menaces consignées dans des écrits anonymes par lesquelles on demande à des citoyens de déposer des sommes, &c.,

sous peine de, &c. ; ces menaces sont bien propres à inquiéter infiniment ceux qui en sont l'objet. N'y aura-t-il aucune peine en ce cas !

Art. 306. Les deux dernières lignes de cet article où sont rappelés les articles 259 et 277, établissent une contradiction avec l'article même 306, car, si les blessures autres que celles mentionnées aux articles 259 et 277, ne doivent donner lieu qu'à des intérêts civils, on se demandera pourquoi les blessures comprises en l'article 306 sont susceptibles de peines !

Sur les articles 318 et 319, nous ne pouvons nous dispenser d'exprimer le désir d'une loi sévère contre ceux qui ensevelissent avant l'expiration de vingt-quatre heures depuis la mort présumée.

La loi des vingt-quatre heures pour l'inhumation est absolument illusoire si on laisse subsister l'usage d'ensevelir avant que la mort ne soit bien constante. Qu'importe à un individu qui a peut-être encore des droits à la vie, d'être conservé pendant vingt-quatre heures, si deux heures après sa prétendue mort, il est cousu dans un sac qui doit étouffer les principes de vie qu'il aurait conservés.

Cet usage des ensévelissemens précipités fait frémir : au moment terrible de la mort où l'homme n'est environné le plus souvent que d'êtres insoucians, ou, ce qui est pis encore, d'êtres avides, n'aura-t-il donc aucune garantie contre la précipitation ! Qui sait si même on ne préviendrait pas des crimes par des mesures sages et fortes, pour mettre un frein à cette odieuse pratique qui couvre d'une enveloppe impénétrable, et le cadavre et les signes qui auraient peut-être donné lieu à des révélations importantes ! Que l'œil du législateur se porte donc avec sollicitude sur les moyens efficaces de procurer à l'homme la tranquillité si nécessaire à ses derniers momens.

On propose, et avec raison, des peines contre les violateurs des tombeaux. Combien n'est-il pas plus nécessaire d'en infliger à ceux qui ne remuent pas une vaine cendre, mais qui, par une précipitation coupable, détruisent les dernières ressources de la vie !

Art. 322. Nous renvoyons à ce qui a été dit sur l'article 15, concernant les poteaux à élever sur le lieu de la sépulture de certains condamnés, et aux inscriptions y relatives.

Art. 325. Un faux témoin, en quelque cas que ce soit, mérite au moins la peine de reclusion ; et s'il a reçu de l'argent ou des récompenses, comme il est dit, art. 326, la peine des travaux à temps doit lui être appliquée.

Art. 327. On a omis de joindre l'article 326 à l'art. 325. Cependant les mesures d'interdiction proposées par cet article 327, pour le cas de l'article 325, sont encore plus indispensables pour celui de l'art. 326.

Nous demandons de plus que les mêmes peines soient appliquées aux corrupteurs de témoins, dans tous les cas de faux témoignage, et, comme de raison, sans restitution des choses données ; et qu'il soit rédigé un article à ce sujet.

Sur les articles 328 et suivans, concernant la calomnie. En général la rédaction de cet article demande d'être plus soignée et faite de manière qu'elle ne nuise pas à la manifestation des délits, comme on aurait lieu de le craindre de celle qui est proposée, et particulièrement de l'article 332.

Il semble, au surplus, qu'il y a une grande différence à faire de celui qui, par indiscrétion et sans savoir si le fait est vrai ou faux, répand une calomnie, et de celui qui en est l'inventeur. Il y a aussi une différence remarquable entre une calomnie dirigée contre un fonctionnaire public, et celle qui a pour objet un simple citoyen. Sans doute la calomnie doit être punie dans tous les cas, mais plus sévèrement dans le premier. Il ne nous paraît pas que ces distinctions aient été faites dans le Projet. Nous regrettons aussi de ne pas y trouver un adoucissement dans les peines, en faveur de ceux qui, dans les vingt-quatre heures, rétracteraient la calomnie, et manifesteraient cette rétractation. Cette dernière idée a beaucoup d'analogie avec celle que nous avons présentée sur l'article 272.

Art. 334. Le calomniateur condamné sera-t-il interdit de tous les droits énoncés en l'art. 47, indistinctement dans tous les cas! et même dans aucun, peut-on le priver de l'autorité paternelle, à moins que la calomnie dirigée contre le chef du Gouvernement ne fût par cela même une atteinte à la sûreté de l'État!

A la suite de l'article 338, lequel punit les indiscrétions des officiers de santé, on laisse à desirer une punition à leur égard, pour un cas d'une plus grande conséquence : c'est celui où ils refusent leur ministère pendant la nuit ou même pendant le jour ; ce qui a souvent des suites funestes. Que de femmes en couches (pauvres, cela s'entend) ont été victimes, faute de secours! Que de gens attaqués d'apoplexie ou autre accident violent, ont perdu la vie, quand des mesures promptes la leur auraient conservée !

L'art. 341 fait naître le desir et sentir le besoin d'une disposition pénale contre ceux qui recélent les effets enlevés par des enfans à leurs pères et mères, par des femmes à leurs maris, &c. Ces soustractions d'effets n'étant pas caractérisées vols, les peines contre les receleurs ne pourront être appliquées en ce cas, à moins que l'on ne comprenne textuellement ceux qui favorisent de semblables soustractions, parmi ceux qui doivent être punis comme receleurs : en effet de tels receleurs sont aussi coupables que les autres, et leur punition juste, à leur égard, présentera encore une sorte de condamnation indirecte contre les personnes désignées en cet article ; ce qui est un moyen de prévenir de semblables délits.

Art. 347. Le cas énoncé au cinquième numéro de cet article, concernant le déplacement ou enlèvement de bornes, est d'un intérêt faible en comparaison des cas spécifiés dans les numéros précédens, qui supposent que le voleur est ou domestique, ou apprenti, ou homme d'une confiance forcée, tel qu'un aubergiste ou voiturier. Ne voit-on pas d'ailleurs que l'enlèvement de bornes ou leur déplacement, caractérisent un délit principal, qui n'a pas pour objet le vol d'aucuns effets ou marchandises , et qui est commis seulement dans l'intention de s'approprier quelque portion de la propriété d'autrui! Ce délit doit donc avoir sa peine particulière, et est en effet prévu dans le Projet, à l'article 415.

Art. 351. On désire que le cours des rivières et ruisseaux soit compris comme faisant clôtures. Nous faisons cette remarque , parce que plusieurs fois on a dit et plaidé que les ruisseaux ou rivières ne devaient pas être considérés comme clôtures.

Art. 356. Pour que cet article puisse se concilier avec le numéro 4 de l'article 343 et avec le numéro 3 de l'article 347, il faut restreindre ce que l'on appelle l'effraction intérieure à celle commise sur les armoires et autres meubles fermés. Cette restriction aura même le mérite de l'exactitude ; car toute effraction faite pour parvenir au meuble qui contient la chose que l'on veut prendre , n'est-elle pas extérieure par rapport à ce meuble !

Art. 369, sur ceux qui auraient soustrait des pièces après les avoir produites. Cet article doit porter de plus , sauf les dommages-intérêts, s'il y a lieu.

Art. 370, sur les maisons de jeu , &c. Ces mots *jeux* , dans lesquels *le hasard domine* , sont bons à supprimer; car qui pourra déterminer d'une manière assurée les jeux dans lesquels le hasard domine! Il est des jeux où le hasard fait tout , il en est d'autres où il fait plus ou moins , il en est peu et peut-être point où il n'entre pour quelque chose. On sait assez ce qu'on doit entendre par jeux de hasard , pour que cette seule dénomination suffise.

Art. 372. Il y a un léger changement à faire dans cet article , pour que nul ne puisse croire pouvoir tenir une maison de prêt sans y être autorisé , ce qui semble résulter de la disjonctive *ou* qui est à la troisième ligne.

Art. 373. Il est à souhaiter que l'on assujettisse aux peines portées par cet article ceux qui auraient acheté ou vendu le silence des enchérisseurs. Il est peu de ventes ou adjudications publiques où de vils spéculateurs ne fassent des gains quelquefois considérables par cette honteuse pratique, au grand détriment de la nation ou des particuliers.

Art. 377. Ajouter à ces mots *sous le nom de damnations* , ou *sous toute autre dénomination* ; et en effet les ouvriers ou compagnons ont des termes différens, suivant les pays , pour exprimer l'espèce de justice qu'ils exercent les uns envers les autres.

Art. 379 et 380. Si l'on croit nécessaire de conserver ces articles , il est indispensable d'en changer en partie la rédaction ; car il en pourrait résulter des persécutions contre ceux qui , en certains cas , ne croiraient pas devoir vendre leurs marchandises. Rien de plus facile que de mal interpréter les paroles les plus simples : un commerçant ou même un propriétaire aura communiqué sa pensée sur les probabilités du prix ultérieur des marchandises ; il aura même dit : elles seront plus chères dans six mois, et je crois ne pas que ce soit le temps de vendre à présent. Souvent ces pronostics seront fondés sur quelques faits d'expérience ou sur quelques circonstances relatives aux saisons ou à l'intérêt actuel du commerce, soit du pays, soit d'ailleurs. Tout cela serait fort innocent, et souvent même présenterait des considérations d'utilité publique ; cependant, dans ce cas, on pourrait trouver des moyens d'inquiéter les plus honnêtes citoyens et les plus éloignés de l'esprit de monopole. Par ces raisons, nous demandons que l'article 379 soit réduit à ses trois premières lignes, qui s'appliquent aux faits faux ou calomnieux. Ce qui suit serait propre à détruire l'esprit de commerce et de société, et jusqu'aux plus simples communications entre les commerçans et les propriétaires, qui auraient toujours à craindre la fausse interprétation de ce qu'ils auraient pu dire entre eux. Au surplus, on propose de n'appliquer une peine, au cas de faits faux ou calomnieux, qu'autant qu'il s'agirait d'objets de première nécessité, comme froment, seigle, orge et farine.

Art. 381, concernant les paris sur la hausse ou la baisse des denrées. Nous en demandons la suppression. Il ne peut jamais avoir de véritable utilité, et établirait une sorte d'inquisition sur des actions de la vie, qui souvent ne doivent être considérées que comme des étourderies ou des plaisanteries.

Art. 382. Cet article, dégagé du mot *pari*, qui semble ne devoir pas figurer dans un Code, présente une escroquerie punissable, et dont l'espèce peut être renvoyée aux délits de ce genre.

Art. 383. Cet article concerne les prévarications des fournisseurs et ouvriers pour le compte de la République ou des administrations. Il faut que ces prévarications soient punies ; mais la peine doit-elle être infligée, comme il est dit dans cet article, sur la seule dénonciation du Gouvernement ? Sans doute que l'on n'entend pas par là que la seule dénonciation formera la preuve. Tout tribunal appliquant une peine, doit avoir préalablement la preuve de la réalité du délit. Cet aperçu suffit pour faire connaître la nécessité d'une explication.

L'article 387 et les suivans, jusques et compris 394, présentent, à la vérité, le tableau d'injustices graves commises par les contrefacteurs d'écrits, compositions musicales, &c. envers les vrais auteurs. C'est encore une injustice à réprimer que l'introduction d'ouvrages contrefaits. Il en est de même à l'égard des directeurs des spectacles qui font représenter des ouvrages dramatiques sans le consentement des auteurs ; mais que peut-on voir en tout cela ? Une anticipation sur la propriété d'autrui, qui ne doit donner lieu qu'à des restitutions et dommages-intérêts plus ou moins considérables, et qui sont de la compétence des tribunaux civils. Nous croyons en avoir déjà exprimé la pensée. Le Code criminel ne doit rien contenir qui ne soit grave et solennel, et ceci pourra paraître un hors-d'œuvre. Quelque idée que l'on prenne de nos remarques sur cet article, on nous saura gré de demander que le marchand qui a deux exemplaires seulement d'une édition contrefaite, ne soit pas considéré comme coupable du délit dont il s'agit.

Art. 395. Comme on peut mettre le feu à des bois de toute espèce, les mots *bois taillis* doivent être remplacés par ceux-ci, *bois non coupés ou sur pied ;* et au lieu de mettre matières combustibles disposées pour communiquer le feu, y substituer ces mots, *matières propres à communiquer le feu,* soit que l'incendiaire les ait disposées ou non.

Art. 396. Ne devrait-on pas ajouter *magasins et chantiers,* qui sont susceptibles d'être incendiés comme tous les autres lieux dénommés en cet article !

· Art. 397. La surveillance ne peut pas être appliquée à un cas plus nécessaire. Celui qui a osé menacer de quelque manière que ce soit, d'incendier la propriété d'autrui, devrait même être surveillé pendant toute la durée de sa vie.

Art. 398. Cet article est difficile à concilier avec l'art. 396, qui condamne à la peine de mort celui qui, par l'effet d'une mine, aura détruit des bâtimens, maisons, &c.; et on se demande pourquoi, en conséquence de cet article 398, celui qui aura détruit, par quelque moyen que ce soit, des bâtimens, maisons, &c., ne subira que la peine de reclusion ! Cependant, dans ces mots, *par quelque moyen que ce soit,* l'effet de la ruine est nécessairement compris.

Art. 400. *Tout pillage, tout dégât,* &c, après ces mots, *en réunion ou bande,* il serait bon d'ajouter *de plus de trois personnes.* Il faut aussi des peines pour le pillage commis par trois personnes ou moins.

Art. 410. Il conviendrait de comprendre formellement dans cet article ceux qui répandent dans les chemins, champs et pâtures, des *gobbes,* et font périr par ce moyen une quantité de bestiaux. Il n'est pas moins indispensable d'y comprendre ceux qui empoisonnent les eaux destinées à abreuver les bestiaux.

Art. 416. Contre ceux qui inondent les chemins, &c., en transmettant les eaux, nous proposons de mettre : *en transmettant les cours naturels d'eau.* La raison de ce changement est assez sensible pour n'avoir pas besoin d'être expliquée.

Art. 418. Les incendies, effets d'une négligence grave, ne doivent-ils pas donner lieu à des dommages-intérêts ! La distance à laquelle il peut être permis d'allumer des feux doit être beaucoup plus considérable que celle proposée, qui n'est que de cent mètres,

Art. 421. Cet article remédie, jusqu'à certain point, à l'excès des amendes ou autres peines, dans le cas dont il parle ; mais ne dit pas quelle sera l'amende, lorsqu'il n'y aura nul préjudice ; c'est-à-dire qu'il n'y aura pas lieu à dommages-intérêts. Cela demande à être déterminé.

Art. 422. Il serait plus convenable d'employer, comme peine de police, le mot *emprisonnement,* que celui de *détention ;* cette différence établirait une démarcation salutaire entre la police correctionnelle et la simple police.

Art. 425. Nous renvoyons, pour cet article, à ce que nous avons dit sur l'art. 60, relativement à la condamnation aux frais, à la solidarité, et à la détention contre les insolvables des frais et des amendes. Nous avons l'espoir que nos pensées, à cet égard, seront prises en considération.

Art. 427. Mêmes réflexions qu'à l'article précédent, et renvoi à l'art. 60. où nos raisons ont reçu leur développement.

Art. 430, sur les contraventions. Le numéro 2 parle de la violation de la défense de tirer, et ne parle que de pièces d'artifice ; il faudrait ajouter, *ou armes à feu.* Au numéro 10, on aurait dû ajouter, après les mots *dans les champs,* ceux-ci, *et dans les vignes.*

Art. 431. Ajouter armes à feu, à pièces d'artifice, comme à l'article précédent.

Art. 434. Ajouter encore armes à feu.

Art. 435. La responsabilité imposée aux aubergistes et autres, par cet article n.° 2, devrait être déterminée, à moins qu'on n'entende la même responsabilité que celle exprimée en l'article 78. Si cela est ainsi, il est bon d'ajouter : *conformément à l'article 78.*

Au numéro 3, on a négligé de porter la défense aux voituriers de monter sur leurs chevaux et voitures. Les mots *à portée de leurs chevaux ,* n'expriment pas assez qu'ils ne doivent pas être dessus.

Le numéro 4 n'est pas une simple contravention, c'est un délit qui doit être puni correctionnellement au moins, et plus fortement s'il y a lieu. Ce numéro doit donc être reporté à la police correctionnelle.

Le numéro 11 pourrait être réservé pour le Code forestier.

Le numéro 12, tel qu'il est rédigé, ne présente pas d'intention. Les trois numéros précédens étant compris sous le présent article 435, participent à la peine qui y est portée. Cela n'a pas besoin d'être répété. Peut-être, au reste, a-t-on eu l'intention d'appliquer à ce numéro 12 une peine plus forte à raison de la violation de clôture, mais cela a été omis.

Art. 436. Nous renvoyons pour cet article, en ce qui concerne les vins falsifiés, au numéro 6 de l'article précédent, et nous répétons que ce cas est bien de la compétence des tribunaux correctionnels.

Art. 439, n.° 6. Les aubergistes, &c. qui ont logé des personnes se donnant des noms supposés, ne doivent être passibles de la peine qu'autant qu'ils l'auront fait sciemment.

Nous remarquons, sur le numéro 5, que la distance de cent mètres pour allumer du feu, est insuffisante.

Sur le numéro 10, que les anticipations de culture ne doivent donner lieu qu'à des actions civiles.

Sur le numéro 12, que sa disposition doit être restreinte aux *marchands.*

Art. 440. Le numéro 3, concernant les aubergistes, doit porter le mot *sciemment*, comme il est dit dans l'article précédent.

L'observation faite sur le numéro 12 du précédent article, doit s'étendre au numéro 8 de celui-ci; pour quoi il faudrait dire *les marchands posses-seurs*, au lieu de *les possesseurs* écrits dans ce numéro.

Art. 468. Les maires et adjoints des communes au-dessous de 5,000 ames seront souvent peu capables de la rédaction des procès-verbaux des gardes champêtres et forestiers. Le bien de la chose exige que la concur-rence pour cette rédaction soit donnée aux juges de paix, à leurs sup-pléans et à leurs greffiers.

Art. 469. Il n'est pas dit dans cet article dans quel délai le procès-verbal sera affirmé; il est utile qu'il le soit au plus tard le lendemain de sa date : il y a inconvénient à dire dans les vingt-quatre heures, parce que cela oblige à insérer au procès-verbal l'heure de sa rédaction.

Art. 473. Les gardes champêtres des communes ou des particuliers re-mettront-ils aussi leurs procès-verbaux aux commissaires de police, &c. lors-qu'il s'agira de délits de bois ? La conservation des bois est devenue si in-téressante, qu'il serait peut-être mieux que les procès-verbaux, en matière de délits de bois, fussent remis aux inspecteurs des forêts, même lorsque les bois appartiendraient à des particuliers ou à des communautés.

Art. 477. Nous dirons ailleurs ce que nous pensons de la nouvelle orga-nisation criminelle qui est proposée; mais nous ne devons pas pour cela nous dispenser de donner le tribut de nos réflexions particulières sur les articles qui tiennent à cette organisation. Ces réflexions prouveront en plus d'une occasion que les mesures d'exécution proposées ne convi nnent pas toujours à l'ensemble du Projet et *vice versâ.* Quoi qu'il en soit, nous devons dire, sur l'article 477, que jamais le commissaire du Gouvernement ne pourra trouver le moment de s'occuper des fonctions directes de magis-trat de sûreté, s'il ne néglige pas celles de sa place de commissaire. « Lors-» que la loi, dit le Grand-juge dans sons compte rendu, *page 219,* im-» pose une tâche supérieure aux forces des hommes qu'elle emploie, il est » bien rare que sa volonté soit remplie ». Mais nous avons ici de plus l'autorité même du Projet; car l'article 772 suppose que le Gouvernement pourra établir un ou plusieurs substituts chargés spécialement de concourir aux fonctions des magistrats de sûreté près le tribunal criminel, dont il croit qu'un seul souvent même ne suffira pas. Au surplus, il ne convient pas que le commissaire, qui est le supérieur et le surveillant des substituts,

remplisse

remplisse par lui-même des fonctions secondaires, semblables à celles pour lesquelles il inspecte ses auxiliaires. On ne citera pas pour autoriser une telle mesure, l'établissement des préfectures qui n'admet pas de sous-préfet dans l'arrondissement où réside le préfet. Cet exemple ne prouverait rien pour un cas qui n'est pas le même ; et d'ailleurs, il y a peut-être des inconvéniens dans l'exception qui a lieu pour les préfectures : mais il est hors de notre sujet de nous en occuper.

Art. 479. Sans doute le Projet entend donner aux substituts la parole aux audiences de police correctionnelle. Il faudrait que cela fût exprimé ; car aujourd'hui ils ne l'ont pas, et c'est un mal.

Art. 480. Les dernières expressions du numéro premier de cet article, font desirer que les cas où l'exercice de la police judiciaire est limitée, soient formellement énoncés.

L'art. 488 nous donne aussi l'occasion de demander le tableau des délits sur lesquels la loi appelle le plein exercice de la police judiciaire.

Nous remarquerons encore, à l'occasion de cet article et de l'article 489, qu'il est une multitude de cas en police correctionnelle, pour lesquels il est plus expéditif et plus économique pour le trésor public et pour les parties, de porter directement les affaires au tribunal sur une simple citation et sans instruction préalable, même lorsqu'il y aurait dénonciation ou plainte.

Art. 492 et 493. La dénonciation civique qui fait l'objet de ces articles, devrait se réduire à une simple déclaration faite au magistrat de sûreté, sans aucune formalité relative au dénonciateur. Faute de cette simplification, on peut être assuré qu'il n'y aura presque jamais de dénonciation civique.

Art. 517. Il est encore nécessaire que le magistrat de sûreté, ou tout autre faisant la première procédure, fasse écrire ou écrive sur un cahier séparé les interrogatoires que les prévenus subiront. La raison de ces précautions, tant à l'égard des dépositions qu'à l'égard des réponses des prévenus, est que les procès-verbaux doivent être communiqués aux jurés, et qu'il n'en est pas de même des interrogatoires et des dépositions des témoins.

Art. 524. On croit que le délai à accorder au témoin pour former opposition à un jugement qui l'aurait condamné faute d'avoir comparu, doit être de dix jours, comme au cas de l'article 605.

Art. 536. Le délai pour interroger accordé au magistrat de sûreté, ne peut être moindre de vingt-quatre heures. Dans bien des cas, il lui est impossible d'interroger dans le jour. Si l'on veut que l'interrogatoire soit utile, il faut donner le temps au magistrat d'acquérir toutes les connaissances préliminaires.

Art. 539. Avant d'adopter cet article, il y a bien des considérations à méditer : à notre égard, nous croyons que l'intervention de compétence qu'opère cet article, aura des inconvéniens beaucoup plus graves que ceux que l'on veut éviter. L'adóption de l'article a pour motif le danger d'admettre la preuve par témoin contre le contenu aux actes ; mais que le tribunal de première instance juge comme tribunal civil ou comme tribunal correctionnel, il pourra toujours admettre ou refuser cette preuve ; car il est vrai en droit, qu'un tribunal civil , en cas de dol , peut admettre la preuve. Qu'arrivera-t-il de l'article proposé! que le jugement du tribunal civil ressortira au tribunal d'appel, au lieu que le fait jugé correctionnellement serait porté par appel au tribunal criminel avec moins de frais, puisqu'il y a moins d'éloignement et moins de formalités à remplir.

Sur les articles 543 et 544, on demande auquel des magistrats de sûreté restera la poursuite du délit, lorsque plusieurs auront délivré le même jour les mandats de dépôt ou d'arrêt!

Art. 552. Comment les propréteurs peuvent-ils être membres des tribunaux criminels, puisque dans le Projet, ils sont subordonnés à ces tribunaux, et même sous la surveillance des préteurs! Une telle subordination d'un membre d'un tribunal à un autre membre de ce même tribunal, n'a existé dans aucun temps. Le chef des anciens tribunaux des parlemens même , était bien le régulateur de la discipline de ces corps , et de l'ordre de leur service , il jouissait d'une grande considération ; mais ne se regardait que comme *primus inter pares*. Tous rendaient la justice concurremment avec lui , et partageaient les peines et les honneurs de la magistrature.

. Art. 559. On pense que le propréteur ne devrait renvoyer un prévenu, lorsqu'il pense que le cas n'est pas réputé délit, que sur la réquisition du magistrat de sûreté, ainsi qu'il est prescrit pour un autre cas dans l'article précédent. L'article 568 ne parle pas , il est vrai, du renvoi d'un prévenu ; mais il prescrit l'intervention du magistrat de sûreté pour tous les actes d'instruction que fait le propréteur. Le renvoi d'un prévenu est d'une grande importance, et il importe que l'officier poursuivant en soit instruit : cette réflexion s'applique aussi à l'article 572. Le présent article 559 est de plus contradictoire avec l'article 613 , qui porte que, *dans tous les cas , le commissaire pourra se pourvoir d'office devant le tribunal criminel.* Il faut pour cela qu'aucun acte ne puisse être fait sans son intervention ou celle des substituts.

L'art. 563 concerne des témoins condamnés par défaut, pour n'avoir pas comparu. La même raison qui nous a fait demander dix jours au lieu de cinq , à l'article 524, pour former opposition , nous porte à réclamer ici le même délai.

Art. 566. Il est indispensable d'accorder une indemnité au magistrat qui se transporte au delà de cinq kilomètres ; celle qui est déterminée par cet article , est évidemment insuffisante. On ne saurait trop encourager le transport de ces magistrats ; c'est un des plus sûrs moyens de découvrir la vérité. Le magistrat qui se porte sur le lieu du délit, y prend des renseignemens qu'il ne pourra obtenir au lieu de sa résidence. Nous ajouterons que le transport est un moyen économique pour le trésor public : un transport coûtera cinquante francs, par exemple, pour indemnité, et épargnera le double ou le triple qu'il en aurait coûté pour appeler par-devant le magistrat tous ceux qu'il convient d'entendre, et à qui il faut des taxes.

Art. 575. Si le propréteur qui aura rendu l'ordonnance est compétent, à raison du domicile habituel ou momentané du prévenu, et s'il a fait les premières poursuites, sera-t-il obligé de renvoyer le prévenu au propréteur du lieu du délit ! Nous invitons à cette occasion ceux qui liront nos réflexions, à revoir les articles 76 et suivans du Code des délits et des peines ; ils reconnaîtront que cet article doit être employé dans le Projet.

Art. 576. La dernière partie de cet article, qui admet l'action en prise à partie contre le propréteur qui a omis quelques-unes des formalités prescrites pour les mandats d'arrêt, et l'action en détention illégale contre le gardien de maison d'arrêt qui a détenu un prévenu sur un mandat irrégulier, doit absolument être retranchée. L'action en prise à partie ne doit pas être admise pour une omission, qui est même réparable suivant l'article ; et à l'égard du concierge, ne voit-on pas que si on le rend responsable de l'irrégularité d'un mandat d'arrêt, on le rend juge du propréteur ! Cette observation relative aux gardiens doit encore se porter sur les articles 594 et 1111.

Art. 578. Le magistrat de sûreté est nommé privativement dans cet article. On propose d'ôter ces mots *de sûreté*, parce que tout magistrat a le droit de décerner mandat : on doit faire le même changement sur l'article 579.

Art. 581. Cet article, et ceux qui suivent jusqu'à 587 inclusivement, sont bons à supprimer. L'inutilité des formes qu'ils prescrivent est reconnue depuis long-temps. Elles n'ont d'autre effet que celui d'entraver les affaires, et ont cessé d'être observées. Tout ce qui est utile est compris en l'article 580.

Art. 590. Pour abréger les formalités, il suffirait de donner au maire copie du mandat, avec mention du jour de la notification. La copie laissée au dernier domicile du prévenu ne sert à rien. C'est assez de celle laissée au maire, pour qu'en cas de retour le prévenu ait connaissance des recherches faites à son sujet.

Art. 593. Il y a une erreur dans cet article. Le chapitre 32, qui y est cité, n'existe pas dans le Projet. Sans doute on a voulu parler des chapitres 27 et 28.

Art. 595. Ici on reconnaît de nouveau la nécessité de distinguer les peines afflictives, et celles qui sont simplement infamantes. On a oublié de parler dans cet article de la peine de relégation. Dans quelle classe doit-elle être rangée ! Nous renvoyons à nos notes sur l'article 3. On pense que dans le présent article on a voulu mettre *au-dessus* de dix jours, au lieu du mot *au dessous* qui est employé dans le Projet. Enfin sur la caution, nous demandons qu'elle ne soit recevable que dans le cas où il n'y a pas lieu à dresser acte d'accusation. Si cette disposition est adoptée, il conviendra dans l'article 600 de ne parler des cautionnemens que pour les matières correctionnelles.

Art. 603. La soumission de la caution doit être faite au greffe exclusivement.

L'art. 605 constitue sur l'appel le propréteur inférieur de ses suppléans ; d'un autre côté, il est mis sous la surveillance du préteur ; en sorte qu'il est à-la-fois le subordonné du premier magistrat du tribunal auquel il appartient, et des suppléans qui en sont les derniers.

Art. 613. On demande, l'ordonnance du propréteur étant annullée par le tribunal criminel, si celui-ci renverra devant le même propréteur ou devant un autre !

Art. 616. Les expressions qui sont à la fin du second numéro de cet article, annoncent que la relégation et la peine pour forfaiture ne sont pas infamantes. Si telle est l'intention, ce qu'on a peine à croire, il faut l'exprimer quelque part.

Art. 617 jusqu'à l'art. 636. Si l'on excepte quelques articles réglementaires dont plusieurs même sont susceptibles d'amendement, tous ces articles sont liés à l'organisation proposée. C'est pourquoi et attendu que nous ne pensons pas que cette organisation puisse jamais se réaliser, il est inutile que nous parlions sur ces articles, qui ne sont que les accessoires du plan ; cependant ne négligeons pas de faire remarquer que l'organisation des tribunaux de police est bien singulière. Un suppléant ambulant les présidera ; le juge de paix lui sera adjoint, ainsi qu'un citoyen désigné, et qui sera contraint d'être juge par main-mise sur sa personne, s'il refuse son ministère sans motif suffisant : tout cela, il faut l'avouer, est bien extraordinaire, et il serait bien plus simple que le juge de paix présidât le tribunal de police, et que ce tribunal fût composé d'une manière moins incertaine.

Art. 638. Pourquoi donner les fonctions du ministère public aux agens forestiers ! C'est les détourner de l'exercice de la surveillance extérieure si nécessaire à la conservation des forêts.

Art. 644. Le délai de 24 heures entre la citation et le jugement est insuffisant. Dans tous les cas, le moindre délai doit être de trois jours, et plus long, si le cité demeure au-delà d'un myriamètre.

Art. 647. Le délai pour l'opposition est aussi trop restreint.

Art. 652. La note tenue de la déclaration des témoins, ne doit pas être qualifiée *sommaire* ; l'expérience a prouvé qu'une déclaration sommaire est presque toujours une déclaration tronquée. De là souvent la nécessité, en cause d'appel, de réentendre les témoins, ce qui fait des frais qu'on aurait évités par la rédaction plus soignée des dépositions.

Art. 653. Supprimer cet article. Il ne suffit pas de pouvoir s'opposer à l'audition des personnes qui y sont désignées, il faut qu'elles ne puissent pas être entendues. Des pères, des enfans ou des frères entendus dans une affaire, ne présentent aucun intérêt pour la découverte de la vérité ; s'ils déposent à décharge les uns envers les autres, cela sera ordinaire et ne prouvera rien ; s'ils déposent à charge, ils n'inspireront que du mépris.

Art. 654. Les témoins non comparans étant punis conformément aux dispositions de cet article, le tribunal ne devra-t-il pas ordonner, sur la réquisition du ministère public et des parties, qu'ils soient réassignés pour une autre audience !

Art. 660. Si l'on persiste à donner un dernier ressort aux tribunaux de police, il arrivera quelquefois qu'ils inséreront dans leurs jugemens ces mots : *jugé en dernier ressort,* quoiqu'en matière sujette à l'appel. Alors l'appel sera-t-il recevable par le juge supérieur !

Art. 661. Il est impossible que tous les jugemens soient rédigés et signés dans les vingt-quatre heures.

Art. 677. Il faut au moins un délai de cinq jours, sans compter l'accroissement par cinq myriamètres, entre la citation et le jugement.

Art. 678. Le mot *emprisonnement* employé dans cet article, a été mis par erreur au lieu du mot *détention.* La correction proposée doit être faite, si l'on n'adopte pas le changement que nous avons proposé sur l'article 422, qui est d'employer le mot *emprisonnement* au lieu du mot *détention* pour contravention de police : le mot *détention* réservé aux cas correctionnels.

Art. 683. Il est impossible qu'une seule audience par mois suffise.

Art. 684. Nous avons déjà dit qu'en toutes affaires correctionnelles, la parole devait appartenir au magistrat de sûreté ; donnons-en quelques nouvelles raisons : il existe souvent des différences d'opinions entre les commissaires et les magistrats de sûreté ; ceux-ci peuvent-ils, en ce cas, espérer que les premiers feront valoir les moyens de la cause avec autant de force qu'ils l'auraient fait eux-mêmes ! Le magistrat de sûreté qui a instruit l'affaire, est plus en état que le commissaire de faire aux témoins les interpellations nécessaires, et d'exposer tous les moyens avec parfaite connaissance de cause. Le commissaire civil, trop détourné par ses occupations ordinaires, n'acquerra jamais qu'une connaissance superficielle des affaires correctionnelles. Le substitut fait l'instruction, a l'exécution, et n'a pas la parole ; l'agent forestier fait aussi l'instruction, a l'exécution et de plus la parole à l'audience : pourquoi cette différence dans deux cas si semblables ! Qu'on observe de plus que le substitut qui n'est pas astreint à se trouver à l'audience, ne peut plus exercer aussi utilement son droit d'appel, ne connaissant pas le plus souvent le vrai motif du jugement.

Art. 686. Même observation que sur l'article 652 pour le mot *sommaire*, relativement aux dépositions des témoins.

Art. 688. Nous renvoyons à ce que nous avons dit sur l'article 653, relativement aux pères, mères, frères, sœurs, maris, femmes, &c., qui, dans aucun cas, ne peuvent être entendus en témoignage les uns à l'égard des autres.

Art. 697. Nous répétons ce que nous avons dit sur l'article 661, qu'il est impossible que tous les jugemens soient rédigés et signés dans les vingt-quatre heures. Pour rendre cela praticable, il faudrait interrompre le service, sur-tout à l'égard du greffier, qui ne peut rédiger les jugemens rendus tandis qu'il assiste à des audiences où il en doit être prononcé d'autres. Nous observerons une fois pour toutes, sur cet article qui porte peine d'amende contre le greffier contrevenant, que le greffier en général est trop souvent menacé d'amendes, et que ces amendes sont trop fortes dans le Projet.

Art. 699. Il est désirable, le commissaire du Gouvernement étant souvent dans l'obligation d'appeler, qu'on lui envoie expédition entière du jugement au lieu d'un extrait, souvent insuffisant pour reconnaître s'il y a lieu à appeler.

Art. 703. L'expérience a appris que la requête contenant les moyens d'appel, est absolument inutile, et occasionne des frais onéreux aux parties. La déclaration d'appel doit être pure et simple, et c'est à l'audience que les moyens doivent se développer. Nous exceptons cependant les auxiliaires du commissaire du Gouvernement, qui joindront leurs principaux moyens à leur déclaration d'appel.

Art. 704. On demande pourquoi le commissaire aura deux mois pour notifier son appel dans un des cas de cet article ! Dans tous, le délai d'un mois suffit : du reste, la notification du jugement ne doit pas lui être faite. Ce sont des frais inutiles, le commissaire connaissant parfaitement ce jugement, qui est rendu sur sa réquisition, ou dont la connaissance lui a été donnée par le magistrat de sûreté d'un autre arrondissement.

Art. 707. L'appel ne peut pas toujours être jugé dans le mois.

Art. 718 et 719. Nous renvoyons à ce que nous avons dit sur l'art. 539.

Art. 722. L'appel dont est question dans cet article, aura souvent lieu pour de minces objets, et sera toujours onéreux aux parties ; il serait plus simple que l'appel fût porté au tribunal criminel.

Art. 727. Comme il est question ici d'entendre de nouveaux témoins, il faut ajouter à cet article, qu'alors le prévenu sera interrogé de nouveau, et que lecture lui sera donnée des nouvelles déclarations, suivant l'art. 564.

Art. 732. Il est inutile de parler de prise à partie, qui doit être soumise à des règles générales. Il suffit de la peine de nullité, lorsque l'acte d'accusation n'est pas fondé sur un délit qui y donne lieu.

Art. 734 et 735. Le visa du propréteur est une mesure inutile ; ou ce visa sera forcé, et alors il ne signifiera rien ; ou il ne sera pas forcé, et alors on demande ce que l'on fera, lorsque le propréteur refusera son visa !

Art. 740. Si le jury d'accusation est conservé, on demande si les jurés devront prêter le serment de fidélité à la Constitution !

Art. 741. L'instruction qui est renfermée dans cet article porte un mot dont on demande le retranchement ; c'est le mort *fortes,* qui précède le mot *présomptions.* Ce mot ne manque pas d'induire les jurés d'accusation à se regarder comme juges des preuves : on ne saurait croire combien d'inconvéniens sont résultés, jusqu'à présent, de ce que les jurés d'accusation anticipent trop souvent sur les fonctions de ceux de jugement.

Art. 755. Il convient de substituer le mot *transmises* au mot *notifiées* au commissaire du Gouvernement, &c.

Art. 761. Nous renvoyons à nos observations sur l'article 595.

Art. 765. A quoi bon ces avertissemens à donner aux maires, &c.! On en a reconnu l'inutilité.

Art. 771 et suivans. Ici commence l'exécution d'une tâche difficile à remplir ; il s'agit de dire ce que nous pensons de l'organisation proposée pour les tribunaux criminels :

1.º On se permettra de demander ce que c'est qu'un tribunal criminel composé d'un préteur, des propréteurs du département, dont un seul réside au chef-lieu, et de trois suppléans ! Ces suppléans n'ont pas de traitement et ne sont pas obligés à résidence. Ne pouvant considérer leur place comme un état, ils manqueront souvent, et il faudra se mettre en campagne pour avoir des propréteurs, qui eux-mêmes pourront être remplacés par d'autres suppléans.

2.º On observe que l'on crée deux tribunaux criminels en paraissant ne s'occuper que d'un seul. En effet, un de ces tribunaux est destiné aux grands-jours, et quoique deux individus paraissent entrer dans sa composition, on s'aperçoit promptement que le préteur concentre en lui seul toute l'autorité, toute l'action et tout exercice de juridiction : le propréteur qu'on lui adjoint, et dont le suffrage ne comptera pas, fera un rôle absolument nul.

Le second tribunal criminel que l'on organise paraît plus particulièrement destiné au jugement des affaires correctionnelles ; quoique ces matières soient bien moins importantes que celles qui appartiennent aux grands-jours, cependant ce tribunal criminel correctionnel sera formé de trois juges. Ainsi trois juges infligeront les peines correctionnelles, et un seul décidera des peines capitales, et du droit terrible d'appliquer celles dont le *maximum* sera à sa disposition. Trois juges aussi composeront le tribunal de police, ce qui établit un nouveau contraste avec le juge unique du tribunal criminel.

Notre confiance est entière sur la capacité de ceux à qui les fonctions de préteur seront départies. Nous voyons qu'on se propose de les environner d'un grand appareil, de les investir d'une autorité redoutable; mais il semble que cela est porté trop loin; et que, s'il s'agit d'effrayer les coupables, il n'est pas moins nécessaire de ne pas inquiéter ceux qui ne le sont pas. L'ombre seule du magistrat fait, dit-on, justice en Angleterre; mais est-ce cela qu'il faut! il faut que le magistrat soit respecté et non qu'il inspire la terreur. Il a besoin d'une grande autorité, mais cette autorité doit être tempérée par les avis de ceux qui sont associés à ses fonctions, et qui appartenant aux lieux mêmes où se rend la justice, auront sans doute une grande part à la confiance de leurs concitoyens. Il faut, sur-tout, dans le système proposé, que le préteur puisse, avant la tenue des grands-jours, connaître dans le plus grand détail les affaires qu'il doit juger. Son ambulance, le peu de temps qu'il pourra donner à chaque département, ne permettent pas d'espérer qu'il puisse acquérir sur chaque affaire les connaissances qui sont indispensables pour tenir les débats avec fruit. Les affaires, qu'on nous permette le terme, seront brusquées, ou bien les prisons s'encombreront. Dans l'état actuel, nulle affaire criminelle n'est en arrière, et l'on voit clairement dans le Projet, que le préteur sera souvent obligé de les remettre, au grand détriment des accusés et du trésor public.

Nous croyons pouvoir le prédire : cette nouvelle institution n'aura pas duré un an, que l'on sera étonné du nombre d'affaires suspendues, lequel ne pourra que s'accroître successivement. Ce moyen d'essayer encore l'institution du jury, est le coup de la mort pour elle. Une réforme salutaire pourrait peut-être enfin en prouver les avantages, mais ce n'est pas le nouveau système d'organisation qui sera propre à détruire les objections tant répétées sur cette forme de jugemens pratiquée avec succès en Angleterre, quoiqu'avec moins de célérité sans doute, qu'on ne paraît le penser, sur le témoignage d'un voyageur étranger aux fonctions judiciaires.

Avant de continuer nos observations sur les articles qui nous restent à parcourir, nous devons dire que nous avons remarqué avec quelque surprise, que l'on semblerait vouloir autoriser l'institution des préteurs sur son analogie avec ce qu'on appelait autrefois *Missi dominici ;* nous pourrions montrer ici quelque érudition en définissant les fonctions de ces anciens magistrats, délégués par les souverains de la seconde et de la troisième race, et prouver que les *Missi dominici* ne ressemblaient en rien aux préteurs. On connaît la destination de ceux-ci, qui n'auront de commun avec les premiers que l'ambulance. Les *Missi dominici* étaient destinés à surveiller l'administration de la justice, à punir les juges prévaricateurs, à restreindre le droit de justice dont abusaient les grands vassaux, à étendre celui des rois, ce qui donna lieu à l'établissement des cas royaux : enfin ces magistrats étaient nécessaires au temps de leur exercice, où le pouvoir était

partagé,

partagé, et souvent usurpé par les grands vassaux. Rien de tout cela n'existe aujourd'hui que l'autorité est unique, concentrée et durable.

Art. 775. Cette disposition est inutile, les préteurs étant nommés à vie, et tout fonctionnaire nommé à vie étant obligé d'opter. Si cet article est fondé sur quelque autre motif, il ne nous appartient pas de le pénétrer.

Art. 776. N'est-il pas à craindre que le préteur, trop étranger à sa division, ne soit plutôt surpris par les pratiques de ceux qui sollicitent pour l'absolution, que par ceux qui desirent la repression des crimes! Ces derniers ne sollicitent pas, et les premiers sont toujours en mouvement. Dans ce cas, le préteur ne connaîtra pas plus les accusés que le degré de confiance qui sera dû à ceux qui lui en parleront; et cependant cette connaissance est nécessaire dans un système de peines graduées, laissées à la volonté d'un seul homme; cas auquel la moralité d'un accusé importe plus que dans aucun autre système.

Art. 778. Les propréteurs des arrondissemens seront-ils obligés de rester au chef-lieu pendant toute la durée des grands-jours! et abandonneront-ils ainsi l'instruction des affaires de leurs arrondissemens respectifs! la même cérémonie se répétera-t-elle à chaque trimestre, ou ne se répétera-t-elle qu'à l'avénement d'un nouveau préteur! Dans ce dernier cas, les inconvéniens seront moindres sans cesser d'exister.

Que le préfet, pour la première fois, installe le préteur, c'est bien; mais il est inconvénant que ce soit lui qui dresse le procès-verbal du serment que les propréteurs prêteront entre les mains du préteur.

Art. 779. Il est plus simple de donner au préteur le droit de juger seul. Sa prépondérance sur le propréteur, rend celui-ci nul à l'audience, lorsqu'il n'est pas de l'avis du préteur. Combien est dangereuse la prérogative de prépondérance accordée au préteur! Si le nombre des juges était au moins de quatre, elle aurait moins d'inconvénient, et se rapprocherait davantage du sens attaché à ce mot, qui a toujours supposé un tribunal nombreux, où le cas de mi-partie a donné lieu d'accorder la prépondérance au président.

Art. 780. Le préteur tombant malade pendant la tenue des grands-jours, il ne sera donc pas remplacé par le propréteur ; et alors les affaires resteront suspendues. Quels inconvéniens! quelles dépenses pour le trésor public! Les témoins, les jurés seront au chef-lieu ; il faudra les payer : quels cruels retards pour les accusés !

Art. 781. Si la réunion des préteurs à Paris est un des motifs de l'établissement proposé, ce motif est sans utilité, car le compte rendu tous les mois par le commissaire du Gouvernement, remplit l'intention beaucoup plus sûrement que ne pourra jamais le faire le préteur, qui, par la nature même des fonctions qu'on lui défère, ne pourra acquérir qu'une connaissance superficielle des affaires.

Art. 782. Peut-on croire que cette indemnité fixera les suppléans de manière à ce qu'on les trouve lorsqu'on en aura besoin !

Art. 786. Le tirage du jury devant être fait à l'audience, en présence de l'accusé et du commissaire, et immédiatement avant l'ouverture du débat, on ne voit pas pourquoi le préteur pourrait déléguer le tirage du jury, puisque le préteur sera présent, et que l'audience ne peut être tenue que par lui. *Voir* l'article 932.

Art. 788. Cette surveillance est nulle, vu l'impossibilité qu'il y aura de la part du préteur de l'exercer. C'est un vice radical résultant de l'institution. La surveillance ne pouvant être donnée à aucun autre dans le système proposé.

Art. 792. Le temps suffisant pour établir la défense de l'accusé sera illusoire, si le préteur n'est pas autorisé à suspendre le débat.

Art. 797. La tenue de ce registre est absolument inutile. Le jugement contient toujours les réquisitions et les décisions rendues sur icelles.

Art. 811, 812 et 813. Il est inconvenant et dangereux dans tous les cas de faire poursuivre le commissaire et ses substituts près le tribunal criminel, par un tribunal inférieur, lorsque les magistrats de sûreté, suivant l'article 806, ne peuvent être poursuivis que par un tribunal supérieur.

Art. 816. Fixer le délai dans lequel la notification de l'ordonnance de prise de corps sera faite.

Art. 817. Le délai de cinq jours pour attaquer les actes de poursuites ou d'instruction, est trop court dans tous les cas, et particulièrement dans celui où un accusé sans argent ne pourra pas payer un défenseur. Ce défenseur mettra peu d'empressement à se rendre au greffe pour prendre communication de la procédure et présenter une requête. Il serait nécessaire, lorsque le juge nomme un défenseur à l'accusé, que ce défenseur fût pris dans l'ordre du tableau ; que le juge fût tenu de l'avertir de sa nomination, et que dans le cas où le défenseur refuserait la défense, le tribunal eût des moyens de le punir de son refus.

L'accusé pourra-t-il choisir ses conseils hors le tableau des avocats !

Au lieu de cet article, dont l'exécution sera souvent impossible, ne conviendrait-il pas mieux qu'après l'interrogatoire et après que le commissaire aurait mis *la loi défend,* ou *la loi autorise,* le tribunal après avoir lui-même examiné la procédure, statuât sur sa régularité : les accusés pauvres gagneraient beaucoup à l'introduction de cette forme.

Le propréteur qui a instruit, pourra-t-il interroger l'accusé envoyé au tribunal criminel !

Art. 821. Le propréteur qui aura instruit, pourra-t-il prononcer en tribunal criminel sur sa procédure ! faudra-t-il faire venir un autre propréteur ! En ce cas il s'écoulera plus de vingt-quatre heures.

Art. 822. Indiquer les actes qui entraînent la nullité de la procédure ultérieure, et ceux qui ne l'entraînent pas.

Art. 824. Par qui sera dressé le nouvel acte d'accusation ? Sera-t-il soumis à un nouveau jury d'accusation ? ·

Cela donnera lieu à des remises.

Art. 827. Observer que la forme de communication prescrite par cet article et par l'article 819, présente des inconvéniens majeurs. Le greffier est responsable des procédures qui lui sont confiées, et il ne sera pas juste qu'il continue d'en être responsable, s'il est obligé, soit avant de statuer sur. la régularité, soit avant le jour des débats, de recevoir en son greffe les conseils des accusés dont plusieurs ne présenteront aucune responsabilité, si l'accusé peut choisir son conseil parmi tous les citoyens. Cette forme constituera le greffier dans un état perpétuel de surveillance qui ne lui permettra pas de remplir ses autres fonctions. Il serait mieux de se borner à restreindre le nombre des copies à donner aux accusés ; par exemple, de n'en donner qu'une à plusieurs accusés quand ils ont le même défenseur. On doit aussi restreindre les copies aux actes strictement nécessaires dont l'accusé n'aura pas eu connaissance par des notifications antérieures. Une réflexion trouve ici naturellement sa place et fortifie ce qui précède ; c'est qu'en général il y a erreur dans l'opinion de ceux qui croient que les frais des copies que l'on donne aux accusés augmentent le coût des procédures d'un tiers ou de moitié. Nous avons vérifié l'exercice de l'an 11, les sommes allouées pour copies se montent, à peine, au dixième des frais généraux.

Art. 829. Comment le commissaire pourra-t-il faire ses diligences lorsque le préteur, parcourant les autres départemens, ne pourra lui-même indiquer ni l'ouverture des grands-jours, ni les jours particuliers où sera portée chaque affaire pour citer les témoins à jour certain ?

Art. 836. Les jurés feront-ils la promesse de fidélité à la constitution ?

Art. 842. Il est inutile que le commissaire expose ce qui vient d'être immédiatement exposé par le magistrat.

Dispenser l'accusé de la notification par huissier de ses témoins, l'obliger seulement à en faire remettre la liste au greffe, vingt-quatre heures avant le débat : les accusés seraient rarement en état de payer la notification.

Art. 844. Le premier magistrat ne doit point déléguer le droit de recevoir le serment des témoins, pas plus que celui de déléguer le tirage du jury, ainsi qu'il est observé sur l'art. 786.

Art. 845. Il serait bon d'ajouter au mot *dire* les mots *avec décence et retenue.* Le discours du Grand-juge, *page 218,* et notre propre expérience, nous ont suggéré cette idée. La vérité est que les témoins sont souvent maltraités par les accusés et par leurs défenseurs.

Art. 848. Mêmes observations qu'aux articles 688 et 653 : nos réflexions sur ces articles n'ont pas pour objet d'empêcher les premiers instructeurs de recevoir par écrit les déclarations de toutes personnes même de celles dont nous demandons l'exclusion dans les débats.

Art. 855. Nous demandons que l'on puisse lire les déclarations écrites des témoins morts pendant l'instruction, ainsi que les interrogatoires des coaccusés morts avant le jugement, et les dépositions des militaires aux armées ou en garnison.

Art. 859. Cet article est incompatible avec l'art. 832; car si les actes d'accusation ont été joints, le débat est indispensablement commun à tous les accusés; si les accusés ne sont présentés au débat que sur un des délits portés en l'acte d'accusation, le débat leur est encore nécessairement commun.

Art. 860. Il est nécessaire que l'on ajoute à cet article qu'une fois les débats déclarés fermés par le magistrat, nul n'aura la parole.

Art. 861. Il arrive souvent que dans les procès-verbaux de ceux qui ont contribué à l'arrestation, il est fait mention de quelques questions adressées au prévenu et de ses réponses. Ces actes qui ne sont ni des interrogatoires juridiques ni une véritable audition de témoins, pourront-ils être remis aux jurés ou seront-ils voilés comme on le fait à présent ! Ce qui a l'inconvénient, vu la confusion qui règne dans ces sortes d'actes, d'ôter la connaissance du tout en voilant une partie : nous avons l'expérience d'un procès-verbal voilé où il ne restait que la date et les signatures.

Remettre aux jurés les pièces qui ne doivent pas être remises, ou ne pas leur remettre celles qu'ils doivent connaître, doit emporter nullité.

Art. 862. Cette manière de juger par acclamation ne peut pas se concilier avec l'importance d'une affaire criminelle; il est toujours nécessaire que les jurés délibèrent à leur chambre.

Art. 864. L'unanimité est une chimère dans presque tous les cas; on l'obtiendra par la contrainte, et presque jamais par la conviction. Cette unanimité, au surplus, a besoin d'un terme pour être acquise, comme de six, douze et vingt-quatre heures, suivant la prudence des magistrats; au surplus quelques objections que l'on ait faites contre la majorité, c'est encore la voie la plus sûre, pourvu que le jury soit en nombre pair, et sauf d'ailleurs à établir telle majorité qu'on croira convenable. Quoi qu'on dise, l'unanimité ne sera presque jamais au fond que le résultat d'une majorité, et pourra peut-être même l'être d'une minorité opiniâtre. Nous avons l'expérience qu'un seul juré a fait absoudre un grand coupable, tant l'opiniâtreté a de force sur la raison.

Art. 865. Demander que le préteur avertisse le jury qu'il a le droit de demander à faire une déclaration spéciale sur les circonstances aggravantes ; sans cet avertissement, le jury ne saura souvent pas qu'il en a le droit, et qu'il est de son devoir, dans certains cas, de la faire.

Art. 867. Si le préteur ne pense point à proposer le cas d'excuse, ou ne veut pas le proposer, quoiqu'il y ait lieu, quel moyen reste-t-il à l'accusé ? Combien d'inconvéniens !

Art. 871. Si la déclaration est générale, il doit aussi la lire et la signer.

Art. 872. Ce mode alongera la délibération sans aucune utilité ; et quelquefois avec inconvéniens ; car ou les débats auront eu lieu sur tous les délits, ou n'auront eu lieu que sur chacun d'eux en particulier ; dans le premier cas, pourquoi la délibération du jury ne suivra-t-elle pas le mode des débats ? dans le second, les jurés seront privés d'un des moyens les plus utiles de conviction : ceux résultant de la moralité des accusés.

Art. 874. Rien de plus dangereux que cette disposition, s'il était possible que l'on admît l'existence d'un tribunal composé d'un seul homme ; mais rien de plus salutaire si le tribunal est un tribunal régulier, composé de plusieurs magistrats ayant voix délibérative.

Art. 875. Les tribunaux actuels n'ont suspendu que dans les cas les plus nécessaires ; mais jamais dès qu'une fois la discussion a été entamée.

Art. 878. Ce qui termine cet article est complétement inutile, l'art. 196 déterminant la peine d'une manière précise.

Art. 881. Le renvoi ne doit point être exclusif au propréteur du chef-lieu ; il vaut mieux laisser à la prudence du commissaire du Gouvernement de renvoyer devant celui des propréteurs qu'il jugera convenable.

Art. 884. Comme il paraît que l'on doit entendre, suivant les articles qui précèdent, les parties sur les dommages-intérêts avant que de prononcer la condamnation ou l'absolution, quel sera le but de la délégation faite au propréteur, dont le rapport ne paraît pas pouvoir être fait à la même audience ? Que deviendront les jurés et l'accusé pendant tout ce temps !

Art. 887. *Voir* la note sur l'article 872.

Sur la dernière partie de cet article, observer que rien n'est moins admissible. Un procès ne peut pas être divisé et jugé par fractions ; c'est d'ailleurs un moyen d'éterniser les affaires et de doubler les frais. Le jugement rendu sur les premiers délits jugés, sera-t-il exécuté, en attendant le jugement des autres délits ! De cette partie du Projet ne résulte-t-il pas qu'il y aurait cumulation de peines !

Art. 889. A quoi bon la délibération, puisque le préteur décide seul ! *Voir* l'article 779.

Art. 890. Ce délai est insuffisant. Il est impossible que, pendant la durée d'une session ou des grands-jours, on puisse rédiger et signer les minutes.

Art. 893, 894, 895 et 896. Si, après le délai de trois jours expiré, et jusqu'au moment de l'exécution, un condamné, regrettant de ne s'être pas pourvu dans le délai fatal, demandait à faire sa déclaration de pourvoi, le greffier devrait-il la recevoir, ou le commissaire devrait-il faire exécuter, nonobstant l'intention connue du condamné !

Art. 894. En cas de pourvoi en cassation par le commissaire du Gouvernement, il ne peut y avoir lieu à une mise en liberté provisoire, malgré toute élection de domicile possible. Combien d'accusés, trop heureux d'être acquittés, oublieraient leur domicile élu !

Art. 896. Si l'exécuteur ne se conforme pas aux ordres du commissaire du Gouvernement, ou si par ivresse ou toute autre cause, le public a à se plaindre de scandale dans l'exécution, quels seront les moyens de punir cet exécuteur ! et qui lui infligera une peine !

Art. 897. Oter comme inutiles ces mots, *ou si l'accusé a des complices en état d'arrestation. ou libres sous caution.* La première partie de l'article désigne tous les cas qu'il était utile de prévoir.

Art. 898. Il convient de déterminer jusqu'à quel degré de parenté, les juges, les suppléans et le commissaire entre eux, les jurés aussi entre eux, et tous également entre eux, et à l'égard des accusés, pourront rester juges, commissaire et jurés.

Art. 900. Porter la dispense aux sexagénaires, attendu que les distances dans les départemens sont grandes, et que par les mauvais temps, un sexagénaire en général, ne peut guère se mettre en voyage.

Demander que l'on désigne quels sont les fonctionnaires publics dont on veut parler, parce que beaucoup de personnes prétendent l'être.

Art. 904 et 905. L'expérience a appris que les listes faites par les administrations, ont toujours été faites par les commis, et avec tant de négligence, qu'il n'y a pas de listes où il ne se trouve des gens dispensés par la loi. Les tribunaux auxquels on remettrait les listes des plus imposés, seraient plus à portée de former les listes des jurés, connaissant par expérience ceux qui ont déjà rempli ces fonctions avec plus d'intelligence.

Art. 906. Demander qu'on détermine le mode d'annullation des listes aux cas exprimés en cet article, parce qu'on remarque que l'article 755, et sur-tout les articles 817 et 818, n'ont aucun rapport avec les objets dont il s'agit.

Le magistrat qui fera la liste, devra désigner clairement les fonctionnaires publics par la nature de leurs fonctions, et ce, pour rendre possible l'exécution de l'article 927.

Art. 910. Si l'on veut que les jurés se rendent pour le jour nommé, il faut que le commissaire du Gouvernement puisse, comme cela se pratique actuellement, faire notifier aux jurés qu'ils font partie de la liste, et qu'ils doivent en conséquence se trouver au jour qu'il indiquera. La notification d'ailleurs doit être faite au moins dix jours avant l'ouverture de la session. Les jurés se trouvant souvent éloignés de dix à douze myriamètres, avec le délai de cinq jours qui est proposé, on est assuré que la liste ne parviendra pas, ou parviendra à peine le cinquième jour, et que par conséquent les jurés ne pourront pas se trouver à l'ouverture de la session. Si, comme il le paraît, la notification que l'on propose, devait être faite à la diligence du préfet, c'es-à-dire, par la voie de la poste, il y aurait souvent des jurés qui ne recevraient la notification qu'après l'expiration de la session, parce que tous les jurés ne demeurent pas dans des lieux où il y ait bureau de poste. Quand il s'agit de prononcer des peines comme celles qu'on propose contre des jurés manquans, il faut être assuré qu'ils ont reçu la liste, et il n'y a qu'une notification par huissier qui puisse donner cette certitude.

Art. 911. On n'a pas remarqué dans le Projet qu'il fût question d'une indemnité pour les jurés; il arrivera fréquemment que leur déplacement durera quinze à vingt jours. Leur fortune, présumée d'après le taux de leur imposition, ne permettra pas à tous un tel sacrifice, et il arrivera souvent que plusieurs consommeront au chef-lieu une partie notable de leur revenu.

On doit observer qu'en général c'est dans les fortunes médiocres que se trouvent les meilleurs jurés. A-t-on lieu d'espérer que la médaille proposée excitera assez d'émulation pour faire de si grands sacrifices ? Au reste, il est probable que si on ne s'occupe point dans le Projet de l'indemnité due aux jurés, c'est qu'on a pensé qu'il en coûterait trop à la République pour payer quarante-huit jurés employés ou non, et tenus en présence pendant la durée des grands-jours. Eh quoi ! n'est-il pas plus simple de suivre la forme qui se pratique actuellement en prenant les précautions nécessaires pour que les listes soient bonnes ! Quelle perte de temps pour quarante-huit personnes pendant quinze à vingt jours. On nous objectera peut-être que l'expédition des affaires sera bien autrement prompte que nous ne le supposons. Nous voudrions pouvoir le croire, mais notre expérience s'y refuse, et il nous est évident que le mode proposé rendra les affaires plus longues à traiter et à juger. Les détails ne seront jamais familiers aux préteurs, et ils n'auront pas eu les moyens de s'en pénétrer avant la session. Nous avons peine à croire, au reste, l'exactitude des observations du voyageur français à Londres, qui est cité dans un des discours : la plus longue affaire qu'il ait vue a été jugé en sept heures.

Il n'y avait pas de témoins apparemment ; les papiers anglais nous auraient-il trompés dans les nombreuses occasions où ils nous ont entretenu des jugemens anglais par jury, et qui nous ont toujours paru demander un temps très-considérable !

Art. 921. La notification une fois faite au premier accusé à juger, deviendra commune aux autres accusés par la communication que le premier ne manquera pas de leur en donner : ainsi le but de l'article est manqué.

Art. 922. Il est inconvenant de donner au maire le droit de suppléer des jurés manquans. Il n'y a nulle raison d'ôter au tribunal criminel le droit de compléter un jury d'après des règles déterminées. L'article 515 du Code des délits et des peines, contient des dispositions dont on a toujours été satisfait dans l'exécution.

On ne peut se dispenser d'observer que si la main-mise, dont il est parlé dans cet article du Projet, est propre à faire remplir les fonctions de jurés, au moins elle n'aura pas pour effet d'en inspirer le goût.

Art. 925. ·La récusation publique par le commissaire du Gouvernement semble une tâche bien dure pour lui ; ne sera-t-il pas quelquefois exposé à des propos mal-honnêtes de la part des jurés récusés ! Mais ce qui est plus important, c'est cette hypothèse : le commissaire aura récusé aujourd'hui un juré, et cela pour d'excellens motifs, et demain ce même homme se trouvera juré, parce que le commissaire n'aura pas renouvelé sa récusation contre lui ; le nom de ce juré étant resté dans les douze derniers non sujets à récusation, ne craint-on pas que le ressentiment de ce juré n'influe sur les fonctions qu'il aura à remplir ! Ces inconvéniens ne pourraient-ils pas quelquefois empêcher les commissaires de faire des récusations !

Art. 935, n.° 3. *Autorité de la chose jugée ;* ces mots nous rappellent ce qu'on appelait autrefois la jurisprudence des arrêts, et que, dans tous les cas contentieux, il y en avait autant à citer pour, que contre. Restreindre les juges à se conformer à l'autorité de la chose jugée, c'est leur ôter le discernement des cas qui ne sont jamais absolument les mêmes : c'est d'ailleurs donner le pouvoir législatif aux tribunaux supérieurs. Constituer en ce cas un juge en excès de pouvoir, c'est l'exposer au découragement et à la servitude : l'autorité de la chose jugée mérite considération, mais ne peut jamais faire autorité immuable.

Art. 942. Cette disposition a des inconvéniens si graves, que, sous le Gouvernement monarchique même, elle était tombée en désuétude. Il y a sans doute d'autres moyens pour rendre les magistrats attentifs à leurs devoirs. Il y a des peines contre les juges prévaricateurs, qui doivent suffire. Quelle perspective pour un magistrat qui aura rempli sans reproche pendant un grand nombre d'années ses fonctions, si un jugement de cassation, punissant une inadvertence, l'expose à-la-fois à la ruine et à la honte !

Art. 948. Ajouter *les commissaires du Gouvernement.*

Art. 964. Excepter *les commissaires du Gouvernement.*

Art. 971. Dans aucun cas, le pouvoir judiciaire ne peut être réuni au pouvoir législatif ; et il est évident que l'admission du présent article peut donner lieu par une seconde cassation, soit à l'introduction d'une nouvelle loi, soit à l'abrogation d'une ancienne.

Art. 977. Le délai de trois jours est beaucoup trop court : il faut que le jugement soit rédigé, porté sur le registre, expédié, et l'inventaire des

pièces

pièces fait ; ce qui ne pourra jamais se faire pendant la session qui occupera le commissaire et le greffier.

Art. 987. Il faut ajouter, *les militaires qui sont à leur corps.*

Art. 990. Il convient de retrancher *les maires* de cet article , parce qu'il est peu d'affaires où les maires n'aient connaissance des circonstances du délit ; souvent même ils ont fait des procès-verbaux pour l'intelligence desquels il est nécessaire de les entendre oralement lors du débat : si l'on était obligé de s'adresser au grand-juge chaque fois que l'on aurait besoin des maires , cela entraînerait des longueurs préjudiciables. En ce qui concerne les préfets et sous-préfets l'article ne paraît devoir être adopté que dans le cas où ils seraient obligés de sortir du département.

Art. 991 et suivans. 1.° Cet article n'est pas rédigé dans le sens annoncé au discours du C.^{en} *Target* (5.e observation); 2.° on se demande ce que c'est qu'un crime commis à l'aide d'écrits répandus ou affichés ; 3.° par ces mots, *écrits répandus ,* entend-on des ouvrages complets et souvent en plusieurs volumes! dans ce cas, serait-il possible d'en donner copie figurée! 4.° quel sera l'effet qu'auront dû produire de tels écrits pour donner lieu aux mesures proposées ! 5.° enfin, a-t-on désespéré de trouver dans les magistrats des lumières suffisantes pour apprécier de tels ouvrages et les résultats qu'ils auront pu produire!

Le Projet porte des peines contre les écrits dangereux ; et dans le cas où ces écrits se trouveront liés à des crimes , ils formeront une partie de leurs circonstances, qui seront soumises , comme toutes les autres , à la délibération éclairée des magistrats et des jurés, qui sauront déterminer, aussi sûrement que des académiciens , l'influence qu'auront pu avoir des écrits pernicieux.

Art. 1003. Déterminer quelle est l'instruction qui doit être suivie sur le faux incident. Il s'est élevé jusqu'à présent de grandes difficultés sur le mode d'instruction. Les uns ont prétendu qu'on devait suivre seulement le Code des délits et des peines , qui a à-peu-près les mêmes dispositions que le Projet proposé. D'autres ont soutenu que la déclaration de 1737 sur le faux incident , n'était pas abrogée, et qu'elle devait être suivie dans tous ses points. Enfin, pour concilier ces deux lois , on a prétendu que leurs dispositions , en ce qu'elles n'avaient pas de contraire entre elles, devaient servir de règle à l'instruction du faux incident. Cette divergence d'opinions a donné lieu à des procès très-dispendieux.

Art. 1013. Il ne doit être sursis qu'au jugement, et non au séquestre.

Art. 1034. En cas de partage d'opinions, l'accusation ne doit pas être admise.

Art. 1039. Il y a une grande sévérité à admettre la prise-à-partie pour simples omissions, losrque d'ailleurs il y a eu lieu à décerner mandat d'arrêt , et que l'identité de la personne n'est pas contestée.

Yonne. F

Idem, n.° 7. Comment prouvera-t-on la faveur ou l'inimitié !

Idem, n.° 8. Il faut au moins ajouter à la fin de ce numéro, ces mots : *et que la partie en sera lésée.*

Art. 1048. Y ajouter *les greffiers.*

Art. 1069. Les délais pour l'opposition ne sont pas suffisans.

Art. 1075. A la huitième ligne de cet article, au lieu de, *ou le préteur,* mettre, *ou le propréteur.*

Art. 1076. Il semble que le bien des parties demanderait que le recours en cassation n'eût pas lieu en ce cas.

Art. 1077. Le jugement, sans doute, sera rendu à la chambre du conseil.

Le chapitre **XXIV** demandera de grandes méditations, avant d'être adopté : les mesures qu'il propose, se rapportent presque toutes à des pratiques de procédure qui ont été connues avant l'institution du jury. Les récusations nombreuses qui sont exercées contre les jurés, semblent garantir leur liberté et leur impartialité. Il faut convenir que les renvois dont il est question dans ce chapitre, ne présentent d'intérêt qu'à raison des tribunaux criminels tels qu'on les compose dans le Projet. Le préteur étant tout, et devant avoir même une influence majeure sur les jurés, il serait peut-être malheureusement quelquefois nécessaire de renvoyer la connaissance d'une affaire d'un préteur à un autre préteur : mais, pour éviter ces inconvéniens, n'était-il pas bien plus simple de former des tribunaux composés d'un nombre suffisant de juges éclairés, qui offriraient une sûre garantie, et qui auraient la connaissance des questions de droit et des circonstances du fait, en ne laissant aux jurés à décider seulement que la question de fait ! Qu'il nous soit permis de le dire, c'est-là le seul moyen d'essayer utilement si enfin l'institution du jury en France peut être nationalisée ; et, on l'assure, une épreuve faite sur les bases de l'institution proposée par le Projet, en consommera la destruction très-prochaine.

Art. 1091. Ajouter *le signalement autant qu'il sera possible.* Cette observation a pour objet de faciliter la connaissance des récidives.

Ajouter encore la mention de l'exécution des jugemens ou des causes qui en ont retardé l'exécution.

Art. 1092. Envoyer une pareille copie au commissaire du Gouvernement près le tribunal criminel.

Chap. **XXVI.** Nous observons sur ce chapitre qu'il comprend les cas de contravention et ceux de police correctionnelle ; par conséquent ceux même de cette dernière espèce punissables de la détention jusqu'à cinq ans.

Nul intérêt de famille ne doit soustraire à cette dernière peine quand elle est méritée, et nul ne peut remplacer un tribunal pour l'infliger.

Quant aux autres cas donnant lieu à des peines moins graves, on assure qu'il résultera moins de désagrément et de publicité d'un jugement qui les infligerait, qu'il n'en résulterait de toutes les formalités accumulées dans ce chapitre pour obtenir un résultat ; ainsi nous proposons la suppression du chapitre.

Chap. XXVII. Il est des départemens où, malgré les réclamations réitérées des tribunaux, il n'a jamais été pris, par les administrations, aucune mesure efficace d'exécution pour la construction des prisons ; d'où sont résultés les abus les plus déplorables, soit pour les mœurs, soit pour l'existence des détenus : notamment dans le département de l'Yonne, au chef-lieu, il n'existe qu'une seule maison qui a servi, jusqu'à présent, de maison d'arrêt, de justice, de police, de correction et pour dettes.

On propose au Gouvernement de prendre une mesure forte et prompte pour établir des maisons d'arrêt, de justice et de peines, et où les sexes soient séparés ; faute de quoi les sages dispositions de la loi resteront sans exécution.

Art. 1111. Cet article rend le gardien juge des mandats d'arrêt, ainsi qu'il a déjà été observé à la note sur l'article 576.

Sur les articles du chapitre XXVII qui traitent de la police des prisons, on observe d'abord que la nomination des gardiens ne doit pas uniquement être faite par le préfet ; que le premier magistrat du tribunal criminel et le commissaire du Gouvernement, qui connaîtront toujours mieux que personne les qualités nécessaires à un gardien, doivent concourir à sa nomination.

La même nomination serait faite dans les arrondissemens, concurremment par les sous-préfets, le directeur du jury et le magistrat de sûreté.

Il est bon que les préfets, sous-préfets et maires fassent, dans des temps déterminés, la visite des prisons ; car, sur un point de cette importance, il ne peut y avoir trop de surveillance : mais la police intérieure des maisons d'arrêt et de justice doit être sous l'inspection immédiate des tribunaux ; et l'exécution de l'article 1113, en ce qui concerne les propréteurs et préteurs, n'aura pas d'utilité, si la police habituelle n'est pas confiée aux tribunaux.

Art. 1120 et 1121. Ici on reconnaît de nouveau la nécessité d'une désignation formelle sur ce que l'on entend par *fonctionnaire public* ; mais un second besoin se fait sentir, c'est de distinguer, parmi la foule de fonctionnaires publics, ceux à qui il appartiendra d'exécuter ces deux articles. Il semble que cette exécution devrait être attribuée exclusivement à ceux qui ont le droit de rendre des ordonnances à l'effet de faire des visites domiciliaires. Au surplus les articles 583 et 584 du Code des délits et des peines ; ayant suffisamment pourvu au cas dont il s'agit, devraient être préférés : en disant, *tous fonctionnaires publics*, on court le risque de faire faire des visites domiciliaires par gens fort étrangers à de semblables fonctions.

Art. 1125. On ne saurait croire combien il y a d'inconvéniens dans les communications trop faciles que les maires ou autres administrateurs établissent entre les accusés et leurs parens, en donnant à ceux - ci des permissions pour les visiter. Rien ne nuit plus à la surveillance des concierges ; et rien ne facilite autant l'introduction des instrumens propres à favoriser les évasions, ou des poisons qui servent à soustraire les accusés au glaive de la loi, ainsi que nous en avons plusieurs exemples récens.

Art. 1126. Cet article assujettit les magistrats à une multitude d'avis à donner, qui entraveront leur ministère ; et encore semble-t-il, par la dernière partie, que leur exactitude à cet égard doit être constatée par des registres tenus par d'autres fonctionnaires, qui peuvent n'être pas fort exacts à tenir leur registre.

L'art. 1160 déclare imprescriptibles la peine de mort, la peine des travaux forcés à vie, la peine de déportation et l'infamie. On remarque à ce sujet, que dans la nomenclature des peines, au livre I.ᵉʳ, la peine d'infamie et du carcan n'a obtenu que la septième place ; et que les peines des travaux forcés à temps, de la reclusion et de la marque ou flétrissure, désignées sous les numéros 4, 5 et 6, étant réputées plus importantes que celle qui est au numéro 7, il semble que les sept premiers numéros devraient être rangés sous le régime de l'imprescriptibilité. Cependant l'article qui suit met formellement, au nombre des peines qui peuvent se prescrire par vingt ans, la peine des travaux forcés à temps, la reclusion et la marque ou flétrissure.

Nous terminerons ce travail par quelques réflexions sur le jury d'accusation ; il est susceptible d'une grande réforme : nous avons déjà insinué qu'il ne fallait pas le rendre juge des preuves, mais seulement du fait qui donne lieu à l'accusation ; de simples indices doivent suffire à l'égard de ces jurés : c'est au moment des débats que la preuve complète doit s'acquérir. On convient qu'il n'est pas aisé de tracer le cercle de leurs pouvoirs d'une manière précise ; et nous ne nous ingérons pas à proposer à cet égard une rédaction qui réclame une telle sagacité, que la nôtre pourrait se trouver en défaut. Il nous suffit de dire que, dans l'état actuel, les jurés d'accusation exercent souvent eux-mêmes le droit de faire grâce. Ils résistent rarement aux sollicitations des familles et des amis : nous en avons des exemples récens, et pour des cas très-graves. S'il n'y a pas de remède à ce mal, qui est extrème, il faudrait peut-être changer cette institution, et donner à des magistrats le droit préliminaire et si important de statuer s'il y a lieu ou non à accusation.

Nous n'avons pas, citoyen Grand-juge, produit toutes les réflexions que nous avons faites dans le cours de l'examen du Projet ; et nous craignons cependant d'y avoir donné trop d'étendue. Nous avons sur-tout resserré , autant que possible , ce que nous avons dû dire sur les organisations proposées ; c'est avec franchise que nous les avons qualifiées impraticables, dangereuses et propres à multiplier les frais et à prolonger les affaires d'une manière funeste.

Nous n'avons pu nous dispenser de dire que le tribunal proposé présente le danger d'un pouvoir terrible, sans offrir la compensation résultant d'un plus grand intérêt public. Nous allons plus loin , et nous assurons que la tranquillité des citoyens est compromise par une telle institution. Sans doute les intentions des auteurs du Projet sont pures et respectables ; mais peut-être ne se sont-ils pas assez défendus du plaisir qui se rencontre toujours à créer des systèmes nouveaux , et à se livrer à des théories séduisantes. Nous ne sommes plus au temps où l'esprit d'innovation doive régner : les essais sont toujours dangereux. Que le Gouvernement nous permette de le dire ; il n'y a nulle nécessité à former de nouveaux établissemens , et il est plus simple , plus juste , plus rassurant pour la société , de s'occuper uniquement de ce qui est à réformer. Ce plan est à-peu-près exécuté par la nouvelle contexture du Code pénal. Il est évident que ce nouveau Code ne peut convenir à l'exercice des préteurs , et qu'il demande impérieusement l'établissement de tribunaux criminels, composés de plusieurs magistrats , qui dispenseront avec célérité et avec lumières les peines graduées que l'on se propose d'introduire.

Nous vous saluons respectueusement.

Fait à Auxerre, ce 1.er prairial an 12.

Signé MARIE-LAFORGE , *président ;* P. REMOND , COUTIER , *juges ;* LEBOYS-DES-GUAYS , *commissaire ;* CH. BEZANGER , *greffier.*

OBSERVATIONS

*Du commissaire du Gouvernement près le Tribunal du département
de l'Yonne, sur le projet de Code criminel, correctionnel et de
police.*

LE succès des grands changemens proposés dans l'organisation des
tribunaux et dans l'administration de la justice criminelle, paraît très-incertain; on n'en a, malgré quelques assertions bien hasardées, aucunement
démontré la nécessité, ni même l'utilité.

Il ne sera pas difficile de nommer des préteurs et des propréteurs, de
former des divisions; mais en ce qui concerne l'administration de la justice,
ces changemens rencontreront, dans les détails d'exécution, des difficultés
qui forceront peut-être bientôt à y renoncer.

On propose, pour former le tribunal criminel, un préteur, parcourant,
chaque trimestre, trois ou quatre départemens, ou peut-être plus, qui décidera seul, interrogera les accusés et les témoins, dirigera les débats, à-peu-
près sans connaître les procès, ayant dans l'application des peines une
latitude qu'il serait on ne peut plus dangereux de confier à un seul homme,
et rendant, à la fin de l'année, au Gouvernement, le compte de ce qu'il ne
saura et ne connaîtra que très-superficiellement;

Des propréteurs, abandonnant, de temps à autre, les affaires de leurs
arrondissemens respectifs, pour venir siéger au tribunal criminel, alternativement supérieurs et inférieurs, tantôt officiers-instructeurs indépendans
et hors de toute surveillance dans le fait, tantôt juges ou présidens au tribunal de première instance, tantôt juges ou présidens au tribunal criminel,
où ils statueront, les uns à l'égard des autres, sur la régularité des procédures qu'ils auront instruites, sur les appels des jugemens qu'ils auront
rendus en matière correctionnelle, et sur les dissentimens qui se seront élevés
entre eux et les magistrats de sûreté;

Un commissaire du Gouvernement, dont on paraît méconnaître l'importance, la variété et la multiplicité des occupations, en même temps
magistrat de sûreté, surveillant les autres magistrats de sûreté, et chargé
d'une tâche que deux hommes instruits et assidus au travail peuvent à peine
bien remplir;

Un mode de formation des listes et des tableaux des jurés de jugement,
inconciliable avec le temps, les divers délais nécessaires, le nombre des procès
à juger;

Des atteintes au droit du Gouvernement de diriger les poursuites, en en rendant, dans certains cas, les propréteurs maîtres absolus.

Pour former le tribunal de simple police, on propose un suppléant au tribunal de première instance, parcourant, chaque mois, sept, huit et jusqu'à douze cantons, dont quelques-uns distans de cinq à six myriamètres (dix à douze lieues) du chef-lieu d'arrondissement, par des chemins de traverse impraticables pendant une partie de l'année ; un juge de paix, et un citoyen, déjà humilié par le seul droit de main-mise sur sa personne, qui remplira toujours avec une répugnance infinie, des fonctions judiciaires forcées.

Toutes ces nouveautés, avec quelque art qu'elles soient présentées, ne séduiront pas ceux qui connaissent les vrais élémens d'une bonne administration de la justice criminelle, correctionnelle et de police.

Sans discuter la différence des mœurs et de la situation politique et chorographique, je me bornerai à dire qu'une institution bonne, ou, pour parler plus exactement, supportable chez une nation, peut n'être pas même proposable chez une nation voisine, dont la législation n'est d'ailleurs nullement en harmonie avec cette institution.

Je sais bien ce que la saine partie de l'Angleterre pense sur le mode d'administration de la justice criminelle dans cette contrée; mais on sait, en même temps, tous les écueils que rencontreraient de grands changemens.

L'organisation actuelle des tribunaux criminels en France, est bonne : elle est, quoi qu'on en dise, justifiée par quatre ans d'expérience ; elle offre le très-grand avantage, que, si on s'était trompé dans le choix d'un président, on pourrait le faire rentrer au tribunal d'appel.

Il suffit, pour atteindre le meilleur but possible, de réformer le Code pénal et celui d'instruction, d'obtenir une meilleure composition du jury, de réduire sa déclaration à des termes simples, dégagés de ces questions métaphysiques dont les résultats fâcheux pèsent depuis long-temps sur la France, d'avoir des directeurs du jury permanens, de charger les magistrats de sûreté des fonctions du ministère public aux audiences des tribunaux de première instance ;

De former le tribunal de simple police, du juge de paix ; on peut, si on veut, lui adjoindre ses deux suppléans, dont les jugemens dans tous les cas, sans nulle exception, seraient sujets à l'appel, qui serait porté directement devant le tribunal criminel, et serait soumis aux mêmes règles que les appels des jugemens des tribunaux de première instance en matière correctionnelle ;

De régler et d'assurer, d'une manière utile, la surveillance du commissaire du Gouvernement près le tribunal criminel, sur les fonctionnaires et officiers publics chargés de la police judiciaire, sur les directeurs du jury, les magistrats de sûreté, et même sur les tribunaux de simple police.

Un des plus sûrs moyens d'amélioration serait, sans contredit, la suppression du jury d'accusation, qu'on n'empêchera jamais de s'ériger en jury de jugement, quoique souvent toutes les preuves ne soient pas encore recueillies. Cette suppression n'empêcherait pas que les formes ne fussent les mêmes dans chaque arrondissement, pour les poursuites et l'acte d'accusation. L'officier-instructeur et le magistrat de sûreté déclareraient s'il y a lieu à accusation; en cas de dissentiment, ils adresseraient les pièces au commissaire du Gouvernement près le tribunal criminel, qui déciderait.

Le Gouvernement sera toujours beaucoup mieux, plus promptement et plus sûrement informé de l'état de l'administration de la justice criminelle, de la formation des listes des jurés, et de la situation de la République sous le rapport judiciaire, par ses commissaires près les tribunaux criminels, dont l'œil est sans cesse ouvert sur leurs départemens respectifs, qu'il ne le serait par les préteurs, qui n'en auraient qu'une connaissance très-imparfaite.

Je suis loin de désapprouver le *maximum* et le *minimum* des peines, et le renvoi sous la surveillance spéciale et à la disposition du Gouvernement; j'augmenterais encore le pouvoir des tribunaux criminels, en leur donnant celui de statuer sur les circonstances aggravantes qui, suivant l'article 869 du Projet, nous font retomber dans le dédale de questions dont l'expérience a si bien démontré le préjudice par rapport à la sûreté publique; quelquefois les embarras seront plus grands qu'à présent; on n'a pas prévu où ils se trouveront : comme il arrive assez souvent, une circonstance aggravante, qui n'est pas exprimée dans l'acte d'accusation, n'est connue que par les débats. Mais je me donnerais bien de garde d'investir un seul homme d'un pouvoir aussi redoutable, en le réduisant même à celui qui lui est donné par le Projet; je suis persuadé qu'il en serait lui-même tellement effrayé, que cela nuirait à la juste application des peines.

Après avoir bien réfléchi sur l'ambulance du préteur, je ne crains pas d'assurer que, de quelque manière qu'on l'organise, elle est absolument impraticable avec la formation de nos listes de jurés, et notre forme de procéder qui est simple et très-bonne au fond.

Il serait peut-être utile d'obliger le commissaire du Gouvernement près le tribunal criminel, à se rendre une fois par an, dans chaque arrondissement, pour constater l'état des affaires, vérifier l'exécution des jugemens correctionnels, et la conduite des directeurs du jury, magistrats de sûreté et autres officiers de police judiciaire, et en rendre compte au grand-juge ministre de la justice.

Si on veut, ainsi qu'il paraît vraiment convenable, donner plus d'importance aux tribunaux criminels, il vaut beaucoup mieux en réduire le nombre; les difficultés de cette réduction seront aisément aplanies.

Pour établir une police administrative capable de prévenir autant qu'il est possible les délits, il faut, dans le ressort de chaque tribunal criminel, confier l'exercice de la police générale au commissaire du Gouvernement

près

près ce tribunal ; elle ne convient qu'à ce magistrat qui, réunissant les connaissances judiciaires à celles de la situation du département, est bien plus en état que le préfet, absorbé par d'autres travaux, de s'en acquitter de manière à maintenir l'ordre et la sûreté publique : il faut lui donner enfin les mêmes attributions dans les départemens, qu'au préfet de police de Paris dans le département de la Seine.

Suivant le Projet, la flétrissure n'aura lieu qu'à l'égard des condamnés aux travaux forcés à perpétuité ou à temps et à la déportation : il faut l'étendre aux condamnés à la reclusion ; sinon, l'on sera forcé, sous peu d'années, de recourir à des moyens plus rigoureux.

Tous les cas excusables doivent être mis au nombre de ceux pour lesquels on peut recommander les condamnés à la clémence du Premier Consul ; autrement, quels seront donc les cas où cette recommandation aura lieu !

Il serait du plus grand danger pour la sûreté publique, de laisser au nombre des cas prévus par l'article 306 du Projet, le meurtre ou les blessures occasionnés par l'imprudence ou la mal-adresse dans le maniement des armes, sur-tout des armes à feu : de telles imprudences ou mal-adresses doivent être mises au rang des cas pour lesquels on peut recourir à la clémence du Premier Consul.

Considérera-t-on comme commencement d'exécution, l'effraction, l'escalade, l'introduction à l'aide de fausses clefs ! c'est sur quoi le Projet ne s'explique pas ; cette explication est d'autant plus nécessaire que les avis ont été assez souvent partagés.

Il convient de lever tous les doutes sur les peines afflictives et celles qui sont seulement infamantes ; pour cela il faut exprimer nominativement celles qui sont afflictives, dire que toutes peines afflictives sont infamantes, exprimer ensuite, aussi nominativement, celles qui sont seulement infamantes.

Je crois, qu'en général, on n'a pas eu, en rédigeant le Projet, assez de ménagement pour des magistrats qui veulent bien consacrer leur vie à des fonctions aussi sévères et aussi pénibles. On y fait encourir, pour des inadvertances ou des erreurs même réparables, des amendes, des prises-à-partie ; cependant, quelles que soient l'intention et la sagacité d'un magistrat, il peut, dans des matières aussi abstraites, ou dans un instant de surcharge, commettre une faute involontaire dont il convient de l'avertir, sans le soumettre à des amendes ou à des prises-à-partie. De telles rigueurs législatives dépriment des magistrats qui, précisément à raison de la nature de leurs fonctions, ont le plus besoin d'être investis d'une grande considération.

C'est s'engager dans de grands embarras et de grandes dépenses, que de vouloir que les exécutions se fassent dans les chefs-lieux d'arrondissemens communaux où le délit aura été commis.

L'exemple sera assez frappant dans tout le ressort du tribunal criminel, si on prend des mesures pour forcer les maires et adjoints à afficher les exemplaires en placard des jugemens qui, dans l'état actuel, leur sont envoyés ; sauf au commissaire du Gouvernement près le tribunal criminel, par les ordres de qui se fait l'exécution, à ordonner dans certains cas extraordinaires, tels que sédition, &c.... qu'elle sera faite dans un autre endroit que celui où siége le tribunal criminel : il en connaîtra mieux que qui que ce soit le besoin ou la nécessité.

On ne trouve, dans le Projet, aucune disposition contre les enfans lorsqu'ils frappent leurs pères ou mères ou autres ascendans, sans cependant faire des blessures qui aient le caractère exprimé dans l'article 277, ou lorsque, par acte de mépris, par menaces, par paroles ou par gestes, ils les outragent ; l'expérience journalière prouve la nécessité de prendre cet objet en grande considération.

Il n'y est question, pour aucun cas, des alliés au même degré.

Le Projet ne contient aucune disposition pénale contre ceux qui achètent hors les foires et marchés, ou de gens inconnus, tout ou partie des choses volées, quoiqu'il ne soit pas prouvé qu'ils sachent qu'elles proviennent d'un vol ; ces prétendus acheteurs sont presque tous des recéleurs de profession : d'ailleurs il faut empêcher, même les gens de bonne foi, de fournir cette ressource aux voleurs.

Il n'y a pas non plus de disposition contre ceux qui retiendraient tout ou partie des deniers, titres, papiers ou effets dont ils seraient dépositaires, à raison des fonctions qu'ils auraient précédemment exercées : cette lacune qui existe dans le Code actuel, s'est souvent fait remarquer.

L'expérience a fait connaître que la sûreté des routes exige une peine pour la simple attaque sur le chemin.

Dans le cas de la revendication ou réclamation énoncée aux articles 122, 123 et 124, il faut dire que le réclamant justifiera dans un délai fixé, au commissaire du Gouvernement près le tribunal, ou à l'autorité administrative saisie de l'affaire, qu'il s'est légalement pourvu ; sinon, qu'il sera passé outre aux poursuites et au jugement.

A la faveur des exceptions portées en l'article 341, un parent, au degré exprimé, pourra, avec certitude d'impunité, ruiner une famille entière. Il serait trop long de réfuter tous les beaux raisonnemens qui appuient ce système que je crois très-peu propre à rappeler la saine morale ; mais en sera-t-il de même, si les soustractions sont commises avec des circonstances aggravantes, telles qu'effraction, escalade, fausses clefs, bris de scellé ou violences! Les recéleurs d'effets, d'argenterie, volés par des enfans à leurs parens, et les autres complices, seront donc aussi exempts de peines ; car où il n'y a pas de principal coupable, il ne peut y avoir ni recéleurs ni complices.

Les peines afflictives et infamantes sont confondues dans le Projet avec les peines correctionnelles, même avec celles de simple police : cette confusion peut occasionner de fréquentes méprises, qu'il faut prévenir, en divisant la partie pénale en trois chapitres très-distincts.

Le premier comprendrait tous les crimes qui donnent lieu à dresser acte d'accusation ;

Le deuxième comprendrait tous les délits qui encourent une peine correctionnelle ;

Et le troisième comprendrait toutes les contraventions qui n'emportent qu'une peine de simple police.

Je sais bien que cette division quoique parfaite présente des difficultés ; mais on peut les vaincre.

Rien de ce qui concerne les délits de bois de toute espèce, appartenant soit à la République, soit aux communautés, soit aux particuliers, ne doit trouver place dans le Code qui nous occupe, et doit être renvoyé au Code forestier, qui, sans doute, comprendra aussi tout ce qui est relatif à la chasse et à la pêche.

L'expérience a bien assez fait connaître combien la divergence des lois, et la différence des peines pour les délits commis dans les bois appartenant à la République, et pour ceux commis dans les bois des particuliers ou des communautés, sont nuisibles à la conservation des bois.

Les délits ruraux doivent aussi être rangés dans un code séparé.

Tout ce qui concerne la voirie, la police des routes, et l'ordre que doivent y observer dans leurs rencontres, les rouliers et voituriers à charge ou à vide, les cochers et postillons conduisant des voitures à deux ou à quatre roues, doit être l'objet d'un code particulier.

Le Projet ne prévoit pas le cas de parenté et d'alliance des jurés entre eux, et à l'égard de l'accusé : on a vu ici un oncle de l'accusé au nombre des jurés ; à la vérité on ne l'a su qu'après le jugement.

Il ne prévoit pas non plus le degré de parenté et d'alliance des juges et commissaires entre eux et à l'égard de l'accusé ; il en est de même des officiers-instructeurs entre eux et à l'égard du prévenu.

Jamais un prévenu ne doit être admis à se cautionner lui-même : si malgré ses moyens pécuniaires, il ne trouve personne pour le cautionner, il y aurait de l'imprudence à l'élargir.

L'article 599 rend le cautionnement dérisoire dans presque tous les cas qui y sont exprimés.

La liberté provisoire ne doit être accordée dans aucun des cas qui donnent lieu à dresser acte d'accusation.

On n'a supprimé aucun des moyens évasifs beaucoup trop multipliés que fournissent aux coupables nos codes actuels ; je crois qu'on les a augmentés, soit pendant l'instruction, soit devant le tribunal criminel.

La société semble n'avoir été pour les rédacteurs qu'un être abstrait dont l'intérêt ne devait pas balancer celui de l'individu, notamment dans la partie du Projet qui concerne l'exécution, le jugement et son exécution.

Les trois jours accordés au condamné pour se pourvoir en cassation étant expirés, si, jusqu'à l'instant de l'exécution, ce condamné demande à faire sa déclaration de pourvoi, le greffier devra-t-il la recevoir! le commissaire devra-t-il suspendre ou passer outre à l'exécution! L'article 893 doit nécessairement donner la solution de cette question.

Est-ce sérieusement qu'on croit, que, dans le cas de l'article 894, l'accusé acquitté attendra, en liberté, la décision du tribunal de cassation, pour se soustraire à toutes recherches!

Je ne dois pas omettre que si on n'assujettit pas les filles et les femmes veuves à des déclarations de grossesse, on verra se multiplier de plus en plus les crimes d'infanticide, dont la plus grande partie n'arrive pas à la connaissance des tribunaux.

Je me borne à ces réflexions, attendu que les tribunaux criminels, dans leurs observations, ne manqueront pas de faire ressortir toutes les erreurs, omissions, incohérences, inutilités, difficultés, même impossibilités d'exécution qu'on remarque dans le Projet, sur-tout dans la partie qui concerne l'instruction, le jugement et son exécution, ainsi que la formation des tribunaux, et des listes et tableaux des jurés.

J'ai oublié d'observer que, pour obtenir la décision des jurés à cette prétendue unanimité, on aurait pu ajouter dans le Projet, que, comme en Angleterre, si les jurés ne s'accordent pas dans leur rapport avant que les juges quittent la ville, ceux-ci ne sont point obligés de les attendre ; mais qu'ils peuvent les mener en voiture avec eux, de ville en ville, dans toute leur tournée. *(Blackstone*, tome V, page 179, du Jugement par jurés, édition de Bruxelles, 1774.)

LEBOIS-DES-GUAYS.